金陵全書

甲編·方志類·通志

康熙江南通志

（六）

（清）于成龍 王新命 等修
（清）張九徵 陳焯 等纂

南京出版傳媒集團
南京出版社

圖書在版編目（CIP）數據

康熙江南通志 /（清）于成龍等修；（清）張九徵等纂. -- 南京：南京出版社，2017.7
（金陵全書）
ISBN 978-7-5533-2005-2

Ⅰ.①康… Ⅱ.①于… ②張… Ⅲ.①江南（歷史地名）-地方志-清代 Ⅳ.①K928.649

中國版本圖書館CIP數據核字（2017）第272969號

書　　名　【金陵全書】（甲編・方志類・通志）
康熙江南通志
編 著 者　（清）于成龍　王新命等　修　（清）張九徵　陳焯等　纂
出版發行　南京出版傳媒集團
南 京 出 版 社
社址：南京市太平門街53號　郵編：210016
網址：http://www.njcbs.cn　電子信箱：njcbs1988@163.com
天貓1店：https://njcbcmjtts.tmall.com/　天貓2店：https://nanjingchubanshets.tmall.com/
聯系電話：025-83283893、83283864（營銷）　025-83112257（編務）

出 版 人　朱同芳
出 品 人　盧海鳴
責任編輯　崔龍龍　楊傳兵　王松景　凌　霄
裝幀設計　楊曉崗
責任印制　楊福彬

製　　版　南京新華豐製版有限公司
印　　刷　南京凱德印刷有限公司
開　　本　889毫米×1194毫米　1/16
印　　張　407.5
版　　次　2017年7月第1版
印　　次　2017年7月第1次印刷
書　　號　ISBN 978-7-5533-2005-2
定　　價　10400.00元（全八册）

天貓1店　天貓2店

江南通志卷之第四十七

人物

安慶府

漢文翁 名黨，字仲翁，廬江舒人也。少好學，通春秋，以郡縣吏察舉。景帝末，爲蜀郡守，仁愛好教化。見地僻陋，文翁乃選郡縣小吏通敏有材者張叔等十餘人，親自飭厲，遣詣京師受業博士。數歲，蜀生皆成就還歸，文翁以爲右職，用次察舉，官有至郡守刺史者。又修起學宮於成都市中，招下縣子弟以爲學宮弟子，爲除更繇，高者以補郡縣吏，次爲孝弟力田。每出行縣，益從學宮諸生明經飭行者與俱，使傳教令，吏民見而榮之。數年，爭欲爲學宮子弟，富人至出錢以求之。由是蜀地學於京師者比齊魯焉。至武帝時，乃令天下郡國皆立學校官，自文翁爲之始云。

朱邑 字仲卿，廬江舒人。少時爲舒桐鄉嗇夫，廉平不苛，所部吏民愛敬焉。遷補太守，舉賢良，爲大司農丞，遷北海太守以治行第一入爲大司農貢薦賢士大夫多得其助者身爲列卿居處儉節祿賜以共九族鄉黨神爵元年卒天子憫惜下詔稱揚賜邑子黃金百斤以助其祭祀初邑病且死屬其子曰我故爲桐鄉吏其民愛我必葬我桐鄉後世子孫奉我不如桐鄉民及死其子葬之桐鄉西郊外民果共爲起冢立祠歲時祭祀不絶

周榮字平孫廬舒人舉明經辟司徒袁安府凡安舉奏竇景及與竇憲爭立北庭事皆榮所具草竇氏客徐齮深惡之脅榮曰子爲袁公腹心之謀排奏竇氏竇氏悍士刺客滿城中謹備之矣榮曰榮江淮孤生蒙恩歷宰二城今復得備宰士縱爲竇氏所害誠所甘心及竇氏敗榮由此顯名自郾令擢爲尚書令出爲潁川山陽太守所歷郡縣皆見稱病卒詔賜錢二十萬餘

周景字仲饗舒人任河內太守好賢愛士後徵入爲將作大匠復拜尚書令代劉寵爲司空是時宦官任人及子弟充塞列位景初視事與太尉楊秉舉奏諸奸猾自將軍牧守以下免者五十餘人遂連及中常侍侯覽東武陽侯具瑗皆坐黜朝廷莫不稱之視事二年以地震策免歲

餘復代陳蕃爲太尉建寧元年蕃以豫議定策立靈帝追封安陽鄉侯長子崇嗣至甘陵相中子忠歷遷大司農忠子暉前爲洛陽令去官賜歸兄弟好賓客雄江淮間出入從車常百餘乘及帝崩暉聞京師不安來候忠董卓聞而惡之使兵劫殺其兄弟忠後代皇甫嵩爲太尉錄尚書事從獻帝東歸洛陽

三國

何禎 字元幹廬江灊人有文章器幹容貌甚偉仕魏歷幽州刺史廷尉入晉爲尚書光祿大夫

陳武 字子烈廬江松滋人孫策在富春武往謁時年十八因從渡江征討有助拜部司馬策破劉勳多得廬江人料其精銳乃以武爲督所向無前及權統事轉督五校仁厚好施鄉里遠方多依託之尤爲權所親愛數至其家累功進偏將軍建安二十年從擊合肥戰死權哀之自臨其葬

王蕃 松滋人官中常侍善數術曆象制渾儀云舊以二分爲一度而患星辰太稠張衡改用四分而復推重難運蕃故以三分爲一度因著論考度後沈約采爲天文志

陳修 武之子綽

有父風年十九權名見拜别部司馬授兵五百人時諸將新附兵多逃叛修撫循得安拜爲校尉建安末追録功臣後封都亭侯卒

陳表書暨艷與表善後艷遇罪時人咸自營護掩密爲疏表獨不然士以此重之徙太子中庶子兄修亡後母不肯事修母表謂母曰不幸早亡表統家事當奉嫡母母若能屈情承順是至願也若不肯直當出别居耳由是皆感悟雍穆以父死敵塲求用爲將領兵五百人傾意接待士皆樂爲用命時軍伍中有疑獄權付表按覈立得其情狀遷右都督封都鄉侯

晉

何充字次道廬江灊人魏光禄大夫禎之曾孫也風韻淹雅文義見稱初辟大將軍王敦掾轉主簿敦兄含時爲廬江郡貪汚狼籍敦嘗於座中稱曰家兄在郡定佳廬江人士咸稱之充正色曰充即廬江人所聞異於此敦默然旁人皆爲之不安充宴然自若由是忤敦左遷東海王文學敦敗累遷中書侍郎蘇峻平封都鄉侯拜散騎常侍出爲東陽太守王導庾亮並言於帝曰何充器

局方槩有萬夫之望必能總錄朝端爲老臣之副臣死之日願引充内侍由是加吏部尚書及導薨與中書監庾氷參錄尚書事尋遷尚書令加左將軍穆帝立充專輔幼主居宰相彊力有器局臨朝正色以社稷爲已任凡所選用皆以功臣爲先不以私恩樹親戚談者以此重之卒贈司空謚曰文穆

何澄字季元廬江灊人準子起家秘書郎累遷秘書監太常中護軍孝武帝深愛之安帝即位遷尚書左僕射典選時澄脚疾固讓特聽不朝坐家視事又領本州大中正及桓元執政以疾奏免卒於家安帝反正追贈金紫光祿大夫子融元熙中爲大司農

何叔度廬江灊人父惔南康太守叔度恭謹有行業爲金紫光祿大夫吳郡太守子尚之遷吏部郎告休定省傾朝送別於冶渚及至郡叔度謂曰聞汝來此傾朝相送可有幾客答曰殆數百人叔度笑曰此是送吏部郎耳非關何彦德也

杜崧字行高廬江灊人博極墳索屬詞淵奧士林宗之惠帝時俗多浮僞崧獨敦行尚古不與世苟合因著任子春秋以刺當世季弟援高平相援子灊右衛將軍

南北朝

何尚之 字彥德灊人雅好文義甚爲文帝所知元嘉中爲丹陽尹立宅南郭外設學聚生徒四方慕義來游者謂之南學時右衛將軍范曄任參機密尚之察其意趣異常白文帝范後謀反伏誅上嘉其先見遷尚書左僕射孝武即位復爲尚書令薨贈司空謚曰簡穆子偃

何偃 字仲弘元嘉中位太子中庶子孝武即位歷位侍中時求讜言偃以爲宜重農恤本并官省事考課以知能否改領驍騎將軍親遇隆密有加舊臣轉吏部尚書尚之去選未五載偃復襲其跡世以爲榮偃素好談元注莊子逍遙篇傳於時卒謚曰靖

何昌寓 字儼望尚之從子少而清靜獨立不群所交者必當世淸名仕宋爲尚書儀曹郎建平王景素被誅昌寓痛之啓高帝理其寃高帝嘉其義歷位中書郎王儉軍長史儉謂昌寓曰後任朝事者非卿而誰臨海王昭秀爲荊州以昌寓爲西中郎長史南郡太守行荊州事明帝將廢秀先使裴叔業齎台部昌寓令以便宜從事昌寓拒之曰國家委身以上流之重付身以萬里之事臨海王未有失寧得從君襌詔耶昌寓素

有名德叔業不敢逼而退上聞而嘉之昭秀由此得還都昌寓後爲吏部尚書歷郡皆以清白稱論曰簡子敬容

何佟之

字士威濳人祖邵之宋員外散騎常侍父歆齊奉朝請佟之少好三禮師心獨學仕齊國子助教爲諸王講喪服委曲誘誨都下稱其醇儒建武中爲鎮北記室參軍侍皇太子講時步兵校尉劉瓛徵士吳苞皆已卒都下碩儒唯佟之而已國家吉凶禮皆取決焉後爲驃騎司馬永元末都下兵亂佟之常集諸生講論孜孜不怠有至性父母亡後常設一屋晦朔拜伏流涕二十餘年東昏即位謝病天監二年卒特詔贈黃門侍郎儒者榮之所著文章禮義百許篇子朝隱朝晦

何敬容

字國禮濳人弱冠尚齊武帝女長城公主拜駙馬都尉梁天監中爲建安內史清公有美蹟遷守吏部尚書銓序明審號爲稱職出爲郡太守勤恤民隱辨訟如神視事四年政爲天下第一吏人詣闕請樹碑詔許之復爲吏部尚書侍中領太子中庶子終左僕射

何之元

濳人累遷信義令記室參軍揚州別駕著梁典三十卷

隋 **樊子蓋** 字華宗舒人隋文帝時以領鄉兵爲樅陽太守平陳之後封上蔡縣伯

唐 **曹松** 字孟徵其先桐城人光化中登進士第榜中王希羽劉景柯榮鄭希聲與松皆年七十歲時謂之五老榜云授檢書郎有集三卷詩學賈島

楊顥 宿松人工書史善吟詠羅隱避黃巢亂來松嘗僑寓焉倡和甚多

周鄴 宿松人西平王周本之子勇畧果敢綽有父風尤愛重儒紳與講民間疾苦賓接無虛日官至廬州刺史有惠政士民愛之

宋 **張漢卿** 桐城人監興國軍管庫與太守論事不合卽和陶潛歸去來詞歸隱三十年後宰相趙汝愚特薦之不起

龍起潛 字椰莊望江人同子仁夫隱居邑西之凉泉講道著書淡明性學之理州郡文章薦辟不起乃遥授廬州教授時論高之

李公麟 字伯時桐城人第進士歷官中書門下後省刪定官好古博學長於詩多識奇字自夏商以來鍾鼎尊彝皆能考定世次辨測款識元符三年致仕歸肆意於龍眠山巖壑間雅善畫自作山莊圖爲世寶傳寫人物尤精識

者以爲顧凱之張僧繇之亞襟度超軼名士交譽之黃庭堅謂其風流不減古人因畫爲累故世但以藝傳焉

李元中 桐城人元祐中舉進士工書翰退蹤鍾王與李公麟李亮工同時登第時謂之龍眠三李

李亮工 桐城人舉進士以文鳴縉紳間與蘇軾黃庭堅游咸有倡和

潛琛 宿松人嘗學寒暑無間登進士授廬州司戶參軍陞祁門丞教民以禮讓

朱翌 字新仲舒州人政和間登進士第南渡後爲中書舍人掌書命文章顯於朝忤時宰謫居曲江倡明鹿洞宗風粵東始知理學既而北歸弟子愈衆詩文益奇所著有灊川築三卷文集四十有五卷行世

元

虞執中 字伯權望江人至元間鄉貢第一成進士授將仕郎居官恪謹山南憲府多獎進之

馮三奇 懷寧人至順中進士任光山尹遷翰林編修預修遼金宋三史歷國子助教晉儒林郎

賈艮 宿松人文藻煥發行中矩獲余忠宣闕延訓子弟後闔室殉難艮爲紀其顛末辭嚴事確得春秋之遺意焉

吳翙 望江人至正間三孝堂譙樓諸記皆翙屬筆

羅汝

成字甫成，望江人，以明經掌本學教，其文詞可見者猶存程宗傑惠政一碑。

周樞密廬江潛山人，舊志逸其名，至正間武進士。紅巾賊寇境，聚鄉衆屯馬園寨，保障生靈十餘萬，先後十五年，屢破天完兵，以功授樞密同知。明高帝出師鄱陽，借糧於周，周助米千二百斛。洪武間令仍守舊土，有德於民，民祀之。

王幼學字行卿，望江人，居慈湖。幼羅兵俘掠至河南，陳氏得之，養以為子，乃命之學。其家蓄書萬卷，幼學手不釋卷，學識大進。元世祖至元間歸葬望江舊業，躬耕慈湖之坂，與同志講道不輟。取朱子綱目悉為訓詁，自大德巳亥至延祐戊午纂述成書，計五十九卷，名曰通鑑綱目集覽，凡七易藁，垂二十年而後成，盛行於世。至正間年九十三終，鄉人稱慈湖先生。

杜萬戶桐城人，元將也。僞漢兵陷安慶，余闕既死，其妾甫生一子，棄水濱，杜見呼之曰：此余參政子，義種也。悉捐所攜物，懷其子去。今桐城洪濤山王氏即其裔，家廟猶祀余參政云。

明

葛宣潛山人。明太祖討陳友諒，輸粟千餘載至鄱陽餉軍，太祖義之。

丁相懷寧人，以

明經入太學仕至别駕于書靡所不究尤長於詩所著有老女吟數十首以自況一時爭傳誦之

汪澤 懷寧人仕至後軍都督府都督原籍鳳陽其祖盛乃汪氏老毋之子從明高祖戰鄱陽立奇功復推王保保於河外官都闞奉勑鎮兩廣道經皖卒賜葬於皖廣照山因家焉贈光祿大夫柱國前軍都督府都督澤至宣德間屢以戰功著世襲都指揮使隸荊州衛子孫留皖者至今奉祀不絕

王勝 桐城人喜讀書尤好兵法元末歸明洪武立功官右副元帥後攻陳友諒取江州賜金帶良馬鄱陽之戰謀欲火攻勝應募與丁普郎等詐降夜縱火焚其營乘火奮擊大破之勝死於火贈太原郡侯祀康郎山

黃榮六 桐城人世居鄱陽元末遷桐時掛車河有巽貴自稱元帥性兇暴貪財好殺榮六欲保障一方築六兒城於蔣家山遠近不能自存者皆來歸適明太祖下安慶榮六請降不受爵賞遂歸山以琴劒自娛

楊文勝 潛山人膽知過人目光如電衆推義勇立寨於龍關陽城山當紅巾之亂保障生靈數萬遠近居民爭依之至正十九年明太祖命徐達

征陳友諒勝出義師追勦擒僞漢參政郭泰於沙河斬獲無算帝嘉其功授廣東惠州衛承信校尉世襲千戶勝與危素友善嘗爲楊氏家譜序深誇其才自媿莫及焉

畢銀 太湖人元末時集衆數萬爲一方保障辛丑率衆歸附明太祖鄧愈之戰嘗資其軍糧銀浚河輸運以應之洪武改元授英武衛指揮使賜金龍衣一襲追封其三世十年改授太河衛奉勅鎮守遼東尋卒遣官諭祭賜其子曰文世其官未幾文亦卒復遣官諭祭竝歸其喪其見優寵如此

石良 宿松人謀畧沉斷元末盜起剽掠無虛日乃集鄉民築城設寨以捍禦之獲弗擾明太祖起兵籍其士與戶獻之累以功擢武德將軍英武衛正千戶

陳漢 宿松人性沉勇元末盜起漢奮義聚衆明初歸附授大都督斷事

吳善 桐城人國子生洪武初仕至廣平知府時明太祖法嚴善恪修其職明太祖兒之在廣平精詳勤敏惠施百姓政聲奕奕云

黃敏 字宗學桐城人少以孝義著有文名洪武初以歲薦除內丘邑幕官考最入覲擢兵部主事陞員外郎奏罷糧運不便者數事亡何以忤旨左

遷上林監丞陞長蘆鹽運副使鹽弊爲清有姦奮私販事犯誣斂謫戍與州廷臣素器重斂咸惜之兵部尚書方賓等交章奏斂才通識卓復擢工部虞衡司員外薦武臣賢能者十餘人皆以立功登顯秩擢廣西按察司副使所至威惠并茂有古憲臣之風

錢時字時中桐城人洪武庚子舉人任刑部主事執法不阿同部郎白李善長之冤上怒連坐死獄中

劉燾字尚載太湖人洪武間貢士任柳州府知府歷嘉興寧波西安長沙彰德汀州咸有政績在柳州寬厚不苛能除虎患在長沙慈祥不施鞭朴有不法者但勸諭之人皆悅服秩滿去父老擁路垂泣爭挽其舟在彰德肅王嘉其嚴明特書霜月軒贈之官至雲南參政柳州長沙皆祀之

呂衡字仕平太湖人洪武間以歲薦授監察御史遇事敢言後受知太宗奉詔之陝西體察機務還奏深被優寵其巡按廣東風裁甚著貪墨皆望風解組時稱名御史云

吳普隆宿松人洪武初由辟舉任福建左布政事皆中理旬宣之政至今首稱

方法字伯通桐城人洪武已卯舉人事母以孝聞治尚書以儒

術顯授四川都司斷事剛正廉直執法不撓永樂元年諸藩表賀法不署名尋詔逮諸藩不署名者法登舟謂家人曰至安慶告我次望江法瞻望再拜曰得望吾先人鄉可矣自沉於江先是法舉於鄉典試者爲方孝孺以托孤寄命大節不奪命題無何孝孺抗節法亦無忝其門人云

甘霖　懷寧人洪武丁卯領鄉薦建文時仕爲監察御史持正不靡聞文皇內靖執不從遂求死乃被殺其子與孫亦不敢仕

饒政　字文質望江人登永樂乙未進士明年奉勅運江西糧三年竣役還朝同事十三人分別授御史僉事政性樂高澹上章自陳願授教職訓誨生徒上可其請先後四任壽昌肅藩羅山德安學博二十年竟不遷官一時名臣如張燦徐延璋楊瓚何玘等皆出政門年八十歸里德安士林思之崇祀名宦

劉瑩　字仲璠桐城人永樂癸未進士歷御史陞永平廣平二郡守爲政平易人歌曰太守政平二郡皆平

許友進　桐城人永樂間貢入成均官侍御史以直聲顯旣忤中貴人遂告歸養親臨歿以大志未伸戒其子淸無得紀述云

陳務本　字立

卿桐城人永樂間歲貢其先世陳寧宋端平間講學有聲累官至安慶同知士民愛戴遂家於桐之官山務本寧五世孫爲湖廣武昌府同知修黃鶴樓館粥不繼時時吟諷泊如也除五嶺創十利具載楚志歸老鳳儀山淹通恭謹鄉稱醇儒焉

方復 字誠軒太湖籍潛山人永樂壬辰殿試居馬鐸榜末時惜其才高而名殿隨選庶常入侍翰林文采奕奕

龍翥 字啓淵望江人永樂歲薦授嘉祥諭秩滿諸生胡漣等具疏留卒業九年陞隨州學正應聘分闈者三居家冠婚喪祭祀如文公禮八十卒赴弔者不遠千里

黃永 桐城人永樂兵起以伍卒隨征屢立功北定京師拜明威將軍調南羽林衛指揮世襲其職

柳昇 懷遠籍潛山人世居潛五湖明初從懷遠侯常昇以千戶起家奮力軍旅永樂靖難攄忠盡瘁平蠻出塞屢出奇策經百戰所向成功封安遠伯進安遠侯加太子太傅宣德丁未復征交趾戰於鄒偽山死之宣宗聞訃震悼追封融國公謚愍昇瓌偉傾碩驍勇不羣名將也

葛佺 潛山人湖廣常德衛千戶其先葛昺從明高皇帝有功昺子永綱又

征交趾有功銓得世襲　**吳昇**　字亨晦懷寧人宣德癸丑進士擢工科給事中遇事敢言正統庚辰廷議郡縣令聽大臣舉薦昇以爲可暫而不可常否則受官公朝拜恩私室矣又議大臣舉御史昇以爲御史既被大臣薦則大臣有不法御史肯背私恩而抗公言哉咸奏止之其他封駁糾正尤多有聲於時正統癸亥閩浙間礦徒爲亂陞昇浙江布政司右叅議勅往輯之昇至福建捕其渠魁斬之撲其黨且廉其失機都指揮以下數人奏寘之法衆乃股栗不二載賊屏息政績著聞後致仕歸　**程敀**　字太和桐城人宣德丙午舉人任磁州同知時蝗大發敀虔禱於神忽禿鶖飛集啄蝗殆盡因以有聲後改滄州值旱敀禱於五龍井有白魚五出見雨大注遂稔民共立五龍廟肖像祀之　**汪思義**　潛山人喜施予正統戊午間江北旱潦頻仍輸穀賑之勅建旌義坊表其門

金一梅　字元夫潛山人攻舉子業絕意仕進率諸弟姪敦尚詩禮弟早逝恩撫諸孤底於成立著有天香館集　**程翰**　字鵬舉望江人正統間由歲薦任湖廣會同縣令率民兵討平苗洞

勑賜六品俸御賞銀牌民立像祀之

姚旭 字景陽桐城人景泰辛未進士官刑科給事中數奏詳明直聲動朝端謫判鄭州清慎自勵擢南安知府盡心民事而尤以學爲先雨暘愆期每禱輒應時歲有秋產嘉禾民歌頌之陞雲南叅政

劉鉦 字忠堅懷寧人景泰丙子舉人以孝友稱於鄉兄鏞貧屢貸於人鉦以所入修脯代償之選授紹興府判值湖廣以兵荒乏賑餉廷議浙省運銀萬兩濟之鉦承委部運既輸官餘耗千金悉歸之省省使驚歎

方佑 字建輔桐城人天順丁丑進士擢監察御史風裁凝峻初按河間錦衣官校素怙寵爲奸聞佑風乃惴惴聽命有盜殺縣簿捕弗獲佑併還朝賀元旦而除夕返旆襲盜誅之按蘇浙巡鹽一洗宿弊再按廣西有平苗賊功後忤中使奉旨廷杖謫知攸縣補桂林知府以病歸結屋萬松間足不及城市家居十餘載超然自得所著有省庵集

王道 字懿德濟山人天順乙卯舉人任杭州通判威惠並行賢聲洋溢以梗直忤直指使者卽掛冠歸直指追檢其舟中惟一敝篚盛書數卷直指慚謝道更以野服拜辭直指知

意不可奪嗟歎久之成化間有盜經其廬借炊焉
日知淸吏無他求也孫澄領正德己卯鄉薦官思
明府同知廉**呂貴**太湖人壽百有四歲明憲宗時
惠有祖風人郡邑欽其齒德歲時餽廩存
問**呂實**太湖人貴弟壽九十九歲操行與貴似而
焉篤學過之事聞御史疏上命建坊表曰兄
弟百**金道寓**字晴嵐潛山人少孤以學行著聲性
歲落落不事生產構竹浪館率諸弟姪
讀書其中晚年精心濂洛之學著有朱陸異同解
竹浪館文集弟道心端謹謙厚不苟言笑亦醇雅
君子**石檜**字耕榮宿松人武節將軍會孫也讀書
也知大義尤精於史成化丙戌大饑與弟
棠各出粟五百石供**曹覲**字循理望江人成化間
賑事聞賜七品冠服明經任邠州判重義樂
施嘗捐貲甃石作檽星門及兩圩閘歲凶設**方印**
粥以活流殍具棺以掩胔骼鄉人深德之
字與信桐城人成化丁酉舉人除天台令勸農興
學務德化民而疾惡不少貫甫九月卒囊中俸僅
餘八錢僚佐吏爲置棺殮民罷市相弔號哭捧觀
中門出士大夫競爲詩文哀之咸圖像祀於家又

爲立祠置田祀之

方向 字與義桐城人成化辛丑進士授南京戶科給事中時權貴怙寵向特持風裁巨璫陳祖生守備南京尤跋扈不法向上疏劾祖生暨大小臣十數人罪狀祖生等銜之緣他事逮向下獄事既直祖生等益恨因抵向前獄失出命大臣鞫之獄具烜赫向不少挫竟貶雲南多羅驛驛丞直聲動天下後再遷廣東瓊州知府瓊州珠池產珠其僕私市一珠覺之遂投珠於海以入覲卒京師

王瑞 字良璧望江人成化己丑進士授吏科給事中於文華殿抗言內寵上震怒瑞倘次第指陳晉都給事中劾倖進者多以左道淫巧得美官上嘉納詔吏部降四人黜六人下九人於獄時久旱厥明乃雨雪學士楊守陳呂爲瑞雪歌有聖主無私從直諫皇天有感兆時豐之句甲辰京師地震上疏黜權貴轉湖廣布政司參議以請告歸瑞居言路十五年凡面奏疏參皆朝廷大舉動犯顏敢諫詳具國史名臣錄弟琚從子材皆進士

周璽 字天章太湖人弘治丙辰進士累官吏科都給事中逆瑾專權璽疏其擅改成命竟違詔旨疏上瑾銜恨矚遷順天府丞使

去言路時錦衣衛指揮楊玉誣璽以蔑視使臣矯
制下獄令玉自鞫玉杖之三十璽畧不少屈曰吾
死不足惜令忠義畏懼可惜耳璽聞之益怒又加
杖之遂死於獄後璽伏誅正德朝賜祭世宗即位
復賜祭廕其子 李楫 字濟之懷寧人弘治乙丑進士纂修
孝廟實録既竣授南昌推官著聲明
允擢監察御史按山西宿弊搜剔至忤當道謫判
沔陽移泰和知縣從王守仁平逆濠之亂進寧波
府同知歷陞青州參議時苾部弗緝協贊臺臣往
征之賊平録功有白金文綺之賜尋乞歸雅意吟
咏有盛唐諸作者之風 丁楷 字汝正懷寧人弘治己未進士
授金溪知縣著廉聲擢監察御
史往按廣東所至風裁赫然有所論劾不避權貴
以疾卒于官藩臬諸君往視其笥索然咸曰眞御
史也因賻之歸 錢如京 字公溥桐城人弘治壬戌進士選
監察御史所至有眞御史名陞副
使兵備天津武宗南巡經費不擾時論韙之累擢
至右副都御史巡撫保定等府歲大饑悉心賑濟
請發內帑數萬緡民賴以生轉兵部左侍郎大同
兵變京協贊籌畫有功兼左副都御史提督兩廣

軍務所轄土官多相仇殺獄未決疏請襯土官職許立功自贖兵不血刃地方以寧陞南戶部尚書改刑部因病乞致仕家居卒之夕有大星隕於城中事聞贈太子少保諭祭葬

雷宗 字希曾桐城人弘治壬戌進士授知汝陽縣縛有善政擢監察御史正德時征霸州劇賊奉旨監諸軍風裁凜然以功見忌於同事誣之被逮謫劉陽典史轉知崞縣甫至即告休宗鯁直不阿廉潔自大家居二十餘年貞志甘貧惟鬻醯自給清風令節士大夫咸推重焉

蕭世賢 字若愚桐城人弘治乙丑進士任刑部執法不撓豪强憚之時有巨獄諸所連逮爲之平反甚衆擢守嘉興蒞前守楊之賢揭其行事於堂奉以爲師歲葺羨金千餘却織造祿銷三百餘疋立三館以造士文風蔚興監司上其治行第一朝廷褒奬者三擢湖廣副使卽日去嘉人追送太湖樹遺愛碑未至湖廣道卒囊無餘金以故服殮焉詩文力追漢晉所著有梅林集諸稿

李淳 字元朴太湖人弘治壬戌進士任行人擢刑科給事以忤逆瑾轉浙江僉事適浙東盜起淳督兵勦捕之會有星變出揚州分淳曰

杭必有災令民間備水以備已而杭城果火因有備不爲災復調廣西按察司僉撫江土徭爲患及苗民讐殺淳督征應機決策平之

何唐字宗堯桐城人正德辛巳進士少孤貧沉潛有大志以斯道自任嘗布袍蹻蹻過大司寇錢如京第京方宴客帷錦綺觴金玉問唐至易以練綃瓦缶乃迎入其爲人所嚴憚如此初授南兵部主事有直指餽金戒使者致而去唐固辭不得乃易錢周九市之丐曰代直指爲惠耳後因事忤中貴告歸不入城除夕騎驢抵邑元旦謁文廟不投刺有司有司致餽皆謝之作日省錄夜則披閱自省因以省名齋學者稱省齋先生

汪鑾懷寧人正德己卯宸濠擁衆攻城北鑾遇賊被執脇令諭城中且誘以崇爵鑾至城下大呼曰王師已破南昌賊困極將遁可堅守厲罵不屈賊解其屍賊退後衆大爭噉一犬守護之遂不能進見者知係鑾犬因知爲鑾之屍也有司狀聞詔旌其門

吳鯉字擢如懷寧人正德庚午舉於鄉知蔚州水檗自甘時總兵官劉定之以星誤論死待罪軍門人多稱寃鯉與劉未謀面入見督撫備陳輿論之公力爲

解救得未減蹤年歸里劉遺以金鯉堅拒不受　余珊字德輝桐城人正德戊辰進士授監察御史遇事敢言不避權倖乾清宮災疏陳弊政尋以發中貴人奸賍謫之下獄杖幾斃謫判安陸州復擢知澧州嘉靖改元詔起言事落職者擢江西僉事平梅花洞大盜尋擢四川威茂兵備副使大禮成應詔上十漸疏剴切萬餘言俱中時弊朝廷韙之再補湖廣副使陞四川按察使卒　齊之鸞字瑞卿桐城人正德辛未進士官給事中疏禦邊弭盜深切時務武宗幸江南之鸞首唱疏駕卒同輩伏闕號泣移日上意始沮復疏濠宜亟治未幾反狀聞上欲親征之鸞面請回鑾及駐蹕南都復著回鑾賦以寓諷諫江彬等誣王文成通濠之鸞受命會問前後論救凡十上疏世宗即位擢僉寧夏乞發內帑賑饑抵塞調度多偉畧還朝夏人遮道號聲數百里隨除河南按察司提學副使文風丕變歷順天府丞未之官卒所著有蒙川集入夏錄奏疏若干卷行於世　吳檄字用宣桐城人正德辛巳進士少有氣節初授襄陽推官決疑獄賑饑民綽有能聲歷官戶部轉兵部武選郎

中都督僉事姜奭奏邊功乞陞職方議可乃下武選擬官檄曰法斬首二百以上者陞一級奭首獲未滿八十當賞不當陞況其功猶未覈耶大司馬張瓚乃愧服劉民譽者其父從世宗起興藩賜錦衣衛指揮民譽欲襲職張瓚主之檄曰法非汗馬功不世今其父從龍爵耳焉得襲瓚必與之檄固不可瓚自爲劄以千戶請詔不許檄亦以是外補清介之操始終一致

吳自峒字石蘭檄之子嘉靖壬戌進士授行人以清望選翰林待詔克裕王講官正色開陳穆廟即位以青宮舊屬擢尚寶卿尋遷太常寺卿自峒詞林時雅與張居正善及居正柄政無一字相通轉南大通政旋以計典議外補遂歸居正卒士大夫交薦之平不起

何思鼇字子極桐城人嘉靖間貢士相國如寵父也性至孝其仲父何岫富而無子欲繼之思鼇歎曰父母可以金易乎因固辭屬其從兄以代時年甚少也官棲霞令棲爲海壖瘠邑賦恒不及格思鼇勸農予耕具棲人感激愛令後所輸賦視常額倍之倭震於鄰大吏下防禦檄十策費且擾思鼇堅持不可棲亦安堵如故會二子相繼舉於鄉

遂引年歸子如申如寵以如寵貴贈大學士

戴完字仲修桐城人嘉靖甲辰進士官戸部主事分司德州羨金悉入之入藏大司徒廉其貧復以視太倉完乃故謁夏相國曰完病脾太倉當今食若何夏笑曰君故廉不欲太倉耳改刑部郎時嚴嵩用事忿完名高冀得其私謁完竟不往會同部郎張翀上疏劾嵩杖戍夜郎嵩偵其疏與完合草遂出補貴州僉事盜賊時發完名其陬邑土官杖之而以恩撫其子土官畏服在任三月威德大著托病歸惟研窮理學獨宗王新建與張甑山羅近溪耿楚侗王龍溪往復論難性命之旨多所發明家居四十年無所干謁年七十七卒著有昌萬曆庚子舉人者有顯萬曆甲辰進士者有昂太學士

金道字達生灊山縣人号幼性穎敏好學博極群書與人譚上下數千年事竟日夜娓娓不倦故于金產積書三萬餘卷朝夕沉涵其中初慕陸子靜學以簡易悟入爲宗後豁然曰無戒慎功終屬影響自是尚讀朱子諸書因知德性不能離問學而耽空守寂墮入禪趣不特背程朱之門庭亦非象山之初旨也故晚年于正學深有得云

黃

應甲字汝第懷寧人少習韜畧善騎射爲百夫長嘉靖乙卯夏倭突撫關甲以一旅禦之于姑蘇倭不得入壬戌中武會試第四名屢遷粵西都事制火器造戰艦皆出心裁爲世所師海賊曾一本犯省城力拒之而遁先是古田之賊久叛侵奪縣治積百年朝廷命重臣督師四十萬進討甲乃破盜廷之議分七道進兵其三門一道最險惡身自任之出奇搗虛大兵遂得入盜俘斬萬計久失之土宇一旦恢復其最著者在平廣西哈喇𠷈賊韋金抱廣東峒賊鮑時秀奇謀秘計出人意表三擁旄節威震一時後晉大都督驃騎將軍世襲指揮僉事所著有軍節所畧博愛心鑑兵書子宮聲嗣以平劉汝國功晉指揮同知詳具瞿九思三朝武功錄

於惟一字德夫懷寧人嘉靖癸丑進士任南工部主事守間嚴愼適朝廷所寵方士陶真人夜欲斬關出惟一繫其行舟時閣欲甚熾大爲沮喪御史吳時來疏參權相嚴嵩被謫出都惟一獨祖餞泣別嵩銜之出守太原値歲荒民相食捐俸賑濟全活甚衆皆相呼爲於家兒直指按部大肆貪婪惟一即日挂冠士民奔赴院門群呼

還我于守晉王上疏懇留尋陞陝西副使巡撫王懷邪搆陷之惟一即歸事載大原名宦志

吳**宗周**字文甫懷寧人嘉靖丙辰進士授黃州府司理執法平允後補漢陽值景王王初之國下令稅民田宗周獨持不與毅然上書於王王悟事遂寢漢陽人肖像以祀焉

阮自嵩號思竹懷寧人嘉靖丙辰進士官刑部時中貴黃騰挾勢欲脱人大辟嵩執不徇屢觸權要嚴嵩父子銜之後補儀曹謫判沔陽以官銀抵逋負脫二百餘人於獄景藩閹豎侵奪民田嵩繩以法致干祭奏世廟原其無罪再判濮州均治河之苦役後復忤當軸以滄州守歸

韓棟字迴高懷寧人嘉靖辛酉舉人令江夏簡素不媚上官一日張居正子省試出有陳臬入省者爲張宴於黃鶴樓屬令治具初有藤坐主辦貸於縉紳家公子登而屢顧之陳臬使人告令買以爲獻主辦數往不得臬竟下重貲乞之棟扣几而歌即下堦解衣冠上書乞骸骨歸耕鑿自給三十年不到城市自正德來風節高素以棟爲冠

盛汝謙字亨甫桐城人嘉靖辛丑進士授行人擢御史按關中歲饑民嘯聚爲寇

汝謙設糜賑之計擒倡亂者數人餘黨遂解按畿輔歳大饑疏請帑金六萬設賑全活甚衆汝謙綜核吏治一以懲貪勸廉為首務尤崇奬孝友不幸者必懲以法遷光祿寺少卿時嚴嵩柄國汝謙獨守正不阿尋乞歸嵩敗累遷南太僕卿轉操江僉都御史南京貢院號舍故用蘆葦士苦濕隘汝謙捐捧修拓改用磚甃尋陞南戸部右侍郎請告歸桐故無城汝謙倡議建之後流賊蹂躪江北桐人得以保全汝謙之力也

阮鶚字應馬桐城人嘉靖甲辰進士授刑部主事決究獄鋤强禦有聲擢監察御史以才詔提督學校巡按北直隸陞浙江提學副使禦倭有功陞廣西右參政未任郎擢右副都御史巡撫浙江福建等處克平巨寇三奉勅奬隆慶元年卒浙人思之立廟崇祀

趙釴字鼎卿桐城人嘉靖庚子舉鄉試第一甲辰登進士授刑部主事聽讞明允擢禮科給事中轉吏科左給事中巡視京營咸寧侯仇鸞占役軍卒釴抗疏力爭之勒士歸伍兵政一飭累遷南太僕寺少卿因署在滁滁故有陽明書院釴捐俸新之聚諸儒闡良知之學聞者興起尋以僉都御史巡

撫貴州比至偏土舍韓甸擾司印逐正官糾黨稱兵三省騷動欽督總兵等官會勦之又爲黔奏便宜六事皆議行焉

吳一介字元石桐城人嘉靖丙辰進士初授河南光州知州擢屯田員外郎工曹之役無不關中人者時修洪應樂成二殿造景王陵城廣渠門虞度無虛日一介過自滌洗諸中人罔敢冒一錢擢江西備兵會廣東峒賊卞豹等作亂令棄城走詔舉邊材京兆尹畢鏘疏一介以聞遂移節監南越軍至則選遣將卒授方畧擒卞豹破降數萬一時武功稱最進河南右布政使致仕卒桐無城一介與盛汝謙倡議以建桐人立祠祀之

金培濬山人嘉靖乙酉鄉薦以博洽多才受知於太守石簡其從父燕文學傾一時語名與頡頏家居搆別業自其二世祖金鉉爲洪武翰林檢討世藏書五萬餘卷培校閱其中爲詩歌與邑人徐桂倡和力振古道挽補德興令有惠聲以病乞歸

徐桂字子芳濬山人嘉靖乙未進士授東昌司李有能聲擢刑部主事歷員外郎讞獄摘伏多所平反尋陞鄖陽知府郡有寺妖僧緣爲奸婦女佞佛者墮其術多致傷夫命桂得

其情一日親詣佽縛主僧勘鞫律除之焚其寺鄖陽數十年之巫風一旦盡剔焉解組歸所著有丹臺集

金燕 字尚賓濮山人嘉靖癸丑進士謫選桐鄉令時海寇猖狂桐鄉濱海無城燕下車經營創築城成而寇至環攻歷四十餘日寇遁復設奇追殲之燕怡然不自居其功尋擢禮科給事中時嚴嵩柄國燕力詆其奸謫彝陵判尋陞貴溪令仕至尚寶丞致仕歸素與海瑞友善瑞撫南都燕移書勗以十事海瑞謂為三代以後一人子三廷顧廷俊廷傑皆工詩文

王嘉柔 字惟則濮山人隆慶辛未進士令從化其地僻在南徼俗多以椎埋自雄民荼毒罔告嘉柔撫字之設間諜廉得其狀擒獲劇盜萬尚興殲焉民頂禮加額咸慶再蘇以炎方勞瘁卒於官士大夫傷之程

光甸 字子極太湖人嘉靖乙未進士初任江西進賢令值歲旱民饑甸移家穀千石賑之又為地方奏請建城祀名宦

吉以升 字南階太湖人以歲薦任四川蒲江令有善政民稱曰子路重來弟以復守鄜州稱能吏時論以為二難

陳所學 字載陽太湖人由歲薦任隆平縣令

歷雲南安寧州知州歲歉捐俸施粥全活甚衆壽八旬至今安寧猶俎豆焉

龍映字仲光望江人嘉靖間明經除北京東城兵馬陞湖廣穀城令偉貌宏辯以詞賦雄一時翰林朱大韶遊映門輯其槀題曰兩山集時邑志久缺重爲纂修太守邑大夫咸奉爲鄉獻

周點字又哲望江人嘉靖壬子舉人任浦江令博學雄談好引掖後學

李彥字龍陽望江人嘉靖辛酉舉人任台州別駕歲大饑彥請典賑事全活數萬人民有鬻妻輸稅者贖完之有以孝聞者三式廬用賓主禮擢陝西漢中二守屬鳳邑履畝圭度除荒糧五百石有奇子應錄亦明經廷試第一

張澤字大被懷寧人以選貢授沅江令招民開墾攝武陵計平洞寇再補巫山却茶稅以蘇商困值大饑爲粥存活者多擢衢州別駕出逋賦者於囹圄民感泣爭輸時督府胡宗憲威傾兩浙其前驅求索無厭二千石以下唯唯澤縛而杖之尋擢贛安知州一日決淹獄五十出十餘年之寃於獄者黃明義等五十餘人特擢僉事雲南分巡安普時武定猺部鳳繼祖拒命奉檄督戰爲賊伏起執之居賊寨衣

冠危坐賊願得手書移軍門乞赦澤毗曰天朝大
臣寧爲賊作說客耶遂死之事聞贈光祿少卿賜
廟額忠節　吳肇東字敬堂懷寧人隆慶戊辰進士
廕一子　授戸部主事出権臨清鈔關以
清慎聞轉廣西桂林守愛民如子猺獞頑梗者咸
稽顙庭下因擢福建按察司副使將晉浙撫會張
居正奪情官於閩者皆弔唁肇
東獨不遣因是謫徙長沙遂歸　劉尚志字士行懷寧人隆慶
辛未進士授歸善令尋擢諫垣初張居正柄國繩
下嚴尚志上緩刑一疏歷任江西少叅浙江海道
遴將練兵營戰艦爲防倭計甚悉轉福建按察多
所平反轉山東左布政尋致仕歸終日正襟危坐
雖盛暑飲食不脫衣冠戚友貧不能婚喪者傾橐
以濟葬父躬壘負石哀聲徹林谷墓木生連理枝
人咸以爲孝感年八　張淳字希右桐城人隆慶戊
十有二子十二人　辰進士授浙江永康知
縣永吏民黠桀牘委積淳剖決如流舉治行第一
例當得銓部以忤相臣張居正授儀制司主事宗
室請譜牒每親詣京師餽遺糜費淳請於各省稽
覈宗室便之時居正母死飆淳往祭淳謝病不能

郎以郎中請假歸越七年出守建寧擢湖廣荆岳道副使歲大祲捐俸賑饑活者無數尋請告歸鄉邑有重務必造詣而行於所不便力爲民請之游於詩字二南懷寧人以諸生入太學時盱江羅近溪先生爲海內儒宗詩千里負笈受業其門與金陵焦弱侯輩結爲里社開示後學倣朱子立義倉七楹於其鄉內歲歉賴以全活者數百家吳廷楷字端儀懷寧人爲文根極理要出入經史郡邑前後以修志交聘吳應琦字景韓桐城人萬曆甲辰進士擢監察御史巡按雲南尋補浙江道按順永保河諸墻相戒勿犯累官至南京大理卿尋致仕歸年八十餘終倪應春字申之桐城人萬曆丁未進士授上杭令爲政平易近民擢御史數陳皆軍國重計明光宗賓天引春秋世子不嘗藥正紅丸之罪李選侍之移宮也羣議鼎沸乃上仁義兼盡之疏及楊漣去國復抗疏保留一時歎其正色晉太僕少卿阮之鏘字南阮懷寧人澹然塵外詩文卓爾不羣尤工草書筆法峭肆近於旭素容士賓字寅主懷寧人甫髫即賦四時歌行皆古韻可誦後

爲詩益奇縱幽異長篇輒百餘韻海門修禊諸作獨稱最焉

范崇仁號半醒桐城人邑諸生隱居好讀書精文學年九十猶能口誦古書數千卷時趙銳字子恒者年六十亦好讀書苦目瞑曰天其忌我我傅也崇仁曰我多君三十年君弟坐我以口寫君以耳觀天安能忌之

汪萬頃字叔度桐城人邑貢士博學多才工詩文詞賦嘗讀書投子寺寺後有井因僧洗垢遂涸是時歲旱萬頃爲文告井水遂湧出亦一異云

侯珣桐城人邑諸生博洽善文嘗衍蘇氏迴文詩三言四言五六七言周旋出入邪正方圓共得詩八百首其爲文閎肆秀麗亦烟霞娛志飄然隱君子終身焉

方鯤字羽南桐城人少爲名諸生長而切劘經學謂詩文小道非儒者所急會豫章人葉兼山講易桐城與鯤語歎其夙慧遂盡授之自是專研三易推河洛縱橫之圖以測古人制樂用兵之法往往悉合黃宮詹道周何侍郎楷見其所著易盪嘆以爲從前所未有也

金憲字廷紀潛山人年十五食餼宮牆爲詩歌古文筆不加點補國學積書史吟詠自適視弟子若已子嫁弟女若

巳女里咸稱天性孝友著有思補亭集天香館詩二十餘卷行世弟表字廷宣才貧瑰瑋所有二難之目

黄朝相字六仲灊山人邑諸生十歲能詩輒琳瑯可誦博學善詞賦

王世薦號見思潛山人博極羣書自經史子集外天文曆律地志稗官及二氏之學靡不淹通詩力追漢魏盛唐爲文落筆疾如風雨晚年學益富詩益工著有華鬘集

金道合字洞觀潛山人嗜古博學弱冠節馳聲藝苑先後受知於督學暨守令倒屣式廬者二十餘人一時門宇車滿生平世味泊如以明經訓餘姚與葛寅亮倪元璐諧三年俸錢盡市書籍分給族姓丁丑移楚黃諭與邑令爭雪諸生冤不合歸所著有瑶草山房集史評集杜共八十餘卷行世

陳邦符潛山人穉禰失怙母萬氏年二十守節符甫數歲母誡之曰兒能煢讀父書庶不負母恐死意也符聞感泣就塾師出入必稟母命父遺產二十畝竝推讓於叔父以教授生徒支月俸爲母養母卒廬墓哀毀骨立萬厤辛卯纂修邑誌壬寅恩選歷睢寧宿遷建寧府三學學博所在敦師範紹明聖學爲士林宗後陞

潞府審理致仕年八十八祀鄉賢

葛遠翀字凌虛潛山人篤友愛產盡推昆弟惟以一經授徒力學攻名理當貢而卒鄉人惜之

汪昌應字爾麟潛山人邑有鬻妻償逋者應爲贖還濱河大水漂蕩男婦棲木杪應舟載稻百餘石忽聞哀號傾稻載之歸

涂榮臺潛山人十三歲從從父皖川講孟子浩然章退而著知言養氣論年二十三補邑弟子員教授生徒必以省身克已爲要對人寡言笑談極理要娓娓終日不倦一時英俊出其門所著有克已錄四書辨疑性理集成諸書

丁世麟字夢生潛山人以明經任涇縣訓導署縣事因守城救荒有功督學直指交章薦之銓部優敘會世麟卒不及見卒之日圖書數卷而已

馬士式字月川太湖人貢生授河南登封教諭善古文詞邑名士多出其門訓課有方當道薦陞本縣令一載大著廉聲所著有四書正業詩經講義

宋宏中字宏宇太湖人力不能購書向人借信宿輒還或訶其速答曰已識之矣夜與友同行經碑左友曰碑刻能摸索否宏中手按一過不移時誦述如覩所作皆古博

輿衍士林宗焉**李之讓**字太初太湖人父丞逝母劉氏紡績教誨後得祿而母死不衣帛食甘以母在時貧故也司教桃源值歲旱士多饑死者有司猶嚴督逋賦讓號訴請免不聽遂棄職歸

黃之正字貞子太湖人貢生授新會令未入境海寇攻城甚危有止之者曰城且旦夕下矣正厲聲曰既膺簡命則我新會主也安忍秦越視之毅然從間道抵任時城中食盡正內籌餉外設備衣不解帶者七十餘日賊始散去

吳泰字碧溪宿松人嘗於姑蘇雪夜吟梅花詩百首時競傳焉著碧溪文集行世

石譽字試菴宿松人食餼教授太湖望江得節穀歸分濟貧族隨口陳說皆成格言里中化之

高弘量字心完宿松人以明經授處州教授時處州守陰揭一士挾之取印量堅不從守怒聲色俱厲終不能屈亦不令本生知

朱侍臣字胡明望江人少負高慧用明經分青陽教出長安途遇大警德州兵寇雷績祚要入城畫守具德竟無恙克復東兗大中丞王永吉又要之同行侍臣任青陽兩載日有聲稱隨解組歸

龍子甲字汝成望江人

倡明古學以明經擢山東濟陽令濟陽有馬政之苦歲耗萬金子甲廉得狀遂釐其弊會妖賊鄒勝作亂東方奔潰所接壤無堅城子甲從容料守禦清野堅壁卒無恙母徐氏年九十歿其居喪猶孺子泣所撰文辭多蒼秀深渾如兵法河渠諸書尤究心著評古編多奇論晩嗜易別有發明

胡弘仁字德恢望江人由明經授江西龍南令嚴明不避權貴有只飲龍城一口水之謠卒於官櫬歸人攀舟不忍舍

顏素字質卿懷寧人萬曆進士授中書舍人尋丁內艱不復出結廬石門窮究古今尤邃於易再起南大理歷尚寶卿日與袁宗道焦竑諸人相切劘仕至應天府丞所著有易研詩文十數卷

吳嶽秀字幼鍾懷寧人宗周子幼穎異端雅喜錄古人嘉言懿行年十二爲督學黃御史所賞萬曆庚辰成進士授中書舍人與同年顧憲成諸人講學東林以道德文章相砥礪世號五君爲一時麐鳳遷禮科給事南北兩垣如請立皇儲彈貴戚鄭成憲諸疏慷慨披瀝人或危之秀處之坦如直聲大震神宗嘗宣入便殿賜硃平錠扇四柄蓋特恩也卒以忤權貴出爲

河南右布政兼按察使僉事溢任期月遂陳疾乞歸築方丈一室收號遯齋朝夕考究其言行爲時師法晚年謂湛甘泉隨處體認天理之語爲學者入聖之門大書於室並作自警語云儼龍見於尸居小心翼翼聽鷄鳴而蚤起爲善孳孳學者謂二語爲自寫所學云

江見龍懷寧人操行嚴正萬曆甲午鄉試爲李廷機所拔士後授閩南平令首重諸士廷謁禮勉以氣節未幾引疾乞歸無以爲裝胥吏持羨進龍曰不治其事敢貪其利乎卻之

洪雲翼號望冶懷寧人博洽工文詞萬曆間以明經任浙江宣平令解組蕭然賣文自給壽九十有三

容若玉號崑石懷寧人萬曆甲戌進士歷陞江西嶺北道履任卽值岑賊嘯聚廣中和平諸境玉以一人攝藩司事兼程假節鉞鎮之出兵於大龍保要害因檄嶺北兵截其歸路遣諜者火其巢賊失據一戰縛之

任可容字子賢懷寧人萬曆丁丑進士授中書舍人轉工部員外郎擢處州守處舊有橋稅足佐公需因詳停議蠲屬邑有以香簞進者中匿金懲解役遣之轉惠潮道嚴飭武備壁壘改觀一創倭於碣

石再創倭於南澳有出海船三十餘隻稱係總督家丁容盡逮置法又南澳擒洋商五十四人總督誤以爲賊容力白其冤釋之尋轉本省鹽屯道卒於官

葉隆光

懷寧人萬曆庚辰進士官吏部員外以疏諫早定國本削籍去家居杜門謝客惟繙閱詩書而已辛丑年卒光宗立詔求當日言事獲罪諸臣贈太僕寺少卿

徐堯莘

號寶嶽潛山人萬曆丙戌進士歷永州知府以卓異調荊州中官陳奉開礦沙市掘冢瀦室道路以目莘約其騶從不得逞劉大將軍珽征播調兵數省途出自荊民爭避之莘爲經紀信宿地皆獲安堵
上嘉其勞錫以銀爵內鑛播功欽賞考最歷參山東河南晉廣東按察使平反欽獄踣雪數百人擢撫延綏不果赴裝槖蕭然家居布袍草屨與顧憲成袁黄訂性命交袁宗道以不言而躬行稱之

李廷栢

字三望望江人萬曆丙子舉人知平谷縣縣爲邊徼廷栢飭備靖民夜戶不扃

楊材

字遜生懷寧人萬曆巳丑進士漳浦令轉戶部
奉堂帖給散京城各衛軍餉前官多侵牟材每一散營歡聲動地直徹京垣比傳旨查核部奏楊主

事秉公散餉軍心歡忭隨遷吏部考功以執法忤當軸遂歸光宗立起南太常少卿轉左通政任

國楨字士彥懷寧人萬曆庚戌進士歷轉至兵備山東崇禎初京師戒嚴楨振旅入援犄角楚臬以母老遂乞終養服闋而卒國楨性敦篤撫諸孤姪如己子嫁諸孤甥女如己女孝友至誠人方之嚴挺之范希文焉

何早字自夫懷寧人萬曆癸丑進士丁卯巡視下江適璫李明道督淮漕建議民運早條其不便疏爭之削籍去崇禎戊辰銓部交薦尋奉有鯁直端方之旨賜還歸里

程之魯字禹璜懷寧人萬曆丙午入闈主司以乾清宮災發策舉五行爲商魯援引洪範傳並鴻烈諸說更出主司意表及疑而置焉阮自華序其詩以爲奇秀蒼妍有雲浮波騰之致所著有文春山房稿

童自澄字定夫桐城人萬曆間布衣初見張甑山郎毅然志學家貧不事生產嘗自言曰泰州起布衣爲餘姚高足彼丈夫也遂交四方講學之士弟子彌衆建輔仁會館於棕樓澄坐卧一小樓怡神養氣年八十顏如童自號其居爲靜齋

吳應賓字尚之方伯一介子少穎

異母孫氏夢星入户而生五歲入塾日誦千言十四傳覽羣書登萬曆丙戌進士授翰林編修數年告歸居鄉四十載惟閉戶著述淡於性命之旨撰延陵家譜戒子弟以敦睦宗黨爲要天啓中同里左光斗方大任交章以理學薦特名病不克赴加左春坊上疏極論時政所著有宗一聖論性善二書學庸釋論行世門人稱爲宗一先生

方學漸字達卿桐城人志濂洛之學講學桐川秋浦間揭性善之旨又爲族人建一本祠作祠規一本古禮弟學御官臨湘令稱廉吏子大鎮孫孔炤俱進士

方大鎮字君靜桐城人萬曆己丑進士授大名府推官反疑獄全活百三十人擢御史以病乞歸丁未起巡鹽浙江尚風節崇理學特疏爲檢討陳憲章布衣胡居仁請謚尋按河南奏減福藩莊田再請褒崇理學名臣鄒元標等尋遷大理丞晉左少卿力疏經筵四事時憲臣建首善書院於京師聚同志講學大鎮與焉羣小排斥理學毀書院大鎮筮得同人於野遂號野同公隱白鹿山與門人講學不輟作居敬論六篇所著有開斷錄桐川講義易意詩意禮說人稱爲文孝先

生

葉燦字以沖桐城人萬曆庚子舉人爲孝廉十四年貧事筆耕潛心理學癸丑成進士官編修已未同考得士十九人遷國子司業士習競浮燦爲開示名理進以古學以魏瑞故落籍崇禎初起掌院事教習庶吉士以陶淑人才爲務轉南京吏部侍郎禮部尚書以病乞致仕著書數百卷卒謚文莊長子士璋官戶部郎中孝友篤行著有含香亭稿次子士瑛崇禎甲戌進士有文名世其家學

陳朝棟號磻石桐城人萬曆間諸生賦性凝重初解論語孟子即謂聖賢可學其師笑而異之工制藝長而殫精宋儒理學諸書以爲大道務在躬行苟操履弗篤即得程朱正傳僅從事于議論著述之間亦未免文多實少也生平孳孳以求寡過無一事不可告人而事親純孝父有愛姬憐其無出援他人子爲姬後朝棟知父意悉舉產殖推與之而自取其瘠者緣是得貧終身怡然不少悔所著清越樓日錄三易露箋等書皆發明聖賢心要學者宗之稱爲孝醇子

左光斗字共之桐城人萬曆丁未進士授中書舍人擢監察御史視屯政乃請以屯入多寡爲殿最使人自

爲屯又請置屯學因屯糧制餉其年入穀數千鍾李年倍之神宗不豫瑺劉朝等矯東宮旨索世廟戚畹絕莊光斗封還不啓及改督學政具人倫之鑒光宗登遐康妃李氏尚以選侍居乾清宮於是中人有垂簾之語廷臣憂之光斗上疏力爭尋晉左僉都御史與副都御史楊漣相倚重時內瑺魏忠賢橫恣誣殺朝士漣乃疏列忠賢二十四罪光斗繼之疏未及上而謀泄兩人以一日同逐羣憾猶未快因起大獄光斗與漣首及逮詔獄坐贓議移宮及受遼撫屯吏金厲刑拷掠垂盡其弟光明陰爲左右之諸燕趙好義之士及嘗被簡拔者刀釀金代輸所追數而光斗死杖下矣崇禎初詔褒遺忠贈都御史再贈太子少保予三代誥命賜祭葬官一子謚忠毅

張秉文字含之桐城人萬曆庚戌進士授戶部主事督榷臨清有廉聲累遷江楚閩粵司道所至著績在粵勦海寇李之奇等全省安堵崇禎中仕至山東左布政使己卯春濟南城潰與妻方氏皆殉節贈太常寺卿

方之綱字振宇桐城人少與其弟之紀以篤學見稱里閈萬曆丙子舉於鄉謁選得雲南曲靖府

推官愷慈惠明濵人戴之先是其弟之紀見縲入仕遂慨然曰兄出則弟當處吾其長謝進取專課農桑以成兄爲廉吏不亦可乎至是綱復念紀曰誰能久淹萬里外而使吾弟獨勞勞於隴畝間也未幾投簪徑歸蕭然琴鶴時論兩高之

盛世承字以烈桐城人萬曆丁丑進士授戶部主事尋改兵部歷四司凡部尚書有大機務皆倚之以決出爲副使備兵大同時邊事旁午文牘塡委世承馭以鎭靜涖任五載威信著聞轉陝西右布政蘭州機戶疲于貢緘世承力蘇之隨擢四川左布政會有事於播播平又爲善後之策蜀人賴之病免再起以原官備兵陝西按行部中墾河灘荒地至千餘頃爲秦中世世利

方大美字黃中桐城人萬曆丙戌進士授常德推官多所平反擢御史巡按江西抗稅璫飭吏治尤好士故事校士皆屬學使者大美獨以拔孤寒羅英俊爲已任所培植甚盛轉按河南其剔奸造士亦如江西時中州大旱捐俸賑荒全活萬人還朝糾遼璫督大工一時績最擢太僕寺卿卒於家

吳用先字體中桐城人萬曆壬辰進士令臨川七年以

户政徵爲戶部主事旋改職方典閩闈稱得士歷儀曹遷浙臬爲政平恕任德黜刑歷浙左右藩擢都御史撫蜀時播州亂大將劉綎以議餉不進用先躬帥師先之督綎合戰戮力勦撫數月蕩平尋因病乞骸上憫其勞特賜考績予告家居八年起銀臺晉少司空時論推轂知兵改樞貳總督薊州建防禦十策籌畫不遺餘力會璫禍起致政歸卒於家崇禎初賜贈廕祭葬所著有周易筏語寒玉山房等集行世

胡瓚字伯玉桐城人萬曆乙未進士初授都水主事分司南旺自北河而南凡五差兼督泉閘泉司駐濟寧泗水所注瓚修金口壩遏之時議徵稅濟寧力言不便而止以疏濬運道有功加俸一級累擢江西右叅政督理糧儲凡三督運至淮飛輓無滯旋予告歸里建祠置祭田宗人德之

何如寵字康侯桐城人萬曆乙未進士選翰林編修陞祭酒禮部侍郎陞本部尚書歲餘晉武英殿大學士如寵素弱與諸臣日夜承旨畫天下事辛未主會試毎得卷必焚香禱於天務得真才收實用嚴是科稱得士試畢遂稱病乞休予告癸酉復遣行人以元輔召力疾就道至

臨淮乞休益力爲人博大坦彝在前後諸相問以度勝故特爲正人所歸遣官存問如寵所上有獨見其爲相以培元氣達大體爲務卒贈太保諡文端予祭葬皆加等子應璜以蔭爲刑部郎中廉幹明允譽冠其曹出守贛州民以龔黄戴之孫亮工舉人采進士官諭德

馬孟禎字泰符桐城人萬曆戊戌進士擢監察御史孟禎孤立行已意不避彊禦如摘制科之弊剪左道之惑辨一代藩之立爭福府之田疏凡百七八十上直聲振一時然不以毛舉激辯爲能如巡視銀庫奏免報羨按鹺長蘆捐金修堤積穀賑旱疏汰浮稅以蘇商困巡山東時福藩之國千里内雞犬無擾者孟禎力也立朝言議切直林居温惠慈祥接鄉黨以恩御子弟以禮皆爲當時所重云孫之瑛崇禎庚辰進士

姚之蘭字汝芳桐城人萬曆辛丑進士授海澄令開九都水利化斥鹵爲沃壤居人德之遂名其地曰姚巷累官南禮部郎杭州汀州兩郡守所至有聲汀地僻民瘠適朝議加餉乃搜府藏所餘者佐以贖義新餉五千金完如額不以累汀民督餉使者以聞將有不次之擢乃念母春秋

高以終養請詔許之仍曰無有如汀守之急公而愛民晉秩副使以榮其歸焉

姚之驥號渥源萬曆丁未進士為人方正尚氣節力學篤行桐士多師之仕湘潭令絜已愛民以勞瘁卒於官祀鄉賢名宦子孫林孫森別有傳孫文燊舉人文燮進士

方大任字玉成桐城人萬曆丙辰進士初任元城知縣奏最擢監察御史會魏忠賢墳塋越制特疏糾之削籍崇禎初召還復官尋陞都御史巡關時督撫王應豸以苛刻激變大任奏旨廉訪上遣中人尾之歸奏如出一詞上嘉嘆已巳巡撫順天以疾請歸所著有霞起樓集易解藝語偶存諸書藏於家

方孔炤字潛夫廷尉大鎮子萬曆丙辰進士初任嘉定州發奸如神以執法忤范侍郎脫高舉人於獄調福寧所至有聲入為職方郎會魏忠賢欲封其兄子良卿為伯固執不覆遂削籍崇禎戊辰起視事晉尚寶卿歷陞都御史巡撫湖廣時總理熊文燦主撫議招賊張獻忠於穀城孔炤獨上八策言撫之誤與督師楊嗣昌不合嗣昌乃獨調楚撫軍援襄陽以孤軍支展不及致有香油坪之敗遂逮置諸理然孔炤在

楚九戰八捷其一衄也爲嗣昌所陷天下寃之旋白得召見尋任河北屯田都御史解職歸

姚康原名士晉字康伯後以字行桐城人萬曆間諸生博通經術雅肆力於詩古文辭而所慕效尤在弇州崇禎中有以賢良方正舉者謝不就史可法鎮皖延爲記室一時軍務多所商搉所著詩文甚富惟太白劍二卷行世

江之湘字楚望桐城人少擅文名凡經指授爲制藝者率致通顯萬曆戊午登賢書官四川峨嵋令有異政曾鞫寃獄多所生全人咸稱之

何如申字仲嘉思鰲子萬曆乙未進士授戶部主事日咨討本曹故實大司農器之歷陞至浙江右布政引疾歸惟圖書數卷人稱清白吏

黃文星字辰北潛山人萬曆癸丑進士初令福建同安以廉辦稱甫越月颶風發民居幾盡文星輟訟一載復其廬舍調清豐治績益著內名任駕部郎勤瘁職守卒於京邸扶櫬歸行李蕭然

馬人龍字霖雨太湖人萬曆甲辰進士授戶部主事以犒邊奏績奉命榷潯江稅賈人德之爲立祠焉陞湖廣黃州守調武昌治聲益著轉本省督學副使校士公明衆論

肅服補三關兵備轉粵西桂林道時苗徭犬訌人
龍修戰艘繕城郭禦之轉楚右藩有楚才錄焦園
草行　朱應麟字仁吾宿松人居陳漢山積倉萬石
世　萬曆戊子虜劉二賊踞長溪兩臺調
兵進勦檄麟母儲糧爲清野計麟奉檄一夕燬盡
賊平詔縣給銀五百兩堅辭請充客兵回餉題敘
授都　金忠士宿松人萬曆壬辰進士爲御史劾奸
司　弁袁守時中貴邢隆立寢稅銀一十
五萬江南民獲更生巡按貴州浙江河南三省定
水西討路苗降思南賑澇平獄招撫流移因建言
忤旨左遷福寧道陞按察司備兵榆林遷右
藩擢撫延綏尋卒於邊諭祭葬贈廕有加禮　石汝
瑩宿松人萬曆乙酉舉人守沔陽州載薪米赴任
曰吾所飲楚水耳舉循良卓異祀沔陽名宦
方際明字奉嚴宿松人萬曆丙午魁南
闈官姑孰廣文纂修太平郡志　姚孫棨桐城
人天啓壬戌進士初筮龍游令請停商稅商民祠
祀焉再補泉之晉江瀕海地爲鹹潦所淤饑民流
離孫棨捐募糴穀以賑全活數　左光先少保忠毅
萬尋擢西臺章奏悉中時弊　光斗弟居

家以孝友稱天啓甲子登賢書筮仕建寧令以異績入西臺先按部兩浙勤卹民隱周數官方疏凡百餘上悉報可生平不避艱險

黃自泰字體白太湖人天啓丁卯舉人歷主事奉差採銅湖廣常府不擾民不病商陞湖廣驛傳道泰才雄學贍磊落不阿厚鄉黨敦聲氣

阮之鈿字實甫懷寧人以劉若宰薦授穀城知縣時總理熊文燦主撫賊令張獻忠屯牧穀城意欲積粟待時而發鈿密報熊文燦勸其設備燦不聽獻忠果復叛鈿刺血題壁云讀盡古聖書籍養成浩然心性今日殺身成仁不愧賢良方正書畢端坐邑堂賊邀之鈿厲聲曰我命吏豈從賊乎遂遇害事聞贈太僕寺少卿

孟振邦字維新安慶衛世職也乞休歸養史中丞可法強出視衛篆晉秩參將左兵陷城遂殉之月餘始得屍尚顏色如生

劉若宰字頴平懷寧人崇禎戊辰廷試第一以宮諭充日講官會進講修巳以敬章反覆陳說上微倦斜倚御座宰旁引五子之歌曰爲人上者奈何不敬上爲端坐聽之聞母微病五疏乞終養情詞悲切特允之

汪

游龍字六御懷寧人崇禎辛未進士授廣東靈山縣令接壤交趾蛋戶黎人時煽爲亂龍至練兵設險民賴以寧調繁番禺值海寇劉香入犯龍親決戰不避矢石香卒成擒擢御史按閩漳紳黃道周以劾楊嗣昌被謫龍力疏救之未幾卒於官諸僚屬往殮發篋視之唯敝衣數襲咸爲泣下

顏渾字伯通懷寧人崇禎庚辰進士名對稱旨授吏部主事憤要津持銓司短長乃倣宋范希文百官圖分註小冊遇有囑託者即發冊視之見者慙沮後予告歸囊槖蕭然

宜國柱字若木懷寧人崇禎庚辰進士名見奏對明爽擢兵科給事中凡經國要務建白十餘疏咸得溫旨尋以母老還里

江夢鶴字菊常懷寧人萬曆乙卯鄉薦崇禎中任信州同知時流寇交訌鶴按戚南塘遺法勒部選才以儲可用署上饒玉山鉛山諸巖邑事發奸摘伏政紀肅然平生以經濟自命尤留心道學

夏統春字元夫桐城人崇禎間國子生以保舉授黃陂縣丞視篆黃安黃梅有垂簾堂上置水庭下之風壬午逆賊逼陂邑統春親冒烽火衣不解帶凡十五晝夜賊僞解圍去

越五日乘昧爽潰城統春亟率數千人與賊鬬死勝歎曰事勢及此吾惟一死報朝廷耳被執不屈死

吳普昭字克明桐城人邑諸生崇禎丁丑以流賊逼率鄉民團聚格鬬十餘日詩被害妻孫氏痛夫難哭泣三月而死子先彝先耀殉之婦李氏許氏義不受辱死人謂一門五義云

尹楷字聖木桐城人邑諸生性至孝崇禎丁丑賊殺其母楷與子守母屍三日賊復至楷與賊鬬中賊項下衆賊怒矢石交加遂被害

笪光宏字宏生桐城人爲人端方有介節隨父繼武師事方明善捐貲建會館於孔城講學其中一方嚮之崇禎丁丑過流賊不屈死

左光燦桐城人邑諸生崇禎丁丑賊突至光燦被縛搜袖中得一簿知爲此方保障憾之叱問其故燦危坐罵曰鼠輩殺卽殺我豈畏死者哉賊益怒括舌斷足備極慘毒知縣張利民表之曰常山並烈請於御史黃耳鼎題旌焉

汪之璞字石生潛山人崇禎末年衆聚堡崑崙推璞與陳文露爲長流寇張獻忠環攻璞屢出奇謀多所斬獲寨賴以全嘗上勦撫八策于撫軍黃配元元奇其才留與麾下曰

吾得之僕流寇不足平也會省親歸寨遇寇於菊花岡攫獲牌票脅之降大罵不屈賊怒支解之撫軍黄聞之大慟給扁額以忠烈千古四字監軍道張亮爲致祭云

雷縝祚字介公太湖人崇禎庚午舉於鄉庚辰特用授刑部主事多所平反皖荒人相食縝祚疏請蠲恤里中賴以全活

戴君德太湖人通五經精曆律諸書搦管輒數千言所著有佛圖集古越草古史斷行世崇禎壬午城陷憤詈不屈賊擊殺之妻沈氏同媳雷氏攜兩女孫俱赴水死

何大同字于野宿松人郡庠生壬午流寇猝至被執擁至寨下曰貫而死爲我呼開寨門同不應擁之去復至一寨令之曰前堡爲汝家所在故不從今可速賺之毋緩同曰皆戚里也肯以數百人之命易我一人乎遂遇害

張鳳翥宿松人崇禎辛未進士名對文華殿授兵備副使分守承德護顯陵單騎招安土寇闖逆東下開門迎賊身受三刃扶創募勇敢卒於道朝士莫不哀之

田有年字孫若宿松人崇禎庚辰進士名對稱旨督河工著績籌度幾務多所陳奏轉浙江驛傳副使尋署臬篆疏鄧

煩理究獄暇名生童課藝刻大觀集得人甚多入覲乞終養築淸貽館與弟逢年以詩文倡和南臺著制義毛詩箋號十三經纂註行世

王之慶字修祜望江人舉明經崇禎間除福建尤溪令政成卓異因親老遂致仕家居當流寇披猖之慶聯良家子立人和社屢著却賊功殁與左光斗雷縯祚祀三賢祠

吳國琦字公艮桐城人崇禎辛未進士性警敏豁達齔初落讀文選覆三都兩京一字無舛詩古文辭數千言立就年十五割股愈父疾稱純孝初仕蘭谿令尋轉漳州司理疏沉獄八百餘案多所平反平生蔬食布袍所著有懷慈堂詩文集尚書音易占禮略諸書子弘安順治壬辰登第授庶常早卒

宋儒字文卿望江人初爲弟子員及長仕爲錦衣衞千戶典告密錦衣在明爲禁侍可立取富貴儒獨廉惠凡死獄必求其生獄囚故無籍臥輒僵死儒奏以牧象草藉之囚繫者缺食奏以無主盜贓食之遂定爲例歲甲子隣弗戒于火宋樓獨存上曰朕聞之果宋儒家也戊寅隣火又弗戒宋樓復無恙大學士楊因扁其樓曰垂祥

張映奎字聚明懷

寧人年七十猶心玩手註弗輟所著有大衍圖部子圜中圖解西銘說諸書皆濬入理奥賊陷城以義憤不屈遇害

劉應甲 懷寧人叔父母無嗣病篤遂不應秋試侍湯藥營葬一如人子禮豫章艾南英極賞其文所著有中江草

宣塗 字明瞻懷寧人初無子買妾方入室見女有戚容詢之言係維揚名家子塗即別處一室詰旦召其父母還焉聘金槩弗取

皇清

劉餘清 字不疑懷寧人五歲能日誦千言聞其父若實講隨處體認天理之語餘清曰此正學者入聖之門年十三入泮明末詔舉賢良中丞黃配懸聞於朝因受業姜曰廣之門會黨禍起姜罷餘清與諸正人俱羅罪客勸餘清謁其權貴可釋禍且辭大官餘清笑曰焉有姜某弟子而登某之門者乎順治丙申郡聘修郡志參酌明備任蕪湖司訓五載倡明絕學適奉裁小學訓導諸臺司因重餘清特請留蕪邑一員

蔣延姬 字孔緒懷寧人家貧嗜學隱居教授晚益明性理易簀時朗吟口號曰去時仍是來時人來得分明去亦明來去一空無住相碧天雲淨月孤行所

著有硯麓考門山草堂詩集

王振基字爾玉潛山人與弟揚基並以才名著久弟躋通顯從不履其宦邸惟關民生困苦者致書勸勉疏奏有裨朝政明季寇踞邑里衆避萬澗山振基設計捍衛衣食之全活甚衆年八十餘教人必原本忠孝所著伊洛薪傳麟經指掌等書遠邇傳誦捐館之夕感恩奔號者數千人哀遍幽谷至今以王慈湖擬之

王尹字亞衡懷寧人辛丑進士順德令嚴絕羨耗與除悉中民隱順素多盜尹擿發若神萑苻解散衛文課士大有藻鑑涖任三載以勞瘁卒於官

程芳朝字其相桐城人幼沉靜嗜學早孤育於其季父爲制舉藝不假師授下筆斐然年三十始補弟子員順治丙戌舉於鄉丁亥成進士對策

大廷深得開創之體以一甲第二名授編修歷贊善出督順天學政擢詹事府少詹兼翰林院侍讀學士戊戌請假歸里康熙甲辰起補原官明年出使安南還

朝拜太常寺正卿庚戌告病丙辰卒於家芳朝爲人平易正直悃愊無華天性純厚不事園亭絲竹之

娛其儉德可以風世　姚孫森字繩先桐城人進士
惜乎未竟厥施也　之騏次子博學有文
名尤工於詩公卿爭折節禮之崇禎甲戌寇亂孫
森請兵討賊城賴以安乙亥流賊圍城又隨守令
捍禦有功撫按交章題薦
皇清順治五年由歲貢授浙江龍泉縣教諭課士先
道德而後文藝儒風丕變至今登科目者多其所
造士也移疾歸里卒所作有珠樹堂文集詩集若
干卷　姚文然字若侯桐城人幼警敏嗜學厚重寡言
笑稍長有匡濟天下之志家世通顯崇
禎癸未成進士授翰林院庶吉士順治戊子擢禮
科給事中典試山東稱得人尋轉工科丁內艱歸
再丁外艱康熙丙午補掌印工戶二垣諸所條奏
皆關
國計民生而請寬大臣提解一疏尤爲得體尋陞都
察院副都御史癸丑充會試副總裁未出闈而有
命文然詳閱案牘廷平稱允尋陞左都御史疏請建
察審江南三案之
儲以重國本息勞以養
聖躬丙辰晉刑部尚書理寃清滯嘗曰刃殺人于一

時例殺人於萬世戊午夏卒於官諭端恪予祭葬盧璣字爾琛潛山人順治戊子恩薦繇任樂昌令均徭役緩催科詩陞大名別駕任五年數攝邑篆所在有聲秩滿擢永寧同知寧故南詔地羌蠻雜處璣德化所漸俗爲一變署蒙化數月振興文學晉溫州郡守甫入郡宿廟賦詩飲水誓志履任三月興利除害以憂勞成疾卒於官王嘉亨字胎元潛山人司訓靖江捐俸葺修學宮遷諭豐縣三載造士課文一如靖江臺司屢署上考汪延造字深之潛山人善屬文與同邑謝文衡陳東赤著貞勝篇二十一史說晩築博易齋專事著述有周易圖說周易講義四書講義兼山堂集史學三筆行世黃之麟字瑞白宿松人順治十年授江西興國令興界楚閩白粤久爲賊踞麟招降賊渠王大勇滅賊渠孫可貴勦梅窖峒賊曾拱宸等墾田糧二千八百石有奇士民作十頌志之韓應震字伯卿望江人順治已丑任廣東信宜令居官清愼內陞南城兵馬未出境遇賊犯信宜被執不屈而死金繼望字又呂望江人任河南宜陽令宜陽兵燹之後

招集勸墾民遂樂業擢陝西延安同知補授山東兖州府黃河同知到任卽周歷河干修築石香爐梁家樓新月諸堤賑饑民捐修曹邑學宮考最晉九江守以勞瘁卒於官

張應宸字若葵望江人平居吶吶少言及援墨揮毫若風生泉湧康熙辛亥歲儉同兄楨祚倡義賑粥活流俘以千計

阮懋棠字名樹懷寧人性好遊足跡半天下海內有嗣宗之譽父涵令關西一日忽痛念不巳辭母卽行徒步而至不數月卒于官邸所著有史晳史取脩如堂近稿諸集

高可極字爾建潛山人以歲薦任江西永豐令甫下車卽詳食鹽免充廣餉捐買馬不起民夫捐俸鼎建歐陽文忠公祠以老病去任上民焚香泣送者數十里

馬之瑛字倩若桐城人太僕卿孟禎之孫登崇禎庚辰進士皇清順治十年用薦授長蘆鹽運使經歷稍遷知定陶縣多惠政勞瘁卒於官卒後三日擢兵部主事之英潔以愛民有古循吏風惜未竟其用子教思登康熙巳未南宮第一官翰林人謂積德之報云

吳道新字湯日少負文名明丁卯舉于

鄉標格儁挺同輩莫出其右屢躓南宮授泰興教非其志也崇禎末晉秩主政引疾歸讀書白雲山逍遥松竹著作數十卷

趙煥文 懷寧人任陝西白水縣典史康熙十七年逆賊王輔臣踞境將軍圖海給煥文知府劄招撫於棧口遇賊不屈死之康熙二十二年奉

旨贈河南封丘縣主簿

劉餘謨 字艮溪懷寧人崇禎癸未進士選翰林院庶吉士甲申歸里

皇清順治丁亥補庶吉士戊子擢禮科給事中丁外艱服闋補原官所條陳弊皆切時政部議多見諸施行未幾外轉病乞歸卒

姚文烈 字覲侯桐城人刑部尚書文然胞兄也順治辛卯舉北闈鄉試初授漢陽推官轉同知以清慎著稱擢楚雄知府政尚簡靜滇民戴之丁外艱歸病卒文烈父祖以來四世膴仕而性澹泊儉約如布素識者多之有弟文燕登順治辛丑進士官德安知縣考上最行取大京候補部屬亦死取舍其用均未究云

王大仍 字願五桐城人順治丁亥進士選翰林院庶吉士性恬退乞假歸里家食九載不通一札於公府而遇地方大利害侃侃言之無所

避授編修以內外互用出補江西糧儲道叅議一切陋弊剗焉如掃民皆急輸恐後期今無欲歸築西園終老年五十八卒所著有懷堂集西園雜錄

何應璉字待卿桐城人大學士如寵姪方伯如申子也順治壬辰以拔貢特授歸德府推官剖決如流臺評稱最轉平凉同知擢守黃州府先撫字而後催科楚人德之呼艮二千石焉歸休九年卒

吳弘安字定辭桐城人國琦長子幼穎異不羣年十五補博士弟子員文譽蔚起順治庚寅以拔貢入成均其制藝都人士誦服無間辛卯中北闈鄉試壬辰聯捷選翰林院庶吉士念親老請假歸篤戀晨昏退居子舍色養備至生平究心禪悅年四十三示微疾坐化盛年偉抱不竟其用人多惜之

汪宗魯字子晃懷寧人侍御游龍次子弱冠爲名諸生順治壬辰成進士授縉雲知縣縉爲甌婺孔道民力凋瘵宗魯有畢應之才歷俸十三載以四知自凜能寓撫字于催科陞山西沁州守廉明益著擢禮部員外轉刑部郎中平反不遺餘力大司寇稱其能未幾以積勞卒於官

江南通志卷之第四十八

人物

徽州府

南北朝

汪叔舉績溪人字鵬遠宋孝建中仕爲軍司馬

程茂休寧人齊郢州長史會蕭衍起兵襄陽分兵圍郢茂移書責衍請使反正詔遷郢州刺史援絕城陷義不受梁官

明星歙縣人梁天監初爲國子生時詔定雅樂選生徒十八人肄聲容明星與焉樂成授太學博士賀瑒舉明星以助修五禮遷祠部郎從高祖祀南郊視學耕籍田祀先農除秘書監遷太常卿武帝晚年崇尚釋氏詔宗廟以麵爲犧牲明星上疏切諫

程靈洗字元滌休寧人少有勇略嘗手殪妖蜃以安鄉井侯景亂集鄉兵保歙間道奉表行在授都督新安郡封巴西侯進軍建德擒賊帥趙桑乾紹泰元年以平徐嗣徽封遂安縣侯入陳敗周迪于臨川都督郢巴武三州軍事時江

州刺史華皎反遣使招洗洗斬使以聞遂降其衆
又克周沔州擒其刺史裴寛封重安縣公卒謚忠
壯**程文季**字少卿靈洗子少從父征討必先登陷
陣靈洗卒盡領其衆乃襲封大建中從
吳明徹北伐齊文季常爲先鋒齊軍憚之號爲程
虎後隨明徹陷於周文季不屈執送長安死於獄
陳後主追贈散騎常侍謚
威悼子嚮襲封重安縣侯

唐汪華字國輔績溪人遷於歙大業之亂應郡募
平婺寇有功值兵叛郡將遯郡人請華攝
刺史以鎮一方先以精兵入宣境斬宣將陳羅安
定其衆既而杭睦婺饒四州皆下時郡治在黟華
遷治在休寧萬安山攺遷歙烏聊山奄有六州奉
隋正朔及唐高祖受隋禪乃籍土地兵民奉表於
唐封越國公太宗伐遼命
爲九宮留守薨於長安　**吳少微**歙人第進士任
左右臺御史時
天下文章宗徐庾氣卑弱獨少微與富嘉謨詞
本經學文體一變稱吳富體子鞏在中書舍人皇
甫湜字持正歙人以進士爲陸渾尉仕至工部郎
數忤同省求分司東都留守裴度辟爲判官

修福先寺將求碑文于白居易湜怒曰近舍湜而遠取居易請從此辭度謝之即請斗酒飲酣援筆立就度贈以繒采甚厚湜大怒曰自吾爲顧况集序未嘗許人今碑字三千字三縑何遇我薄耶度笑而酬之

胡學 祁門人僕射僮子也登咸通進士黃巢陣學爲先鋒功與李存孝相等後加宣歙節度討擊使學以文臣秉兵柄執銳賦詩激於忠懇故能感動三軍戡定禍亂

王希羽 歙人詞藝優博天復元年登第時已七十餘授校正時曹松劉象柯崇鄭希顏年相亞號五老榜

吳九郎 休寧人黃巢寇至舉義兵保障鄉井與賊戰不利衆潰馬上自刎奔逐半里許身方墜地馬亦死鄉人即其處立祠祀之名其地曰倒馬墩

五代

舒雅 字子正歙人南唐時韓熙載知貢舉雅以狀元登第後歸宋太宗於禁中造閣藏四庫書命雅與杜鎬等克校理後值昭文館

呂文仲 字子臧歙人南唐進士爲大理評事入宋爲侍讀學士與修太平御覽廣記文苑英華嘗使高麗後每使至必詢其出處仕終集賢院學

士

查文徽 休寧人南唐初爲御史以功擢撫州觀察使遷建州留後吳越兵據福州文徽復攻克之執其將馬文進等徽入城撫民陷伏中被執送吳越隨即遣還以工部尚書致仕

宋

魏羽 字垂天婺源人初仕江南爲判官曹彬等帥師渡江羽歸太祖受詔上言有司調選失平上賜詔褒諭擢禮部侍郎淳化中許王暴薨或有以宮府事上聞太宗怒捕僚吏窮驗羽曰漢戾太子竊弄父兵罪當笞今許王之過未甚由是被逮者皆獲宥出入計司凡十八年

謝泌 字宗源歙人登進士第知龍州三遷殿中丞直史舘時言路稍壅泌抗疏陳之王禹偁請羣官謁宰相須朝罷同時接見以防其請託泌謂不可疑大臣以私輔臣非接見賓客何以究知外事上覽疏嘉納嘗薦王旦數人皆至卿相官至右諫議大夫判吏部銓

俞獻可 字昌言歙人端拱初登第歷歸州軍事推官權領州事會李順反川峽官吏多棄城獻可料州兵屯沿江爲柵遏之晉御史建言天下所上瑞物不在圖牒者毋得以聞提點廣西刑獄平定水蠻終龍圖閣待制

聶冠

卿字長孺歙人登第司理建州名試館開校勘李照改定大樂引冠卿為檢討雅樂制度時製奉禋歌以備三疊詔冠卿及照造辭以配是年郊祀遂用焉有蘄春集河東集 **查陶**字大鈞休寧人官秘書少監判大理先是中書以朱博議法不當僉謂當今習熟法令無如陶者遂知審刑院賜金紫 **查拱之**陶之子淳化進士歷官職方權中書舍人廉行清節不愧古風 **洪湛**字惟清休寧人雍熙二年廷試見黜太宗詔南省不奏名進士許再試湛特升第三人直史館坐與宋沆等上書忤旨落職知容州後復館職歷修起居注議備綏州使湛馳驛相視條奏七利二害卒底成功五使西北采訪邊事上眷特厚焉 **魏瓘**字用之羽子以蔭補校書郎為開封府參軍與內侍督作燈山內侍詠索擾民瓘密以狀聞詔杖內侍知衡山縣山祠舊禁採伐寺僧倚中貴人輙犯禁瓘抗疏論正其罪歷提點廣西刑獄罷柳州無名之役四百人尋知廣州倡築城及儂智高寇廣五旬不能下朝廷以為功 **王汝舟**字公濟婺源人仁宗末進士以風節自許知舒城縣

歲游饑行荒政所活甚衆後知南劍州治行爲諸郡第一汝舟才力明爽以惠利爲本摧伏豪强所至人安之哲宗擢爲京東轉運判官徙夔州提點刑獄告老歸汝舟内行克修祖母没時守南劍上言諸父無在者臣以適孫乞解官終三年喪下禮官議詔著爲令

許元字子春祁門人以蔭歷泰州軍事推官戍兵千人自海上亡歸州守聞變不知所爲元叱執倡首者三人餘勞而遣之遷知丹陽縣縣制盜決湖水者死會大旱元請借湖水溉民田不待報決之守遣吏按問元曰便民罪令可也時京師粟少而江淮歲漕不給參知政事范仲淹謂元可獨辦乃以爲江淮兩浙荆湖發運判官至則轉輸不匱京師足食上嘉之拜侍御史

丘濬黟縣人天聖中進士爲句容令歷官至殿中丞多宦績嘗上感事百篇往往刺譏權貴執政請誅之仁宗曰狂夫之言聖人擇焉古有郇謨哭市其斯人之徒歟

孫抗黟人登仁宗時進士知潯州擢監察御史奏狄青不當沮敗劉滬承洛城事又因日食言陰盛以後宫爲戒仁宗大獄抗奏疏即夜詣邸止之尋官廣西轉運使時儂智高爲

反抗轉餉米督軍餉治城修械屬州以全官至工部郎中

胡遇 績溪人登慶曆進士儂智高陷邕州孫沔余靖以謀略薦於朝除行營參謀從狄青進兵大敗智高擢湖南江西安撫使

汪汲 績溪人登嘉祐進士授慈溪令濬河溉田數千項民祀之以太平推官多所平反識者謂其後必昌云

凌唐佐 字公弼休寧人元符進士建炎間知應天府賊騎數十萬圍城兵少糧乏外無救援及陷被執賊欲降之曰此頭可斷此身不可降劉豫豫誘以樞密不從令留守應天得劉豫虛實蠟封奏朝廷事泄捕至大梁豫猶惜其才繫之累日終不可屈遂害之臨死曰恨不見梟劉豫之首明年復頴昌詔贈待制勑葬衣冠於班政門外

胡伋 字彥思婺源人紹興中登第通判漢州廨有蔬圃歲得錢踰二百萬伋以圖祖送公使庫詔獎之曰公儀休相魯國怒拔園葵孔奮爲姑臧長不欲自潤汝能卻圃利悉歸有司庶幾古人朕用汝嘉召爲金部郎中知南康軍

胡伸 字彥時伋弟七歲賦莊周夢蝶詩入太學與汪藻齊名哲宗中進士授穎川教授遷秘書丞著作佐郎與

修神宗日曆及禮書遷辟雍司業後知無爲軍行政以慈恕聞

程邁 黟人靈傑之後哲宗初登第知西安縣部使者督諸郡水旱積欠邁曰衢州數年無水旱何積欠也守不能屈由是他邑皆免知溫州縣平陽吏四十人他縣猾吏望風遁去上謂宰相曰程邁溫州之政光絶前後今之吏師也除知鎮江府兼沿江安撫使鄱陽歲饑多盜奏蠲舟車征算增米價以招商賈不踰月米大至手條寛恤三十餘事民以寧息詔書褒諭進顯謨閣直學士

汪奕 汲之子元祐進士授東流令有書生以妄言繫獄憲使欲置重辟奕以爲狂士宜宥之疏上果貸其死使者謝曰微君吾幾陷人矣

汪希旦 字周佐歙人登大觀進士知泗州會旱蝗開廩賑粟蝗不入境麥生兩穗治最賜三品服後知袁州以朝請大夫致仕

洪中孚 字思誠休寧人元豐進士授黄岡尉三矢殺鄰盜張翦元祐中主成都簿雕門蠻叛蜀師以屬孚即日渡笮橋呼賊帥諭使歸命崇寧初轉運熙河典鼓鑄榷酤市易博糴安西米邊乃無乏之邊苦剽掠乃創烽臺屯要處以開田給堠人自耕邊患遂

息歷徽猷閣學士知太原府夏人重兵來議地界飭諸將掩擊遁去宣和末河北京東盜起詔孚撫諭之晉龍圖閣待制爵丹陽縣開國子

曹文 休寧人登崇寧進士授睦州建德丞方臘之亂死其官詔進秩三等與三子恩澤

程全 字禹昌休寧人方臘盜起縣令翁由棄印去全起義兵請留盜平授承節郎苗劉之亂從劉光世勤王賊平授開州團練使後死王事錄其子孫累贈太尉

江致一 字得之休寧人從胡安定游宣和鄉舉首選靖康中伏闕上書乞斬蔡京童貫等六姦臣復李綱相聲震中外尋授承信郎

王愈 字原道婺源人紹聖登第仕多善政擊睦寇大有功為王黼所嫉坐竄逐高宗時呂頤浩首以愈薦起知無為州軍

王昺 字偉文婺源人讀書數行俱下終身不忘宣和初調豐城簿歷參湖南帥議知吉州請告平生尚氣節好義自雄所至有聲

汪藻 字彥章婺源人學問精博好春秋左氏漢書登崇寧進士瓊林宴頒冰狀元霍端友屬使表謝授簡立成一座驚歎除九域圖志所編修官歷校書著作佐郎與相王黼不相得黜

判宣州時梁師成方用事聞藻罷令客通款曰服公名久矣幸過我禁從可立得藻不往高宗時起直學士院國步方艱一時詔令典冊皆出其手時以比陸宣公除顯謨閣學士知徽州徙知鎮江府府經亂後歲輸上供米不如數罷之後二年詔復職及徽宗實錄成用藻所著十蓋七八贈端明殿學士

朱松字喬年婺源人以上舍登第授建州政和尉父喪寓崇安服除調尤溪尉紹興四年召試館職除秘書省正字明年車駕還臨安上言甚切至後以抗疏沮和議出知饒州請老嘗自謂性褊急害道因取古人佩韋之義名齋松疾革時語子熹曰胡原仲劉致中劉彥仲此三人學有淵源吾即死往受學焉元至正間追謚靖獻

曹夬黟人登崇寧第任本州通判方臘之亂死於官

黃葆光字元暉黟人入大學有聲以銓試高等賜進士出身調齊州司理參軍閱獄囚一夕遺數百人通判以爲疑覗牘無不當者除監察御史條奏樞密院使吏非元豐舊制者革之省費月數萬時雨澤愆期奏言蔡京開僭擬之路負委任之意啟跋扈之心大臣皆依違畏避此所謂天氣

下而地氣不應者章入詔韶州安置閱二歲疾革聞蔡京罷喜動顏色歿之夕未有繪像索之民間得百餘本

盧臣忠黟人政和進士由臨安府司理累遷右正言後扈駕至建康敵使有逼近御舟者忠叱退之失足墜水中數月上求臣忠所在使沒得其尸拱立如生帝憫其忠賜水銀以殮贈右諫議大夫

汪勃字彥及黟人登紹興第調嚴州建德簿爲人渾厚不妄言同列以長者待之不知其長於吏道也凡衆所不能處者裁決皆出意表入臺爲諫議大夫與秦檜不合數上章求出以端明殿學士領外祠凡六年復起知湖州民間鋟木置屋日賢哲太守福壽千秋天子嘉之詔進秩三等復龍圖閣學士

汪綱字仲舉黟人以廕入官中銓試鎮江司戶參軍調桂陽軍平陽令歲饑旁邑有曹五者群聚山間綱呼砦官詰責不能防守狀皆惶恐伏地請死杖其首惡者八人發粟賑糶民賴以安知紹興府開蕭山石河沙漲三十餘里舟車悉通諸暨瀕湖水利甚博率爲勢家巨室所私綱力爲修復郡備緡錢三萬專用修築而海田始固加寶謨閣待制紹定元年召綱入

見帝曰聞君治行甚美擢戶部侍郎授兵部尚書**胡汝明**字傳道黟人政和進士通判鄂州幹辦行在糧院賜對上稱其老成擢監察御史建言賞厚罰輕官吏爲奸者無所懲及罷州郡酒稅兵官數事上多允從時新鑄米芾書帖詔特以賜**胡舜陟**字汝明績溪人登大觀進士歷侍御史彈宰相以集賢殿修撰出知廬州時淮西盜寇充斥舜陟修城治戰具招降劉文舜兵萬餘叛將范瓊破壽春聲搖淮浙遣騎責餉陟叱斬其使瓊遂遠遁先是舜陟因討郴賊劾呂源阻軍事源詣秦檜訟舜陟受命盜馬非訕朝政檜奏遣官推勘辭不服死獄中其妻汪氏訴于朝帝謂檜曰舜陟罪不至死乃坐勘官罪**汪襄**字公弼績溪人政和進士仕南陵簿太守翟汝文引爲兵曹薦其文史足用遺朝士書云不喜爲宣城守喜識汪主簿耳時提領梁師成欲薦爲館職襄言欲試吏州縣不願在冊府師成覺其遠嫌意語人曰彼耆儒也詎敢浼之壽改宣教郎**胡閎休**字良弼婺源人嘗著兵書岳飛辟閎休叅贊荊襄機宜有功事見忠義錄**汪若海**字東叟歙

人高宗嘗書若海名論張浚曰似此人材卿宜收拾時江夏軍馬李允文跋扈若海馳諭之復以計得軍印遂奪其衆歸張浚因獻平寇策朝廷悉用之湖湘遂安遷直秘閣知江州

羅願字端良歙人七歲賦青草篇壽其父雅自樹立不樂從蔭後登第累任判贛州時寇擾甫定政清訟簡贛人賴之改知南劒州陛辭所言切中積弊孝廟大賞之朱熹稱其文有經緯與兄頌齊名

畢景安字時泰歙人爲順昌司教師範端肅改國學司業進通直郎年七十賜開紹興初左朝散大夫趙祥之來知州事故門下士也爲治第於郡城居之

金安節字彥亨休寧人宣和登第授新建簿高宗日金安節好秀才若加涵養有用才也擢御史秦檜進其兄梓節論其倖冐罷之檜死起知嚴州入爲大理少卿上曰卿久合作從官遷禮部侍郎兼侍讀孝宗即位奏請嚴內降之律清中書之務公文武之用多所裨益轉兵部侍郎權吏部尚書以敷文閣學士致仕卒諡忠肅

程大昌字泰之休寧人紹興進士主吳縣簿孝宗即位遷著作佐郎時近貴或與審議昌奏請防石顯

之奸帝問治道昌對以求賢納諫則大有爲之業在其中矣提刑江西請蠲漕司諸路積欠陞秘書監歷官吏部尚書論禁衞士不宜外補知泉州汀賊洸師作亂昌檄裴師武討之賊遂潰歷陞龍圖閣學士封新安郡公卒謚文簡

吳儆字益恭休寧人紹興進士知安仁縣歲饑盜起儆設方畧境賴以全尋召對見孝宗首陳恢復大計備論帥臣漕司協濟之宜遷廣南西路安撫儆居官制度因革燦如指掌出入諸子百家天官稗說而折衷以聖賢之經爲文嚴潔淵奧著有竹洲集謚文肅

朱安國字康侯休寧人紹興登第擢御史國有六年未決之犯國條其可疑五事詔釋弗治知廣州劇盜陳青寇海道國選委牙校李寶授之方畧果縛青及其黨以歸進直徽猷閣

宋杺年字德操休寧人紹興進士爲嚴陵戶曹調信州錄叅印官所給闕綱羅百氏闕于唐者萃焉名其閣曰細書公餘校讐寒暑不輟

汪楚材字太初休寧人紹興進士歷任廣西運司幹官喜問學朱晦菴吳竹洲告以聖門爲學工夫次第以儒碩名

程珌字懷古休寧人紹興進士

令當陽代者以邑豪名授珌珌東之高閣曰吾不欲知名使聞而致過足矣秩滿課最除秘書省兼編修侍讀官上嘗留意筆札珌言太宗留心詞翰在僭國削平之後眞宗銳情文墨在澶淵却敵之餘上爲慷然累遷大宗伯兼吏部尚書終端明殿學士

朱弁字少章婺源人高宗駐蹕維揚議遣使存問兩宮無敢行者弁奮身請往偕王倫行越五載王倫先還弁請曰古之使者以節爲信願留印使弁得抱以死倫解而授之卧起與俱後王倫再使歸以弁奉送徽考大行之文爲獻高宗感泣和議定弁與洪皓南還秦檜惡弁直言屢厄之僅轉奉議郎從孫熹狀其遺事

張敦頤字養正婺源人紹興登第爲南劍州教授與朱韋齋松友善歴倅宣城攝郡事先是郡奉朝旨汰養老之卒七百人一日以不給麥群譟廷下敦頤好論之即勅吏曰即州倉無麥常平麥代之衆謝而退因密疏爲首七人有旨悉從軍令

朱熹字元晦婺源人父松任閩生熹於尤溪之寓舍幼與羣兒遊獨以沙列八卦松殁遵治命從學於胡籍溪劉草堂劉屏山之門通籍建陽舉紹興進士授

同安主簿往拜延平李愿中師事之孝宗即位數名入對言時事請祠監南嶽廟著論孟精義西銘解義通鑑綱目及太極圖傳通書解成有旨特與秩改宫觀辭光宗即位降詔獎諭賜緋魚四年除湖南安撫先是使人自金回問朱先生安在故有是命寧宗初除煥章閣待制侍講卒謚曰文封徽國公從祀孔子廟庭自絕學以來集諸儒之大成發先聖之秘蘊一人而已

李知巳字智仲婺源人登紹興進士判婺州州給秋衣軍士絹輕捐杖喧譁守稱疾知巳呼其首勅以軍法皆謝罪歸營言于守計絹直以給軍明年給春衣又有蜚語者密白守得二人斬之以徇遷大宗正丞詰牘山積涉筆予奪較然

滕愷字南夫婺源人五歲授書即成誦稍長日記千言登紹興進士調信州司戶參軍朱晦庵系之曰滕司戶公雖稍後出然其才智傑然遠過流輩遺文所存不十二甚可惜也

王觀國字賓老祁門人紹興進士授宜興縣尉黃巾賊起不屈被害事聞于朝詔贈官一等錄其家

程叔達字元誠黟人登紹興第袖書見時宰請厲兵秣馬守淮理財凡

萬言陳康伯以爲差强人意除監察御史按行兩浙檢察賑濟多著勞績上大喜謂執政曰誰肯爲朕盡心如此遷左司諫諫和羅四弊淳熙初以侍親求去特除華文閣直學士卒謚莊節汪臯會字元賛黟人建昌軍教官攺秩宰潭州醴陵邑自冦早後民逃土荒公庭頹做撤而新之以奉議郎致仕胡子春字仁甫績溪人任東流縣尉歷贛州全昌丞悉心撫牧有善政汪安行字伯壽績溪人學問精博登紹興進士知澧州時入奏請罷公使庫孝宗顧宰相王淮曰此朴直做家老子政事何如淮對曰舊攝澧州民思其德孝宗曰因民之思俾守是邦自是復守澧官至朝奉大夫汪安世字鼎臣績溪人紹興進士貧性敦厚誘進後學有法授吉州永豐簿吳景字叔夏歙人朱文公歸婺源景先執經館下安貧守道意薄進取徵爲郡校書弗就學者稱友堂先生祝穆字和父歙人與弟癸同事朱文公於雲谷著事文類聚方輿勝覽諸書子洙常著四書集註附録宰執程元鳳蔡沉取其書進呈授太學博士吳天驥字伯駿休寧人隆興

進士調建昌司戶有頑民不法屢勘不承驥白部使者盡情推鞫竟坐重刑羣情稱快知信州歲饑首修荒政發廩賑糴日至萬六千人終戶部員外郎

朱驥顏　字子淵休寧人登進士判閬州閬舊爲宣司治所財計錢緡幾百萬有司復責羨民大困顏稽入爲出酌數定額公私便之知興國軍入對三事孝宗嘉納知吉州疏請賑給判廣西轉運講究鹽筴革客鈔科抑之患知臨安裁決如流三獄以空轉守工部侍郎

程卓　字從元休寧人淳熙廷對首乙科授揚州戶曹知嘉興府民好訟剖決得情終歸於恕帥福州弭羣盜拔貪吏七閩大治累遷至同知樞密院事卒謚正惠休寧賦稅蠲減皆卓力也鄉人祀之

程永奇　字次卿休寧人厲志問學尤務躬行朱晦庵省墓婺源奇往侍踰年晦菴以持敬明義之說勉之歸以敬義名其堂著六經四書疑義

金葵　字景陽休寧人淳熙進士入翰林後知建昌軍總督兵務歷建奇功累金幣進秩司農丞終同知樞密院事

吳箕　字朋之休寧人乾道進士爲仁和簿分教臨川與象山諸子講明義理宰當塗

有聽訟彙稿十二冊

黃何字景蕭休寧人知興國大冶縣有三山產鐵盜鑄者四千人尉出警輒角敵客聞之朝調官軍且至何止軍境上單騎慰撫之皆感服遁散悉焚其具一境晏然歷官朝議大夫

吳格字之平休寧人淳熙進士提舉浙西常平茶鹽歲旱蝗有欲令民雜藝不種之田以自食官不收苗主不收租格奏行之

朱權字聖與休寧人淳熙進士知惠州郡蝗權禱於神忽大雨水漲明日有鷹隼烏雀驅蝗赴水死廣東有冦權授將官方畧擒其魁遂平

汪泳字伯游休寧人乾道進士令蒲圻有聲提轄榷貨務主將作監簿言王者仁政必自均力役始遷大理丞臨安有獄不決者即繳送棘庭泳言於朝曰如此則天獄反為京府一院乞下臨安自後無得繳送上從之歷知泰湖處三州奉祠

許文蔚字衡甫休寧人紹興擢第仕至著作郎從呂東萊朱晦庵講學文章皆根道義粹然自胸中流出

程洵字允夫婺源人以詩文求教朱晦菴答曰如欲為文章士自應不在他人後如果有志古人之學則所示猶未得其門嘗以道問學名齋

晦庵易說扁曰尊德性因爲作銘初任衡陽主簿調廬陵録叅與新使不協臺章有云吉州知録程洵亦在僞學之流晦菴曰今日始見吾弟行止分明

王炎字晦叔婺源人登乙科鄂州崇陽簿知湖州不畏強禦郎第貴介有撓政者炎詿于牘曰汝爲天子親亂天子法炎爲天子臣正天子法至今人誦之初著易解未竟病革乃夜祝天願須臾無死以成書卒如其言

滕璘字德粹婺源人與弟珙俱從朱熹遊淳熙八年中乙榜調鄞縣尉改四川制置司幹爲韓侂冑當國或勸璘一見可得掌政璘不肯屈自述平生大槩曰吾涉世旣久益知吉凶禍福皆有天命但居家孝弟居鄉善良居官廉潔少年勤學晚年靜退斯足矣官至朝奉大夫璘初爲論語說朱子爲學以變化氣質爲功而不在於多立說璘爲僂然自是不敢輕論著

汪義端字克之黟人弱冠登第廷對第三人除監察御史歷知舒州太平寧國帥紹興極言下戶科敷之擾與代輸和買并五等未納之稅除徽猷閣待制

汪必達字兼善黟人乾道進士初分教滁陽改知旌德縣政務教化歲饑發

縣廩捐賑全活甚衆廉使陳士楚行部至境曰旌德真福地也

汪義和字誼之黟人淳熙進士倅紹興尋守武岡崇學校增科舉以德化溪洞武健之習士子勒石頌記除太常博士兼禮部郎中繼除侍御史兼侍講

呂午字伯可歙人登嘉定進士歷任沿海制置司人事時海寇未平午廉知調軍出海之弊議糧盡再給不許擅還賊舟所有悉以給軍海氛遂靖晉御史疏忤樞要遷史院官

吳發字伯韞歙人弱冠登第爲臨川法曹掾多所平反考較廬陵經生持司馬遷諸家所言三皇五帝同異詰難久之發曰孔安國承詔作傳非私著者比衆乃服嘗慮囚慶元狴犴充斥發因移牒索罪人考問多所平停懽聲載道

趙善璙字德純歙人以宗室登嘉定進士中法科除大理評事改判廣德軍擢知江州時水潦米價騰踴璙於諸路糴米三萬餘斛分撥諸邑由是米價減半郡得更生上嘉績增秩名爲尚書郎

程光廷字朝望休寧人嘉定進士調信陽軍羅山尉移江寧僉幕改京秩令羅山歿於王事三仕于邊終始一節贈朝奉郎

吳輔字友仁休

寧人嘉定進士主管兩浙運司幕職人號爲霹靂手後除御史兼崇政殿說書上日御史作朕耳目經筵令汝啟沃輔感激首列四疏上輙嘉納

吳淵字道夫休寧人嘉定進士知太平州詔淵立山寨耕屯備竭忠勤除資政殿學士卒謚莊敏

夏廷曄字文炳休寧人慶元進士授議郎守太學正講明經義深得聖賢旨趣官至朝議大夫

朱衍字達善休寧人開禧進士宰桐廬土瘠賦苛衍立程限簿籍不擾而民無逋負判鄂州衍以忠勤佐理繁劇公帑羸縮以五萬計悉助軍儲知海州丐祠卒

汪勳字畀叔黟人嘉定登第調淳安尉適遭水患民廬漂沒亟命舟救溺賴全者數千人授廣西檢法兼提幹北銀綱故有羨羨歸公帑攺辰溪史右相時帥江陵以辰溪遠雜諸獠欲移之勳辭謂臣子之職不當趨易避難單車至邑吏畏民懷諸獠帖服卒於官囊無餘貲同僚賻以詩云不能巧宦官常小吏拙謀身橐屢空

汪安仁績溪人慶元進士授學錄淳熙中率太學生三百二十八人入奏請朝重華不報仕終興國軍教官

程元鳳字申甫歙

人登第爲宗學博士講書榮王府多所裨益輪對極論世運剝復之機理宗覽之曰有古遺直風遷著作郎乞外補知饒州久之上思其忠讜名除監察御史度宗爲皇太子首上書乞選端士輔之又極言邊防刑獄等事當上旨上親灑昭光清忠儒碩六大字賜之累遷至右丞相卒謚文清

錢時字子是歙人師楊慈湖以易冠漕試旣而絕意科舉究明理學太史李心傳奏入史館旋以國史宏綱未畢求去授江東帥屬以歸所著有周易釋傳尚書演義學詩管見春秋大旨四書管見等書學者稱融堂先生

劉伯諶字諶甫歙人居父喪遵古制師慈湖楊簡友融堂錢時著理學正傳四書講說弟伯証以文謁魏了翁眞德秀讀其文稱善爲之序有唐史撮要左氏本末三傳制度等書眞魏二人相繼論薦而伯証力辭不仕

張雄飛字宏甫歙人專教授鄉社子弟作家訓郡新刱紫陽書院成堂長舉請月一謁祠致餽答曰謁祠尊師也于祿非也却之門人稱之曰明善先生

汪應元字尹卿歙人進士調潭州戶參政奉檄道經綏寧會徭崗嘯聚應元挺身

召諭卒致降服知建平縣有死囚獄具送郡道逸未幾自造庭下曰公明理盡情寧死於縣朝廷聞其異能遂累陞直秘閣

程元岳字遠甫歙人寶祐進士授武學博士上疏言時事三叩上前遂出國門有旨命留除宗學博士尋權工部侍郎修嘗彈擊奸相官寺無所畏屈恩封歙縣開國男

唐廷瑞字君祥歙人寶祐進士遂安簿勸農桑典教化簡訟獄有聲調開化丞轉試兩浙漕官至撫幹

呂沆字叔朝歙人端平間銓試第一知於潛四逸者聞沆至自來歸罪判婺源賈似道行公田籌星見沆請罷公田還民似道又矯詔廢十七界會行關子沆力言非便似道怒調將作監簿三學伏闕訟沆屈召赴行在沆不復出

陸夢發字太初歙人登寶祐第知溧陽縣榜開糶民得無饑授臨安府左廂公事條奏私鹽之弊葺浙江防岸民得無憂轉太府寺丞時有蔡御診者罪當誅逋入海令夢發討捕朝士多危之夢發歎曰既爲臣受命當致身而已麾兵討之失利遂遇害贈朝散大夫

葉修字永夫休寧人鄉舉授諸暨尉時勢要私圍湖田修巡察

清覈課最調浙西常平權茶鹽鈎積弊復
提舉鴻慶宮兼煥章閣待制御賜有讚 程若庸
字達原休寧人從饒雙峯沈毅齋得朱子之學淳
祐間聘湖州安定書院山長馮去疾剏臨汝書院
於撫州復聘爲山長咸淳間登進士授武彝書院
山長累主師席稱勿齋先生所著有性理字訓講
義太極洪範圖說 程洙 休寧人淳祐進士授貴池簿以廉
謹稱調上元撫字盡誠及代遮留
不得發元兵入建康 吳觀萬 字亨壽休寧人篤尚
沐浴閉門自縊死 紫陽朱子之學著潮
說夏小正辨閏月定四時成 范啓 字彌發休寧人
歲講義皆擴前人所未發 理宗三徵不起
賜號風月處士著有雜 余泰符 字慶會休寧人監
肋錄管錐志井觀記 臨安府酒稅因饒
睦二州寇亂上言宜先保徽以固根本特 許月卿
授都督府帥幹招諭士民因華命終於家
字太空婺源人淳祐間登第時徐元杰力攻史嵩
之史陰殺之月卿率三學諸生伏闕訟冤理宗嘉
其忠後又數上書斥丁賈奸邪出佐江西漕宋亡
衰服深居三年不言謝疊山嘗書其門曰要看今

日謝枋得便是當年許月卿

汪復字睎顏婺源人兩登第仕至朝奉郎通判揚州德祐末兵至復正坐不去兵欲執之子標以刀拒之斃一兵左右負復走衆遂殺標丞相馬廷鸞以書唁曰能執干戈以衛父母世不乏童區寄矣標年十四云

謝璡字公玉祁門人授廸功郎嘗從朱文公熹講性命之學言行醇正為時名儒

方岳字巨山祁門人紹興廷試甲科除淮東安撫司幹官高郵軍與岳以制命往戮首惡數人一城帖然制置使趙葵曰儒者知兵吾巨山也尋除太學正兼秘書郎知南康軍郡故當左蠡之衝岳請置閘以便泊舟湖廣總領所綱梢據閘口邀民錢始許入閘民船有覆溺者岳榜綱梢百仵湖閘總領賈似道改岳知邵武軍未至二百里適洞寇作馳榜諭之寇知威名迎拜車下歷知饒袁撫諸州終朝散大夫

程鳴鳳字朝陽祁門人應武舉射策第一知德慶府將之官適部內山猺倡亂或止其行乃正色曰此正臣子奮志之日仗馬木鷹吾不忍為也至則條置事宜出奇掩擊賊黨悉平知南雄州進無逸說有讀吏發微三十卷

許

孔明字元熙祁門人入太學值理宗幸太乙宫伏闕上書諫遊幸且言賢否混淆丞相丁大全爕理失道上嘉納之寶祐四年登第任湖廣總領所幹官克舉其職胡崇字宗叟汝明從孫事母至孝登淳祐第授句容簿軍資庫虧錢數十萬緡鞫獄得庫吏之奸盡釋枉繫者溧陽豪戸素詭避役行經界法榜列八字曰一毫無擾寸土必清衆服其廉明依限自實不待履畝歷官太常寺丞上言公田之非忤時相出知台州台爲賈似道鄉郡一切以公正行之豪右莫敢干政未幾見幾勇退胡儼字景望績溪人咸淳間以特科授浮梁縣簿有善政汪惟崇字賢南歙人見國祚不振遂不食而卒夏師堯字達德休寧人咸淳進士授諫議郎嘗忤權璫被謫後陞翰林學士扈從祥興歿於難

元吳龍翰字式賢歙人宋授廸功郎編國史院實錄入元鄉校諸生請充教授子霞舉領邑教事所著易管見太元潛虛圖說文公喪禮考異方回字萬里歙人初爲隨州教授賈似道

喪師後衆莫敢論列回首上書類其罪有十可斬入元授建德路總管致仕歸著有讀易釋疑宋季雜傳諸書

鄭安字子寧歙人李世達叛字未曾敬將屠城安曰亂僅世達一人耳軍民何罪而欲屠之敬乃止既殁鄉人祠之

洪椿字子壽歙人令仙居時隣境郭賊竊發煽邑民李念二為亂省遣萬戶提重兵至脅官吏手狀詭闔邑皆賊將屠之椿以死爭得免

洪炎祖字潛夫歙人平江路學錄歷官休寧尹為文根極理要著新安續志爾雅翼

曹涇字清甫休寧人八歲通五經長精諸朱子之書為文典古有法咸淳殿試丙科授昌化簿丞相馬廷鸞招置賓塾教其子端臨等後端臨撰文獻通考其學實自涇出歷舉紫陽書院山長

汪一龍字遠翔休寧人咸淳進士令句容歲大饑倣朱子南康遺規為便民十條行之至元中起教授紫陽書院龍與曹涇重建以闡朱子之學學者稱為定齋先生

胡一桂字廷芳婺源人宋景定領鄉薦不第入元退而講學遠近師之嘗入閩博訪諸名上以求文公緒論建安熊去非方讀書武彝山中與之上下

議論歸則裒集諸家之說以疏朱子之言爲詩易本義附録纂疏啓蒙翼傳十七史纂人倫事鑒歷代編年諸書學者稱雙湖先生

程龍 字舜俞婺源人咸淳進士屢轉至睦州推官臨安歸附詔拘宋官至京除永嘉縣尹轉湘陰知州五年歸舟所載惟圖書而已以嶽州路同知致仕所著有尚書毛詩二傳釋疑禮記春秋辨證及三分易圖

程直方 字道大婺源人好讀書嘗十年不下樓務精道德性命之學尤深於易扁其室曰觀易堂不求仕凡行部至婺者必造請或延至學宫執禮受教

吳安朝 字元鎮歙人登宋咸淳進士歸元授池州路總管府判官知賀州門無私謁州政肅然時桑哥柄政安朝曰志不我遂矣棄官歸

潘榮 字伯城婺源人博學通諸經尤長於史嘗著通鑑總論反覆數千言該括古今興亡大要開卷了然學者稱爲節齋先生

陳櫟 字壽翁休寧人出婺源滕氏門私淑朱子故學有淵源年十五鄉人師之朱子殁未久而諸說亂眞乃著四書發明禮記集成讀易編讀詩記爾雅釋六典撮要春秋三傳節註資治通鑑精節增廣通

畧論孟訓蒙口議書解於是朱子之說大明於世延祐初鄉闈中選不赴禮部教授於家號東阜老人

倪士毅字仲弘休寧人三世皆以經學教授鄉里毅世其學師朱敬輿陳定宇以教授於黟黟人化之著有四書輯釋歷代帝王圖說稱道川先生

胡炳文字仲虎婺源人幼嗜學既長篤志朱子之學上溯伊洛以達洙泗淵源凡諸子百代陰陽醫卜星曆術數靡不推究四方學者雲集所居扁日隨齋於四書諸經會集衆說叅考以求其通餘干饒魯之學本出朱熹其爲說多與熹牴牾炳文深正其非以故作四書通往往發其未盡之蘊稱曰雲峰先生卒謚文通

程復心字子見婺源人性敏悟敦厚沉潛理學師朱洪範而友胡炳文嘗取文公四書集註會黃氏輔氏折衷之分章爲圖積三十餘年始成名曰四書章圖又發明濂洛諸儒旨有功後學趙孟頫薦于朝授徽州教授士大夫如方回程鉅夫元明善虞集楊載范德機諸公盛稱之

汪漢卿字景良黟人除本縣丞考滿趨京値開館修史翰林集賢兩院交薦其才授國史編修官轉翰林修

撰爲人謙和樂易博聞强記在翰苑十年凡中朝討論典故衆不能識者叩之應對不窮以國子監丞致仕

汪泰初字希賢黟人以道自任搆遺經樓延大儒陳定宇胡存菴趙東山倪道川相與闡明絕學爲士林標準歲不登設糜粥以濟遠邇者三年

鄭玉字子美歙人至正間徵聘時至玉搆師山書院授徒著書明兵至守將要致之玉曰吾不能慷慨殺身猶當從容就義遂縊死

王佩字伯武婺源人師事胡炳文博極羣書於朱子儀禮經傳通解分類精究考論成書曰格物編朱升素號該博凡制度疑難者必戒其徒曰將以問之伯武

明

唐仲實字桂芳歙人太祖至歙召見首問平天下要道以不嗜殺人對太祖大悅命攝紫陽書院山長日以性命之學相提誨學者稱爲白雲先生

姚璉字叔器歙人從胡雲峰遊以興起後學爲己任故歷官不離儒署爲太平教授時賊侵徽饒璉上十策參政大奇之交薦于朝不就明太祖至徽延訪耆碩與唐仲實同被召見歸隱自署曰雲山一懶翁

唐吉祥字彥

顏歙人洪武庚辰進士令祁陽一僕自隨及覲與僕各策蹇出城弟自家來迎問之曰而兄行李止此矣歷葉南陽令皆有聲仕終工部主事

趙汸字子常休寧人謁黃文獻虞臨川求吳草廬授受淵微精思領悟遂作春秋屬辭以著聖賢筆削之旨作春秋集傳以明聖人經世之志著左氏傳補註師說以爲學者求端用力之階至正末嘗起鄉兵保鄉井明興名修元史學者稱東山先生

朱升字允升休寧人隱于歙聞黃楚望講道湓浦偕趙汸往從學焉元登鄉貢進士授池州學正蘄黃寇亂避兵窮谷著述不輟明兵至召見潛邸被顧問升對曰高築墻廣積糧緩稱王太祖悅遂授翰林學士知制誥親書梅花初月樓字賜之

范準字平仲休寧人力求聖賢之學有一息尚存不容少懈之志洪武初名爲延安令邊民化服擢工部主事

程國勝休寧人明兵下徽州鄧愈署爲總管府先鋒首破苗軍及長鎗軍取嚴州敗張士誠畧地浙西所至皆捷陳友諒入寇勝與戰康郎山其將張定邊直犯太祖舟舟適膠淺勝與諸將駕飛舸奮擊水湧舟脫國勝等纔

敵艦後援兵不接力戰死之汪靖字徯安休寧人追封定安郡侯謚忠愍之太祖與陳友諒戰鄱陽湖靖詐降友諒爲內應夜舉火中外夾攻火中猶作戰鬭狀因焚死錄忠贈圻貽子祀于康郎山朱同字大同升之子洪武舉明經歷官禮部侍郎金居敬字元中休寧人從朱楓林趙東山游朱之經傳旁註趙之春秋屬辭居敬校正之力居多葉保翁字宗茂休寧人至正壬辰蘄黃盜起翁與汪同起兵禦寇安民明鄧愈克徽州得宗茂授婺州守修城積糧招撫流離終饒州知府朱模字子範休寧人洪武初判六安州在任清正左氏軍丁糾衆爲逆模單騎捕之深入賊壘遇害程繩祖字叔武休寧人洪武中由御史左遷湖口令九載有惠政邑東黃麻潭田爲蛟所陷五百餘畝祖禱城祖禱城隍白日雷擊詹同字同文婺源人至正舉茂才異等爲柳州路學正遇亂道梗因家黃州陳友諒召爲學士不赴歸明太祖歷官翰林學士承旨兼吏部尚書上言陛下起兵以來征討平定之績禮樂治道之詳雖有紀載尚未成書乞編日曆載

之金匱傳於後世上從之日曆成同又言日曆載之天府人欲見不可得請如唐太宗貞觀政要分類吏輯聖政爲書以傳天下後世上從之分四十類爲皇明寶訓賜勅褒其賢子徽洪武中歷官左都御史兼吏部尚書

汪仲魯名叡以字行婺源人元季兵起與弟同集義旅以保鄉邑明興同歸附以爭鄱陽不克亡之西浙朝廷疑之取仲魯爲質已而知同遇張士誠之害方釋授安慶稅令尋以廢疾辭歸屢奉朝命下郡邑存問甲子秋朝廷徵賢有司薦上道授左春坊左司直與朱善劉三吾並稱三老

汪克寬字德輔祁門人泰定丙寅舉浙江鄉試明年對策以切直見黜遂厭科舉乃博考春秋諸說同異會萃成書名曰春秋纂疏易有程朱傳義詩有音義會通禮有經禮補逸綱目有考異諸書嘗教授宣歙間語門人曰聖賢之學以踐履存省爲先文章餘事耳洪武二年禮聘同翰林宋濂纂修元史畢以老疾辭不仕賜宴給驛還

胡壽安字克仁黟人由監生授信陽令以清愼勤自持衣韡雖敝不恤食蔬飲水吏畏民懷改知獲鹿新繁二縣守已行政

一如信陽**程通**字彥亨績溪人祖平坐法遣戍延安父以誠冒瘴死于廣通徒步踰五嶺舁父柩歸葬廬墓三年復上太學時平巳老通上書陳情乞祖還鄉辭極懇切太祖憐之持其章不下潛命兵部驛召平既至乃并召通東西立顧通曰汝識是人否祖孫相抱哽咽不能仰視太祖歎曰孝哉若人命兵部除其籍驛送平還鄉庚午通舉鄉試授遼府長史文皇將舉兵通上封事謀備兵入援及正大統詔械通詣京師死之祀于表忠祠**洪宏祖**字深遠歙人建文時靖難兵起祖白守陳彥回勤王內難既靖收回械入宏祖曰吾與守同起事忍獨生李及回甃投水而死**楊寧**字彥謐歙人授刑部主事會麓川賊思任發反命將討之寧隨征時師甫至境賊請降寧曰兵未加而降詐也主將弗聽後主將坐失機寧獨以勞賞再命王驥討之復部寧參兵務討攻上江賊連破七砦斬賊帥師還賜宴及金幣擢右侍郎後參贊雲南軍務誅大憝函其首以獻又巡撫江西連破閩浙東廣諸寇還京拜禮部尚書改南刑部**吳寧**字永清歙人永樂庚戌進士授兵部主事

凉州守臣以回回迭力等送京師命寧乘傳從之浙江寧言此類資糧不給有虧柔遠之仁詔許給月糧著爲令兵部尚書鄺埜從征土木留寧掌部事升右侍郎佐于謙籌畫有功

方勉字懋德歙人永樂乙未進士選庶吉士嘗應制作麒麟
聖德瑞應騶虞白烏諸賦上喜遷御史按江浙獄全活多人陞湖廣僉事撫諭八蠻晉叅議陳二十二事皆便于民子暕字文郁登進士授行人修蜀志

吳遜字以恭歙人精易理研心性之學善詩文大夫士多咨訪之著有可筠稿見新安文獻志曾孫熙講學斗山王龍谿周都峰皆器重焉

金輝休寧人登永樂癸未進士仕臨江推官遇事敏給蒞政詳明持己儉約待人寬恕晉御史以風節著稱

李厚字執中祁門人永樂初由太學生授刑部主事時京師法嚴有老婦與童孫戲偵者以告坐孫以毆祖母獄厚以童稚無知上疏請宥不聽謫安南掾厚欣然就道曰吾豈敢附死獄以媚上耶後上感悟復召爲吏部主事

黃汝濟字巨卿祁門人善屬文以鄉薦授湖廣攸縣教諭先攸學屢乏之科目汝濟授以春秋

自是人村始出祁祁之科目自濟始歷陞國子監助教胡永興字彥隆祁門人弱冠呂入文淵閣纂修高廟實錄登永樂戊戌進士授三河知縣奏減民賦成祖北征幸三河永興率其民千餘各戴米五升以迎上悅令扈駕部署嚴整當上意適趙王新封上親命爲右長史後漢王高煦謀不軌密使通趙永興面陳大義繼之以泣王心感悔及高煦伏誅獻護衛上表謝王從之言者遂息王俊德字大本黟人登進士仕御史巡按河北常除虎患按雲南黔國公沐晟甚敬重之及巡浙東有大豪訟搆無辜數十人俊得微服廉得其由置豪於法遷河南副使參理戎政陞廣東布政嶺南數十郡民皆帖祭汪景明黟人永樂甲申進士授御史巡按江西清理軍伍以廉能稱終廣西參議余嶶黟人永樂庚子舉人知郴州華縣安民務興教化州內麥秀二岐表進朝廷旌異之王靜字永靜黟縣人永樂貢授御史特值營造靜奉命巡視克盡勤勞既而奉齎金符往西域市馬歷雪山崑崙抵弱水所至七十二族陞漢陽府聠獲盜一十二人上司獄成待決廉得其

實論脫被逮者五人政暇尤篤意典籍

胡謹 字斯敬黟人由貢授泉州推官到郡鄰火延燒西廊時風狂火熖難救謹向火再拜自責忽雨至火熄官屬謝之謹曰此劉昆所謂偶然耳後巡撫侍郎楊勉詿考稱其用刑平恕撫字辛勤云

湯餘善 黟人由歲貢爲樂平教諭陞孝感令多善政以倡明理學爲己任解綬歸里授徒講學遠近嚮風

唐子彰 名文奎以字行仲實子善鍾王書法徵至闕下命待詔文淵閣纂修永樂大典每奏一篇上輒曰良史才四傳生狀元皐

汪敬 字益謙婺源人宣德癸丑進士詔使湖廣纂修宣廟實錄事竣還朝求終母養家居侍奉十餘年部檄屢促不起會上皇北狩以君父有急遂白母請行授戶部主事時國家以廣儲吏制檄郡賦米十分之六解通州京倉支納而檄之買糴轉從道里遥遠漕輓艱辛敬以其事疏上於是得免初制行一郡之患

程富 字好禮歙人領鄉薦擢監察御史按江西歲荒賊曾子良以妖術惑亂富至躬抵巢穴俘獲甚衆遷右僉都御史巡撫甘肅麓川不靖總督雲南有功還陞左副都御史

許士達字延佐歙人正統進士授御史按福建華除奸弊風裁凜然終貴州布政**程信**字彥實休寧人正統壬戌進士授吏科給事中因天變上中興固本十事首請景帝隆孝友以答天心陞山東參政督理邊儲歷僉都御史巡撫遼東役貴州山都掌蠻亂進兵部尚書督師討之破龍背豹尾諸寨土獠伏賊者盡撲之裂都掌故地以隸鄰郡改大壩爲太平州立長官控之凱旋賜璽書卒謚襄毅**汪回顯**字汝光祁門人正統戊辰進士授戶部主事景泰初河南民饑奏發廩粟十餘萬石賑之又明年使蜀檄鹽井權豪請托不行奏除冗課十餘萬尋陞刑部郎中知廣惠二府多惠政**廣汝芳**字仲實祁門人未第時同庠生嘗許取汝芳鈔八十貫汝芳不較登正統丙辰進士授兵部治水河南省夫役三百餘尋由戶部郎中知辰州府致政歸**莊欽**字尚源歙人景泰辛未進士擢河南道御史考察賢否人服其明按浙江山東廣東福建奏免徵輸禁竊礦平賊寇止採珠按雲南獄訟悉依土俗折之政化大行終河南右布政**洪寬**字有約歙人以

鄉薦授桂陽州時洞獠剽掠寛遷州治於古府舊基民賴以寧攺知鄭州州値創藩封濬漕河立會府夫役浩繁寛極言州狹民貧免役夫之半歲大祲奏免稅二分復請發陳麥官粟兼濟之

葉華字仲茂婺源人景泰二年以明經入監肄業見本邑先賢文公朱熹有廟無祀及元胡炳文程復心與熹同鄉私淑其學具奏請照依孟軻諸子事例於婺源闕里祠堂春秋致祭以胡程二子配享奉俞旨役選保昌典史陳治安策十條一明聖學二正君心三法祖宗四勤政五任賢才六安軍民七嚴賞罰八制國用九勵忠節十斥異端以薦陞紹興知縣卒

程泰字用元祁門人景泰甲戌進士初授戶部主事犒師陝西總帥厚餽悉卻之進秩郎中是歲用兵遼東遣泰治軍餉賴以濟奉命視山東災比還條陳四事多見舉行擢廣西參政往定安南地界邊患以靖終河南布政

康永韶字用和祁門人以舉人擢御史正直自持嘗疏劾馬尚書不法事稱眞御史尋謫知福清廉能著譽上知部善篆法驛召入對恐上溺術數奏言臣但知易理耳仕至禮部侍郎

汪貴

字良貴歙人天順進士令嘉善首覈田稅省小民賠納之弊清介執法不利豪猾因被誣送吏部民數千人攀號留其衣作留衣亭

江杲字廷輝休寧人天順甲申進士授戶部主事董輸物料額外一無所羨至江淮舟焚僚屬欲以私餘足其數杲以爲欺罔弗許上章自劾遷曲靖軍民府守值羅雄土官相讐殺杲單騎抵其地諭之卽解戈降

汪奎字文燦婺源人成化丙戌進士除秀水令擢御史應變陳言切中時弊用事者惡之出爲夔州通判討平雲陽劇賊多著勞勳遷爲成都知府歲饑多盜奎令緩刑弛役益大發廩賑之流移還集擢江西布政使會貴州苗反大臣劉大夏等薦擢奎都御史往撫賊勢張甚奎合兵十二萬斬賊首五千五百級平之卒賜祭葬

饒欽字克恭祁門人天順庚辰進士授戶部主事尋知澂江府所屬土官無子欲以女襲職厚賂欽欽不受奏以職官易之覲歸不仕有清名

謝潤字德澤祁門人天順進士授刑部主事尋陞浙江僉事時處州大禪寺僧陰行暴遇宦商投宿輒殺之利其貨沉尸

池中潤行部見大蛇作泣訴狀遣吏俱往蛇入池中乃密令繫僧遣人屏池水骸骨丘積因發其奸焚其寺 謝復 字一陽祁門人讀書以聖賢自期不干仕進聞吳汝弼倡道小陂負笈往從三歲歸所得輒見之行構西山書屋聚徒講道邑令問政告以蒞辨義利視民如傷兩言人稱西山先生 汪灌 字尚淵黟人孝友篤至幼失父耕讀養母所剏基產悉與弟共之以貢入大學知遂昌縣嘗捐俸代償積年逋賦百姓感戴 余衍 字文盛黟人天順壬午舉人授崇安知縣持身廉潔處事安詳宋趙清獻嘗令是邑百姓皆以為趙公復來 洪遠 字克毅寬之子成化戊戌進士令莆田濬交河三縣皆有聲擢御史言事不避權貴遷浙江僉事歲大饑倣富鄭公朱文公遺法行之民免流殍累官都御史巡撫雲南十八寨咸歸德乞降晉工部尚書宸濠反偕本兵喬宇夙夜繕治戰具卒於官詔謚恭靖 汪山 字仁夫歙人成化壬辰進士授行人陞御史按陝西雲南慶靖邊患官至浙江按察僉事 唐弼 字希說歙人成化丁未進士以母老不受秩母卒謁選以

版署命監內帑中貴歛手避之出爲觀察分巡四川不法吏聞風解綬去

曹祥字應麟歙人成化甲辰進士由戶曹出守寶慶訓士敎民變其蠻俗又敎之作水車利用勸農墾闢甚多尋參政四川平劇盜藍鄢晉副都御史撫貴州靖銅平之亂致阿向等面縛乞降著有異績

程玠字文玉歙人多異才殫究皇極星曆醫卜之學皆極神妙成化甲辰進士奉使江南而卒丘文莊狀其行實稱爲一代異人

洪漢字朝宗歙人成化進士授行人累遷戶部郎督楚儲奏免逋課數萬陞雲南參議提督銀場裁省中貴例供羨餘仍令礦官赴司交課至今爲令

黃華字實夫歙人成化辛丑進士令金谿平江二縣墾菑興壞多實政陞兵部主事奉勅大閱兩京山東江浙諸地得材官騎士數萬參議福藩討平汀賊逆瑾擅權遂解組歸

方思潤字廷賓歙人成化甲午鄉薦授桂陽州守時文學荒蕪潤興學宮集生徒倅臨江多盜潤簡民壯足芻糗葺城垣修樓櫓寇不敢犯常祛豪猾奪宸濠湖田還民間及歸宸濠使人伺舟次殺之間道得返

程敏政

字克勤信長子十歲以神童名試稱旨詔入翰林讀書甫冠魁順天成化丙戌廷試第二授翰林院編修同修英宗實錄宋元綱目遷諭德侍太子講讀弘治戊申兼侍講學士修憲宗實錄時孝宗即位視學籍田儀註皆屬銓定進講經筵特呼先生而不名賜袍笏冠履承詔議從祀孔子廟廷考據詳確上方向用大臣忌之因致仕歸後起遷太常卿仍掌院事仕終禮部右侍郎發明朱陸之學著道一編　葉鼐字致和祁門人成化甲午鄉薦授黃梅知縣有孀婦適人賦者鼐名使傭織償其所負有鬻牛輸稅者鼐惻然曰奈何使汝失一歲之計立劵以候秋成邑有冤獄屢歲不決鼐未旬日悉理出之丁父憂歸民涕泣攀輿越境而後返　王竫字寧之祁門人嘗慕張公藝行誼百口同爨尺布不私成化丁酉鄉薦授交河知縣清慎不阿人稱其節操　王珣字克溫祁門人成化戊戌進士選庶吉士改給事中嘗劾耆僧論宮闈一時權貴見憚會試充校士官內閣私屬其甥珣以疾辭不就查兩廣軍餉藩臬有不法者行賂珣卒劾之寘諸法還朝疏時政六事尋爲廣西

參議亦以清介稱

張敏字志學祁門人登成化辛丑進士由桐柏令擢御史劾張皇親蕭內官時稱鐵面巡江時有京口渡夫嘗抵中流索渡錢不厭意輒推之水敏私渡江徵其狀遂按治勸碑禁之仕終四川參議

孫怡字德容祁門人成化甲辰進士任刑部主事嘗理刑淮安清慎明允請托不行時人署曰一官清徹骨三尺法無私以母憂歸解其裝僅帷二方白金入兩盜過其門戒勿入

汪璿字舜璣黟人成化丁未進士授武岡知州擢工部郎清理沿江蘆洲巨豪侵貧民業悉追還之立條例令行之不廢

胡富字永年績溪人成化戊戌進士授大理寺評事遷福建僉事釋疑獄二百餘人進廣東副使會瀧水猺賊猖獗猺所畏者獞也富招獞以禦之猺不敢出田復得耕治海南黎人符南蛇聚衆數千寇儋州富率兵跨海轉大破之歷藩臬進順天府尹時逆瑾改大理卿會豪家奪民田豪賂逆瑾脅之富曰奪田媚人吾弗爲也竟直之轉戶部侍郎進本部尚書卒謚康惠

胡光字文光績溪人成化甲辰進士授廣州推官有中貴出鎮不法多端疏劾

之置于法而光光亦竟謫白泥驛丞轉灌縣令有江都堰善圯光築之縣多虎光禱於城隍有虎入城者七居民驚駭光出虎皆伏因剌殺之歷曲靖軍民府同知歸

程材 字良用歙人弘治丙辰進士司理汀州入爲御史首疏劾尸祿二大臣武宗即位復疏閹寺馬永成谷大用劉瑾等竊弄威柄不報卒賜諭祭

張芝 字廷毓歙人弘治丙辰進士授大理評事極言閹瑾竊權尋督學廣西會猺獞反監軍討之賊匿深穴中以計殲之遂克獻俘擢荊南副使

吳漳 字清甫歙人弘治巳未進士令胙城擢御史以論逆瑾削籍瑾敗起官巡按北畿窮逆瑾黨歷山東副使河決黃陵岡崩漳殫力鳩工禱于神願以身塞河遂南徙復故道擢都御史

黃鏜 字德鳴歙人弘治巳卯鄉薦令蘭溪擢御史行邊欲劾武安侯勛寵恣及撫臣張漢師失律反爲中傷仕至浙臬僉事

吳遠 字惟明歙人弘治丙辰進士令莆田歲祲多盜遠課農桑固封守親文學治學宮橋梁郵舍不費於民守黎平民雜猺獞喜弄兵遠教以禮讓彬彬向化

程瑄 字德和歙人弘治丙辰進士領

司農庫部珩擿得隱沒四千緡再管度支儲廥贏
徙隆北新關稅清理屯田皆以廉稱守泉州撫民
不何鷹擊郡以大 **汪循** 字進之休寧人目信聖賢
治擢兩浙鹽運使 可學遊莊定山之門與王
陽明論辯數四登弘治丙辰進士令永嘉創鹿城
書院祀溫之先哲理學忠節皆表章之判順天應
詔陳內修外攘十事時逆瑾亂政復上裁減中官
疏不報遂乞養歸逆瑾誅撫按交章薦用名重一
時 **汪舜民** 字從仁婺源人成化戊戌進士為御史
出按陝西以刺姦藹黌化經歷弘治初
遷江西僉事雲南副使撫平叛苗後備兵徐州歲
大祲舜民疏留漕穀及鹽引募賈人輸粟賑之凡
活民百二十餘萬擢福建按察使一歲三遷至都
御史巡撫鄖陽明年召入掌南臺道卒詔賜葬祭
戴銑 字寶之婺源人弘治丙辰進士選庶吉士授
給事中孝宗時知無不言以親老乞改南時
詔求讜言銑因條時事為六綱十八目總曰保治
綱目正德初閹瑾用事銑上言宦官黨類宜加裁
黜顧命大臣不宜聽引去遂逮杖詔獄除名為民
王守仁力救之並得罪銑明體適用恒以古人忠

孝大節自期平居澹泊寡言笑危坐竟日無惰容世宗即位贈光祿少卿

程文字煥章婺源人登弘治乙丑進士歷大理寺正三爲刑官獄無冤滯擢按察僉事備兵廣南時清遠峽猺獞嘯聚每出掠已輒竄伏茂箐中無從追捕官兵退後復如前議者欲草薙而禽獮之文曰猺亦人也檄判麗革質朴之心猶有存者莫若諭之以義以牖其衷未幾其魁果悔服乃遣歸使聯屬諸猺諸猺亦悔服曰程兵備我母也自是猺不敢內犯後與當道籌議邊事不合解綬歸

汪鋐字宣之婺源人弘治壬戌進士仕南部曹擢廣東僉事搗猺賊有功巡視海道立要策十有二事屯門舊爲番舶所集佛郎機倂以修貢掠船刼邑官軍莫可誰何鋐名瀕海之民激以大義且購邏卒所嘗出入佛郎機者得其火器反擊番船盡戮之寧藩兵起請師進援陞浙江布政使尋以都御史提督南贛所至皆著功績擢吏部尚書兼兵部掌十二團營卒謚榮和

潘珍字玉卿婺源人弘治壬戌進士起諸暨令歷陞山東僉事流寇攻兖東掠曲阜題奏移縣莭闕里城之備兵福建捕斬海南劇盜三

百餘級括刷海船之爲姦利者遷副都御史巡撫遼東歷陞兵部侍郎適安南請討莫登庸廷議遣將問罪珍抗疏言安南遠裔正須遣使諭以禍福遂以沮撓成命落職大臣文章薦用不果

潘旦 字希周婺源人弘治乙丑進士授主事時閹瑾轉輸不廢守部武時有二巨璫假上供擾民旦至首裁抑之歷都御史鎮鄖陽再平寇魁擢刑部侍郎後提督兩廣會安南亂上命毛伯溫征之安南遣使求貢當事者抑不以聞旦上疏宜從所請以綏遠人久之不報既而卒用旦議卒贈工部尚書

戴敏 字遜之婺源人弘治丙辰進士知辰州時草賊猖獗敏緋衣小隊馳賊營前驅呼曰太守來與汝語賊駭稟復呼曰太守來活汝非殺汝也賊稍稍出敏爲陳利害諸賊羅拜遂降尋擢貴州左參政復以撫苗有功賜金幣

汪標 字立之祁門人弘治己未進士知武定州蠲市稅州民大悅陞刑部郎中逆瑾用事幾不免出知鶴慶府未期年政通民和改大理濱行民遮擁不得前尋陞金齒兵備致仕

方謙 字純吉祁門人弘治

巳未進士性剛方不隨時俯仰歷知平陽雄縣鄞縣歷工部主事

鄭晃字晦之祁門人領鄉舉任曹州學正流賊入境率諸生守禦城得全歷長沙府判益勵清節屬吏賦課經歲久逋感晃廉平爭先輸納轉馬湖同知值芒部叛逆率兵進討縛致渠魁餘寇遂平

李汎字彥夫祁門人弘治乙丑進士授工部主事歷正郎不詣時好出知思恩府猺獞變作單騎宣諭就撫者三萬餘人邊境悉寧

章瑞字廷名績溪人弘治巳未進士授行人擢御史武廟初逆瑾竊柄瑞上五事言之瑾忌謫江西都事言官論救起知思南府時守備甘霖軍政久弛八寨賊時出剽掠霖欲屠十三村以冒陞賞瑞責其貪功生事將劾之懼而止

葛典字應禎績溪人由監生授濟寧州判魯王聞其名特書德政二字遣官旌之御史行郡贈以句云一官清似水百姓重如山

唐澤字霈之歙人弘治巳未進士令平鄉遷比部郎時閹瑾竊柄法吏皆為深酷以迎瑾意澤持法獨平出讞畿輔按瑾黨甯杲中丞不法狀禍且不測會瑾敗得免晋閩憲攝海防洋寇蘇世浩為患澤勒兵往勦

降其衆海上遂平撫甘肅上冦望風解甲澤羌發卒耕屯儲粟千萬石又規善後六事報可卒諡襄敏

曹深字文淵歙人正德戊辰進士時劉瑾擅權深率同榜百餘人摭瑾逆跡疏於朝奉旨罰跪午門五日終兵部主事

方紀達字行可歙人正德丁丑進士令南豐擢給諫時張璁桂萼鼎貴用事抗章論列調廣西僉事卒無貲殮僚屬合賙收之

唐臯字守之歙人正德甲戌廷對第一入翰林頒詔朝鮮歸時行囊惟一金硯耳侍講筵多所啓沃官終侍讀學士賜諭祭

金約字用博休寧人正德丁卯鄉薦署唐縣教諭士風丕振會流賊至身自乘城固守賊箭中項以刀取鏃奮激益厲賊知有備夜遁晉國子助教

黄文光字應奎休寧人正德癸酉鄉薦令冠縣清儉愛民遇道饉捐俸給食市儈骫法武斷光日愛嘉禾者去莨莠乃悉寘於法部使者持倉庫氏責私簿典庫日是官無一錢私出入簿安得來使大驚異

潘鑑字希古婺源人正德戊辰進士歷陞福建僉事討蘇秉有功賜鏹帛安南盜起攻仙遊時鑑在泉州卷甲趨赴一時斬獲殆盡

由四川左轄擢右副都御史巡撫其地上時務四疏皆切要關南寇猖獗追蜀鑑討平之擢工部侍郎奉勅總督川貴湖廣諸省採木在外八年民苗胥悅進刑部尚書轉兵部提督兩廣軍務卒謚襄毅　**潘潢**字薦叔婺源人鄉薦第一正德辛巳進士授樂清令務崇禮訓徵入禮部進大學衍義勸經筵御講改吏部署選事冢宰欲私二人潢執不從尋督學閩中嚴規條立輔仁紀業二冊講明正學歷遷至戶部尚書正色立朝素爲時相所嫉上疏自劾曰徒有用一緩二之心罔知隨時通變之術徙南工部尚書轉吏部再轉兵部尚書卒謚簡肅　**汪元錫**字天啓婺源人正德辛未進士選給事中權閹倖帥每有非分邀請章下亟駁奏兵部論偏頭關功得大賚陞蔭有差元錫疏斥本兵王瓊以下有過無功人皆韙之時武宗微行率同列屢章極諫及宸濠亂武宗南征上疏力爭濠平車駕留幸南都復列章言二十事世宗即位元錫首疏陳先朝羣奸蠱惑基禍宜付法司定罪以昭顯辟尋陞大僕寺卿忤相張孚敬被廷杖罷歸十有四載上念之復其官擢中丞巡撫江西

人爲戸部侍郎卒贈尚書

江一桂字伯馨婺源人正德庚午鄉薦知建寧制黜胥劇粃政遷留曹出守太平郡接壤交阯時交阯莫登庸僭逆上命毛伯溫征之伯溫計先遣使臣往諭一桂請往登庸乃稱臣築受降城建昭德臺於鎮南關勒征南昭德二碑頌朝廷功德上偉其績賜賚特厚陞副使卒

汪思字德之婺源人正德丁丑進士選庶吉士授給事中嘉靖初思首薦耆舊大臣以輔新政愼擇近習以防內奸極論太監崔文鮑忠芮賢之罪薦尚書林俊之忠力救諫臣劉最黨諭重一時未幾元宰論翊戴功爲外戚議封者思奏曰此必有大臣貪天功爲巳力者事遂寢外補廣東僉事仕至雲南副使

胡松字茂卿績溪人正德甲戌進士司李嘉興晉御史正德時請究詰宸濠黨因疏蕭敬陸完內外爲奸請罷內官店請裁東廠衙門及薦謝遷韓文彭澤林俊羅玘諸人聲名藉甚逮事世宗言桂蕚起用王瓊事世宗震怒謫廉州歷陞右副都御史上治河便漕疏尋晉工部尚書時伊虞人請拓府第松執奏不可大將軍仇鸞陰蓄異志請屯親兵輦轂下移內庫兵

器便宜給軍松謂邊兵不內駐武庫仗不外　胡宗
移及伊虜人佹鶩敗果如松言卒諭祭葬
字汝誠績溪人正德丁丑進士授戶部主事時
明甘肅用兵明運餉有方進四川參議移廣東剿
盜究斥明設奇俘馘而還陞河南副使後參政廣
西平黎有功累陞副都御史巡撫遼東嚴武備明
賞罰申禁令築　程輅　字邦載績溪人正德辛巳進
屯堡多倣古法　士授行人陞兵科給事兼侍
經筵上時務六事奏革詭冒武官二千七百
餘員因劾武定侯郭勛忤旨削籍後復官　鄭佐
字時夫歙人正德甲戌進士授南刑部主事改祠
部疏議大禮極陳後殿災變之由遷福建僉事尋
備兵饒州勦　趙時勉　字誠之歙人正德癸酉鄉薦
誅閩饒宿寇　謁選上時務三十事令武城
歲饑民流勉大賑卹之請監司入疏蠲民
租之半每歲省廚傳之費不下數千緡　程時言
字元默休寧人嘉靖壬子鄉薦教諭海寧廸德有
行歷陞杭州府判以廉正著主機務織戶不敢苛
苴奉核兵餉發吏胥侵漁忤兵憲　程霆　字仲復婺
歸數月即有兵變咸服其先見　源人嘉靖

丙戌進士除戸部主事舉博學同修會典權税九江清節自厲遷郎中主給百司禄俸殫心供職好惡介如異已者譁然訾之乃自劾罷歸　汪思敬號養浩祁門人潛心文學練達時務邑大夫恒詢以政侍郎楊寧薦舉不赴名著述遵環谷之說有易學象數舉隅周易博通稗學史管見

胡汝慶字天錫績溪人由太學授長沙推官時强賊擾境守將目刃死三司檄汝慶督兵擒滅之撫按保奏旌　唐嵩字處謙績溪人任湖廣慈利訓導署縣事庶政具舉異之設法擒治茅岡等洞土兵剽掠嵩平之移署石門多惠政兩地士民歌頌不輟　汪尚寧字廷德歙人已丑進士歷任副都御史多善政權貴銜之量移其官歸　許鈇字德威歙人少業儒季父汝弼無子子鈇之異母弟鉦及弼生子金鈺與金構訟誣鈇侵季貲鈇不辯解橐與之里少年有侮鈇者笑而受之少年內愧肉袒以謝罪由是鄉里化之以子國貴贈建極殿大學士　于明字靖之歙人嘗捐貲助建學廟　江文式字時懋婺源人嘉靖癸卯鄉薦知華縣時及名宦祠歿祀鄉賢

有賊帥尚詔攻掠城邑中原騷動一日賊假校尉帶數十騎過華文式知爲賊擒斬之東土以安撫按交章奏請詔建偉績坊

殷正茂字養實歙人嘉靖丁未進士授行人擢兵垣平江伯連姻嚴嵩怙勢恣行茂疏其不法上有事齊宮祠上帝茂言瀆祭非禮不進香杖於朝尋補督學廣西陞江西廉使盡殲猺獞山海諸賊累遷右都御史加兵部尚書晉戶部張居正奪情以太宰啗茂爲九列保留疏首正茂曰寧失一時毋失萬世請告家居

許國字惟禎歙人嘉靖乙丑進士選史館奉詔賜一品服使朝鮮饋遺一無所受晉春坊贊善時進講上竦然聽之親灑責難陳善四大字賜焉在南司成上問許先生安在遂名用累官至建極殿大學士卒謚文穆

吳天洪字元卿歙人嘉靖辛酉鄉薦授建陽令下保民十二條邑大治補令淳安地鄰歙一絕私交爲浚聚祿池葺商文毅墓翻漏澤園至今民頌遺愛

方弘靜字定之歙人嘉靖庚戌進士時執政者雅慕其才啖以鼎甲靜笑謝之任東平州三忤權要歸田起補曹郎視學粵西尋轉江藩適時相父子敗使

者治其獄有所波連靜訟言白之旣持節入浙時苛求濫費靜抗疏曰去冗不如增備增備不能省費因大修艨衝會諸將急擊諸寇覆其水寨論功當超遷未幾中蜚語歸詔起補郎陽遷南少司農尋致政卒贈工部尚書

汪道昆字伯玉歙人嘉靖丁未進士爲曹郎時與李攀龍王世貞等以詩文相倡和出守襄陽治兵於閩恢復城邑兩撫三楚輯叛勦奸二佐兵備閱視薊遼輔兵一議鑿鑿經國訐謨且歲省浮費數十萬以終養告歸著有太函集

汪一中字正叔歙人嘉靖甲辰進士歷任刑部主事時蘆溝堤決工費鉅萬不就命一中改都水郎往治有功擢江西副使大盜猝起中率兵而前將王應鵬力戰俱死贈光祿寺卿謚忠愍

程金字德良歙人嘉靖癸丑進士主莞庫秋毫無染分司鑾江會要人趣挾關吏金乃籍其長軍徇于市眞州捕航載兵因緣爲利金擊治豪賈遷守漢陽張居正奪制治第使人托漢陽市木金遂投劾歸年八十卒繼室劉氏死焉詔表清烈祀鄉賢

凌琯字惟和歙人嘉靖壬戌進士司理南安追殺巢賊擒其渠魁擢

御史時秉政欲釋都御史路楷琯以其黨奸殺沈鍊力持不可著直聲終陝西按察使

畢錦歙人與弟欽皆以春秋起家殷尚書正茂出其門錦微時乞夢九鯉湖得句云紅葉燒丹火青山列畫圖後倅萊州謁老君廟見柱聯如夢中句以忤嚴世蕃投檄歸

鮑象賢字復之歙人嘉靖己丑進士歷轄陝西郎進都御史其鎮轄有斬獲功及平滇寇歷兵部侍郎鎮兩廣平獞猺亂晉左司馬卒贈工部尚書予祭葬

許琯字伯和歙人嘉靖癸未進士令輝縣持廉秉正置豪猾於法調臨海令歲凶設糜多方賑輯擢戶部主事榷淮稅官積羨錢數千緡歷任湖廣參政

方良曙字于賓歙人嘉靖癸丑進士授工部主事榷木荆州關吏兼請算舟充額曙不許額旣溢乃罷兩月告緡恤刑畿輔釋三宛獄嘗倣長垣故事治河河不爲災左轄雲南以積羨金巨萬濬昆明池溉民田又築晉寧一州城終應天府尹

程道東字震伯歙人嘉靖己未進士授工部主事奉詔營景藩宮室還治河有績守滁州倅青州以治海功遷戶兵二部郎出爲滇中太守告歸

吳

林心字用茂歙人師湛甘泉耿楚侗錢緒山諸子潛心良知之學與兄樓廬墓三年人稱二難云

江東望字君介歙人以歲貢訓導華亭時諸生與豪紳爲難有司將中諸生以法望力辯其誣終德化教諭

陳有容字仁甫休寧人嘉靖壬午舉人授歸德知州舊有歷外金二千白當道歸之公又擒鄴賊高寵餘黨役知歸州有減抽分諸善政署上考晉瑞州府同知

汪垍字仲成休寧人嘉靖甲辰進士授戶部主事轉員外郎屬修會典十三司皆垍總裁飛輓昌平清諸陵卒行糧僉事福建議禦倭戍沿海要害出死囚戰倭捷聞賜金帛擢參議

余喬字子遷休寧人嘉靖庚子舉人令大田舊鐵爐皆徽人劍魁貲金悉屏去有妨地方者悉毀之流賊率薄城率民捍禦七晝夜出奇設伏斬獲無算

吳成器字德修休寧人值苗亂麻陽有斬獲功授會稽典史會倭寇東南入會稽設伏邀斬所向皆捷授紹興通判郡賴以安

王鉅字德卿婺源人嘉靖己丑進士授莆田縣尹民有殺其姪埋諸海堧無知者禱神獲夢遂得其人伏辜朱氏女聘於黃女

父以黃孤貧欲渝盟女不從審諭夫家授以金餙漏言賊截殺婢而奪之有司誣夫抵罪久不能直公一訊立辨人以爲神擢南刑部主事執法明允左遷慶遠通判

洪垣字峻之婺源人嘉靖壬辰進士潛心理學久之有悟既登第由永康令考最召爲御史在臺七年疏諫巡幸選宮寮革餘鹽清選法黜貪汚前後章奏數百皆以實學發爲忠讜上每溫旨嘉納出知溫州蒞郡四載致仕去居官務行其所學官轍所至各立書院後絕意仕進日與同志論學切劘四方賢士考德問業者屨常滿戶粹然稱一代眞儒學者稱爲覺山先生

游震得字汝潛婺源人嘉靖戊戌進士由行人八諫垣卽論列東宮禮儀後歷南北數不下數十率關國家大計時方士以禱祀熒惑左右得昌言不可世宗震怒廷杖外補副使贛州分守辰州省稅榷停積逋掣民壯裁調發兩地尸祝不絶督撫八閩倭寇至興化失守五日內旋復之因引咎歸創建虹東書院著有性理纂要諸集

江一麟字仲文婺源人嘉靖癸丑進士授吉安州守會礦賊結擾下車撫散之境內以安擢工部郎時

言官吳時來等上疏劾嚴嵩下獄麟力最得免轉廣平守值歲旱蝗徒步齋禱三日雨集蝗亦盡斃起廷議舉麟監軍副使督軍力戰捷聞復進兵收嶺東西諸寇時倭寇海豐島賊陷電白皆次第悉平之擢副都御史撫虔中有苗裔葉楷累世負固麟設奇用間擣其巢乃請於朝建縣治爲長寧縣上嘉其功晉都御史兼戶部侍郎總督漕務

游應乾 字順之婺源人嘉靖乙丑進士授戶部改南刑曹編次律例守寧波濬陂塘通水利郡國承相指毀書院寧波獨存分守廣西復故河通鹽利民用永賴晉雲南按察使平巨寇有功轉廣東右轄適島寇有千艘至率勵吏士乘城拒守擢大理嘗謂司屬曰廷平者因以平天下之不平者也如此押司寇紙尾焉用平爲遷總督倉塲先後條上四十餘事皆著爲令以過勞病卒贈尚書

葉藟 字德孚祁門人由鄉薦歷廣西慶遠知府興學勸農有惠政田州府士官謀逆藟奉命征勦有功晉秩叅政

汪湜 字介夫祁門人幼孤頼悟補庠生刻苦砥礪直欲上友古人事母至孝足爲鄉

里法著有家禮砭俗投壺儀節壁菴遺稾

余光字晦之祁門人嘉靖壬辰進士授大理評事擢御史按河東鹽政議補課例切中時宜按廣東上征安南表輔道綦太子疏皆賜俞納獻兩京賦命付史館

王諷字大忠祁門人嘉靖丁酉解元絕意仕進嚴冢宰疏薦聖世名儒才堪大用詔補國子博士諷不起坐陞大理寺評事以清名終

鄭維誠字伯明祁門人嘉靖辛丑進士金華推官擢給事中劾大冢宰擅權出知長沙府尋遷陝西督學廣東副使居林下二十餘年未嘗私涉公門事關民病輒偲偲白有司鄉人賴之

許試字廷揚祁門人由舉人知將樂縣大治遷漳浦令愛民好士廉潔不狥干謁有古循良風致仕家居抱直茹清鄉邦推重

李叔和字介夫祁門人嘉靖癸丑進士任推官擢御史抗疏糾邪按遼東浙江並有風裁嘗劾相臣專政謫歸

舒遷字于喬黟縣人嘉靖乙未進士授行人時都御史歐陽鐸議增山稅力勸止之考選御史著居官慎己二銘議大禮多所建白上備荒禦寇疏鐫之戶兵二部按山西清理鹽課羨餘悉奏賑邊按廣

東剪豪暴黜貪汚復厓山之祀所至有聲

許天贈字德夫黟人嘉靖乙丑進士令海寧躬親履畝丈田清稅卽豪右不少假借擢戶部榷北關以廉惠稱守建寧疏古渠創建寧二衞遷兩浙長蘆鹺使裕國通商脂膏不染轉山東參政獄多平反著有北關考兩浙長蘆事宜

余天爵黟人由貢任廣信訓導三署縣事幹理有方陞茂名令辦軍餉最猺蠻民樂輸將庭無留獄

汪仲成字汝玉績溪人嘉靖丙戌進士授大理評事有巨閹從子殺人賂諸問官求脫仲成力爭不署名竟抵法轉右寺正條陳八事上嘉允之遷思恩知府時土官岑濬以叛誅其子岑金率黨攻城成計縛之全其城改任柳州府歲有船稅千餘金成悉委備軍餉尋改程番府具科條敷教化軍民咸歎其來之曉焉

胡宗憲字汝貞績溪人嘉靖戊戌進士授益都令百務具舉推卓異擢御史巡按宣大日蓮教嘯聚憲縛渠魁宥脅從地方以寧復遣按浙時海倭王直徐海等爲寇蔓延江浙閩廣間憲奉監軍紀功之命卽親率兵殄之王江涇斬首二千餘級超拜僉都御史提督浙閩

軍務旬月屢捷詔進兵部左侍郎兼節制七省憲
設奇携黨賊首以次就擒直勢孤乞降東南寧息
進大司馬加少保後以人言逮至京上曰
加胡宗憲罪後來誰肯與我任事乃得釋　周頌字德
音績溪人性至孝勵志理學書誠意正心四字於
壁精思而力踐之教諭敷鈹改建學宮顧其址爲
頌業頌郎欣然助之以貢授蒲臺訓
導諸監司獎之爲東省教官第一　程箕字斗南績溪人
明經任福安教諭嘉靖間倭突至箕與令分城守
禦斃倭甚多外援不至城陷人謂君非守土宜避
去箕叱曰義有死耳何避爲遂遇害弟子
從死者二十二人監司上其狀褒予恤典　吳鎬字宗
周績溪人領嘉靖丁酉鄉薦授上猶令多善政適
強寇掠境親冒矢石禦之渠魁授首捷聞欽賜銀
幣陞安州知州　胡曉字東白績溪人嘉靖甲辰進士選入史館大學士徐階雅重之後出爲御
史巡按鳳陽以卻當國璫出判
晉州仕終廣信同知鳳裁甚著　羅應鶴字德鳴歙人隆慶辛
未進士令景陵黃岡俱稱最召爲御史按東粵適
有蛋之役鶴說督撫曰耦俱者蛋與民也顧多生

俘毋生馘督撫納其言先後縱舍不下數千人後督學三輔僉服公明累遷太僕卿問弊盡剔進陞保定巡撫子仁望成進士

方揚字子善歙人隆慶辛未進士歷遷南計部有怙權相私據公田駕言作祉乞揚作記不應遂以事謫之謫秀州尋遷守杭州乞歸

曹樓字世登歙人隆慶辛未進士授戶部主事詔修會計錄部尚書以屬樓督學四川嚴絕請託蜀士胥服仕終江西參政

汪在前字立伯歙人父丞平湖坐事前白湖守欲出父罪守辱之明年隆慶戊辰成進士郎任嘉興司理與守僚好無間以戶部郎歸

胡宥字子仁休寧人隆慶辛未進士令長垣平獄訟省租庸繕城修學政聲藉甚徵南御史江陵柄國御史傳穎言事編成特疏請釋之巡按廣西攝廣東鹽法佐軍興用兵八寨紀功賜金幣御宴七蓋異數云

葉時新字惟懷休寧人隆慶辛未進士守弘農興學校舉廢墜格公例二萬餘請當道賦賑饑饉流移罷關門之不當榷者七十條勒之石

詹景鳳字東圖休寧人登鄉薦風流文藻爲士所矜

范淶字原易休寧人幼遊

東魯郎志聖賢之學篤信程朱以力行爲實地登
進士初令南城歷擢晉藩所至興利除害表俗維
風時南中爲江陵相祝釐獨不赴海
中丞瑞謂南中得個半人淶其一也 余懋學字行
之婺
源人隆慶戊辰進士爲司理剖決若神陞南給事
中論斥權璫忤司禮馮保意矯旨削籍爲民後召
還歷官少司徒歸而杜門著書嘗曰學患不
眞與其爲僞中行寧爲眞狂狷卒謚恭穆 洪啟
蒙字有本歙人潛心陽明微旨耿楚侗督學南畿
亟拔之謂其直深理窟不墮言詮引登白嶽揚
搉聖賢大旨復講業紫陽書院出其門者多名公
鉅卿子輔聖佐聖翼聖皆成名進士學者稱源泉
先
生 吳應明字以誠歙人萬曆丙戌進士歷兵
戶工給諫建言國本終太常少卿 方元
彥字士美歙人萬曆丙戌進士令金華擢御史按
甘肅嘗陳備邊五議按閩釋寃祛奸卻紅毛番
市鎮安海堡城又建言星變地
震宜撤璫使以答天譴卒於官 江應曉字覺卿歙
人入成均
就判涪州就吟咏厭苦簿書歸就駐驆
山麓築室博覽群籍學者稱山城先生 鮑應鰲字
山

甫歙人萬曆乙未進士授戶部主政榷崇文稅晉太倉庫秋毫無染尋補祠司郎適孝靖皇太后甍詔依世廟沈貴妃例鰲以沈貴妃太簡畧乃考穆宗母孝恪皇太后岀爲康妃甍儀注仍增十三條疏上上曰原來官們也看得此事重即允行之鰲在儀司凡議謚䘏守正不阿尋陞尚寶晉太僕卿卒

吳中明字知常歙人萬曆丙戌進士仕瑞汀兩府推官擢吏禮二部主政時權璫陳奉暴橫橫三楚言官朝疏上夕緹騎下明獨備列奉狀時論韙之擢河南提學晉大參分守汝寧時汝寧王縱僕殺商人張淪明以僕抵法王忌走愬上明劾王坐擅離城律愬不得行備兵薊遼軍壘改觀晉南戶部總督糧儲卒

畢懋良字師皐歙人萬曆乙未進士除萬年令陞禮部督學浙江轉福建督糧道廩餼俱委積穀會紅夷寇海上糧艘不通發所積穀民藉全活尋晉方伯爲閩省減加派餉又降海寇數百陞南大京兆歷戶部侍郎總督倉塲議以本色折色相間給發每年可積米八千餘石會以忤璫斥罷

吳國仕字秀升歙人萬曆甲辰進士授刑部主事守檇李氷櫱自

勵嘗率諸生詣天心書院講學士靡然向風又爲均役之法以蘇貧役爲官解之例以蘇僉解築海塘漕堤以蘇輓卒建王江涇石梁拯競渡之溺治行第一備兵蘄黄蘄盜遂息備兵辰沅時苗民叛仕立炮樓增戍卒清屯糈充歲餉不加派而兵食足卒使叛首就縛參藩川東值奢崇明父子倡亂擒其將樊龍渝城以復繼搗蔺賊賊糾安兵來犯仕合黔將夾擊破之總臬西粵貳藩湖南總轄八閩以平悉著勞勣遷南勳卿晉少司農

洪文衡字平叔歙人萬曆己丑進士歷任南北曹十餘年如疏請建儲功在國本又議建城議錢法及卻諸羨力與中貴爭爲國家省金錢千萬緡晉光祿上八事上爲之寢景藩之命陞奉常上祧廟疏朝中稱爲千秋正論卒贈侍郎

洪翼聖字季鄰歙人萬曆戊戌進士知福寧州歷守南陽俱清白自持一介不取與贖鍰俱令屬邑積穀不入府藏舉卓異第一督學陜西參政秦藩憲長三晉其清操一如治郡時尋入爲光祿卿

凌子儉字仲廣歙人萬曆戊子鄉薦歷戶部郎陞曲靖守道經貴州值安寇之變督府留爲監軍共事

城守圍久糧絕從者黄華延喘倚書壁云
一瞑萬世不泯九死百折不回遂死之　程國祥
字我旋歙人萬曆甲辰進士兩爲邑令清操恤民
入銓曹緼袍治事登啟事者皆碩彥以忤中貴落
籍後賜環游歷卿寺晋大司農日惟自置脫粟
供食尋進文淵閣大學士多所匡正後告歸　方
有度　字方叔歙人萬曆丙辰進士授長治知縣故
事取民殷實者充主藏吏辦供億率多破産
度撑廉謹吏主之遂革其弊召入諫垣于紅丸遂
侍二案皆有建白宣付史館爲璫所中削籍後恤
復原　江秉謙　字兆豫應曉子萬曆庚戌進士授鄞
秩　縣知縣擢御史廵視南城首詰奸璫
置治法魏璫創設內操謙率諫官疏約之又疏撫
樞一體樞臣不得蟒玉行邊益中璫忌矯旨外遷
後皇子生詔建言諸臣皆賜環璫銜謙獨
不與尋矯旨削奪崇禎改元詔復前秩　江來岷
字本初歙人垂髫應童子試作背水陣論歷引孫
吳兵法令奇之萬曆甲子鄉薦令鄖邑從直指游
衡山代作朱陵洞天碑文古奧至不能讀識者謂
此石立邑映峋嶁矣祀南嶽倣騷製迎神送神諸

曲至今歌之性喜韜畧宰鄖時平藍寇定　吳士奇
楚藩鬻州之變諭緝徭蠻終其任無敢擾
字無奇歙人萬曆壬辰進士令寧化歷戶曹管浦
口倉嚴核雀鼠之耗榷水西關額足弛征遷郎中
歲省度支十餘萬督學四川作三箴五要歷陞湖
廣布政清覈奸胥盜帑金十七萬晉太常卿忤魏
璫致仕卒贈　畢懋康　字孟侯歙人萬曆戊戌進士
工部右侍郎　授中書選御史出巡長蘆盡
釐鹺弊再按陝西關中旱發廩活饑民疏請張禎
渠父從祀啟聖祠呂文簡從祀文廟值山東旱延
議救荒無出康右復按山東賑饑視救秦法加詳
全活更倍撫鄖陽以忤璫編名黨人尋起南通政
晉少司馬仕至南總　洪養蒙　字正叔與兄啟蒙倡
督糧儲戶部侍郎　道紫陽郡人謂明道
伊川近是萬曆乙未成進　洪世俊　字用章歙人萬
士入薇省參畫多至計　曆乙未進士仕
禮部主政時諸王婚期踰制講學禮廢福藩久不
之國力爭十餘疏出參漳南歷右轄會紅夷入寇
預堡圭嶼儲火藥禦之寇不為害轉山東
左轄平妖蓮搆亂討致蕩平陞太常寺卿　汪有功

字祖倩歙人萬曆甲辰進士令蒲圻入南臺疏十餘上如勸青宮講學劾巨璫亂閣及藩宦不當借祭孝陵與張差肆逆危及國本當窮治其奸皆中時弊攬轡下江捐鍰二萬餘官至尚寶丞

汪元功 字元倩歙人萬曆乙未進士令光化巨盜張苞芴拜之火遂息補守順德關外告亟徵芻粟器械功倉卒立辦備兵雲中力行節省完兩年貢市額十六萬上溫詔慰勞之又素囊部落不靖功單車馳諭迄無西患官至湖西觀察

洪輔聖 字孟鄰歙人萬曆丁未進士官行人厚德雄文殫心經濟子天開丙子舉人博洽古今撰述甚富天擢丁丑進士授兵部出守武昌擢湖廣驛傳道多異績

黃全初 字性甫歙人萬曆己丑進士令崇德歲荒逋賦至十五萬力爲請蠲當事不可遂引疾歸起南雍博士遷南計部軍儲多冒支悉釐其弊歲省萬四千緡

方時化 字伯雨歙人萬曆甲午鄉薦令朝城時白蓮賊逼朝而陣化偵知邑中王甲周乙爲洛陽劇孟召爲約正以甘言撫之二人感泣一日詣公庭告曰旦夕有婦

人推車過者卽盔魁也化以壯士數輩從之果汪縛妖賊教主閻氏等立斬以殉終歙州府同知應元字長孺歙人萬曆丙辰進士授太常博士有協律郎損玉磬罪不赦元捐槖增置郎得免入臺中巡按粵西歲大旱甘澍隨車人號御史雨又罷牛稅罷榷木多所興革尋督學京畿甄拔多名士汪元標字承景歙人萬曆丙辰進士由譚陽令晉銓曹矢公矢愼歷掌四司値權璫用事遂罷官歸旋起備兵海上擒大盗黃願素字若鏡歙蕭潮等千餘人閩以安堵晉福寧道人萬曆己未進士司理撫州舉卓異擢銓部時逆璫濫爵素力持之不少假借疏汰假官百八十員訂刻銓曹事宜留部爲式他如禁飛布燒鑿以護地脈設界嶺防守以清萑苻世永賴之許啟敏字元健歙人萬曆戊午鄉薦授蘇州教授觸璫焰幾殆後司李登州有罰貢官物者繫獄至數百人啟敏至多所平反白院道乞宣赦其不可宥者令煎鹽貸死一時誦其慈仁洪佐聖字仲鄰歙人萬曆辛丑進士以工部榷蕪關政從簡肅轉銓部有水境之稱督學江西士習丕變秉憲山

右民以不寃仕至江西都御史**殷宗器**字君陳歙人萬曆丁未進士司理興化有神明譽擢吏部主事清奸釐弊銓政益肅**江湛然**字清臣歙人萬曆乙酉舉人知泰安州一意撫字然豪猾者必置於法時大旱湛然禱輒應蝗不入境歷任桂林守當黔滇不靖解驕兵脫巾之變郡保無虞**程子鰲**字坤輿歙人萬曆辛丑進士令蘭溪吏有以解羨上鰲叱禁之不畏強禦獨雅好作文晉儀部參藩西粵域多猺猶鰲一意拊循無梗化者終江西廉使**洪應紹**字念卿歙人由鄉薦教諭崑山凡受贄皆給貧生有顯者結怨邑人群起鳴鼓顯者欲甘心二生廹勝紹萬端屹不爲動聘校蜀闈得士多名宿卒祠名宦**吳德翼**字孟肩歙人父病篤刲股丁內艱不茹葷十六年刻厲學道課業有聲六邑名士多出其門以歲貢終**江作楫**字濟臣歙人入棘闈主司奇其文擬首薦以策斥魏璫罝之名噪南闈**邵庶**字明仲休寧人萬曆癸未進士選庶常改兵垣有驕帥父子勢橫首劾其奸貪不法事帥焰少挫復因天變陳五事俱蒙嘉納

歷擢工垣時修京城角樓奉旨勘估迄工竣如所估省公帑若干陞太常卿**張應揚**字以言休寧人萬曆癸未進士令蘭溪俗多溺女下令禁之歲饑捐俸置社倉歷按滇南屬順寧代候二寇構兵讐殺揚籌畫匡定奉旨勘功賜上方金會命恤刑平反冤抑復按閩建難作殲其渠魁出冤繫者甚衆**程朝京**字元直休寧人萬曆癸未進士令鄱陽邑多積逋京立週知實徵二冊課遂如額陶丁奉倡亂有寨三百餘所京令居民照保甲歸守集壯丁五千去鵲湖以陣賊勢孤遂降又因灣水運天津糧至關**金繼震**字長卿休寧人萬曆家口省輓輸數倍晉漳南憲副丙戌進士授濬縣令歲歉設糜賑饑調義烏公署火縱囚歸後自來無負德者晉刑部郎恤刑山東遼東釋冤繫重辟四百餘人青州民彌祿爲兄所毒斃震行部祿魂附母訴冤廉得實抵罪或謂非恤臣事震曰恤死猶恤生也報命課第一**汪先岍**字登于休寧人萬曆己丑進士令光山鋤強除寇擢御史首奏建儲巡漕**葉伯鳴**字雲羽休寧人任沂河建開泇河議報可晉貳冏卿

州同知潔已恤民塞礦穴疏鹽禁署單父平馬政出三大辟邑以白蓮教被累者盡釋之改涿州涿地衝疲力爲休息擢藩司理問

汪可進字惟正休寧人萬曆己丑進士令石首會河決載米賑瀕河居民權使煽虐引法抑之播寇叛先事力備邑賴以全時轉南曹復留塞決河乃去及任虞政羨金悉歸公帑

金忠士字元卿休寧人萬曆壬辰進士令樂平以卓異考選御史按貴州勘定水西討平洛苗按浙江賑澇饑戢兵伍按河南勦巨寇歷遷至僉都御史巡撫延綏晉少司馬

查應光字賓王休寧人萬曆丁酉舉人同年王廣文爲佻搆于御史臺光立雪其誣劉直指薦剡人告有旨優擢

汪煇字柱河休寧人萬曆甲辰進士由庶常歷吏部侍郎勁節不阿魏璫建祠欲屬煇記煇絕不與通璫銜之矯旨削奪崇禎改元復職

金汝聲字震莘休寧人萬曆丙午舉人令棲霞剔衛蠹革火耗嚴保甲恤行戶濬漕河値白蓮教作亂勦撫多方賊不敢犯登州兵變聲緝得渠魁餘遂解散擢知邢州

徐文龍字田仲休寧人萬曆丙午舉人授杭

州郡丞清戎伍靖盜賊鋤強梗恤孤煢雪沉寃散妖黨覈丁戶擢處州知府　程策字獻可休寧人萬曆庚戌進士司理西安清介自厲轉儀曹時魏璫竊權拜其祠者如鶩策獨不往守德安有七府奸民同口謀爲不軌策密緝渠魁械京師餘不問反側以安晉鄖襄參政流寇深入設伏大敗之　汪泗論字自魯休寧人萬曆庚戌進士授漳浦令以廉正擢御史疏杜內批以防微漸按江西力持大體與諸司約法三章毋枉濫晉冏卿　金自皐字熙伯休寧人萬曆壬子鄉薦令峽江條與革十議稱旨會攢造黃冊增減詳覈興革利弊爲郡邑最蒞峽五年屢註上考　趙時用字德友休寧人萬曆癸丑進士令南安擢戶垣奉命冊益藩贈橐中裝皆不受陞奉常首疏魏忠賢竊弄威福兩官閩海不登閩中一物終鴻臚卿　汪康謠字衢父休寧人萬曆癸丑進士令諸暨陞戶部主政管草塲濬濠立柵皆底績擢臨清時白蓮教煽亂謠指授方畧戢之出守漳州畫約二十餘條有販海遭颶風者七十四人詮爲海寇謠廉實釋之舉卓異第一魏璫黨崔呈

秀與謡同門擯不與通蘇撫周起元以忤黨坐贓數萬下漳州籍之謡閣不行遂削奪漳人祠于朱文公右額曰新安兩夫子祠擢福寧兵備道

潘士藻字去華婺源人萬曆癸未進士授溫州府司理以治最名爲御史疏請上修身親賢語甚切摯左遷廣東照磨藻怡然自得謝曰積忱未至自反殊慙東西南北莫逃于天覆地載之間進退行藏總皆爲進德修業之地識者韙之量移南司勳晉尚寶少卿

汪以時字太易婺源人萬曆己丑進士初令南召再令嵩屬歲大祲發廩煮糜一意洵濡而卵翼之治最授御史時兩宮新創中使鑿地括商所在騷動首疏時事孔艱亂萌可畏條時務八款悉中機要督理河東屬涓使策鑿三晉山脉奏開採南池徵收鹽課先後累疏抗阻大要不忍以三邊軍士之所寄命百年紀綱之所維持糜爛于羣兇之手致張忠揑奏誣逮幾不免差按山西中使孫朝駐省虐焰踰于張忠時語諸司云此非可口舌爭但廉得稅棍治之不少貸則羽翼已剪其氣自索按部出死錄八百餘人閱視三關建城堡于青龍驛邊境以靖轉南太僕

卿

汪應蛟字潛夫婺源人究心性命深入閫奥萬曆甲戌進士除南駕部督學四川以播州越在徼外興學校置弟子員翕然向化因改名遵義府備兵易州礦璫王虎銜命張威蛟露章劾之倭將平秀吉圍朝鮮廷命蛟詣登萊置戍旅海柝無警因移撫真定葛沽白塘棄地甌脫蛟躬相度以瀉其鹵地得鹽轉饒益歲飢戍餉常額六萬其精于格物如此晉貳司空改大司農疏愛民十八條阿保客氏挾求墓地踰制蛟執不與尋得請歸時毀書院禁講學乃作默識解示門人卒賜祭葬

余懋衡字持國婺源人萬曆壬辰進士授永新令時江右未行官解法衡始請通行以紓民困徵為御史論罷礦稅傳旨予杖忽殿角有聲如雷上心動遂免視鹺長蘆一切例鍰悉無所私巡按陝西劾稅璫梁永永窘賄庖人以蠱進衡瀕死夢神示方得解上為撤永並罷天下礦稅閱視固延兩鎮既悉情形條上十事上嘉納掌外計列計典七條著為令天啓辛酉召為大理卿尋授僉都御史協理京營戎政衡日訓軍實定雙糧單糧法以示激勸晉副都御史改兵部侍郎時魏忠

賢專擅請諸璫弟姪及保姆客氏子俱世襲錦衣衛衛以武職非軍功不世襲歸寺胄濫非典具疏封還兩敕陞南吏部尚書力辭遂予告卒賜祭葬

余啓元字伯貞婺源人萬曆甲戌進士授内黄令聞母疾告養馳歸尋令臨城會有履畝丈量之役元以無故紛擾苦百姓置不報時江陵相方鋤異已者銜之歿霸州廣文適丁外艱家居十五載黄侍御薦之起官歷陞部郎監豫章漕兊罷虛耗四十萬石漕政一新尋督易州權儲以清操第一擢爲光祿丞轉少卿不阿中貴槩使前例中貴嚴憚不敢犯陞南大理丞多所平反署南儲搜宿蠹所餘廩金贖鍰毫釐存帑每日惟支堂厨錢十數文買水特詔晉大理寺卿致仕

潘絲字朝言大司空旦叔子幼析心性之學督學檄以德行首郡邑士會流賊千人突犯徽境直指而下倉皇不知所出絲奮然曰賊若渡河爲害滋甚遂偕裨校六人分三小舟齊渡擊賊絲目衣紅者知其爲渠魁也一矢斃之復連踣數人賊奔絲率官兵掩擊賊望風竄逸郡賴以安撫按交上其事得超貢廷試第一判睢州睢故有邏卒誣執商旅

爲害滋久緝至得其尤黠者置之法檄署分水鑰除虛丁千餘自當道定版籍邑乃大安仕終雲南北勝知州

汪鳴鸞字律初婺源人爲文精深古雅萬曆辛卯領解萬曆壬辰進士讀書中秘依然諸生下帷時每對人不輕權衡人物至其胸中藻鑑嘗自了了諸館閣胥以遠到期之

余懋孳字舜仲婺源人萬曆甲辰進士授山陰令政先德惠兩舉卓異徵禮科給事中奉使至閩時稅璫高宷虎踞八閩袧四府屬孳論列其惡上爲撤去

江旭奇字舜升婺源人補郡庠以表章聖學爲已任著孝經翼孝經疏義北游成均將進奏適駕臨太學遂手捧書俯奏請勅儒臣補成孝經大全命題取士士有旨嘉納以孝經小學頒行試士著爲令仕爲安岳丞

謝存仁字生甫祁門人萬曆乙未進士授戶部主事榷關監兌有清望督儲遼陽節省餉銀二十七萬兩邊計大裕陞叅政歷雲南左右布政陞雲南巡撫簡兵核餉歲省餉銀十五萬兩米萬八千石貽後人勦撫之用請告歸里

謝顯字惟仁祁門人沉慧好學家貧或勸之治生顯應之曰治生孰若治心從

學湛甘泉靜坐有得云此學如過獨木橋絕無倚靠立腳處督學耿定向檄祀鄉賢評之曰跡其所至已在善信之間充其所志不底聖人不已

舒榮都 字曰俞黟人萬曆丁未進士授中書任御史上三字疏曰虛公嚴其餘言邊務則劾督撫周永春等言門戶則劾通政賈繼春等皆甚剴切巡按湖廣發奸摘伏時貴竹土司叛滇南不通畫策平之魏璫竊國柄仝楊璉左光斗列名疏中劾之楊左被害都飲鴆卒崇禎朝追贈太常卿

倪思輝 字實符祁門人萬曆丁未進士天啓間官吏科給事中以客氏出入無忌直言極諫謫閩幕後起兵垣歷通政使忤魏璫削籍崇禎初起刑部左侍郎轉南京督儲戶部尚書疏肅儲政荷俞旨逾年告歸

胡思伸 績溪人萬曆乙未進士宰上虞築夏蓋白馬上妃三湖灌田一十三萬餘畝又築梁湖石閘灌輸三十餘里虞人名其閘曰新安晉司馬郎陞副使備兵懷隆建築城堡四十餘所修邊垣三百餘里開沃田一十九萬畝節虛冒銀九萬有奇遷保定巡撫練兵製器開復屯田緝羣盜繩悍卒畿南賴之以安

胡燈

少保宗憲孫也領鄉薦伏闕上書陳宗憲功得賜葬祭及諡蔭世錦衣衛指揮僉事燈讓其弟焞以焞冢孫也鄉邑稱其孝讓

羅人望字當世歙人應鶴子凡國家典故名臣經濟無不殫悉天啓乙丑進士請終養不許授武學博士念父不置以病卒

吳彥芳字延祖歙人天啓乙丑進士授莆田知縣設靖寇方畧海氛旋掃擢御史閱九月疏凡十一上最後以排擊攖鱗下詔獄尋釋歸

方國儒歙人四歲失怙事孀母至孝登天啓辛酉賢書授保康令獻賊闖入境內儒設方畧力戰七晝夜賊遁去崇禎八年賊擁十餘萬衆自房山來攻外援盡絕儒被執罵不絕口死

程嗣光歙人通五經尤精詩易從鄒東廓王龍溪得聞王文成之學晚以貢授青陽訓臺使旌之曰學師孔孟理入朱程

姚宗衡號霞溆歙人崇禎癸酉舉人署平原教諭流寇突至衡與令丞嬰城固守著有勞績庚辰成進士對稱旨特授翰林院檢討感殊恩厲志報國　名

吳賜玉歙人以廕判南康賊闖其境玉躍馬率丁壯往勦之追及賊賊阻橋踞崗爲陣玉躍馬獨

前格殺數賊遂遇害贈按察司僉事**凌駉**歙人崇禎癸未進士時闖賊破秦逼晉詔督輔李建泰出防河駉以職方爲督府監軍至保定駉獨與賊戰被創既死復蘇乃建義于齊豫間勢不支自縊死**黃一鐸**字公路歙人崇禎庚午鄉薦教諭桐城流寇蹂躪之餘絃歌廢缺鐸急則城守暇則造士尋令福安著績循良**許立禮**字季履文穆公子善書法與董思白齊名以廕補中舍奉使朝鮮却餽金先是文穆使其國鮮人敬之立禮不愧其父仕至雲南知府**潘文炳**歙人性篤孝言動一軌於禮爲一時人士楷模**程世培**休寧人崇禎戊辰進士任戶曹郎苞苴覈虛冒後督漕輓八月而竣出守鄖陽擒流寇有功晉山東督糧道**夏雨金**字韓雲休寧人崇禎甲戌進士授河間推官以修練備四事紀錄者再晉刑部讞決詔獄稱旨尋知泉州府適南安斗賊倡亂聚衆萬餘金單騎諭之即解散陞衞輝道**汪惟效**字澹石祁門人崇禎辛未進士初授青州推官以軍功擢戶科給事中**康正諫**字秦木祁門人崇禎舉人授和

州學正流寇圍城急力不能支有詩云我讀聖賢書世明春秋古爲臣報君恩能忍惜一死與妻汪氏先後投池死冢媳章氏孀居亦赴井死一家殉難䘏贈國子監監丞

馬嘉字六禮祁門人崇禎舉人登賢書益肆力于學每一論當世得失輒慷慨悲歌甲申聞闖寇之難整衣賦詩北面再拜投繯自絕

韓如愈字弗如黟人崇禎丁未進士授安化縣令清介有殊擢兵科給事中兼管理十二團營清核破冒不畏強禦風裁凜然

葉元善字震卿黟人崇禎初由太學生授鴻臚寺署丞丰采嚴峻動必循禮仰齋居如對大廷振興學業倡明道教有所積必周及親故貧乏之者一時士大夫雅重之

方可權績溪人由鄉舉授泌陽縣諭陞星子縣令修葺白鹿洞朱子講學舊處華羡耗鏹贖鍰廣儲粟多置船以救溺卒於官囊槖蕭然

汪鯉字子化歙人邑諸生時鎮兵無制鯉請于當事有固圉芻議會黟祁堵殺賊兵鳳督馬士英欲嫁禍於歙歙鯉言於淮撫史可法事遂得解

皇清張光祁字雲仲歙人順治丁亥進士守鄧州鄧經兵燹土曠人空祁招徠開墾鄧漸以治會征湖南督戰艦區畫有方盜壘于下庄祁單車諭之皆感泣就撫治鄧三載清操不渝舉卓異陞儀部員外郎以河決不忍去治河七晝夜勞瘁卒於鄧署鄧人德之

汪瑤光字文岫汪道昆孫博學能文爲象山李維禎所器

吳聖楫字右舟國仕孫順治甲午選貢令文縣壤接西域番民雜處楫控御有方奸民冒克旗丁肆横楫立置之法縣爲松潘孔道蜀軍往來多竊販馬匹楫擒解茶馬御史蜀軍歛戢茶院有邑小才長之奬

汪以淳字淶水休寧人進士授定安令以卓異擢吏部主政尋差榷北新關克己勤務國計賴之

鄭之文休寧人籍臨清登順治己丑武進士授明遠將軍任台州六載屢立戰功十三年總兵馬信附賊薄城文單騎衝敵戰却之十四年海寇犯順文獨障危城相持閱月食援俱絕乃趣媵妾投繯誓一門死節賊斬門入執文誘降文罵不絕口遂遇害

汪思淳字德舍婺源人少遊庠序有經營四方之志入太學順治

五年隨佟督師討河南叙軍功授寶慶知府撫瘡痍招流亡政聲洋溢調繁建昌兵燹之餘曲盡撫綏民甚德之

汪宗洙字魯源婺源人以歲薦任內丘尹於時西山劇盜嘯聚民多流亡洙蒞任招徠懷集四境寧帖民至今賴之斷獄明允囹圄空虛郡司理臨邑閱獄囚繫止二人悉上臺委質成者歎其案牘不煩有古循良風以勞卒於官

余維樞字中台婺源人童時即潛心理學以歲薦授永年令在任葺黌宮立義塾朔望集諸生論性道式布衣張蓋之廬境內丕變治永七載以盜越獄坐免後事白補臨邑臨瘠壤也兵荒頻仍樞一切煦嘔之期月異政冠三晉陞督捕主事病卒樞工詩文精書法片語隻字人爭寶之

詹紹慶字本修婺源人生而孝友事繼母踰所生處異母弟無間言少爲郡諸生即以經學著述自任所居數椽不蔽風雨晚年仲子養沉讀書中秘慶益兢兢誡其子勿近紛華家居授徒歲得束脯以自給

程甡字右林祁門人力學授徒從游者衆爲文高潔古雅一準於法壬午登賢書孝友忠信士林推重順治初諭如皐課士外一無

所頒終和州學正

汪濟 字蟠雯祁門人順治辛卯以明經知臨青州州地極衝疲濟履畝清賦逋漕剔奸遊刃有餘尋補許州値水患濟殫心經營暇則課藝論文貞操不移以艱歸不復出裒輯先世遺文老不釋卷

陳蕃 祁門人太學生順治壬辰辟署海南之樂會臨高二邑有治聲著

余起光 黟人授泰順知縣下車肅清逋賦時海氛竊發光堅壁防禦晝夜考守孤城獨完

汪先登 黟人授祿豐縣當尤府要津苗民雜處撫綏最難登勸諭開墾征輸有法型鄧州知州

周士遐 績溪人由貢授陸川令時盜寇嘯聚遐單騎抵賊巢撫諭俾歸誠墾土田招流亡境內以寧

洪德常 歙縣人孝友性成於書無所不窺少從周海門游厥後講學紫陽學者稱爲常伯先生著有中庸要領以子琮貴贈禮部郎中

程肇光 休寧人父俠游從母吳授書入成均有聲扶父櫬千里徒行事兩繼母如母其孝友不讓古人以子文彝貴贈刑部主政

程六德 字侯倩休寧人幼穎異聞塾師說孟宗王裒諸故事輒流涕稍長肆力于學名流皆遜其

博母戴氏疾禱天願以身代及卒哀毀甚水漿不人口者旬日從容謝父竟以身殉邑令表其閭曰純孝可風總督于成龍額曰名儒孝子

趙時腆字道味休寧人樂義好施晚年恬澹自適築圃東郊足跡不入官府教子成名勉以忠藎長子端仕縣令次子吉士仕戶部主政

江南通志卷之第四十九

人物

寧國府

晉

俞縱 咸和初爲桓彝部將守蘭石與蘇峻將韓晃遇衆寡不敵左右勸其退守縱曰吾受桓侯恩厚吾之不負桓侯猶桓侯之不負國也力戰死贈典古太守

唐

左難當 一名匡政涇縣人隋末盜起難當率衆保障推爲總管武德中入朝授歙州刺史輔公祏反圍歙州固守踰年李大亮至授以兵遂擊公祏敗之後伐高麗以李大亮爲水道總管難當副焉與李勣李道宗並勇冠一時

梅知嚴 寧國人隋季兵亂嚴部伍鄉里與左難當相犄角盜不能犯武德初歸附封南魯王

劉太冲 宣州人博洽工詩顏眞卿守平原辟從事晝策拒安祿山弟太眞善屬文貞元四年詔羣臣宴曲江賦詩帝自第之以太眞李紓等爲上

王

炎宣城人工詩歌與李白齊名嘗遊蜀自爲劒閣賦贈之及卒哭以詩云王公希世寶棄世一何早

羅立言宣城人貞元中擢進士令河陰始築縣城而當築處率爲豪富所據立言下令畫地使民自築民憚其嚴數旬而功成

許棠字文化人幼警敏咸通中與張喬俞坦之鄭谷李栖遠等稱十哲賦洞庭詩有云四顧疑無地中流忽有山人遂稱許洞庭李建州頻嘗首薦之薛能戲以詩曰君似貧無計因何事有成高湜知貢舉時士多請託權貴湜擲幞於地曰吾以至公得讜分也乃取棠時號得人調涇縣尉卒

汪遵幼爲吏許棠應二十餘舉遵猶在吏籍一旦辭役就貢棠遇遵訊曰汪遵何以至此遵曰就貢棠怒曰小吏無禮然遵竟先棠五年登第

南唐

蒯鼇宣州人唐末文體纖麗鼇獨振起有大家風爲人廉直嘗藏龍尾硯客有欲色而不言及客行即徒步馳數舍與之宋興其友樊若水欲薦之謝去隱于廬山

宋

李含章宣城人太平興國進士廷試春雨如膏賦太宗稱善

凌策字子奇涇縣人

雍熙進士歷知道州江陰軍循公潔已以稱職著授廣安軍判官真宗初入爲戶部判官先是嶺南輸香藥用郵卒萬人肩負抵京策請陸運至南安泛舟而北大省轉輸之費知廣州廣英路自吉州趨板步三百里每夏瘴行旅輒死策請由大源洞開路至曲江爲便從知洪州饒產金販者有禁策請通商賈官責其算公私利焉改知益州兩川錢幣多盜策請鑄大錢以一當十從之策早年嘗夢異人以六印加劍上遺之後仕蜀凡六任真宗嘗謂策治蜀敏而有斷王旦嘗薦以自代

梅詢字昌言宣城人登端拱進士咸平初與考崇政殿占對詳敏上奇之名試中書直集賢院賜緋衣銀魚時李繼遷攻靈州詢上書議以朔方授潘羅支使自圖取問誰可使者詢請行上壯之因遣使未至而靈州沒還爲三司戶部判官慶陳西北事請大臣臨邊督戰募遊手擊賊又論曹瑋馬知節才可用傅潛楊瓊敗績當誅因紹彬王榮等責令自效以贖過會天子再幸澶淵河北兵解詢亦遂見疎累遷給事中知審官院仁宗御延英閣讀正說養民篇顧謂侍臣今天下民籍幾何詢對曰先帝

所作蓋述前代帝王恭儉有節則戶口充羨賦斂無藝則版圖衰減五季生齒彫耗賴祖宗休養戶口蓋倍於前矣因詔編修院檢閱以聞尋出知許州卒子鼎臣舉進士歷翰林學士上飛白書墨莊二字賜之曰美卿世居文翰之地也

趙積字表微宣城人擢進士第歷遷益州路轉運使眞宗諭曰蜀遠而數亂其利害朕所欲聞卿悉條上之積數言部中事一日章數上浦江縣捕盜不得逮平民楚掠誣服積行部問得寃狀悉縱之仕終禮部尚書卒謚僖質

劉琦字公玉涇縣人慶曆登第調分寧簿移鍾離令大姓陳氏子殺人誣平人求免琦寘之法熙寧初名爲侍御史神宗親題其譜系曰漢室中山裔皇朝侍御家一時恩寵爲盛會城綏州羌數入抄畧琦言棄之便又論皇族推恩無紀請以禮降殺之論王安石挾術媚上私意用人變法不當坐貶

梅堯臣字聖兪詢從子也工詩初未爲人知錢惟演歐陽修特嗟賞之遂以詩鳴無問賢愚皆欲得其詩以自矜故求詩者日踵至大臣屢薦宜在館閣召試賜進士出國子監直講累遷尚書都官員外郎嘗奏其所撰

唐載二十六卷乃命編修唐書書成未奏而卒又嘗注孫子十三篇爲毛詩小傳二十卷宛陵集四十卷有人得西南蠻布弓衣其織文乃堯臣詩也名重於時如此

陳天麟字季陵宣城人紹興進士調廣德簿歲饑代爲郡將書請部使者得粟數千斛攺知襄陽募忠義軍浚古習河攺知贛州時茶商寇贛吉間乃預爲守備江西憲臣辛棄疾討賊天麟給餉補軍及事平棄疾奏今成功實天麟方畧

徐勣字元功南陵人舉進士除桂州教授王師討交趾檄勣從軍役者多道亡捕得千餘人使勣杖之勣以羸病不勝杖請湼臂使者怒欲併劾勣勣終不爲奪大將郭逵副趙卨逗留不進勣言於朝逵卨坐貶判通州瀕海有隄廢不治勣躬率護築民賴其利徽宗立擢寶文閣待制兼侍讀帝謂勣朕每聽臣僚進對非詐則諛惟卿鯁直朕所倚賴大觀二年知太平州入覲極論茶鹽法爲民病帝曰不見卿久今日乃聞讜言加龍圖閣直學士留守南京蔡京自錢塘召還見勣諷之曰元功遭遇在伯通右伯通既相矣勣笑曰人各有志吾豈以利祿易之哉京慙不能對勣

終不復用孫楙字德操太平人紹興進士歷判池眞郢三州所至以興學節財爲務入覲高宗廷獎曰天下有郵而辦有不郵而辦卿所謂郵而辦者也嘗論公生明上問何以生公曰廉生公又問何以生廉曰儉生廉上稱善累遷知溫州朱熹稱之曰古良吏也滸成和字德修涇縣人紹興登第調江夏簿時岳武穆討楊么於洞庭湖安撫使劉湜守鄂渚成和徒步之官劉令督軍儲掌箋表多所裨助賊平授太湖令興崇學校嘗取唐人所列君臣父子兄弟夫婦長幼諸聖賢往行繪像刻石以示訓焉汪澥字仲濬涇縣人少從胡瑗學易王安石著三經義傳澥與議首傳其說爲太學正爲司業祭酒官以儒名者三十年楊璵字器之宣城人天聖進士知袁州衢信二州民爭水利委璵決之璵曰衢上流水所自出然衢民頻泄水外河溉不及信爭訟之起其著令先衢而後信訟遂平歷知舒州守光祿卿汪齊字子思涇縣人慶曆進士及第累遷尚書都官員外郎時行青苗免役法齊詣朝堂力言不便宰相王安石曰此法便天下獨公兼并之心未厭故

不便爾遂出判池州魏良臣字道弼宣城人宣和進士調丹徒尉徽宗南巡良臣疏請還闕不報高宗時命詣行成會邊將驟襲北軍幾敗盟良臣對曰朝議既定乃遣使此或邊將覬功願早定計報天子遂遣歸如約歷遷吏部侍郎秦檜忌之出知池廬二州檜死名拜參知政事首請出卿士之囚歸蠻瘴之寃核軍實禁工役罷販買觀聽一新卒謚敏肅方懋德字元相南陵人宣和中起家胄監令錢塘時郡科磚五十萬懋德持不可卒罷後知廣德軍有雲溪野老集汪汝則字方叔涇縣人宣和二年調蕪湖丞建炎間助平方臘有功帝嘉其能錄姓名於屏名對稱旨授紹興府通判歷知信州衢州時臣僚論郡守人才上曰使人人如汪汝則何患不治李材字達才太平人宣和末金人圍太原材以太學生上書言三關四鎮國家根本宜速遣偏師倍道趨鴈門人定襄復忻代截石頭關等處朝議以爲然命陳淬武漢英將兵徑收忻代材以布衣參幕謀畫居多建炎初詣行在詔補廸功郎終蘄州通判王行之字才仲太平人爲婺州士

曹方臘黨寇婺州守臣皆遁去行之曰吾獄官也分當死職遂遇害贈通直郎

周紫芝字少隱宣城人家貧嗜學年六十一始以廷對第三同學究出身歷樞密院編修官右司員外郎知興國軍政崇簡靜終日焚香課詩而事不廢初秦檜愛其詩云秋聲歸草木寒色到衣裘頗厚遇焉後和御製詩已通灌玉親祠事更有何人敢告猷檜怒其諷已出之

吳柔勝寧國人淳熙進士丞相趙汝愚雅賢之差嘉興教授浙右大水當平使者委行荒政民無流逋會汝愚去御史湯碩劾其擅放田租爲汝愚收人心且學主朱熹不可爲師儒官坐罷久之注贛州尉時仕嶺南者多損死妻子流落柔勝力請創廣惠館并括閒田所入以待之由是人人得返鄉里嘉定初歷國子正始以朱熹學與諸生講習士知趨向出知隨州築隨州及棗陽城立軍曰忠勇營栅器械悉備除京西提刑領州如故改湖北運判知鄂州歲歉乞糴湖廣講荒政全活亡算除秘閣修撰奉祠卒謚正肅柔勝因母家從溧水故又爲溧水人亦見江寧府與彭龜年楊簡袁燮爲師友每以行事至否爲學力淺

深之驗

文寀 號震峰涇縣人淳熙進士累官至御史抗疏三上災異事直指權相忤旨廷杖罷歸

奚士達 與弟士遜同舉淳熙進士初達與同舍郎沈煥講習禮經相勉曰曲禮毋不敬大學毋自欺當終身行之卒不渝其言士遜累官至大理卿會韓侂胄死史彌遠議起大獄士遜曰廷尉天下之平侂胄誠奸詭若欲加以大逆非士遜所知遂忤旨罷

汪暐 字晦之旌德人淳熙進士倅江陵郡郡有三海八櫃恃爲險固豪右據以爲田暐力復之時券法初變暐乃流通泉幣又築寸金堤以捍江政績甚偉有讀史手抄雜著二十卷

吳淵 柔勝仲子五歲喪母哀慕如成人登嘉定進士丞相史彌遠與語謂淵國器欲援開化尉辭以親在當稟命彌遠聞之改容尋辟令江東九郡有訟於使者輒請屬淵改差浙東制置司幹辦公事居外艱累詔奪情力辭時史嵩之方奪情應詔或以妨時宰言淵弗顧服闋差浙東提舉累進右文殿修撰政府欲用兵中原據關守河淵謂國家力決不能取即取之不能守丞相鄭清之不悅出知江州未幾邊事一如淵言差知鎮

江繼以江東轉運使兩淮流民入境者四十餘萬淵撫濟之境內肅然加華文閣直學士歷沿江節制蘄黃安慶屯田使湖南峒寇蔓入江右袁洪大震淵命將討平朝廷付淵以光豐蘄黃之事創司空山等三大砦嵯峨山等二十二小砦分立隊伍星聯棋布詔以淵所列二十五事究心軍民擢資政殿大學士封金陵侯進爵爲公寶佑五年遷參知政事卒贈少師謚莊敏著易解及退菴文集奏議

吳潛 柔勝季子登嘉定進士第一歷遷尚書右郎官都城火潛疏言陛下齋戒修省必使國人孚信毋徒減膳徹樂而已又言當以和爲形以守爲實以戰爲應今內地荼毒不宜輕啓兵端其後淮師敗亡皆如潛言入參知政事擢右丞相兼樞密使判慶元府條具軍民久遠計前後捐逋稅五百四十九萬有奇後以劾丁大全論忠王事責授化州團練使循州安置潛預卜死日語人日死必雷風大作已而果然

饒虎臣 字宗召寧國人長於奏對凡三百餘疏嘉定進士歷澧州推官魏了翁一見奇之薦於荆閫累遷司農卿兼知建寧府被命就道大雨彌旬虎臣憂日民其

魚乎分遣官吏撫輯之全活數萬人**焦炳炎**字濟南太平人淳祐進士除直秘閣知袁州新諭尉楊大明嘗肆虐嫠婦炳炎奏竄之豪吏聶息後除右正言以言事忤當軸作詩貽知舊云事至諫官言不得身爲宰相有何榮遂解職歸**方處和**字德修旌德人調玉山丞鑪戶有夜以白金窖遺者處和麾去比歸復以班竹杖爲贐怪其重不受剗杖果納金其中廉介不欺類此**王平**字喬中寧國人熙寧進士補韜畧尉邑民與寺僧爭水利平曰水源出於寺寺所利者磑碾耳民所資者畎澮竟予民嘗驗毆死者曰尚可生捄之果甦其莅事精敏多類此寧國士以制科舉者自平始**周眞**字子繼旌德人咸淳中奉文丞相劄授本縣尉元兵壓境力戰死之**汪文諒**字叔達涇縣人隱居不仕累世同居凡一千三百口州上其事詔州縣存撫賜以白金諒兄弟感上賜歎曰吾家治農未有一士郎以所賜金購書藏之子孫由是貴顯**虞儔**字壽老寧國人父璠隱居西山有潛德儔舉進士歷知績溪以廉靜著擢監察御史綱紀肅然累官兵部侍郎

元

貢奎字仲章宣城人爲齊山書院山長朝廷方議行郊祀禮奎討定上之朝廷多採其說還應奉翰林纂修成宗實錄終江西儒學提舉貢師泰字泰甫奎季子在太學時遇婦人車得遺囊皆大珠也亟追還之他日知爲黑廝侍郎母侍郎詢其人不得泰終不言天曆二年爲紹興路推官讞決詳明數雪奇冤擢入翰林預修后妃功臣列傳除吏部侍郎江淮兵起京師乏食詔師泰和糴浙右得糧百萬石調平江路總管張士誠圍城作幽懷賦見志歷戶部尚書轉漕閩海以鹽引易糧給京師汪澤民字叔志宣城人延祐進士授岳州路平江州同知州凡數十萬石民李氏以貲雄弟死兄利其財誣弟婦姦事澤民察其枉直之遷南安路推官郡吏王甲毆屬縣長鎮守萬戶欲庇之澤民捕甲繫獄又賂御史欲出其罪澤持不可乃卒罪甲潮州府判官錢珍以淫殺推官梁楫事坐繫者二百餘人凡六委官弗能白檄澤民訊之獄並具遷平江路推官僧淨廣與他僧有郤廣被殺人疑他僧已誣服澤民取視行凶刀有鐵工名因窮得被殺狀人驚爲神調知兗

州建議陞衍聖公秩以示褒崇先聖從之名修三史以禮部尚書致仕賊犯宣州城陷被執不屈乃爲詩曰江城欲破竟何爲獨有孤臣强自持駡賊肯教雙膝屈忠君不顧一身危遂遇害謚文節

王翕宣城管軍百戸至正乙未長槍賊鎖南班等攻郡城將陷翕呼弟曰我受國恩遇難當死顧老母在汝等宜出避語訖即殺妻子焚其居自刎死

張文貴宣城百戸至正十七年五月明兵下寧國路守將出降文貴仗節死妻妾亦自殺

梅實字仲實堯臣九世孫以父廕累官集慶路照磨至正末明兵圍集慶路城陷不屈遂闔門遇害

張國剛南陵人至正丙申趙雙刀寇南陵國剛親率義兵力戰兵敗被執不屈死

徐用和南陵人有武略至正十二年海賊熾行中書左丞帖里帖木兒以用和參贊軍務勤撫有功陞都鎮撫上命繪圖傳遠賜僕伴二十四姓卒賜祭葬

胡有慶涇縣人壯勇輕才任俠仕終武昌錄判嘗尉婺源有三虎白晝入城衆莫能禦慶連發三矢斃之

左繼樗字芳遠涇縣人任安慶路教授接物和平讀康節擊

壤集歎曰人不見此書則心不通大移疾歸築精舍曰隱齋終日危坐手大易性理諸編嘗語其子曰顔子樂聖人之道何道也孟子養浩然之氣何氣也學人多稱述之

凌希惠字季和涇縣人自號水西道人嘗寓宣城與諸名士爲吟社著有詩集其賦古鏡一詩尤膾炙人口

張師愚字仲愚寧國人好學工詩曾兩領延祐天曆鄉薦謨梅堯臣年譜多所攟引弟師曾同時著名汪澤民禮下之嘗稱平生畏友有二張

汪珍字聘之太平人隱居黃山下博學工詩淵停雅贍卓有古風盧摯雅重之每稱南山先生云

貢性之字友初師泰從子由國子生除簿尉以剛直稱後補閩省理官明初徵錄師泰後有以性之薦者性之改名悅避居會稽耕漁自給邑人苪麟嘗遇之邀與俱歸辭以詩云遊絲落絮都成恨社燕秋鴻各自飛既卒門人私謚曰貞晦先生

陳艮弼字公輔宣城人少辟憲史有聲除嘉興路教授修學宮費鉅萬計一委有司部使者稽出納調上元簿坐抗直自免後以旌德尹致仕前寧國路錄事吳師道稱其才足以集事辨足以

人知足以自衆謂其知言

明

秦逵字文用宣城人洪武乙丑進士仕至工部尚書議定輪班匠法著爲令諸工匠便之上以學校爲國儲才而士子巾服無異胥吏宜更制命逵製式以進上親視必求典雅凡三易始定儒巾襴衫絛頒行天下

陳廸字景道宣城人洪武乙卯鄉薦辟郡學訓導上覽廸代郡所草萬壽表異之名爲翰林編修屢擢爲兵部尚書建文即位改禮部尚書靖難兵起疏陳大計與齊泰極論李景隆奸邪不可任廸受命督餉過家未嘗一入聞變赴京文皇帝召廸責問廸抗辭不屈與子鳳山丹山等六人同日就戮於衣帶中得詩曰三受天王顧命新山河帶礪此絲綸千秋公論明於日照徹區區不二心又有五噫詞並悲烈家人侯來保裏遺骸歸葬嘉靖間始建祠郡城私謚曰靖獻崇禎末賜謚忠烈

戚遜字彥志宣城人洪武庚午以貢授兵部主事永樂中歷山東叅政歲饑流移載道請於朝未報輒發粟賑之詔獎賚遷布政

劉希賢宣城人以掾爲餘姚

主簿卒於官同僚撿其篋止俸銀五錢帕二方縣爲殮其喪歸之

俞逢辰 字彥章宣城人洪武戊午鄉薦選充燕府伴讀遷教授建文夜戚祖密謀靖難逢辰頗聞之密告藩閫張昺謝貴曰公等勿懈防及師起泣諫伏誅萬曆改元賜謚忠愍

袁洪 宣城人少勇敢習韜略洪武初從軍歷戰有功特進左都督洪子二長宇次容容嘗燕王郡王尋進駙馬都尉仍以靖難功賜誥券封廣平侯

何應龍 字子驤南陵人元末里中諸俠少嘯聚間發龍誘其首亂者斬之餘悉蒲伏請命乃散粟結士部署捍禦鄉井獲安上其功授民兵萬戶明興歸附詔世襲其官

丁恕 字子貞南陵人性敦厚好義隣人垣壞有束帛微露目之皆自金簪珥也問其人荅曰妻亡女幼故有此藏不意垣潰終失也恕亟還之時稱厚德君子

江允中 旌德人洪武舉賢良方正不就又薦爲本縣儒學訓導未幾辭歸嘗誦司馬溫公平生所爲未嘗不可對人言之語雅好吟咏名所居曰適修

丁鎡 字永時南陵人永樂中以書法徵入國子監除戶部主事嘗出使徐州傚波黜事便

宜發倉賑饑全活萬衆仕至刑部左侍郎**范懋**字士勉南陵人永樂舉人授河西令遷隰州同知廉明不可犯百姓以包孝肅稱之為立思廉亭**貢珊**字廷甫宣城人性孝友母疾嘗糞兄病疽吮之正統辛未進士知唐山縣覈清河官地以還民時以佛稱**王著**字有輝涇縣人由貢士除浙江按察司經歷嘗巡溫州久旱禱雨輒應慈谿虎為害竭誠禱神比浹旬斃十三虎民遂安累陞雲南副使**程富**字好禮涇縣人由舉人仕浙江按察司照磨正統初學士楊榮薦為御史提督京輔學政沉毅敢言秩滿歸本郡舊苦養馬富疏免之仕至廣西僉事**左暈**字仲輝涇縣人孝友力學雅好吟咏天順甲申進士歷戶部郎出知永州府時新建藩府王欲闢地具奏阻之改知彰德藩府之擾十倍永州咸御以禮法置泉陂二所溉田五千餘畝**徐旭**字啓東涇縣人天順壬午舉人除隆慶州學正改德州嘗聘典河南試有受託代為輸欵者旭從容拒之其人不知止旭厲聲曰君不畏國法獨不畏天地鬼神乎讀書無以報國復敢爾耶即白監臨出其人時論快

之

張綸字大經宣城人成化進士歷遷大理寺卿興襄二府爭灘地連逮七十二家綸爲調停奏上之事遂定改刑部左侍郎推治博野慶成二王獄稱旨時武宗政柄荒落中官用事綸奏奸黨蕭敬秦用等當誅連及巨璫疏留中不下因致仕

貢欽字元禮宣城人少好學妻楊氏佐夫勤讀每夕共檠女紅約膏殘就寢伺欽出潛增檠膏中成化甲辰進士歷官文選郎丰儀頎偉世宗出郊諸官蒲伏欽身獨長上疑其立詢之因呼爲長官兒詩文豪蕩李東陽嘗有秋水芙蓉之目

萬琛字廷器宣城人貌魁梧性勇於義成化丁酉鄉薦弘治中令瑞金適閩廣流賊夜入城琛率兵殺賊力屈被執唾罵不已遇害賊退得其屍溝中身被創者十六截三指事聞詔贈光祿寺卿

孫昊字日明南陵人少以文學名督學御史戴珊稱十才子昊爲首王鏊董傑輩次之成化丁酉鄉舉知海寧縣築堤捍海民賴以安

董傑字萬英涇縣人成化未進士上疏論經筵忤冢宰出知沔陽州累遷保定知府練兵儲粟盜發賴以無恐仕至巡撫江西副都御史

王達

字德孚涇縣人成化丙戌進士歷遷戶部郎中受檄平物價中貴不敢犯決鳳陽河南爭田萬畝又發十三年之盜銀於倉地吏民驚服遷武昌知府妖僧繼嶢挾邪術欺罔逵疏其罪擒之伏法立九則以定賦役治行稱天下第一嘗上封事時有示內詩云莫問龍顏今喜怒已拚白骨葬江陵

江漢 字紀南旌德人成化壬辰進士任戶部郎中西蜀旱饑奉詔賚內帑賑之躬歷郡邑條畫周悉遷寶慶知府首制豪猾不得借勢宗藩區別兵民禁戢流散一時蠹弊盡革

王蓋 字舜功宣城人弘治己未進士在諫垣多所彈劾有直聲孝宗稱之曰南方官人時禁軍橫甚至侵掠官物蓋請治如法上命榜刻東安門自是少戢

吳宗周 字子旦宣城人少孤篤孝嘗刲股愈母病母卒復廬墓詔表其門以明正道闢異端爲己任中弘治丙辰進士方觀政御史黃山給事中龐泮以言得罪抗疏救之筮仕行人出守臨江下車易三教坊曰崇儒著有廣崇正辨諸書學者稱石岡先生

陳孜 南陵人弘治壬子鄉薦任霸州同知奉勅清覈宣遼二鎮屯田有能聲終寧羌知州

著有靜菴詩集林下農譚

吳景 字伯陽南陵人弘治丙辰進士歷官四川按察僉事時東逵流賊充斥藍鄢既擒餘黨遁入川東景守江津城陷被執不屈死之贈按察副使

蕭瑞 號赤山涇縣人正德戊辰進士授靖安知縣時奉新華林賊起以有備不敢犯擢御史仕至叅議

邵道宗 字師魯太平人弘治戊午舉人任樂陵知縣立保甲保馬法暴客不敢入其境世宗南巡供億糗糧民不病擾調郯城修築沂河馬耳灣諸隄先是馬耳灣下有滙渚神蛟據之屢築屢圮乃備牲祭告有以身死民之語忽風霧中有物飛騰而去其功遂成沂州鑛廢盜賊相繼起率土兵平之

劉賁 字誠夫宣城人正德丁卯鄉薦知肥城縣蝗不入境移判成都行之日民泣送之勒石道傍云劉侯與赤子泣別處

吳大本 字性夫宣城人正德辛巳進士知進賢縣有儀賓李貴怙勢橫暴以私遣殺人論治之擢河南道御史疏論閣臣張璁出爲廣東僉事決疑獄活趙集等二十三人

貢汝成 字玉甫宣城人領正德癸酉鄉薦嘉靖初上勅大典興禮汝成與修祀儀成典及

獻郊廟賦並賜金帛已授翰林待詔豫校録諸經史上復古治策十五事著有三禮纂註郊廟等書時稱博雅

趙象字惟賢太平人正德間以貢知慶雲縣調度適宜民以無擾有高其清節者荅曰秩俸外錙銖皆是贓私人服爲格言

徐說字以中宣城人成化戊戌進士授禮部主事正德時歷南右通政謙抑端謹雖秩列閑司能修舉典故隨事盡職嘗冊封靖江王資贐甚厚一無所取致仕歸務以忠信先鄉里

汪昌字大祺宣城人性至孝母喪廬墓三年會歲祲遺骼塡路昌貧撤樓板爲棺以瘞殍者以正德間以貢爲江西進賢簿故事公堂燃燭皆庫胥辦支昌自署著事除之居官六年廉飭如一日子義剛貢士隨父任適寇圍城剛與知縣劉源清披甲上馬射却之按臣以邊才薦授州同知

張本宣城人正德時由國子生除開封推官正直方嚴動必循法以廉謹稱歸家無餘貲鄉人重之

梅鶚字百一旌德人正德丁丑進士少貧力學善屬文援筆千言洸洋浩博譽重一時未仕卒著有皐山集

劉汝瞻字民望宣城人端重寡言以反躬力行爲

學與郡人貢珊齊名弘治中授嘉善訓導力正士習振興文學所著有履素集劉勗字時勉宜城人正德中由國子生除饒州府推官以清節著嘗董景德鎮陶事却例餽陶戶德之汪堅字子固旌德人正德辛巳進士除刑部主事轉員外郎中按郭勛怙勢恣橫諸不法狀輦轂肅然遷福州知府從知保定循良著績歷任河南參政致仕歸有清望爲時推重姚本號雪溪旌德人嘉靖戊子舉人廉介有幹略知冠縣多惠政遷知汾州與總制曾銑計復河套忤執事意改知獨山州土賊蹂躪本晝策守禦咸中機宜尋乞歸徐元氣字汝和宜城人嘉靖壬戌進士由刑部員外出守成都出枉獄四十八人築灌縣石堰歷遷雲南右布政會土官岳鳳亂條上勦撫策躬督芻餉事平遷山東左布政東省巨室優免溢額民苦賠累元氣悉清核之仕終通政使徐元太元氣弟嘉靖乙丑進士歷仕順天府尹時蜀中河東楊栁寨賊黨擁衆入平裔堡大肆殺掠西南大震命元太以副都御史巡撫四川太至指授方略破砦三十五斬首二千餘級進璧河西賊惶

怖乞降遂用唐張仁愿遺策築城黃沙壩以控扼諸羌明年建越馬湖烏撒復大逞元太悉討平之拓地九百餘里以功進兵部右侍郎陞南刑部尚書乞歸子臣慶領鄉薦之慶刑部郎中

沈寵字思畏宣城人嘉靖丁酉鄉薦授行唐知縣民不諳織紝寵爲造機杼教之有御史按部至厨傳皆極省約辦已所用帷帳以進御史審其廉更賢之擢御史遷湖廣兵備會九隆灣劇賊鄭翦以數千人抄掠傍郡寵設方畧破平遷廣西叅議以母老歸里引掖後進學者稱爲古林先生

梅守德字純甫宣城人嘉靖辛丑進士授台州推官台臨海強族多以互市鈎致倭寇守德按治之勢家屏息擢戶部主事改吏科給事中時輔臣嚴嵩威虐朝士給事周怡御史楊爵員外劉魁以忤繫詔獄守德作三君詠寄之府尹胡奎因嵩戚驟遷力疏其貪狀方士徐可成與嵩比以禱祀得幸爲太常卿又疏駁弗許嵩銜之出知紹興府時兩浙倭熾數殺守臣守德繕城蒐卒均田賦核湖稅民稱便尋督山東學政世宗方勤醮祝令陶眞人所年泰山陶怙寵有所干請斥謝弗爲禮遷雲南叅

政以母老不赴歸建書院講學世稱宛溪先生**徐楠**字任之宣城人嘉靖己酉舉於鄉知耒陽縣振興文學同知撫州躬負畚揷爲撫築千金陂撫人利賴爲建祠陂上繼攝郡事有御史居家不法楠按治無徇爲御史所嫉免歸子鴻起領萬曆庚子鄉薦歷遷衡州知府耒故衡屬父子相繼守令遺愛在民郡人祠祀之題曰父子濟美**孫濬**字宗禹宣城人嘉靖庚戌進士由永豐令入爲給事奏論趙文華希相臣嚴嵩意乞剪權黨以茶中外上怒謫孝感丞歷知平陽府**唐汝迪**字吉甫宣城人嘉靖丙辰進士任司勳郎時忤嚴嵩子世蕃出知雷州雷濱海倭寇充斥一夕突城下急登陴授兵收舟楫在南岸者城賴以保擢河南治河副使河決崔家口有議開復舊河者上書言不便狀議遂寢**殷登瀛**字子登宣城人嘉靖壬戌進士知海寧縣朞月終廣西按察使夙通畫清案無停牘作浴心亭以自況終金華知府所至有清譽撰有聖學正脉等書子之翰萬曆癸丑進士除福寧州畫防倭策州得無驚歷知泉州府**趙睿**字若思涇縣人嘉靖壬戌進士

知蕭山擢御史屬巡視十庫適庫璫報車駕幸西上門觀獅子請暫避璿正色曰臣備員執法職在補過拾遺主上來正宜班侍何避爲璫惶恐馳奏上即歛轡徐還累遷四川左布政

查鐸字子警涇縣人嘉靖乙丑進士授德安推官清介不苟巡按御史將薦之欲並舉同官一人而疑其年鐸曰第論能職否耳如以年則鐸長於彼御史歎服尋以卓異晉刑垣屢疏勸經筵覈邊功定營議舉人才言皆切中有妖似狐能匿形而人言鐸下教驅之妖謝去曰查公正人吾不敢犯終廣西兵備副使

左鎰字應衡涇縣人嘉靖壬辰進士歷官尚寶司卿入直視草思藻英發同修宋史校正五經四書性理諸書會肇開明堂行大饗禮景雲見京師作景雲賦以上寓納諫之意肅宗大加稱賞

王廷幹字維禎涇縣人七歲能文嘉靖壬辰進士年方十七奉詔歸娶鄉人榮之累遷九江知府乞休歸鍵戶著述著有藝葵園白門草史疑孤村遺抄晚香亭等集

屠義英字淳卿寧國人嘉靖丙辰進士授戶部主事歷陞南祭酒訓飭有條士風丕變時禁講學英曰官可一日

便棄學不可一日不講毋爲僞學可恥會講不輟江陵奪情卿貳連牘保留英曰朝廷無江陵天下之綱常在江陵無毋天下之綱常亡獨不署名後秩滿當遷上曰居義英不媿爲士楷當令久掌成均御書春風化雨蔚爲人宗八字賜之

汪泓號靜齋旌德人嘉靖癸卯舉人知阜城縣郡募軍派阜城買馬二百疋民驚將鳥獸散泓力爭得免會薊邊告急御史特疏薦守薊州薊鎮冒虛餉十餘萬泓按冊稽實士馬飽騰陞屯田都水員外郎築中州嗇堤漕艘以濟晉南安守乞歸晚徵四川副使不就

周希旦字汝魯旌德人嘉靖壬戌進士由推官擢御史首疏崇正學養聖躬上幸太學賜金幣時新鄭當國恃宮僚舊恩專恣希旦論之疏請罷內閣定大峪山議以尼駕幸西山再賜金幣又請止入貲正士習轉應天府丞時苦旱疫希旦兩疏請發金二萬賑之

周怡字順之太平人嘉靖戊戌進士授順德推官肅宗南狩道出順德徵發萬計賴怡指畫減費什二三擢吏科給事中時相臣嚴嵩與冢宰許讚有郤怡謂大臣各持意見非國之福言甚剴切疏中有陛

下日事禱祀而四方水旱未消之語尚乘閒蠡之詔廷杖下錦衣獄尋采箕僊言釋之閱月復被逮二殿災又釋之相傳上聞空中神語釋三人云三人者御史楊爵郎中劉魁及怡並以官同繫者也後遷太常少卿卒謚恭節

崔涯字若濟太平人嘉靖乙丑進士擢御史糺劾不避權貴上日爲眞御史視鹺河東條陳鹽政七事歲大祲疏發鹽課數十萬以賑繼按福建糺一墨吏聞風去者七人陳山海十二策悉中利弊禱雨周渥時謠爲御史雨尋以劾冢宰汪鋐忤旨被斥會倭寇東南臺省薦唐順之鄒守益及涯可任用以老疾辭

許汝驥字德卿寧國人嘉靖癸丑進士仕戸部郎中值畿輔大饑請發太倉出賑轉職方相臣嚴嵩私仇鸞欲越次敘功堅謝不可又條申官衞四事大司馬楊博嘉其言用之奉敕監視薊鎮軍實單車詣薊按區覈實無所隱冐鎮帥張承勛恃援作勢驥卻其餽尋疏陳邊鎮積弊因極言承勛貪黷不法狀并劾督撫諸臣不任節制上爲動容仕終河南副使生平檢身窒慾書座右曰居處常嚴帝鑒行藏可對人言者有邊籌奏議近勇軒存

稿

周懌字信之太平人少師鄒守益究心理學嘉靖辛亥歲薦授易州同知視事勤敏設釜甑於廳事外訟者褁半日糧晨炊食竟隨即剖決發歸曾出一冤獄其人德之封豕以饋巾實以金懌叱還之

焦煜字伯升太平人嘉靖癸未進士歷遷浙江按察僉事所部多白役肆虐煜盡加裁一日偕僚佐出有瞽婦赴愬大聲呼孰爲焦青天者同官不悅海寧鹽池瀕海患潮檄守令築石堤七百餘丈立陡門四以時蓄洩至今賴之終福建參議

徐大任字重夫宣城人隆慶戊辰進士授工部主事歲汰水衡冗費數十萬緡権稅眞州力免宣船回空遞役之苦歷官中外皆以廉稱神宗常稱其清節爲天下第一時人比之范萊蕪云

詹沂字浴之宣城人隆慶辛未進士授新建知縣擢給事中宰臣張居正奪情議起南省臣具疏乞留沂獨不署名及居正給假治喪畢南省臣疏趣還朝沂又止焉歷陞左副都御史會勘妖書獄力止株連咸寧令滿朝薦以事忤璫被收沂固請得釋楚藩之變陳善後事宜凡親王違制撫按皆得以自簡從事乞增入敕內從之一日

除夕上謂左右曰此時廷臣受外帶官書帕開宴打鬧惟侍郎楊時喬李廷機副都詹沂三人清寂可念耳累疏乞歸不可遂解組出國門俟命上優許之有潔身忘義之旨即以潔身名其堂子應鵬戸部主事天啓中邊餉告急鵬請立新舊二庫出納有度國計賴之至右柰政應鳳有文學以行誼稱

郭忠信字希曾與兄忠貞並寧國諸生從羅汝芳講學耿恭簡定向督學南畿求眞實學篤行之士延聘加禮合十四郡得十一人忠信兄弟與焉隆慶三年用恩貢判辰州忤時相謫婺源教諭以八條造士人稱梅井先生

徐棠字友之宣城人性篤孝母病刲股籲天果得異人藥服之而愈歷任婺源尉氏學博嘗講學丹峯人稱丹峯先生

蕭彥字思學涇縣人隆慶辛未進士司李杭州擢禮科給事中歷戸垣疏凡數十上如罷復丈議墾田議河西防禦條論詳明無不關切時政陞太常少卿轉都御史撫貴州鄖陽總督兩廣晉戸部侍郎卒謚定肅歷官二十餘年在朝多讜言四任開府恩威並著在黔則破禽巨逆平其砦在滇則靖亂兵折驕帥杜暹羅之請豐功

偉績炳著南疆

許夢熊號印峯南陵人隆慶辛未進士知福清縣葉文忠向高以童子被試一見許爲宰相器令與子同學且爲之婚又識林茂槐李多見後皆登顯仕時號人倫水鑑終南兵部主事

趙健字行吾涇縣人萬曆丁丑進士由刑曹遷辰州知府教民紡績政清刑措歷貴州左布政時苗番相繼竊發撫御有方羣醜賓服尋陞通政使終太僕卿

沈懋學字君典宣城人風骨奇矯工草隸善騎射及詩歌古文詞數往來塞上談時事人多奇之萬曆丁丑進士廷對第一授翰林修撰嘗應詔賦宣宗元兎圖詩稱旨御書謹言行明義禮六字以賜眷遇日優會輔臣張居正以父喪奪情趙用賢吳中行疏論被旨廷杖懋學急持章往救格不得上居正聞之恚甚偶同邑生吳仕期爲擬上執政書中丞胡檟遂以誹謗羅獄中脅使詞連懋學仕期至死不承乃已自是懋學扁舟野服放浪西湖苕霅間崇禎末追謚文節

張守道字岸先宣城人萬曆甲辰進士授戶部主事視南徐倉中使採木過徐役民助輓爲捐倉羨以代傜在兵部武選員外朔望必

禮楊忠愍祠歷陞至工部侍郎守道謙抑孝友嘗急其兄難至破產母卒廬墓三年虎繞其墓不去

蔡逢時 字應期宣城人萬曆丁丑進士累官四川左布政初知海鹽縣築海塘禦潮患遷祠部郎議藩封祿制著爲令遷溫處備兵副使圖畫海防斬倭七十餘人轉河南參政築沁堤懷衞間河由故道戢禹州界巨盜制親藩出入有度皆其著者卒後海鹽人有來哭墓下者

麻溶 字明之宣城人萬曆癸未進士歷吏部郎時私謁干政選人壅滯溶抗疏言政府侵銓臣之權臺省何政府之意煽搆成風銓法日壞坐是出爲冀南參政仕至河南右布政

梅守相 字台甫宣城人父繼善慷慨好義生四子相萬曆己丑進士授工部主事榷夏鎭陳洳河利運狀遷郎中董其役衆議紛撓相身歷塗潦冒艱險閱九載績成以二百六十里之洳避黃河險三百三十里仕終按察使

梅守極 字建甫相之弟萬曆丙子鄉薦知安吉州壤接孝豐有水道可通爲豪右阻絕亟命疏濬因名曰梅溪終南戶員外郎

梅守峻 字貞卿亦相弟也萬曆丙戌進士爲吏部郎徧

諸司六掌銓衡疏壅滯清流品請建國本爲舉朝所韙仕至陝西參政

梅守和字季方相季弟萬曆戊戌進士由禮部郎中督學河南嚴抑奔競操行介特約儉如寠士丙午鄉舉入十人其六十七人皆其首拔士

吳詔相字廷臣宣城人由鄉薦知汝州嘗遷歷陞廣西參政卒於官掠巫女子捕逐大盜百餘人州境肅清二子伯敬伯敷皆力學孝親敦友愛前後舉於鄉

葉煒字文光宣城人萬曆丙戌進士除上高令遷餘姚歷河間守餘姚有汝沆牟山諸湖及海壖地爲豪家所侵煒清復之并作堤堰民得亡旱澇憂任丘有殺人者倚叔中貴冀緩死竟論抵罪遷寧紹兵備致仕歸嘗曰天下惟道德爲不毀世間獨眞實能長存兩言槩其風度矣

徐夢麟字惟仁宣城人萬曆丙戌進士清剛絶俗知河南府改登州靖倭警屬吏有忤璫者懼不免力爲直之仕至南太僕少卿嘗自詠曰平生官況猶江水日對青山夜讀書

湯賓尹字嘉賓宣城人萬曆乙未冠南宮廷對第二授翰林編修一時內外制誥多出其手仕至南祭酒以制舉業名天下

胡

國鑑字正甫宣城人萬曆壬辰進士歷吏部驗封郎調南禮部郎中杜門家居究心史學有兼綜百家之思李維楨序其文謂語無空設體無失宜云

吳伯與字福生宣城人好讀書每夜至嚮晨不輟以是得疾將入闈病中聞有聲云奇哉奇哉異人異人後闈牘批評即此二語盍主司驚其博奧也萬曆癸丑進士仕至副使初爲諸生高自負以晚達得肆力典籍博極羣書所輯有宰相守令合宙名臣奏疏事函文函等書

徐汝正號二寰宣城人萬曆巳酉舉人除西鄉知縣時瑞藩封漢中道西鄉舳艫相望驅民夫牽輓不勝驛騷汝正操小艇懷箋謁王爲民請命風作舟溺求屍三日始得之湍水中猶冠服端坐石上一門役捧足而跪邑民環哭失聲立祠祀之今相傳爲漢江神

徐騰芳字雲卿宣城人萬曆庚戌進士知新津縣著武陽政畧知富順除課稅罷冊租遷同知九江桑落洲崩潰蘆課無出議請崩則蠲荒則減州民德之遷知真定平戢妖賊尋陞兵備易州擒妖黨破其衆六千人終陝西叅政

貢安國安元畧宣城人窮究性命有啓

蒙規條二書由明經司訓湖口嘗主白鹿洞書院知東平州罷歸復聘主志學書院

梅守箕 字季豹宣城人豪宕善屬文援筆立就司成湯賓尹贈詩云坐上若無梅季豹也容他輩得猖狂家貧能緩急人以故多異之著有居諸集子元祚從子蕃祚台祚皆善詩文喜任俠王元美贈詩云從誇荊地人人玉不及梅家樹樹花葢謂諸梅競秀也

高維岳 字君翰宣城人弱冠領萬曆癸酉鄉薦善詩賦古文詞尤長書法仕雷州推官尋署瓊州會礦徒竊發鉤倭入寇維岳伏兵清瀾海口夾擊大破之轉肇昌郡丞督餉臨洮招番人置近甸邊賴以安遷典國知州典國故右柯譚二賊維岳至郡立擒盜魁州悉平當事忌其功遂投劾歸翰林焦竑曰君翰誦詩達政有元道州之風

梅鼎祚 字禹金宣城人生而癯甚父憐之欲其焚筆硯乃匿帳中時時默誦年十六廩諸生郡守羅汝芳名致門下龍溪王畿嘗呼為小友性不喜經生業以古學自任文辭雅贍與王世貞汪道昆游海內皆知其名閣臣申時行等欲以文待詔故事疏薦辭不赴歸隱書帶園構天逸閣藏書

坐臥其中長於編纂取詩文各以類紀下及雜記並有輯撰

施弘猷 字允升宣城人少志學得羅玘江之傳猷父尹政有義田志未就會叔祖亡嗣遺產千金猷弗有也捐爲義田以贍宗族著有同仁語錄性善太極諸篇學者稱爲中明先生

梅鶚祚 字仲舉宣城人萬曆癸未進士由庶常改御史會鄭貴妃有寵封皇貴妃是時王恭妃生皇太子五年矣封不與焉鶚祚請進王妃以定國本朝論韙之都御史海瑞請用國初重刑鶚祚力諫謂刑亂國用重典奈何盛世建此議得終寢又疏言錦衣衛多中官私人相比爲奸語稍侵上上怒曰鶚祚少不諳事姑罰俸尋出按西粵卒於道

梅士學 字伯典宣城人萬曆丁酉舉人肆力羣籍性端醇事父孝謹嫡母嚴故難事士學奉之得其懽心鄉居抗節不入城市人以爲不媿孝廉云

李遇文 字克顯宣城人世襲宣州衛指揮用薦陞劉河遊擊時小琉球三十六人風潮飄至把總陳嘉謨欲指爲倭斬首報功遇文曰須名通事訊實勿啓釁屬國訊之果然遂遣歸歷陞湖廣副總兵會文林苗叛糾聚八洞

據險要遇文率李遇華等連功破潘老寨赤沙囤分兵進剿龍頭貫洞等山恢復永從縣焚皮林等苗巢窩追禽渠魁王陀於廣西境得旨有冒暑成功朕心嘉悅之語賜金幣以功轉左軍都督鎮貴州

沈有容 字瀛海寵之孫萬曆巳卯武舉歷轉浯嶼遊總改署石湖時倭據東番剽掠閩浙間容夜過彭湖與倭遇突出不意斬十五級還所俘民三百七十餘人西番麻韋郎艘次彭湖求市當事議勦之容曰若求市非寇也因乘漁舟直抵韋郎所大聲讋之韋郎引去安南商舟近岸衆欲斬首級冒爲倭容禁止之得全者三百三十九人仕至山東總兵駐登州廣寧失守遼民望登海求渡登撫慮不測下令禁之容固爭具舟以濟活萬餘人

吳仕期 字德望宣城諸生倜儻負氣萬曆巳卯張居正父喪不歸期憤然擬上相國書傳於外南操院胡檟命太平同知龍宗武遣邏者獲期置蕪江獄宗武訊之曰必有授爾指者舉其人當爾貸蓋指沈修撰懋學也期曰男子生負剛腸奮直言安用人指授耶榜掠無完膚終無一語連及瘐死獄中萬曆辛卯南御史孫惟誠具疏

以聞櫝與宗武皆遠戍
戴新字落日南陵人萬曆甲辰進士由工曹知寧波府郡瀕海數苦倭寇造船治械防禦周至終湖廣武漢道
仙克謹字仲恒寧國人萬曆丁未進士知隆平縣曆時苦旱捐捧給民穿井七百有二十民立石識之日仙井邑無城又力城之尋調建安會水患多漂溺築堤建橋民困以濟尋擢部曹轉山西兵備副使適邊事孔棘克謹防禦無遺力特旨陞巡撫山西都御史
梅綿祚字公衍宣城人萬曆乙酉鄉薦授婁江學正爲王文所稱許歷遷戶部密雲兵之餉計通儲以濟軍得無譁知柳州撫猺獞多惠績所著有龍城署草
顏文遴字巽之宣城人萬曆丙戌進士知江夏縣擢給事中遇事敢言在垣十一月疏十三上其請建國儲疏九激直遂謫外後追贈光祿少卿
劉有源號工峯南陵人萬曆丁未進士將之官出巴田數十畝分給伯仲曰我輩沾祿薄產可共也歷御史仕至江西按察使著有四朝實錄
何瑩南陵人人邑庠力崇正學冠婚喪祭一遵家禮太學生遼東丘經有所寄五百金丘卒璧訪其里人張隅

名經弟還之封識宛然所著有西齋集

葉永盛字子木涇縣人萬曆己丑進士擢御史巡視浙直鹽政中使劉成來榷稅商竈震慴盛奏之閹亦譏盛而疏辭剴切上悟不直閹巡按江西閹寺黨連武弁有獻店設榷之議盛抗疏請斬宵人以安衆心議遂罷居御史九載疏數十上糾閹寺懲戚畹折武弁摘豪姦墾屯田請賑金直聲震中外累陞太僕寺卿子天眷天啓舉人

趙士登字應庸涇縣人萬曆庚辰進士知黃岡縣時行清丈法登巡歷阡陌經界畫一豪強憚之吏舍夜火延及囹圄諸囚蒲伏庭下曰吾屬罪應死不敢逋逃爲明府憂邑中議斂金葺廨舍登悉出巳力成之曰令實不職何累民爲擢御史庭議以河決請加賦登力持不可歷陞僉都御史終南吏部侍郎士登生平服膺薛文清王龍溪著有省身至言行世

吳尚默字元垣涇縣人萬曆丙辰進士知義烏縣楊漣左光斗廉知其政薦擢御史出按蜀奢崇明父子爲亂會督撫合謀剪滅之尋按粤東海寇披猖設方畧控扼險隘崇禎特守承天適流寇大擾檄練鄉兵三千以備守築堤數士

里溉田以備屯病劇北面稽首曰小臣心力竭矣遂不起嘗自語人巳服官無以踰人惟不貪清愼爲無忝時稱實錄云趙士際字維行涇縣人少强學嘗以磚爲警枕伊唔徹旦萬曆壬午舉人知洛容縣尋調宣化創建城池爲保障擢知羅定州州初歸叛規畫撫循民皆悅附蕭艮幹字以寧涇縣人甫入塾聞范希文義田故事即欲倣行書片紙藏笥中弱冠慕王文成良知之學成進士授戶部主事榷稅崇文河西斥羨金遷紹興知府修三江閘築海塘復稽山書院歷陞陜西左布政裁抑礦稅二璫歸里後割腴田二百餘畝爲義田以竟初志徐榜字薦所涇縣人萬曆選貢廷試第一神宗御批云天下文章當以徐榜爲式午未連雋仕至浙江右布政脫粟布衾終身張星字文宿宣城人以貢知館陶置倉備賑飢歲無患擢河間同知調天津減衛軍丁錢定爲例以不肯伏謁中使免歸查標涇縣人家世積善鄰居失火將及標屋標呼天而火頓熄子絳恤刑河南戒以伸冤理抑用培先德許成器字道甫汝驥子萬曆癸酉鄉薦歷武

遷員外車駕郎中汝驥故嘗爲駕部大司馬王象春語人曰馬曹怨府今得許君不愧若翁矣適辰沉餉匱兵譟擢兵備副使至即撫而戢之

崔師訓字惟承太平人萬曆戊戌進士任戸部主事監稅易州清譽騰籍有梅花遷潔之謠仕至福建參政

饒鼐字象台旌德人天啓辛酉舉人崇禎中除蒲臺令城陷死之

郭建邦字爾立旌德人天啓壬戌進士仕行人値魏璫竊虐告歸家居璫敗乃起擢兵科給事中歷遷通政通戸部以兵餉孔亟檄加山稅建邦力言旌邑山瘠加稅則民不堪命御史爲疏請得免遷太僕卿捐俸買馬佐軍實遷順天尹又捐俸助修城河工仕至工部侍郎

鍾震陽字百里宣城人崇禎辛未進士知山陰縣築塘捍海部民碑焉所著有偶居集

劉振字自我宣城人慷慨善持論嘗縱游齊梁燕趙間中原多擾范景文巡撫河南會兵禦寇振以布衣上書范延置帷幄由是知名尋返金陵鍵戸撰著輯古今治亂得失作廟算采兵家言作緯書又以明三百年實錄藏館閣者旁稽野乘裁以己意倣史記述爲本紀志表列傳自

洪武迄於萬曆名曰識大錄

梅朗中字朗三鼎祚孫爲人溫厚謙抑喜交游善詩文書畫風韻灑然所至卷軸牋素徵索如市口哦手揮人人得意去嘗輯唐以前賦爲賦紀五十卷垂竣而卒聞者嘆曰玉樹摧矣

徐律時字乾若宣城人崇禎庚辰進上知膠州清介自厲時土寇訌發親率州人防禦膠得安堵論者謂循良文苑兩無憾

徐大復字肖嶽宣城邑諸生兄卒繼嫂吳子前妻子守志大復撫孤姪如已出每歲祲穀貴大復減直出糶力不能者濟之里頌徐家陰騭稻云

劉維仁字孔安宣城人崇禎甲戌進士歷知錢塘鉛山魏縣潔已愛民狷介寡合於俗既歸絕意仕進所居不蔽風雨或日午絕炊高臥宴如

趙不盈字度仲歷諸生行誼敦睦事繼母盡孝兄弟析產不計瘠肥親族告急竭力周之無德色喜讀周邵諸書雖造次不釋卷

沈壽崇號旭海有容子崇禎戊辰武進士歷官與都正留守闖賊入承天罵賊而死撫臣上其事贈都督賜祭葬

屠紹皐字士際義英孫慷慨有奇志崇禎元年恩貢授上津知縣獻賊

圍城爲賊所執不屈死　項如皋字孟凱太平人崇禎丙子舉人以特用授刑部主事時黃道周忤旨上震怒皋撰疏救之草呈三堂皆爲咋舌皋堅請曰倘聖怒不測皋自當之疏上得釋卒於官雷縯祚劉理順經紀其喪以歸　湯開運太平人仕中翰天性孝友留心理學樂善好施鄉人德之

皇清孫襄字惠可宣城人前進士順治元年授刑科給事中時諸司決獄多以意輕重襄請議定律令刊布成書使內外曉然於畫一之制明年遷吏垣請定計典勵官守前後疏多嘉納嘗請戢防兵無奪民居又寧郡貢黃連本非方物襄力請於巡撫疏免三之二郡人賴之　李煌字仲宣宣州衞人順治恩貢授萊州推官尋攝膠州鎮將海時行擁兵叛脅之不從遂見害贈僉事賜祭葬　梅巨儒宣城人生而穎異聲噪藝林倣司馬溫公通鑑目錄邵子皇極經世編年體輯爲史鑑大事錄又著左傳發明義例人推爲學者　趙大復涇縣人善屬文有聲譽中年家

落有大賈負多金不償不欲以索取怨里中推爲長者家居鍵戶三十年足跡不履市門間一偶出人稱閉戶先生來也

劉蘭生 南陵人南陵爲征徭所困蘭生酌立條例請於邑令詳憲具疏至今民食其福歲祲施賑全活數千計

唐邦杰 宣城人順治間以總兵官駐防仙遊旋移守寶慶復遷鎮河州平西山巨寇定陝西保安堡兵亂身巡積石枹罕二十四關修邊城八百五十丈墩堡具備火藏野番皆畏威賓服論者謂不媿儒將云

胡尚衡 字階平涇縣人幼穎異超羣順治壬辰進士以工部司榷淮濱擢兩浙提學拔識多名士轉荊南巡道所至多治績

張鳳徵 宣城人授陵水知縣蒞職集流移撫傷殘凡三十九崗悉聽約束并生黎之患亦息陵兵燹之餘文廟丘墟鳳徵郎舊址以搆堂廡學官一新

秦才管 字尾仙南陵人與兄仁管同登順治丁亥進士並官戶部主事累陞郎中才管司榷蕪湖力省苛稅便賈舶陞提學陝西僉事慎簡寒畯石夜懼隕越會聞父母喪號慟仆地遂不起諸僚斂金爲賻櫬始得歸

洪啓槐 字庭植寧

國人順治乙未進士授南江知縣南江故荒殘城居者僅八戶迫於軍需鬻子女以給槐招流亡平徭役捐俸以贖所鬻還之民勸農興學戶口漸復陞戶部主事歷郎中出視學貴州凡經賞識無愧品題

汪觀字顒若宣城人順治乙未進士知湘鄉縣申復廢站蘇驛困興絃誦賑流民之饑者爲政廉靜不苛湘人便之

茆薦馨字楚畹宣城人屢困棘縱北雍祭酒宋德宜奇其文累試皆最康熙已未

廷對第三授翰林編修時詞臣纂修五代史暨易經講義薦馨分輯進呈無敢懈蜀平獻詩

上深嘉獎厲易簣前夢詣東嶽廟吏左顧一座曰設此以待賦絕句曰半年消渴望蓬萊夢裏君王賜藥來隱隱隱隱龍舟競渡去香風天上五更迴越六日逝

施閏章字尚白宣城人博綜羣籍善詩古文詞順治已丑進士授刑部主事歷員外讞決明敏時與同官倡和羣目爲西曹才子尋督學山左有冰鑑之譽轉湖西道參議湖西故荒瘠多盜章撫綏有方境內帖然袁臨間有施活佛之號康熙已未以博學宏詞薦改授翰林侍講纂修明

史勞瘁成疾尋卒于京師士林莫不哀之章性仁
孝事李父譽如父廣置義田贍宗戚篤窮交人咸
奉爲模
楷云

池州府

唐 **胡楚賓** 貴池人善屬文高宗召爲右史凡有所
作必得酒然後下筆高宗每命作文常
以金銀盃斟酒以飲之文成輒賜焉性重慎
未嘗語禁中事及其醉問之亦熟視不爲答 **姚顗**
字尚䂓銅陵人廣明中黃巢入潼關顗統
兵拒戰死之僖宗嘉其忠節封英烈王 **盧嗣立**
貴池人爲江左之傑登咸通進士僉謂科目得人
吏部侍郎高元裕以詩與知貢舉陳商云中丞爲
國振賢才寒俊欣逢
藻鑑開蓋指嗣立也 **武瓘** 貴池人登咸通進士第
唐末宰益陽瓘有賦書
絕句詩初投卷于知舉蕭倣 **顧雲** 貴池人少與杜
賞其有存故之志遂放及第 荀鶴殷文圭肄
業九華山文名籍甚登景福間進士第杜門著書
後退修三朝實錄同羊昭業在史館時稱直筆加

虞部員外郎

張喬貴池人寓居長安延興門與弟霞俱有文名咸通中試月中桂詩京兆府解試首薦昭宗大順元年登進士第黃巢亂喬曰尚可以行道乎遂與伍喬棲老九華山

夏鴻貴池人進士第敦行義工文章名魁當時與兄鵬撰十三代史畧以其餘爲詩子乾錫樊知古師事之

韋象貴池人以能賦名嘗抵京師翰林吳融奇其文光化間薦爲京貢元歸隱九華山以終

殷文圭貴池人居殷村村以殷姓著嘗讀書九華苦學硯爲之穿有才名所爲詩詞盛傳朱全忠錢鏐交辟之不應乾寧中登進士累官翰林學士

杜荀鶴字彥之石埭人甫七歲貧賴豪邁志存經史比長擇居杏林之勝與顧雲諸賢爲友景福進士官至翰林學士知制誥詩律自成一家世號晚唐格或曰杜牧之守秋浦妾程氏有孕妻逐之適長林杜筠遺腹生荀鶴

周繇字惟憲建德人任河南尉秩滿歸隱九華僕射王巖稱其孝友可以表俗奏爲至德令

五代

伍喬貴池人貧苦好學方夜讀窻外忽一巨掌入中書讀易二字喬遂取易治之探

索精微深契其旨保大中試畫八卦賦舉進士第一爲歙州通判尋名爲考功郎

湯悅貴池人幼穎悟嘗夢飛星墜水盤中悅吞之自是文忠日奇仕南唐爲宰相凡書檄誥詔皆出其手

桂卿字國弼石埭人歷官上柱國司空守信州宋初隱貴溪太祖嘉其忠欲官之累徵不起太平興國中閩寇作舉兵勦平之太宗詔拜爲都尉卿遁匿莫知所之

宋

樊若水父爲石埭令因家貴池舉南唐進士不第謀歸宋開寶七年獻平江南策曹彬克池奏爲贊善大夫遂領州事先是州民保險爲寇若水擊之連拔三砦尋遷虞部郎中轉右諫議大夫除河北轉運使太宗詔改名知古

夏中正貴池人常知本縣以鄉黨非刑威所宜施毋面訓之人咸悅服自相戒飭無干紀者轉職方員外郎尋告歸孫龜中才識兼茂科知長洲縣以職坐廢文彥博惜之奏復其官

許規貴池人嘗寓宣州客邸聞旁舍有建康人臥病規爲延醫治之終不愈其人知規長者因以囊中金百兩付之託以後事規爲具棺收險以餘金還其家

高

允文貴池人爲清流主簿會里人張璉忤蔡京卒於客邸京欲檢視之允文力爲保免京兆謂曰君高節義當加旌賞授定邊軍教授實黜之也後以汀洲守罷歸家甚貧靜守無營鄉稱長者

丁黼字文伯石埭人登淳熙進士知信州修城有功安撫眞德秀薦於朝改除秘閣知夔州路後知成都元兵薄城下黼戰不利或勸之奔黼曰職在守土將安之尋力戰死

羅復銅陵人舉進士知胙城縣靖康之難不去朝廷以忠義褒之

胡仲先字國政貴池人有才幹閭里倚重奏充民兵統領官端平間邊淮告警大有保障鄉井功兩值歲饑傾其私橐量口賑給全活甚衆

葉楠貴池人調鄱陽尉力請蠲租以救荒澇後爲績溪令邑人歌曰前有蘇黃門後有葉令君

程九萬字鵬飛青陽人紹熙進士知武康縣以政績卓越名歷司農簿府丞嘗奉使兩淮撥置改鑄鐵錢規畫有方仕至正議大夫襄陽安撫使嘗著九華詩百篇時稱其才兼文武云

胡元舜字叔才銅陵人與王安石讀書邑之大名寺嘉祐間登進士歷德興鎮二縣尹遷注作郎

時新發行以書詆安石有懷利事君貪利害民之語遂致仕　**李植**建德人登進士仕至湖北轉運判官入爲尚書度支郎孤忠自信不肯依阿取容尋坐元祐黨擯不用　**檀固**字以忠建德人登進士上書言朝廷罷呂大防蘇轍范純仁而用章惇曾布蔡卞去三賢而進三凶此天下治亂之由也書奏報罷及蔡京相遂不復用　**檀宗益**建德人時用三舍法取士益上書陳考校升選之制授國子監錄　**王鎡**字時可青陽人紹興進士除中書舍人兼直學士院侍講鎡未仕時從學者嘗數百人皆爲名士所著有紫薇集易象寶鑑諸書　**葉諒**建德人開禧三年金人分道南侵諒集義兵禦之中流矢殞事聞贈武經大夫　**華岳**字子西貴池人爲學生危言峻行秉道疾邪寧宗朝上書忤韓侂胄編管建寧圜土中値侂胄誅放還登嘉定武狀元爲殿前司官謀去奸相史彌遠杖死東市　**程端中**程伊川子南渡徙家貴池當金兵南攻端中知六安軍殫力守禦死於難族人程全爲收骸骨歸葬於池　**江應洪**字泰之青陽人儀矩宏整與邑

罕趙方善後方帥襄陽洪入幕會方卒洪攝帥事知德安府治劇有方數十年訟之不直者悉爲決遣尋除淮東提刑兼知揚州値賊兵寇揚多方捍禦力竭以死

齊天覺字莘夫青陽人家貧好學讀書倦則隱几而臥三十年未解帶就枕由是經史子籍靡不淹貫

清溪二生貴池人德祐元年元兵陷城通判趙昂發死之時府學有二生撫昂發尸而哭旋跳入弄水亭下而死二生姓名不傳

俞夢龜銅陵人生即能言夢中嘗有讀書聲六歲背誦六籍百家應童子科問答如響理寂奇之授秘書監

元

楊少愚青陽人少好學博通羣史著有秋浦集九華外史孝經衍義

陶起祖銅陵人元末聚義兵保障鄉里民恃以安授廬江知縣判銅陵縣事陞池州同知至正間爲叛軍所執死之

明

錢清字公濤青陽人倜儻好義元末集義旅衛鄉邑與趙普勝立寨相望寇來則拒退則

率人耕稼以爲食民多賴之大將軍常遇春遣趙忠下青陽清率衆歸命授寧夏衞正千戶擢永州衞指揮使吳元年調征張士誠挺身格鬭死於陣

柯永淳貴池人父德禮元末同錢清起義兵保障池州明初從常遇春征伐有功陞百戶永淳襲職永樂中從英國公張輔征交趾力戰沒於陣

黃觀字瀾伯貴池人洪武辛未登會狀兩元累官禮部右侍郎建文改官制陞侍中靖難兵起奮不顧家刋檄徵兵爲拒守計時北方告急援兵不至遂親詣上遊諸郡募兵回至安慶聞帝已出奔觀知大事已去東向再拜仰天號哭於羅汊磯湍急處投水死妻翁氏暨二女及家屬十餘人盡投京師城濠中死

余可才字國器銅陵人中永樂癸未鄉試任黃州襄陽訓導詣闕願試繁劇留試事工部上疏官不必多得人爲本帝嘉納之擢吏部扈從征伐帝嘉其有謀凱旋褒賞有加歷陞南通政

鄭景耀字拱南建德人永樂甲申進士爲御史勁直有聲擢貴州叅政宣德間湖廣苗亂耀奉勅任勦有功得進階後致仕毋歿廬墓三年祿餘公之兄弟無私積

陳

敬宗貴池人洪武乙丑進士授刑科給事中永樂初論時政陳孤竹推遜之心董子正心之論謫鄞縣丞未幾以極諫死**柯暹**字景暉建德人少有才譽永樂乙酉舉人應名預修永樂大典尋拜戶科給事中嘗疏時政缺失忤觸權貴出知交趾驩州未至名還擢浙江按察使丁內艱服闋補雲南府思機發叛戎務多暹所籌畫後請告歸有東岡集**檀凱**字伯和建德人永樂壬辰進士授思州府通判撫綏苗寨人皆感化九載當遷民詣闕萬里乞留詔遣復任加正五品俸歷陞應天府府丞益勵廉節**胡本惠**字益之銅陵人永樂庚子舉人由戶部主事陞南昌知府學士劉球稱其和而有守寬而有為歷官副都御史巡撫遼東中外畏服致仕年八十終賜祭葬**舒仲誠**貴池人以貢任東光縣學訓導陞萬載知縣爲政嚴明招徠逋竄譽聞上達擢御史**江通**字必達建德人貢士知莘縣招撫流民教以生業時蝗飛蔽天獨不入莘境守聞而異之舉往孟津捕蝗通齋沐以禱蝗悉飛去民立祠祀之**吳賜**貴池人永樂壬辰進士歷官御史興

方忠鯁遇事敢言竟以抗疏卒于獄**孫仁**字世榮貴池人景泰辛未進士歷陞右副都御史巡撫四川勦苗賊有功後轉戶部左侍郎平生方正清白卒賜祭葬**陳輊**青陽人天順甲申進士任南刑部主事廷中稱平爲閩憲力弭民患時漳南宿寇竊發師兵討平之**丁旦**字惟寅貴池人與兄杲並以孝友著師李呈祥日益淵博父髓布衣卒時耿定向爲督學躬弔之人以爲榮晚以貢判衡州其年卒馮觀察顏其堂曰眞儒**李嘉祥**字時鳳貴池人弘治丙辰進士任開州知州擢南戶部員外郎居官公勤明敏吏民畏服嚴於勸課士習丕變毀淫祠佛寺嘗具疏語侵權宦人皆危之嘉祥自若也**劉岐**字鳴鳳貴池人總丱能文章升國學博綜衆藝書則登涉山水夜則言詠古今丞河間爲內監所傾以歸**桂鏊**字傳之貴池人弘治戊午舉人以文雄一時任廣信府同知平三巨寇孫忠烈燧稱其謀畧無雙補柳州府王新建伯委平思田之叛特疏擢知思恩府興文練武民蠻畏服郡人祠祀新建奉鏊配焉**徐謙**青陽人以貢任臨安府推官決

獄明允陞刑部郎中未幾用六卿薦董漕運治河撿災有功軍民兩便累官太僕寺卿

章廷珪銅陵人天順巳卯舉人任興國知縣士民爭保留之遂至九年陞武昌府同知

柯薰暹之子由貢知霑化安鄉廉平有異政秩滿歸田吉水張內翰遺之詩云風返劉琨曾熄火政平卓茂解驅蝗蓋實錄也

張輝號昧菴石埭人弘治庚戌進士授南禮部主事以言事謫光州同知累遷福建僉事忤逆瑾被誣休致瑾敗廷臣交薦

柯相字元卿貴池人正德丁丑進士知吉安永新淦逆濠反督府王守仁舉義討叛相集兵三千隸守仁而身若守事平守仁敘功相辭不受既爲南吏科給事中劾去官邪數十人裁省內府既諸司庫藏鉅萬尋遷藩臬巡撫陝西河南改督兩廣未赴歸相爲人剛正耿介丰采獄獄著有獅山文集

李崧祥號恭川貴池人正德甲戌進士授戶部主事陞山東僉事以擒賊功超拜河南叅政會山西青羊山賊亂撫軍陷歿遷潞安兵備受敕總十三道兵馬剋期進勦擒其巢穴大亂以定復疏計善後割壺關諸縣地創立平順縣上嘉其

績賜銀幣歷陞四川布政府四川採木之役紛擾肆害民不堪命抗疏止之因忤朝貴致政林居值歲大饑即解帶與賜金賑之鄉元標曰即此一事予願爲執鞭焉

汪珊字德聲貴池人正德辛未進士授御史上書閩活佛不報歷陞湖廣巡撫以言事落職起平貴州凱口賊有功轉南大理寺卿終戶部侍郎及卒家無遺貲

徐紳號五台建德人嘉靖辛丑進士授蘭溪知縣舉卓異擢御史時楊繼盛繫獄紳倡捐置產卹其家歷官順天巡撫

李呈祥字時龍貴池人自少有必爲聖人之志應貢一上壽官即歸隱築尚志齋日端坐其中尋孔顏學脈聞王守仁倡道江西往與辨析同異踰六月而返巡按張雲路扁其門曰名賢

柯喬字遷之青陽人嘉靖己丑進士篤志向學遊於王守仁李呈祥之門講明良知之學心地豁然僉事湖廣時駐節沔陽築江隄數百餘里立廛市造浮橋興學校辨寃獄楚人德之備兵閩海與朱中丞紈協力勦倭嚴販海之禁因爲鄉貴所中歸尊師慕道至老不倦

佘敬中號內齋銅陵人嘉靖己未進士授武昌府推官

屢決疑獄號稱神明值景藩初封闔暨横恣力抗之遷入吏部薦賢起廢才名藉甚受知徐文貞而見嫌新鄭外轉終廣東廉使　**畢鏘**字廷鳴石埭人嘉靖甲辰進士初授刑部主事歷中外四十餘年仕南戶部尚書時忤江陵力疏求退江陵敗復起南工部改吏部已轉北戶部聲望正盛引年乞休志切公忠而委蛇自得故能以功名壽考終謚恭介　**劉正蒙**字養卿貴池人文辭節介屢舉不第爲歌詩效元和體蘊藉風流爲湯陰丞遷襄王府匠作　**何自謙**字益之銅陵人以歲選除瓊州府判躬文撫黎之任使黎帖然嗣是攝安定攝瓊山皆得民心代守修覲事而黎變以作謙疾驅至瓊帥從兵擒其元兇十數輩尋協雷陽三路兵冒暑火攻首惡獻俘因疏撫黎事宜皆如議敘功賜金進階　**曹汝良**字惟遂貴池人爲人豪俠嘉靖壬子鄉薦先是汝良訪故人於漢州竊笑之曰麗士元不蒞茲土幸也及授令竟得漢川蒞任期年聚父老於庭曰漢川更有徭賦科條未便者乎更有當損益興革者乎更有不飾于習而失之教養者乎曰公政備矣無

足爲公進者曰若是又烏足羈予哉遂飄然以歸

柯一鳳號梧岡貴池人嘉靖辛酉舉人任通山令通山地瘠民疲鳳務爲寬大有强悍難制者委曲導諭至感且泣以拙於催科改南陽府教授大修學宮賑貧士朝夕講課後陞魯府紀善遂歸

陳應期青陽人以貢任永寧知州爲政廉恕隣州苗多仇殺每奉檄單騎入營宣諭招撫無不解散凱口賊亂督運六衛軍餉至不失期委清各衛屯田卻常例千金監司多其賢能交章論薦

章允賢青陽人嘉靖己丑進士歷工科給事中嘗上疏論武定侯郭勲都御史胡守中悉眞重典名震京師

章時鸞青陽人嘉靖甲午舉人初任鄒縣知縣田地荒蕪乃捐俸易牛招民耕種日跨驢巡歷久之民用不匱時河決改兗州同知專理河務辛未朝覲命舉賢能卓異官朝堂燕勞揭榜午門外以風天下鸞與焉隨遣使賚紵絲二表裏酒席銀至河上頒賜尋陞保定知府仕至河南副使

施堯臣號華之青陽人嘉靖庚戌進士授蕭山知縣廉能卓異爲一時最築城甫完倭寇猝至民免于難立祠祀之擢

吏部仕至順天府尹

施篤臣號恒齋青陽人嘉靖丙辰進士授工部主事累官應天府尹卒于官佘敬中冊其才悍提舉建白奏記累萬言

湯希閔號舒濱銅陵人嘉靖乙丑進士授開州知州明刑勅法息訟勸耕首繕城池繼清徭役興學校有權貴武斷鄉曲按法治之不少阿州有印馬之苦力請於上官民得蘇息擢南戶部主事遷至郎中

袁國棟字貞幹青陽人由貢歷真定同知尋署永平府事招集流亡兵民稱便題薦監軍馳驅楚豫秦晉間八戰八捷賊營所掠婦女悉放還督師經畧念其久於行伍諳悉機宜特疏題補前屯監紀同知守禦松山中流矢死山東按察司副使

檀武臣字思吾建德人喜讀書登武進士歷官神樞營參將輕裘緩帶戚繼光雅器重之

柯之來字咸盧相孫也少博洽有盛名長益覃心理學以象山餘姚爲宗嘗著朱子三大辨於陸氏微義一一析正之又言湛若水諸經論解優於新建獨行硜硜淡于榮進不治生産談理學條貫源流劃如指掌

劉光謨貴池人以明經謁選判處州府有惠政署青田

治生產談理學條貫源流劃如指掌劉光謨貴池人以明經謁選判處州府有惠政署青田篆民無逋賦幾致刑措兩督造漕艘于杭州軍匠無不愛戴擢廣西太平知州致仕爲人和平溫厚戶無臧否而狷介不渝親族待以舉火嫁娶者數十家其著作考核史傳寒暑無間吳國喬貴池人性孝友治家嚴而有法族衆推主宗盟子弟即不肖靡不聽命葢以德服人也李薦字元貞貴池人性耽煙霞不樂仕進孝友方正力砥流俗王一禎青陽人萬曆乙未進士授鄒縣令以孝弟耕桑爲急捐俸建官庄百餘所增學田建孟廟歷兵部歷陞湖廣布政禦苗靖盜制藩璫清查皇木餘以十三萬紙額五十萬佐軍需兼攝七篆以勤勞卒于官陳光祚號華丘貴池人慷慨有大志數奇不偶遂棄舉子業不怵勢不騖利不市德不府怨族有以嗣事相競者則推產爲定其嗣剏邑滕某爲索逋者所迫引刀自刺祚悉索與質如其逋代償之滕得全佘毅中字子執銅陵人年十六發解南省登萬曆甲戌進士授都水主事治泉南旺躬歷諸泉有裨運

道巨璫過南旺者嚴憚之不敢肆寂然以去會黃淮失故道漕河中格勢逼泗陵毅中晝策分任總漕潘季馴用其議崔鎮決口波浪滔天衆皆引避毅中奮身任之不數日而隄工報竣季馴首敘其勞轉郎中加四品服俸矢心報國以死勤事卒贈太僕寺卿

吳文梓青陽人萬暦丁丑進士選太常博士歷官兵科都給事中時倭寇交訌獨排封貢竟致俘獻捷聞欽賞銀四十兩後以建言忤旨降崇善典史天啓間贈太常寺少卿

李得春字首川貴池人積學砥行沈默寡言笑與人處終日無惰容以貢授海州訓導

佘翹字聿雲敬中子善屬文臨川湯顯祖奇之萬暦辛卯鄉薦屢上春官不第還治一晝舫曰浮齋往來湖上倣張志和故事峻絶貴遊著書以老

李一中字小和建德人隆慶戊辰進士司理延平開封閩人謡云官飲榕城一勺水可憐無一買舟錢歷官至河南副使

王應乾東流人隆慶辛未進士授中書舍人行取監察御史以與張江陵不合例陞湖廣僉事平洞蠻有功陞湖廣左布政凡歷九任咸著清忠

金天民東流

人以歲薦任蒲臺令居官清介均田平徭興學勸農歷有成績因忤璫路致仕歸

檀觀亨流人由明經起家永川令廉能愛民三年課最當遷民乞留之又三年當遷民復叩闕乞留又三年擢雲南僉事乃與永川民別遂告歸行李蕭然取一石載還曰清白石其從孫明易繫以銘

劉光復字建初青陽人萬曆戊戌進士任諸暨知縣置倉備賑築湖堤七十二所墾田二十餘萬畝擢御史巡按山西乙卯以挺擊事名對慈寧宮力爭國本激切聲高命逮繫時皇太子諭曰劉光復要還我活的得不死泰昌立起光祿丞天啓間贈太常寺卿

羅賜祥字欽所青陽人隆慶庚午舉人授教諭陞國學歷都察院吏部司務轉兵部郎陞湖廣副使所在名譽著聞任兵部武庫時力清耗蠹功尤烈

孫楠字木所青陽人由歲貢任廣昌縣丞驅猛虎擒元惡禱雨立應時作三異錄以記之陞興安知縣縣新立難治勸農興學訓武練兵盜賊屏迹民以安

陳桂號全山貴池人幼穎異弱冠即貢入成均爲大司成費寀所器重命與餘姚朱大典分署領教授事選蠡令居

官清廉豈弟與醝使不合遂歸

孔貞時號太華建德人萬曆癸丑進士選庶常授檢討歷起居注編纂六曹章奏有足兵足餉議悉中款要自為諸生時即負物望在詞林羣推為宰相才惜未竟其用

羅尚忠字孝可青陽人萬曆癸丑進士令平湖建昌置義田建文廟興利築圩兩地尸祝不衰擢戶科給事中疏請復建文年號褒卹遜國諸臣値魏璫扇惡屢彈劾無所避齎田產得三百金周李應昇于獄太常少卿

丁紹軾字文遠貴池人萬曆丁未進士選庶吉士游歷宮坊天啓年官少宗伯乙丑以禮部尚書入閣明年暴卒賜謚文恪

王建和字建純貴池人萬曆癸丑進士授桐栢令陞南刑部主事多所平反及知汝寧府剛正不阿政聲藉藉歷遷浙江叅政

徐廷宗字季曾建德人萬曆己未進士歷荊州廣平推官明允有聲陞工部主事監修九陵督臨清磚廠仕至山東副使歷官清廉至亢直不呵忤當道歸

鄭三俊字用章建德人弱冠成萬曆戊戌進士為元氏令兩舉卓異擢南禮部郎出守歸德値河決歲饑凡一切大賦役皆

官爲辨理不以擾民建雪臺書院親受業者數十人陞副使督學八閩擢光祿勳以寺帑半飽中璫上敬明職掌疏光宗升遐追論紅丸移宮事忤璫黨附著之要典尋擢都御史進戶部侍郎時璫禍大興俊繼暢左疏論激切璫恚甚嗾臺官誣以僞學勒令閒住崇禎初起南戶部尚書遷南吏部再歷北刑部屢以平反失上意下于理值大旱都門有放刑部天乃雨之謠帝因諭近臣鄭某清官且放之歸里旋名爲吏部尚書墨吏爭望風解綬嘗稱李邦華劉宗周史可法堪任將相三掌內外計察每榜下朝野傳誦

金宗範東流人號二水居士萬曆乙酉舉人署望江學諭天性孝友操行清貞學博而才雋尤工詩善草書

吳一元青陽人以貢任星子知縣慷慨任事以稅事忤璫被逮星民伏闕訟之得釋天啓間贈上寶司少卿

江大任字是人建德人九歲父見背孤貧甚以志節自砥天啓辛酉舉于鄉筮仕思平思土礦人稀任至招流移嚴屯戍勸墾荒南微地陋人不知學士無決科者任特捐俸新其學宮躬自訓迪崇禎壬午莫芝之運即售于鄉粵多盜任以德

化之渠魁歸命戒無犯思境仕至南安守

蘇瓊號青城石埭人崇禎甲戌進士任景州知州調廬州獻賊攻城多方守禦浹旬不下賊遁去後因松潘道蒞任過廬啓門郊迎賊乗隙入瓊率兵巷戰罵不絕口支解以死妻舒氏引刀自刎僕婢數人相繼俱殉瓊贈大僕寺卿舒氏贈淑人

柯

孟顥字惟達貴池人幼孤事母以孝聞初習舉子業弃去之縱觀古史以自娛性狷介不妄交游築別墅有子真谷口之風崇禎庚辰輸穀賑饑全活甚衆

吳光裕青陽人少負才通等韻辨五音尤精楷書得黃庭瘞鶴筆法迄今獲其數字者値一縑生平無長物爲詩文不自珍惜每焚其稿弟光錫能古文通篆籀時稱二難

江大虬建德人淹博絕倫家藏書萬卷日手一編同時英儁無不從其問字與閣學孔貞運吏部鄭三俊爲貧賤交

施達字下之青陽人慕濂洛之學薄文詞不應科舉亦不置家人產率妻子隱天柱峯一門之內家人應對起居悉如內則曲禮周旋自然傳經講學聽受者常數百人其學本良知而要以篤行所著有讀書知易信易序卦圖

儒行注孝經注天杜志諸書崇禎年間尚寶卿張瑋薦任州縣擻催竟不出

余琦字聿高銅陵人以貢判隨州署州事崇禎十四年流賊破州城被執索印不與罵賊而死

湯九州石埭人歷都督府充總兵官崇禎八年奉勑勦賊血戰九隆山下中鋒鏑裂屍死從孫文瓊扶其妻子伏闕鳴寃請卹三上書不報初洲進勦河南乘雪夜寇無備連破數十營俘賊妻孥餘寇四遁中州以平旋中忌削其兵令戴罪移勦山西中州寇復熾

金文光石埭人由武進士任石阡守備後乞休僑金陵從事焦竑之門購子史讀之後變姓名卜居江北久之薦起爲福建遊擊合勦紅毛倭寇有功

沈養浩石埭人家素封多隱德常與某共庄佃各置一倉某倉爲盜刦浩恐累其佃人因以己倉穀默償之又家有青衣隣人求娶浩以病辭隣人强之浩不得已歸焉原聘封貽踰年婢死出其故物還之

施承緒號劬菴青陽人崇禎戊辰進士歷官南戶部主事監收倉稅以清介著聲後知漳州府凊靜寧一治稱廉平調南康戢盜有功

金學重字任夫建德人少隨

父振鐸懷寧與殷元劉若宰角藝當時有瑜亮之目名噪諸生崇禎甲申應歲貢不就著書自娛

袁國光

字賓求青陽人篤意孝友研精理學常遊學新安旅次拾遺金族其人還之娶某女爲妾知爲故家女竟還其父聘金置弗問

李嵩

字源嘗貴池人崇禎庚午舉人著天啓事實一書後鄭太宰主北察就諮訪焉因有知今之目

吳應箕

字次尾貴池人與里中劉城齊名以諸生負用世之志工今古文援筆立就北遊汝潁邦上東渡吳越會稽所至戶外屨滿流寓金陵侯恂起督撫辟爲監紀不就

江鯤

字南溟青陽人常授藩理不仕建家塾置義田力行善事尤精理學築講堂於天柱峯日就施達相切磨事孀母孝侍疾衣不解帶居喪不御酒肉教二子以義方人比之陳太丘云

湯文瓊

字兆鰲石埭人授徒燕京懷忠憤屢陳時事奚未讀南遷明年甲申聞賊逼京城畫策勦禦皆不報隨遇難自經死

汪思誠

字純一貴池人倜儻好奇計崇禎間史可法備兵池皖廣攬人才陰察思誠守與才兼事鉅細悉使與聞故始自池皖備兵及後歷

官咸左右之予官副總兵從可法以殉

鄭三復字子來三俊弟遊辟雍授光祿寺丞事親孝持巳莊臨財廉冡宰清修如鶴復實羽翼之

柯日東字朝陽建德人少負才名偕孔閣學鄭太宰爲道德交三困棘闈決意著述有彙苑及映玉齋文集居鄉廉恕崇禎戊寅饑民作亂過其廬相戒勿犯其盛德感人如此

陳以運字時可貴池人萬歷戊午登賢書崇禎庚辰謁選令新淦吏治縝練冰櫱自持撫按九薦之甲申賊寇江右湖西諸郡邑皆奔潰淦獨以死守城獲全

王之璘青陽人性沉靜寡言笑崇禎中徵辟賢良郡守石公以之廉應辭不赴當置義田以賑族人易簀時猶焚逋券數千金

鮑光義貴池人生平敦孝義補博士弟子員慷慨磊落每發爲詩歌以見志嘗讀書七松里輯周易講義芑山張自烈閱之贊曰道惟不忒學乃允殖義變風雅圖翻龍馬

孔尚豫貞時子以叔閣學移廕官生身都華膴蕭然自待如寒士長益砥礪名節下帷攻苦究心時務外父鄭太宰統均莞計暨閣學在政事堂時有所諮議輒考論今古條對

如流著有春秋尊義諸稿

郎大徵貴池人少有至性寓蕪湖會有難女贖還之泊大通鎮拾遺金候其人不至悉以之飯僧繡佛不爲私崇禎癸未春楚兵薄池城兵備道程世昌募出城行說者無敢應大徵單騎入其營用訴諸以退師後題授遊擊固辭

李嘉貴池人正值嚴毅閒井曲直咸待以決里舊有聚衆肆惡者羣憚之相率挈妻孥奔去嘉不惜貲賞計爲剪除一方以安

皇清蘇汝霖字鶴洲石埭人順治壬辰進士授浙江寧波推官寧民好訐訟凡陳牒者立判之寧濱海時大帥初駐兵民易隙有爭搆者片言而解擢刑曹主事轉郎中議獄多當出視粵西學政值吳逆亂孫延齡繼叛挾取霖印霖不從督院令兼蒼梧道理兵事遂署藩司事拮据捍禦以勞瘁病卒於師中奉

旨賜卹令歸葬

劉廷鑾字得與貴池人城長子生平好讀書淹雅該博尤好詞賦出語駢麗士大夫爭艷之嘗游歷三吳間晚以貢入京師考授州同纂述凡數百卷

徐文烜號龍山青陽人髫稚時即能誦記杜詩史記全部順治戊戌進士授山西太原知縣卓有

惠政卒於官

太平府

〔漢〕張磐 字子石丹陽人任交州刺史初度尚斬胡蘭餘衆走蒼梧磐率兵破之荆州刺史誣言蒼梧賊入荆州界徵磐下廷尉會赦磐不肯出獄曰賊作難荆州餘黨入我境磐陟危險擒渠帥餘烏獸竄今見枉不兩對曲直埋骨牢檻不惜也廷尉以狀上詔書徵尚對廷尉尚辭曲受罪磐獲直終廬江太守

〔三國〕紀隲 字子上丹陽人仕吳爲中書郎孫峻使詰南陽王和欲其自引分隲密使和正辭自理峻卒殺和隲因閉門不出後峻誅隲乃出奉使如魏至壽春魏將王布與語文采過人布意隲南士欲以騎射困之隲上馬便捷每射命中布大驚因問吳之君子亦能射乎隲曰騎士肄業及之耳布大慙魏主使價問吳王何如隲曰來時皇帝乘軒百僚陪位御膳無恙司馬昭問吳戍幾何

日西陵至江都五千七百里曰道里遠何由堅固曰人軀八尺護風邪者數處耳終不爲屈孫休時父亮爲尚書令而騭爲中書令同掌機務每朝會詔以雲母屏風隔其座人皆榮之

晉

張闓字敬緒丹陽人輔吳將軍昭曾孫少有志操薛兼進之元帝言闓才幹卽引爲參贊甚加禮遇轉丞相從事中郎帝爲晉王拜給事黃門侍郎領本郡中正帝踐祚出補晉陵內史府縣田苦旱闓立曲阿新豐塘溉田八百餘傾每歲豐稔後拜大司農蘇峻反闓偕王導入宫侍衛峻使闓持節權督東軍導潛與闓謀密宣太后詔令三吳速起義軍與陶侃陶回共討峻峻平以尚書加散騎常侍賜爵宜陽伯遷廷尉

甘卓字季思丹陽人爲東海王越參軍見天下將亂棄官歸至歷陽悅陳敏遂結婚姻後敏反周玘顧榮共邀卓討敏卓詐疾迎女歸共誅敏元帝授卓前鋒都督揚威將軍歷陽內史卓外柔內剛爲政簡易討周馥征杜弢屢經苦戰爵南鄉侯進于湖侯遷安南將軍假節督沔北諸軍鎮襄陽善撫綏西土德之王敦反遣使告卓以公位餌之卓不從露檄遠近

陳敦肆逆率所統致討敦大懼卓還襄陽太守王周慮承敦意襲害之太寧中追贈驃騎將軍

諒字幼成丹陽人有幹畧叅王敦府事初新昌太守梁碩專威交趾發兵拒刺史王機自領交趾太守而迎前刺史修則子湛行州事敦以諒爲交州刺史曰修湛梁碩皆國賊也至便收斬之諒到境湛退還入貢廣州刺史陶侃遣人誘湛詣諒執斬之謀誅碩弗克碩圍諒陶侃遣兵救之未至而敗碩逼諒奪其節諒固執不與斷諒右臂諒正色曰死且不畏臂斷何有憤恚而卒

樂道融丹陽人少好學善交友約已而務周給叅王敦軍事敦謀逆以討劉隗爲名邀甘卓同舉遣道融召之道融因說卓曰主上躬統萬幾非專任劉隗而王氏擅權背恩肆逆舉兵伐主國家待君至厚當僞許應命而馳襲武昌敦衆必不戰自散大勳可就矣卓然之乃與監軍柳純等率所部致討遣人齎表詣臺卓年老性不果決軍行稽留至豬口時卓兄子亦叅敦軍敦遣求和令卓旋軍道融與主簿鄧騫諫曰將軍起義兵而中廢今士卒各求其利恐一旦欲還不可得也卓不從道融晝夜泣諫

憂憤而死

卓果敗

南北朝

周伯符 淮南郡人宋泰始間子勛起兵普天同亂說山陽王休祐起兵不許固請乃遣之杖策單行至安豐收得八百餘人於淮西爲遊兵時弋陽太守郭確遣將軍郭慈孫迎擊於金丘殷琰遣參軍趙叔寶助之伯符擊敗之太宗署伯符爲驃騎將軍

董僧慧 姑孰人慷慨有志節好讀書膂力絕人能反手於背彎弓以射事晉安王子懋爲防閤晉安欲討反側以復鄱陽隨郡二王之死僧慧攘袂勸之及晉安遇害號哭盡哀爲喪殯主將王元邈執之僧慧曰晉安舉義兵僕實豫議古人云非死之難得死爲難願僕主人大殮畢就死元邈義之白明帝得免

劉係宗 丹陽人爲竟陵王誕子侍書誕反廣陵宋世祖起沈慶之討之誕伏誅詔殺城中男丁特赦係宗以爲東宮侍書歷官右軍將軍淮陵太守唐寓之亂富陽發禁兵東討遣係宗隨軍慰勞民賴以安齊主欲城白下苦役煩係宗啓役東人隨寓爲逆者齊主從之後車駕出講武齊主履城

漢曰劉係宗為國家得此一城係宗久在朝省嫺於職事武帝常云學士輩不堪經國經國一係宗足矣

尹畧 淮南郡人少事宋太祖晚習騎射以便捷見使為將建元初封平固男永明八年為遊擊將軍討巴東王子響見害

周興嗣 字世纂姑孰人博學善屬文齊隆昌中舉秀才除桂陽郡丞武帝革命興嗣奏休平賦文詞甚美拜安成王國侍郎河南獻儛馬詔興嗣與到沆張率同賦帝覽興嗣作擢員外散騎侍郎凡表銘碣檄盡屬興嗣每奏輒稱善法書中有王羲之所草千字帝命興嗣以韻語屬之一夕成文遷給事中

淳于量 丹陽人湘東王定州刺史擊侯景擒其將任約又同王僧辯討景屢有功陳受禪進平西大將軍封醴陵郡公

唐

陶大舉 世居橫望山陽先世丘隴環山陽武后時為宣州刺史時人比之晝錦徐敬業舉兵大舉擊敗之封丹陽侯轉懷州刺史鄭人請於朝立石頌德今丹陽鎮有陶府君德政碑

陳商 字述聖繁昌人嘗以文質韓愈愈稱其語高旨深射策登進士第會昌中拜禮部侍郎撰敬宗

實錄仕終秘書省監賈島李賀各贈以詩**張惟儉**當塗人與陳商同舉進士官和州刺史與侍御郴鎮善鎮子宗元作先友記記父交皆天下士列惟儉於姜公輔杜黃裳李益韓愈間儉有賦得西域獻白玉環詩

宋郭維字仲逸當塗人大中祥符進士調泰州司理參軍治獄有能名知南豐縣籍郡邑豪猾徙之終任無敢犯改知新都以廉幹聞部使者交薦除知雅州威畹王蒙正侵民田訴者百數累讞無敢直詔維治之一無所貸以田歸民蒙正坐除名知常州郡大治除淮南提刑部吏望風解去遷度支郎中卒維性嚴肅然接物恂恂臨事必酌以情故所至威望著而民化之有相訴者長老輒斥曰爾忘郭屯田訓耶其風節如此弟經登進士經官知梓州永泰縣司馬光薦其謹以立身敏以從政子祥正慶曆初進士能詩文除秘閣校理德化尉以論事忤太守歸老家青山下**王逢**字會之當塗人四世祖居巖見隱逸傳逢教授姑蘇學者數百人登進士乙科累官國子監直講駙

馬李瑋嘗從學後爲逢求遷官逢不受久之以羅太常博士通判徐州逢與胡瑗交善喜著書

彥輔 字經世當塗人嘉祐進士調南城尉移江都令其去南城有袖金贐者謝曰荷爾知我貧然非所願也固却之後辟司農寺簿長便文自營彥輔巨細必爭長患之力求去時宰相以彥輔爲直還少府監簿復與長論不合謫監江州稅尋判和州陞知池州和前守以市物負民逋彥輔悉償之池居沮洳城頹彥輔固石爲隄迄無水患移知睢州致仕

徐遘 熙寧進士弟廸紹聖進士昆季相師友勤學問詩文清麗友于篤愛人比二蘇

石禹勤 字力臣蕪湖人元祐進士乙科爲靖安令伐妖木祛滛祀太守唐介薦其能除通判辰州時章惇經畫南北江競議南江蠻易殄禹勤獨請招徠北江皆相率聽命會遣使撫諭諸蠻其長列狀願得禹勤爲守不報移之建州轉運使司奏禹勤鹽課捕寇爲一路最改知撫州部使者交薦其才尋卒黃庭堅表其墓

宋惠直 字子溫當塗人崇寧進士調歙州推官中詞學兼茂科遷太常博士建炎三年周公望奉使金辟直

隨使超拜朝議大夫命下或勸之辭直曰天步方艱豈臣子擇利時乎兼程而進疾作卒高郵僧舍文章深古自成一家子覛官敷文閣直學士以恩贈直官少師

韋許 字深道家蕪湖志尚矯潔赴善如饑渴讀書明大義不事科舉築堂曰獨樂聚書數千卷黃庭堅兄弟與之遊元符中諸公貶逐道經江上許承接款曲能周其急士大夫重之陳瓘爲作獨樂堂記政和中樞密張叔夜薦於朝不果行紹興初時宰言其事高宗云當今誰知有元祐人如韋許者可以常人比哉授以官許拜命而不署銜自號蕪陰居士

石天麟 字文祥禹勤子元豐間蠻事起有旨募勇敢士天麟請行借侍禁李資由硤州入諭蠻長以禍福相率詣降天麟歃血與盟資武人多戮降者天麟力止之弗聽未幾蠻復反天麟督兵力戰遇害

石悉 字敏若禹勤孫元符進士崇中博學宏詞科人稱其文有元和風梁師成弄威福釣致知名士以自文或語悉見之悉曰腐夫弄柄豈國之福奈何欲因以取富貴哉故職止州幕自號僑林

李檉 字與幾世居當塗宣和進士通判徽州適奉檄修圩

岸館郡城值叛卒縱火掠遣騎迎檉檉直前諭之曰朝廷負若耶廩給不時過在有司汝擅殺官吏是判朝廷也時已捽太守於庭將殺之檉紿之拘獄翌日官軍薄城下檉曰吾爲汝諭列軍遂縋城出還徽州賊授首累遷監察御史不當秦檜意出知信州檉善星曆占候逆知郡將有變預爲備俄妖賊起貴溪檉即日遣將分擊親率督戰俘賊首以歸民號泣畫像祠之郊恩復官移知饒州引年致仕一日名門人朱章入臥內取所著易說講論終篇正席而卒

唐敏求 字好古當塗人宣化進士德化主簿盜起敏求挺身捍賊不支遂遇害事聞贈官補其子補將仕郎

孫德昭 當塗人建炎中諸王郡馬領兵禦金於大儀以孤軍抗敵不勝死於陣贈忠烈侯官其子昭武將軍

方汝疆 字南夫繁昌人研究理學教授里中從遊甚衆紹興登進士不樂仕進放懷文酒

張伯麟 字慶符當塗人明春秋補太學時秦檜主和議伯麟題齋壁云夫差忘句踐之殺而父乎羅者以聞檜下之獄流吉陽軍

馬進 當塗軍籍隸慈湖寨伉健沉鷙軍中憚之紹興中軍

校周青等據城叛謀以翌日屠城進陰結十人雜隊伍中遇青騎進拔刀中其頰而九人者不前遂遇害併妻子俱被戮後收復州城上其事贈六品官卽死所立廟祭之賜額明恩

趙時賞字宗室居太平州知旌德縣德祐初元兵至境時賞擁民兵捍戰有功陞直寶章閣從二王入閩會文天祥開府南劍擢知邵武軍復以爲招討副使監軍空阬之敗天祥妻子見執賞坐肩輿出元兵問爲誰時賞自稱姓文衆以爲天祥擒之天祥得逸去賞奮罵不屈有係累至者頗自辯賞叱之曰死耳何必然遂見殺

陶居仁蕪湖人爲鎮江錄事參軍元兵攻鎮江守臣遁統制官舉城降居仁抗執不屈裨將必欲降之居仁曰吾聞知曆數已窮詎可失忠義苟求活耶遂見投大帥義之棺殮送還江程數百里不踰時至人皆異之爲立廟

呂武太平州步卒元拘文天祥北去武應募從行時元將防範甚嚴天祥與武密謀得脫出海道南歸間關百死中賴武力爲多天祥知樞密院命武招豪傑於江淮會開府劍南武以軍功補官總轄感天祥知遇結州縣起兵相應道阻復崎

幅數千里郎天祥於汀州挺身捍難化賊爲兵後出江西死其忠鯁天性云

元姚和中 號四清當塗人家世業儒徵名不赴一時從學甚衆宋濂跋其墓銘述其師吳淵潁之言曰當塗有姚四清徵君者時碩士也

李敘 字彥倫當塗人蔭補承信郎未仕貧寄食友人家夜火發得一篋甚重叙露坐持篋待旦授之以薦授江寧教諭新廟學置祭器嚴講課調建康書院山長省節浮費任終餘粟千石書冊授代無私焉歷平江學正學歲租萬石總管以敘主出納敘秩滿歸行李蕭然敘厚重莊簡明性理之學似陶韋書類大蘇二子習翼翼中延祐鄉試肆力問學太守薛超吾爲其兒弟建坊曰雙桂今尚存

邢國傑 當塗人嘗以布衣條議弊政用事大臣爲改容謝至元中授繁昌教以親老辭歸

明李習 字伯羽敘子延祐初領鄉薦授書院山長明太祖渡江至釆石擢知太平府廉能恭謹精於治體卒於官習旁通諸經究性理之學及門受業百餘陶安其著也與翼齊名江左目爲二

李陶安字主敬當塗人至正中以鄉薦爲明道書院山長明太祖渡江至太平安偕李習謁見因説曰四海鼎沸豪杰併爭志在子女玉帛未有撥亂救民者明公神武不殺應天順人天下不足定也帝曰善命參幕府知黄州寬賦省役知饒州平閩寇錫金帛又賜以詩洪武初置翰林院首名安爲學士制度禮文多所考定御賜門帖曰國朝謀畧無雙士翰苑文章第一家命李善長等定律以安爲議律官律成拜江西行省參政卒於官帝哀悼親爲文遣祭追封姑孰郡公學者稱敬齋先生

王愷字用和當塗人明太祖下太平以愷居幕府尋命總制衢州增城浚濠益兵足食常遇春部將侵民愷撻諸市常讓愷愷曰民爲國本將軍天子股肱宵令傷其本乎撻一部將而民安計將軍所樂聞也遇春韙之愷善謀能斷挈綱布紀所至凜然吳將呂珍侵諸暨參政胡大海堰水灌珍珍勢蹙誓解兵時愷爲郎中諫曰彼狡謀勿聽大海竟引還珍果敗盟大海及難愷被拘欲擁之西愷叱曰吾天子大吏豈從賊反耶遂與次子行同遇害歸葬金陵帝爲文親祭之追封當塗縣

男愷在幕嘗以事諫弗聽遂却立戶外抵暮帝出
怪問從容陳諫如初帝即從之帝嘗與宋濂論佐
運臣獨字愷曰王用和經濟才也

嚴德 字君輔當塗人驍勇善騎射年二十隨征平江浙有功陞海寧衞指揮守禦杭州洪武元年統軍取台州戰死封天水郡公

吳昇 字彥高當塗人至正中盜起溧水昇領郡兵擒之補當塗尉明高帝渡江昇降擢總管時寇盜充斥昇籍鄉兵設伏擒賊郡少安同別將下溧陽溧水以舟師火攻破蠻子海牙于釆石尋擊金陵破東門擒同知觀音奴以所俘銀甲綉衣賞之又同取常州徽州嚴州回克蘭陵隨徐達取諸暨還守姑孰庚子友諒陷姑孰昇突圍出同馮勝守金陵界昇子典戰死釆石昇弟晟爲友諒所執不屈死昇自陳攻戰以來身被五五六十創乞還兵事以次男振襲振攻建昌歿於漳江門

陶本 字培之當塗人有志操博學洽聞公府辟署學訓不就舉經明行修帝親御樓試以治平策本援筆數千言稱旨擢工部主事廉敏勤愼克舉其職

李汶 字宗茂翼子博學多才名充史館編修官修元史出爲巴東令移南

和所至有善政晚年歸里以經學啓迪後進

兪仲衡字平甫當塗人洪武中以賢良薦知台州值荒旱農乏穀種仲衡以官廩散給於民期以秋償民亦無敢後爲循良最時大拓都城未完令有司運甎助工以清捺免者數人仲衡與焉

潘廷堅字叔聞當塗人初爲本府教授遷翰林院學士洪武四年充會試主考官宋濂副之以老致仕廷堅愼密謙退未嘗有過文譽重一時子黼仕爲江西湖東道按察使會修律除爲議律官

詹俊字用章當塗人洪武間徵授磁州同知之官揭公勤廉謹撫教安懷八字于坐隅以自勵時兵革初定流亡未亡俊勞來安輯勤耕桑飭教令選師儒別奸弊民有訴得藏金爲衆奪者俊諭以義利令還之民懷金謝俊曰我不欲人昧義乃躬自營利耶嘗解所服銀帶易粟代民輸濟歷汝寧通判

劉允字子允當塗人洪武辛亥進士判懷慶以直道不阿謫瑞安丞有善政擢北平按察副使允有政事才侃侃議論名對輒稱旨博學善吟咏

梁觀字大用當塗人洪武中入太學除吏科給事轉僉事分巡潮州廉介剛果

決獄如神歲久旱觀齋沐禱雨立應潮人祀之韓山書院

杜智字仲才蕪湖人性敏嗜學入太學授隨州守有治聲以遣稅當謫戍廷臣疏其廉詔乘傳至擢守北平承樂間陞陝西布政進南副都御史

周原字彥廣繁昌人洪武乙丑進士授辰州推官調吉安治尚廉平郡無留獄坐累免用薦起爲蒲臺令人服其廉明改令新昌其治政一如蒲臺時遷磁州同知卒

湯禎蕪湖人洪武中以太學授曲江令清介敢爲永樂初改令寧海初邑民坐方孝孺事瓜蔓株連又海水驟溢邑弗寧禱于城隍聞神語曰若要民安待湯知縣來越四年禎至具以奏聞得旨放免後陞左軍都事

嚴升字仲升繁昌人建文庚辰進士授青神令公勤有守歷陞江西僉事以廉幹著聲進副都御史振肅風紀名爲禮部尚書未任卒

胡湜字景濂蕪湖人由太學生授吏科給事廉靜正直遇事敢言永樂初轉廣東僉事值內璫常某監市船暴悍不法湜啓奏逮常常自盡繼此無敢驕恣者

汪俊民繁昌人建文庚辰進士授御史永樂初巡按廣東時黎人數叛俊民疏奏

擢撫之遷刑科給事以敢言稱　**李衡**字秉鈞當塗人慷慨有志節永樂甲申進士讀中秘書除戶部員外以廉慎爲尚書夏原吉所任陞湖廣叅政撫綏蠻方翕然歸化以原吉薦名爲少司馬衡老成端重優於繁劇學識疎暢爲詩和平縟麗有澹許集　**張堅**字彥誠蕪湖人永樂乙未進士以庶常改縣令外用先時讀書中秘得考亭勿欺二字以顏其室爲人溫厚易直告歸非端人弗交非經史弗讀廣勵後學以正誠爲宗旨所著詩詞人傳誦之　**彭禮**字時序當塗人永樂甲申進士選庶常除戶部員外郎爲人清通警敏慨然任事在部十餘年每堂官缺帝輒命禮署其事財賦出納悉有條貫　**郭智**字懋明蕪湖人永樂辛丑進士宜德問官御史丰裁凜然三楊交薦以僉都御史整飭寧夏邊務軍民懾服以事徵同仍監察御史差查南內庫藏陞福建按察使補廣東所在清操卓立振興學校　**謝孚**字以誠當塗人永樂嗣總督兩廣威德立著丙戌進士除御史陞福建副使調陝西所在有聲中貴有事經咸陽所至望塵迎謁孚獨長揖不少屈不終事而罷遂致

仕歸

徐觀字大賓當塗人中永樂乙酉鄉薦訓導齊河以積學擢給事中討駁糾劾一無所避巡視邊陲所在有聲改雲南僉事辯冤獄別廉貪一以平恕施之麓川寇負固拒命觀佐元戎督糧籌策賊平進副使相度要害築城堡濬溝池開墾荒田俾軍耕守拓流民數百人爲嚮導闢通南牙山道以進討由是寇患永息

謝騫字鵬舉孚之子正統戊辰進士爲御史立朝持大體按浙鹽課有豪家宰子弟怙勢私販騫置之法併劾罷其官時論壯之奉命定處州盜有文綺寶鏹之賜陞漳州守擊豪强懲吏蠹嚴立保伍法保首月報所轄生業苟通番爲邏者所獲罪坐保首郡乃無事陞至山東叅政

楊璧字應奎當塗人景泰甲戌進士擢戶科給事中侃侃有氣節天順改元以疏辭過激忤旨外補適風雷示異詔凡以言謫者悉復其官尋除陝西叅政改平凉守鑿延安河瀆田七千餘頃毀寶雞尼庵焚內使異術剛直不渝致仕歸

鍾城字德卿當塗人力學邃於經術景泰甲戌進士歷大理寺正人稱明允任福建江西學政所至多所造就致政歸課誦如諸生時好

汲引後進執經問字者恆滿戶外

黃讓字用遜蕪湖人景泰甲戌進士任御史天變條陳十事謂御史鍾同章綸忠赤盡言不宜下獄大內營繕不息財力俱竭修理龍舟死者甚衆齋僧布施事出不經俱請停止餘六事俱觸時忌謫營山典史至則驏然笑曰此豈不可行吾志耶奉委决各郡訟獄意義所向人心帖服轉安岳令期年政成陞中府都事忤錦衣門達譴戍廣西達敗復原官

吳琛字與璧繁昌人景泰辛未進士以御史犒軍甘肅奉命按蜀所至黜奸貪雪寃滯英廟復辟位琛以劾奏石亨被謫會天變雨雹命還臺職陞大理寺丞晉右僉都撫甘肅成化改元時淮揚洊饑命琛賑恤凡有裨荒政卒便宜行事後拜兩廣巡撫復撫湖廣琛勤敏好學善辭命居鄉謙抑動以禮法資産蕭然人服其操

端宏字仲仁當塗人天順丁丑進士授御史巡視通州東昌等州郡德威兼濟所至有聲歷按雲南河南廣西谿洞蠻獠素爲邊害稍就羈縻輒以寧謐聞宏劾其妄復下令選將練兵儲餉設險爲攻守計諸洞望風震慴仕終浙江布政

戴旭字敬熙蕪湖人

天順間以太學生任武岡州同知州猺獞雜處兼
以藩邸軍衛素難馴服旭清愼勤敏甚有能聲値
靖州軍事旁午上官知其才移署州
事尋調許州潔已愛民始終一致

李蕙字德馨當塗人成化己丑進士任給事中陞江西參議山西布政
尋以副都總督糧儲漕運復以年勞進右都御史
蕙居家孝友爲人方嚴明敏所至有惠政而吏畏
如神南贑盜發衆議致討蕙力主撫綏多方控制
擒渠魁全活甚衆稱其
盡心國計銳於功業云

謝理騫子字一鄉性剛毅生平以忠孝爲本中
成化壬辰進士時父騫致政家居景逼桑榆理念
舍親而仕大本已虧遂不仕晨昏奉養杜門著述
自號東岑子所著有兩生餘議周易解春秋解程
文集太平人物志東岑四說東岑筆記前思錄

汪宗器字鼎夫繁昌人成化甲辰進士授御史巡按湖廣廣東薦賢斥貪得激揚體陞南大
理寺丞進少卿治獄平恕時劉瑾撓法遂乞終養
宗器襟宇闓爽善譚論與人交一出于肫摯故人
多愛敬之兄宗禮亦進士官
御史風裁整峻卓有能聲

李贊字惟誠蕪湖人成化甲辰進士

與弟貢鄉會同榜官吏部精詳端愼爲冢宰王端毅所知補駕部郎復爲大司馬馬端肅所薦擢陝西參政轉浙江布政會逆瑾籍故錢鄴憲家贊憐其非辜調護甚力瑾啣之勒令致仕贊性寬簡爲政未嘗有赫赫名去後人思之不置詩文淸逸疎[illegible]草書古勁有張長史筆意

李貢字惟正贊之弟成化甲辰進士授戶部主事轉刑部郎分別寃濫多所原宥歷陝西山西布政時諸司爭賂閹瑾貢曰割民膏以媚權倖可乎巡撫遼東先是貢分巡遼有惠政至是不啻望歲總兵毛倫挾瑾勢暴橫多不法貢持正裁抑倫銜嗾瑾害貢瑾以他事罰貢米五百石勒令致仕貢喜曰今日皇甫規得與黨人矣瑾伏誅起巡撫順天終兵部右侍郎

夏祚字天錫當塗人成化戊戌進士擢兵科給事劾本兵馬文升侵科權文升爲之引罪歷轉江西布政丁憂襆被附舟而下至太通同官齎羨金八百兩追送之祚杖其使返之徒步歸補福建布政時直指使者頗通請謁祚面數之乞致仕歸閉門併日而食卒遺一金帶乃銅物也

林聰字文敏其先閩縣人以功世襲建陽衛聰

定兩廣猺蠻進指揮使再征有功陞都指揮僉事留鎮鬱林州成化中蠻賊犯州聰禦之于沙湖山至捍塘遇伏被害

胡燿字仲光蕪湖人世農家燿從諸兄力穡雞鳴起讀書旋出耕暇即坐茂樹下開卷朗誦暮歸檢閱不厭登弘治癸丑進士選庶常改戶部主事以災變求直言燿抗疏言戚畹閹宦傳奏方士等事詞意切直深中時弊僚友爲之危未幾宦者果以事敗燿名益振

邢珣字子用當塗人弘治癸丑進士授南戶部主事轉刑部郎忤逆瑾奪職瑾誅起官知贛州巨盜滿總掠郡縣珣推誠諭降之總感激誓禦他盜自效南安龍川盜起據橫水桶岡左溪諸峒王守仁檄師會征珣建議出賊不意直抵桶岡珣又以地險難猝圖頓兵近地使人說之降賊猶豫會大雨冒雨進兵賊衆潰誅其帥事平聞增祿賜金綺逆濠叛王守仁兵起珣即日會師次樟樹珣請疾馳據南昌濠返兵拒我師珣與吉安知府伍文定以前茅接戰刺其渠帥賊氣折値南風正猛珣建火攻策煙焰蔽天賊浮尸枕藉濠擒授江西參政朝議擒濠功當事嫉守仁削其世券珣亦以左布政

致仕贛人思之立報功祠祀守仁配以珣

祝鑾字鳴和當塗人登正德戊辰進士禮部主事歷郎中上將南巡鑾偕翰林舒芬等切諫予廷杖歷陞參政督學四川致仕歸

喻智號晴洼當塗人正德甲戌進士由部曹知兗州東昌府歷陞湖廣按察使斷楚藩元凶英燿獄奉有密旨智從燿飲豫戒左右乘其出擁而擒之即公鞫寘極典以功尋擢副都巡撫南贛時濠逆餘孽尚多智開誠布信就撫者萬計嘗曰吾繼王公猶參之繼何耳歸家後首輔嵩使過邑橫肆甚智執而撻之曰歸告爾主責爾者喻都堂也其嚴毅類此子效龍舉人知澄邁縣有父風

端廷赦字世恩宏之孫正德庚辰進士除高安令以廉能最名授御史首劾武定侯驕橫下法巡茶馬按兩淛風采益著回掌道事行人薛侃請如宋仁宗故事擇宗室子入司香觸肅帝諱逮鞫朝堂或嗾侃株陷夏言侃不從法司欲羅織成獄赦疏白之留中不下赦日吾以言死職分也再疏有斬三臣以謝天下然後斬臣以謝三臣語疏入帝怒擲于地命拾之覽閱翻然曰御史言是也卒詘諸柄人然以此遭忌

出守大名異日帝覩朝問長垣御史安在盖指赦也歷陞右僉都巡撫山東時經冬無雪赦虔禱岱宗雲天降再撫河南陞户部侍郎掌南右都察院事去家咫尺有欲私謁者日此千尋鐵壁孰敢犯也

王磐當塗人舉止方正從湛甘泉學有開悟以斯道自任郡縣訪謁不得見安貧自樂有商歌露肘之風學者稱晨岡先生

楊東字啓明當塗人嘉靖癸未進士行人擢御史巡鹽河東清鹾池豪右逋課悉完繼按雲南多平反疑獄部有匿其女別嫁而以殺女訟前訊者皆抵埍罪東審調之得姦誣狀窮治置重辟又土官爭襲聚衆扼殺撫臣欲調兵撲滅東檄諭止罪首惡其黨悉解散滇人賴之

謝九成字仁峯繁昌人嘉靖丙戌進士嚴氣正性人不敢干以私任吏部員外與一冢宰某牴牾投劾歸杜門著書廣搜秘笈持議一本醇正著有綱目前紀經史管見

周易字時伯蕪湖人幼倜儻有大志爲諸生以言時政被黜事雪中嘉靖癸丑進士授兵部主事攷御史提督北畿學政以請正試錄左遷尋以少叅致仕易臨事果斷主武選汰軍職冒濫二十餘人

疏救吳彥論邊務數十條詞皆侃直曾受知於執政督學時執政以私剡至易不納焚之門外執政嘆曰眞學臣也

倪嵩字中卿當塗人嘉靖己丑進士爲太常博士釐奉常典禮爲總覽一書擢御史按貴州土官安萬全挾徵功求進秩本兵欲曲狥嵩據舊典賞格而已時黔省鄉試附滇士若跋踄嵩特疏爲黔設塲屋陞大理寺丞又釐律令爲問刑條例一書晉副都御史卓有風裁晉戶部侍郎嚴相當國曾銑夏言主復河套觸嚴怒有旨逮獄嵩秉正不阿力爲曾辯嚴御之出爲南都御史嚴又諷使史名嵩曰名命自父何可易後廷推冢宰有引南總憲望重者嚴厲聲曰廟堂可使有兩嵩耶嵩卽日乞休海忠介於當時少所推許獨心契嵩嘗語僚屬曰倪南亭我輩人也

徐貢元號紫巖繁昌人嘉靖辛丑進士除比部出守德安多異政營建景府總領金錢數十萬一無私染捐俸建兩文廟考治平第一歷任河南粵浙藩臬治獄多所平反羨金盡入公帑內召光祿卿陟京兆尹以拒大璫請改南大理拜戶部侍郎總督糧儲歷官十三任淸白無二著有省身日記以自

撿束同海瑞等
爲天下四君子孫濟遠字合溪當塗人嘉靖乙丑進士任饒州推官讞決如
神案無留牘擢御史兩按貴州四川嚴斷不避勢
要有巨憝求脫不得重賄斷役寄鴆之伺旬日見
遠握管批答必叱其鋒遂
置毒於額而進遂腦裂死王懋字德孺蕪湖人九歲能文登嘉靖甲
子賢書授湖州郡丞調彰德以卓異陞刑部員外
恤刑畿輔卒於官懋佐郡日定武康民變均徭薄
賦甫三月而化行治行第一奉恤差上刑書十餘
事活囚四百餘人卒之日笥中惟遺書數帙布袍
一襲
而已梅淳字凝初當塗人隆慶辛未進士知縉雲縣入爲御史巡按浙廣多所建白遷守
岳州役爲濟寧道時河流衝決淳疏築有功賜金
帛授雲南布政羨金盈帑淳一無脂潤發鑛活窮
民郤珠池例獻
有一琴一鶴風陳一簡字上敬繁昌人萬曆癸未進士授戶部主事歷陞昌
平僉事橫嶺有九陵奸弁妄議開采簡曰橫嶺內
逼陵寢外薄敵營此役一興則傷陵脈生敵心臣
死不敢奉詔議乃寢內璫張經在昌平日非法殺
人簡手疏劾之有詔逮治經伏辜擢河南副使備

兵寇雲以籌邊

吳一驥字純所蕪湖人萬曆甲午舉人知耒陽縣縣產錫苦供億驥白撫按罷之歲大旱跪禱三日甘霖立沛陞湖州同知湖藪澤多盜驥捕渠魁置之法盜遂弭時柄臣有悍僕辱縣尉尉不敢詰驥笞之曰以天子之命吏撻宰相之家奴脫以此還初服固所願也尋擢戶部監淮安關日久積勞病卒

俞審號莘畝蕪湖人萬曆丁酉舉人知橫州州介峒蠻強悍難禦審常以教化誘導遂馴服調知澧州澧爲沅湘諸水泉壑所歸淫雨浹旬州水齧城郭審督舟人救漂沒者全活無算又鳩工築堤以絕水患名曰文梁堤至今賴之俗信巫覡審講明聖諭作孝弟忠信禮義廉恥八行圖勸諭之民俗一變歸家以服布食藜爲樂

楊成喬字維嶽當塗人萬曆辛丑進士知新興縣首變郵傳之害取給公帑用蘇民困中使榷採橫索無厭甚喬清正不敢犯堊戶部主事轉職方郎疆圉多故喬時與大司馬籌畫皆中機宜推轂皆爲名將後戰守盡失節度所畫諸策多不行憤悶成疾乃告歸

楊芝瑞字仲房成喬子天啓舉人知慶元縣賊患劇他

邑芝至相地刑立六隘工甫畢而賊至芝選丁壯搤諸隘有斬獲賊被創去慶便圖璽而額屬於浙芝爲力請獲改民德之陞武定知州

夏廷美字雲峯繁昌人本田夫也性孝友里人敬信之譙山張緒以司徒左遷主邑教物色廷美招與講學一日命衆曰爲學學爲人也爲人須眞毋假廷美憮然內省曰吾爲人德無未眞耶益自刻責後從焦竑游漸知向裏嘗謂竑曰吾讀論孟竊思孔孟之學同其道同乃孔爲至聖孟子何未能與擬蓋嘗疑之近日反覆誦思見論語中孔子謂未能者七何有於我者二孟子更未見有此語毋乃孔孟之所以別乎或駁良知一非無聲無臭至理廷美抗聲曰良知豈有聲臭耶一坐驚異歿祀金陵理學祠

祝可仕字孟型當塗人萬曆庚戌進士除工部主事轉戶部司通州儲盡剔漕弊置奸胥於法擢福建參議備海寇內訌與南中丞晝策殲其魁餘黨奔散遷廣西驛傳未任無疾而逝仕內行純備秉性高潔時論嘉之

裴希度號綠野建陽衞世職喜讀書精騎射由把總積功累陞福建總兵官時鄭芝龍兄弟踞海爲窟宅橫

行沿海州郡無寧日知賊倚巨艦爲長城希度設撓鈎釘其船使不得去輪斧破之殺賊無算芝龍窘伏餽度金寶甚夥錙銖不受賊愈敬服無何希度病革撫軍沈猶龍撫棺大慟曰裴公真廉將軍也

崔涓字震水蕪湖人萬曆辛丑進士授行人升銓曹兩掌選政聲望凜然請假里居直指使造廬請益涓不干以私家食甘貧惟陶情山水而已

曹履吉字根遂當塗人萬曆丙辰進士授戶部主事典新泰海運二倉剔積弊餘米萬七千石白之大司農置廠儲用陞河南提學其甄拔者多脫穎去時黃河隄潰諸曹皆董役吉綰六篆黙禱於天爲全城百姓請命水立殺二尺隨并力塞之用薦內轉光祿少卿投劾歸家時流賊陷江北州郡吉倡首輪城守費又念采石係瀕江要地恐賊猝至不可測獨力建高閣于山巔以閱江防其不時飛渡也

葛綱字振寰蕪湖人萬曆壬子舉人以和州訓陞北雍丞時魏璫竊柄黨附者倡議立祠并配享太學綱白大司成力沮之忠賢敗綱陞刑部主事平反協於中邑士請從祀鄉賢督學御史蔡國用云郎不媚璫一事已足

生色宮墻撤祀焉

鍾斗字木仲當塗人萬曆己未進士由行人擢刑科給事中時瑞楣初息言事者紛紛斗就職言戰請明律請清獄奏草盈帙未嘗輕以示人乞差旋里堅卧不出

沈希韶字鳳來蕪湖人天啓壬戌進士除新昌令有能聲擢御史糾劾不避權貴轉九江僉事未仕卒希韶恬靜樂易喜獎拔後進先是爲御史巡上江沿江繁征苛政蕪湖爲甚韶以桑梓深悉其患盡革之里人頌德

張一躍字仲豪當塗人泰昌選貢官大名通判理河事所治按壞青豫奉檄盡職尋故道省工用總河薦之未幾歸里孫畢宿

皇清順治丁亥科進士

倪一驥字元捷嵩從孫家貧竭力養親讀書以明理躬行爲先爲諸生最皐比北面計數百人嘗語學者曰五倫之外無行六經之外無書爲學須尋究孔孟至處士翕然宗之貢於鄉社門不爲干謁

皇清 **張時暘**字乂若建陽衛人萬曆進士知嵊縣以賢能調臨海其爲政威以行慈入爲禮

部主事陞武德道其地衝而瘠窮民將有亂萌陽以寬大收拾人心一方寧謐嗣請養旋里家居杜門端嚴方正人奉爲老成典型長子尊瞻順治戊子舉人次子蘗嘉貢仕至金滄道

楊世學字爾合當塗人順治丁亥進士由評事擢御史疏請嚴採買杜騷擾嚴投充治黃河俱切當可行又請濬淮河下流海口下流既通則上流自治部議蹕之分守武昌撫山賊鄭鴻等十三砦全活甚衆陞浙江驛鹽副使再晉衢永參政所至飲氷自矢

蕭雲從字尺木蕪湖人崇禎己卯副榜貢不仕經史自娛人罕得識其面詩文援筆立就書法在雲林大癡之上自署無悶道人

楊一儒字翼眞當塗人事母孝親族有貧乏者母多所周急儒先意曲從無吝色子錫汝順治甲午拔貢授孝豐令邑逋賦積困累前令數輩儒毀產代償家用中落處之泰然語錫曰代民完逋免僚友累吏事也雖貧奚害

韋一鶴字羽仙蕪湖人順治壬辰進士爲麗水令邑介崇岡伏莽撫綏維艱鶴蘇息疲民勸農弭盜百姓畏而愛之

孫啓綸字君受當塗人究心理學以尊聞行

知爲要性純孝舌耕奉母門人見其甘旨無資脩脯外别有贍綸峻却之或病其拘執綸曰秉質倨鈍未化拘攣病也然此心不敢自欺嘗負母避盜盜値之日孫孝子也遽解去生平絶徑竇贋衾影期纖毫無憾卒之前一日拜祖廟辭昆季與子講格言法語端坐而逝

徐鼐臣字調明當塗人順治己丑進士令鄢縣地界豫閩爲盜藪鼐臣至披荊棘招逖亡民稍有起色而紅頭賊勢復猖臣籌兵料餉俾疲邑有所藉未幾以勞悴卒

方錫字禹符繁昌人幼苦貧有至性讀書無寒暑輙終夜邑令范爲憲奇之補諸生中順治戊子副榜得清流令廉潔自砥纖芥不以自汙陞至沂州守

端茂杞字楚材當塗人天性孝友崇禎庚午舉人順治丁亥署績溪教諭績經兵燹文風頹弱杞力振興之陞助教歷戶部主事

江南通志　卷之第四十九

江南通志卷之第五十

人物

廬州府

〔漢〕**英布** 其先皐陶之後也禹封皐陶於英六子孫以英氏少時有客相之曰當刑而王及壯坐法黥因改姓黥布欣然笑曰人相我當刑而王幾是乎後以兵歸漢定天下封淮南侯

范增 居巢人年七十居家好奇計秦末輔項羽霸諸侯後羽信反間不用其言增曰天下事大定矣君王自爲之願乞骸骨歸未至彭城疽發死

許子威 廬江郡合肥人西漢末爲中大夫光武少時從受尚書。

毛義 廬江人家貧以孝行稱南陽張奉慕其名往候之坐定府檄適至以義守安陽令義捧檄而入喜動顏色奉心賤之及義母卒去官公府數辟及舉賢良徵皆不至奉歎曰賢者固不可測往日之喜爲親屈也建中元年章帝下詔褒美賜穀千斛常遣長吏問起居加賜牛酒

壽終於家

三國吳周瑜字公瑾廬江人英達夙成有文武才畧與吳孫策相友善策取荊州以瑜爲中護軍孫權時大破曹操於赤壁方圖進取病卒於巴丘程普嘗曰與公瑾交若飲醇醪不覺自醉瑜少精音律或有缺誤必顧謠曰曲有誤周郎顧

晉何叔度六縣人恭謹有行業姨適沛郡劉璩與叔度母情愛甚篤叔度母早卒奉姨若與所生仕至金紫大夫

杜彝字行齊廬江灊人世以儒學稱操尚貞素居甚貧窶博覽經籍百家之書算曆圖緯靡不畢究閉門教授生徒惠帝時三察孝廉暨舉方正俱不就元帝以彝爲祭酒彝辭建武中令曰杜彝安貧樂道靜志衡門日不服給雖原憲無以加也賜穀二百斛皇太子三至其第執經問業國有大政恒就咨訪卒時命子以角巾素服斂贈大鴻臚謚曰貞著有幽求子二十篇

唐任瓌陳將中之猶子高祖師起瓌上謁用爲前部說下韓城與諸將進擊飲馬泉破之拜

左光祿大夫屢破王世充以功封管國公從秦王討闘東破徐元朗敗輔公祏拜邢州都督遷陝州而卒

五代袁傑 字人傑無爲人唐末盜發因招集民兵救護鄉里抗賊賊不勝自刎死身僵七日不仆賊棄其屍於河流至黄金城母尋見之曰若是我兒呼之必動呼果動鄉人神之立廟以祀名其地爲呼兒港

宋馬亮 合肥人舉進士爲大理評事知蕪湖縣再遷殿中丞通判常州吏民有因緣亡失官錢籍其貲猶不足以償妻子連逮者至數百人亮縱去緩與之期不踰月盡輸所負擢知濮州會置糾察刑獄官以福建路命亮覆訊究獄全活者數十人知饒州州豪白氏嘗殺人赦免愈驁橫爲閭里患亮發其姦誅之遷殿中侍御史仁宗初拜尚書右丞後以太子少保致仕

包令儀 合肥人進士及第授朝散大夫行尚書虞部員外郎分帥南京贈刑部侍郎

包拯 令儀子始舉進

士知建昌縣以父母皆老辭不就得監和州稅父母又不欲行拯即解官歸養後親繼亡拯廬墓終喪調知天長縣徙知端州遷殿中丞尋拜監察御史又請重門下封駁之制及廢錮贓吏選守宰行考試補蔭弟子之法拯立朝剛毅貴戚宦官爲之斂手京師爲之語曰關節不到有閻羅包老卒謚孝肅

包繶拯長子仕潭州通判政肅民安號稱善治

鍾離瑾合肥人舉進士知德化縣將嫁女市婢得前令女遂與已女同嫁夜夢緋衣丈夫拜謝且曰請命於帝奉十任有上官建言州郡既上兩災後雖旱多隱之以成前奏請令監司劾其不實者出提點兩浙多善政權知開封府得疾仁宗封藥賜之

馬仲甫亮之子舉進士知登封縣轘轅道險厄遂傭民鑿平爲坦途人便其行內侍楊永德言漕舟淮汴間惟水遞鋪爲便詔仲甫偕往證可否還言其害十餘條議遂格又議鑿洪澤渠六十里漕者便之後知揚州提舉崇禧觀

姚鉉太平興國進士直史館特宴內苑應制賦賞花釣魚詩特被嘉賞命中使就第賜白金以獎之鉉文詞敏麗善筆札藏書至多頗有

異本採唐人文章纂爲百卷目曰文粹

楊察 合肥人景祐進士累遷江南東路轉運使屬吏以察年少易之及行部數摘姦隱衆始畏伏察在部專以舉官爲務人或議之察曰此按職也苟掎拾羨餘則俗吏之能何必我哉御史何刻以論事不得實中書問狀察又言御史故事許風聞縱所言不實自係朝廷採擇今以疑似之間遽被詰問臣恐臺諫官畏罪緘默非所以廣言路也卒謚宣懿

焦蹈 字悅道無爲人通經史百家元豐中以計偕後期將謀歸俄南宮火命禮部改試蹈爲第一時有詩云不因南省火安得狀元焦

楊傑 字次公無爲人舉進士元豐中官太常一時禮樂之事皆預討論嘗議玉牒以禧祖爲始祖宜配享又請孝惠賀后淑德尹后章懷潘后孝章宋后宜因慈聖光獻崇配之日升四后主祔於祖宗廟室從之與范鎮議樂制不合傑之議自與律不失也仕至兩浙提點刑獄自號無爲子

阮美成 舒城人元豐中進士知巢縣喜吟味時號阮絕句

賈易 字明叔無爲人程伊川門人初拜常州司法參軍自以儒者不閑法令歳議獄

唯求合於人情曰人情所在法亦在焉郡中稱平仕至刑部侍郎歷工部吏部當時爲之語曰一貫上殿羣臣佚色

呂士元

上巢人哲宗時立十科取士法士元上疏懇切未報後又累試不第歸目憤曰當蔡確章惇四害未除吾等因老田間與世無補乃去東山二里許抱書投溺橋下朝士王巖叟朱光庭咸惜之因名其橋曰抱書

何㮚

合肥人與兄桀弟築號爲三鳳政和五年登第後十二年大拜從欽宗北去不食而死

王之道

字彥猷無爲人剛直尚風節宣和間舉進士與兄之義之深同科名其堂曰三桂歷遷至樞密使嘗夢帝命之曰以爾有功當錄其後子十八仕者九人

張徵

字秋仲舒城人博學工文辭建炎三年爲御史中丞上疏劾黃潛善汪伯彥大罪二十條乃罷知江州州尋又謫校秘書少監分司西京居衡州別號澹巖居士

王藺

字謙仲廬江人乾道進士除武學諭孝宗幸學藺迎駕立道周上目而異之命小黃門問知姓名還樞密院編修官輪對奏五事讀未竟上喜見顏色明日諭輔臣曰王藺敢言宜加獎擢除宗正丞尋出守舒州

陛辭極言時事上曰御議論峭直尋出手詔王詹藺鯁直敢言除御史歷任至樞密使諡獻肅

世勛 舒城人英勇冥敵紹興中累薦爲舒城民兵正將弟世勣副之招募强壯結以信義禦敵被創

密佑 其先密州人後渡淮家廬州佑爲人剛毅質直累官至廬州遊擊中軍統領攺權江西路副總管咸淳十年爲江西都統元帥元兵逼撫州佑南弁渡橋馬踏板斷遂被執不屈死

汪立信 六安人淳佑進士理宗見立信狀貌雄偉顧侍臣曰此閫帥才也知江陵府已而江漢失守立信歎曰吾今得死所矣置酒召賓佐與訣夜分起步庭中慷慨悲歌握手撫案者三扼吭而卒

元

余闕 合肥人詳安慶名宦

葛聞孫 合肥人蚤喪父事母篤孝攻苦力學性敏日記數千言不忘家貧爲潁州文學頃之棄歸養親於湖曲結環翠山房以延來學入城識與不識皆曰葛先生來也爭相迎候從此薦於朝召爲翰林不赴召之日合肥學甘露降於松目年又降於柏占

者曰微君之應也及卒其友余闕表其墓

明

張德勝

合肥人與廖永安俞通海等泊巢湖結水寨自固太祖駐師和陽乃謀通欵累立戰功後以追陳友諒戰死追封蔡國公

楊璟

合肥人本儒家子少沉毅讀書不喜章句好武略來歸太祖授管軍萬戶從征友諒克九江諸郡縣征山西平唐鄧南陽後練兵遼東以積功封營陽侯贈芮國公謚武信

吳復

合肥人率衆歸濠領前驅立功既多後征陳理下漢沔從穎川侯平蜀進都督僉事

趙庸

合肥人特授僉院征陳友諒破張士誠以功封安陸侯謚威毅

葉昇

合肥人初于和陽渡江拔采石定金陵京口授管軍總管以功封靖寧侯

高顯

合肥人從太祖駐師太平定金陵鎮江等處歷陞指揮僉事追封汝陰侯謚武肅

劉友仁

合肥人與弟謙隨遇大海取徽州等處多戰功歿于陣命附祭功臣廟

朱亮祖

六安人元末為義兵元帥戰敗被擒詰之對曰生則盡力死則死耳乃壯其言而釋之累從征伐以

功封永嘉侯

胡通合肥人從征取金華暨越州并敗陳友諒以功陞指揮使尋改前軍都督僉事

王珪合肥人元末集鄉兵守盧州自稱萬戶鎮戍南巢尋率衆來歸積有戰功累官右都督僉事

王雄盧州人從征伐立戰勳煕官都指揮使

王玉合肥人與弟瑛來歸留衛帳下玉剛勇有謀屢立戰功授金華衛指揮

王瑛玉之弟玉卒以瑛久在兵間命統其衆加領兵官從諸將以功顯加明威將軍

周顯合肥人自黃山來附渡江克帶刀先鋒破姑蘇擒張士誠征中原克汴梁陞昭勇將軍驍騎前衛指揮使

鄭祥合肥人明初從征戡定四方以功歷官指揮僉事

瞿通合肥人善於鈐法積功至都督僉事贈右都督

徐明合肥人為管軍百戶陳友諒攻洪都明從指揮薛顯開城突戰被執死之追封合肥縣男

后明合肥人歸附後累立戰功陳友諒舉兵圍南昌守將朱文正告急明從諸將往援之遇于康郎山大戰死于陣追贈梁縣子

王德合肥人元季兵亂初為羣雄所得度其無成脫身渡江歸附率兵救南昌遇友諒兵

于康郎山酣戰累日死于陣諒敗追封合肥子

朱鼎合肥人勇悍有力多立戰功從討陳友諒奮力迎擊面中數矢死追贈合肥縣子

濮英合肥人歷功陞西安衛指揮又從馮將軍出征遇伏發衆寡不敵遂被執英絕食不言乘間自刎死贈金山侯諡忠襄

左君弼盧州人元季君弼據廬州太祖攻之君弼棄廬走汴城元將李克彝使守陳州太祖遣使以書招之君弼得書猶豫不決太祖乃歸其母于陳州君弼感泣始納欵為廣西指揮僉事

濮璵英之子英死時璵生方數月太祖念英忠即襁褓封西凉侯

陳懷合肥人父甄開國功為眞定副千戶懷嗣官陞通州千戶靖難時從征多功封平鄉伯歿於土木贈侯諡忠

陳文合肥人早喪父奉母至孝屢立戰功官至都督僉事追封東海侯諡孝勇

甯仲英合肥人累著軍功封建平伯

蕭敏合肥人洪武乙丑進士授監察御史以風節著

張子貞英山人洪武間由國子生授兵部車駕司主事進本司員外郎以言忤當路謫戍滇海尋起刑戶二部郎中出為山東僉事以

直切不容于時又諭苑馬寺留題有君臣義莫忘之句詔復其官

徐凱合肥人以開國功爲茂州衛指揮靖難兵起充副總兵官練兵臨清出鎮滄州與吳傑等相爲犄角燕王直趨滄州凱連戰不勝被執不屈死

甯忠合肥人累官都督建文初充征北右副將軍從李景隆進拒北平戰於眞定敗奔滹沱河被執死

瞿能通之子驍勇絕倫雅好文學少隨父累立戰功靖難兵起建文名爲右都督從李景隆拒北奮勇力戰死

陳瑄合肥人父以開國功陞成都右衛指揮同知瑄嗣爵從征十木瓦寨冒險先登擒賊渠進都督僉事以靖難功封平江伯諡恭襄

鄭亨合肥人以父開國功陞千戶亨嗣後以靖難功封武安侯侯諡忠毅

宋晟合肥人嗣兄官洪武間多戰功靖難後封西寧侯卒諡忠順

徐忠合肥人以父功襲千戶陞濟陽衛指揮鎮開平靖難時歸附立有功績白溝之戰刃斬忠兩指未斷忠自斷斷指擲地裹創進戰大捷陞都指揮僉事卒贈蔡國公諡忠烈

郭亮合肥人以父功襲百戶歷陞永平指揮從靖難有功卒贈興國公諡

忠壯

孫鎮合肥人洪武中爲諸生卒業太學除戶部度支主事時以課程事連坐部官鎮諫不宜連坐以傷國體謫戍滇南廷臣郭資等論薦復其官應制賦禁柳詩稱旨拜衛輝知府壬午靖難兵起衛輝當北之衝鎮夙夜防衛堅守不下永樂登極謫戍山海宣德初御史王紹首薦赦回除上饒丞不就

蔚綬合肥人秉心淳厚履行端方洪武中由國子生授戶部主事永樂初名拜禮部侍郎進本部尚書卒諡文肅

龍源合肥人永樂初預修大典授工科給事中以親喪家居見民牧不良卽問于朝其人賂當道誣之遂罷歸

方正合肥人永樂初徵修大典入太學授工部主事時建北都督工規畫有條擢江西右參政長河峒賊朱南爲亂正平之進福建左布政

邢寬字用大無爲人永樂甲辰狀元自開科以來江北士占第一者惟寬一人文皇帝喜以丹書其名于榜首且賜宮詞以榮之仕至侍讀學士署南國子監事

吳鎰合肥人進士擢御史性剛介與人不苟合

沈譓合肥人進士出知東昌府政尚嚴明自常祿外一錢不入折獄如流考核

天下廉能官注第一祝富字堯臣舒城人成化丁酉舉人除伊陽教諭多所造就歷推伊府長史悉心輔導時宗室以事忤王力爲辯解用是以直聲薦于朝詔進階以優異之鮑德字秉仁舒城人景泰丙子舉人知衡山縣廉慎惠愛以賢聲調華容治邑九年興學校勸農桑懲惡理冤治行稱湖湘第一仕至饒州同知吳凱合肥人進士累陞兵科詳封駁善敷奏動存大體累蒙嘉獎張淳合肥人登進士初令瀏陽糧長侵費萬計淳至諭以忠言皆感泣來輸名爲御史不避權勢出按貴州南蠻負固擒渠魁餘黨悉平轉吉安知府息健訟課農桑興學育才修里社敎尚節義民爲立祠蔚春合肥人進士授兵科給事中遇事敢言泰陵特加眷注以性鯁介忌者欲中傷之遂抗疏乞歸周璽合肥人進士累陞禮科都諫同錦衣指揮楊玉勘事玉瑾之黨也衆見玉皆低首璽獨與抗辭色不少假借瑾嗾玉誣璽蔑視近臣遂矯制付詔獄死瑾伏誅復其官潘鏜字宗節六安人成化丙辰進士授滑縣令擢御史論時政闕失

疏入不報後因劾逆瑾矯制削籍瑾怒未已以鎧與大學士劉健等並爲奸黨榜列朝堂瑾敗復官爲廣東僉事

彭辨之字問夫霍山人正德戊辰進士知餘杭時逆瑾擅權潮省苦于織造辨疏裁之邑得以不擾守彰德補饒州政靜民安儉素若韋布終山東叅政屢起不赴

丁毅字士弘無爲人永樂乙未進士官庶吉士性剛直時近臣有紀綱者勢傾中外衆莫敢忤毅獨正言與之抗綱服其直竟不能屈

蔡悉合肥人進士理武陵以廉明平恕稱擢南吏部累遷南璽卿時礦稅與貂璫四出悉露章請罷予告歸

秦民悅字邦約舒城人順天丁丑進士授行人進屯田員外郎監局察中貴私尅之弊力爲裁省奉勅賑周安等處民多存活擢廣平太守累以治功晉南大司馬卒謚莊簡

黃道月合肥人進士官中書舍人手神俊朗穎異超羣爲文慕司馬長卿詩效李青蓮

竇子偁合肥人壬辰進士筮仕棘寺輒抗疏建儲董餉上谷不絲毫入槖輸羨餘六萬兩蒙褒異督學三楚時心軫楚宗寃得雪大計考第一

朱萬春字長

孺無爲人萬曆辛丑進士授淄川令折獄均徭加意學校調上饒行裝惟圖書數卷典庫以羨金供行李叱去之擢御史首劾本兵與總河又疏叅首輔不少忌諱巡視南城廉得假金吾杖殺之歷陞至通政見閹豎流毒縉紳同楊左伏闕糾之憂憤而卒

朱來遠字文甫廬江人萬曆丁丑進士初令秀水除坊差以蘇民困禁私鹺以解商病勤課作人息訟清囹仕至太常少卿引疾歸

劉崙字山甫無爲人嘉靖甲辰進士授刑部主事改御史閹宦張珙姪支解人無敢發者崙特疏奏之置以法歷陞湖廣巡撫會景王之國德安崙營濟有方公私不擾楚人頌之

李夢蓮無爲人博覽羣書詩詞工麗讀書城西著有隅爽軒稿月當樓文集

向佩字希顏巢縣人永樂甲午舉人起家靜寧州判擢御史終徵江知府生平廉介不阿愛民如子

趙一韓字澹雲巢縣人萬曆甲辰進士任九江司李除奸蠹抑豪强明敏風厲時貂璫榷商恣橫一韓裁抑之械其爪牙十數輩置之法仕至貴州憲副

張鹿鳴字舜游霍山人萬曆間以明經授青城訓導不

索饋遺且分俸賑貧士而已則茹蘗下帷攻苦如諸生領山東壬子鄉薦歷儀眞教諭歷遂溪令

吳廷翰字崧伯無爲人正德庚辰進士授南兵部主事歷戸吏二部轉廣東僉事被命採端溪硯不持一枚去生平廉謹多類此終山西叅議

何慶元字長人六安人萬曆戊戌進士授工部主事分司高郵築堤蓄洩以時漕運商民皆便之陞雲南兵備以親老乞終養居家益工古文詞有集

錢策字國猷無爲人萬曆辛丑進士由南刑部主事改任職方出守貴陽廉勁敢爲多惠政陞光祿卿回籍崇禎壬午寇夜襲城城破賊衆蜂擁不屈死之詔贈大理寺卿

許如蘭合肥人丙辰進士知光州以治行授工部郎時閹宦用事附者皆驟顯如蘭泊然自守出知紹興建閘免泒善政不一越人祀之仕至廣西巡撫服悍藩平普莫二大賊詔赴京

程楷合肥人乙丑進士令平湖擢南禮曹尋出守山東屬吏有以金餽者峻拒之遷滇大叅因親老棄官歸養壬午賊攻盧楷協守南薰門五月城陷與賊鬪不勝罵賊死贈光祿卿

盧謙字吉甫盧江人

萬曆甲辰進士任永豐令訟簡刑清擢御史督北直學政取士得人將逆璫煽熖告病歸里崇禎乙亥賊破廬江謙朝服正坐罵賊不屈死贈光祿寺

胡守恒字見可舒城人崇禎戊辰進士授金華司李斷獄明允召試平臺改授翰林院編修晉東宮講官乞歸養還里獻賊攻舒恒率衆登陴死守城破被執恒大罵不屈中數創而死賜謚文節

楊四知字畏生六安人崇禎戊辰進士授漢陽令擢御史巡視兩關與督撫鎮師指畫機宜積勞遘疾猶叱馭布置病革口占遺奏語不及私

張孔傳六安人天啓丁卯舉人數上公車不第遂絕意仕進讀書好史學六自冦亂徭役煩苦畏如湯火孔傳倡鄉紳並諸生等請于州守白中丞史可法一切計費若干以糧爲斷民始不受困

葛遇朝字嵎如巢縣人崇禎甲戌進士授莒州知州州地瘠民貧遇朝精心釐剔華悉心撫字調澧州皆有治聲陞戶部員外告歸性尤嗜書史至老手不釋卷所著有春秋幾鑒

龔承先合肥人已卯舉人授汾水令有惠政士民德之祀名宦尋陞祿勸州守致仕歸年八

十餘卒以孫貴

皇清誥贈兵部尚書祀鄉賢

陳植 廬江人洪武間歷任至兵部侍郎靖難時植督師江上麾下皆欲迎降植不從遂被害其弁屬自陳邀賞文皇立誅之遣官護植喪歸里萬曆中建大忠祠

任大成 字玉仲舒城人崇禎甲戌進士授大理評事邮刑兩浙還朝報命拜御史剛大之氣著于直聲念典之功見于讜論

王寢大 合肥人乙亥賊寇肥北門外城陷衆潰寢大親賁火藥冒矢石捍禦守者復集城賴以全崇禎丁丑成進士兩知縣事以廉能著尋告歸寢大自奉儉約喜施與壬午後三遭旱蝗捐資溥賑晩布袍芒履日怡然涵樵牧中

郝錦 字綱卿六安人崇禎丁丑進士授豐城令清里甲覈包攬翕然成治調新建其治新猶治豐陞御史侃侃有諍臣風謝病歸結廬九公山

江源洞 六安學生好談兵州守重之命練鄉勇協守城壬午城陷洞被執賊勸其降洞曰吾正欲驅除大難仰慰朝廷今至此肯向賊求生耶罵賊不絕聲賊截其舌含血噴詈而死

黃中理 六安人庠生壬午寇至率家僮操鋒殺賊賊敗奮追之遇

賊伏以洞脇出腸死史可法爲文祭之生遺腹子可法名之爲天祚錫額日忠裔承昌

趙之璞 廬州衛指揮同知壬午寇亂分守山東門城潰死之

喬允遷 六安衛世官崇禎壬午賊入城領步校抵敵家人諫止叱日兒女子何知後戰敗遇害

王民鑑 霍山人由以貢授嘉魚知縣張獻忠亂城陷死于難

彭之年 霍山人明經未仕爲人慷慨好義賑䘏貧乏嘗於歲終代完窮民逋負崇禎壬午流寇攻城之年倡義固守捐家貲以助士卒城陷以身殉

皇清徐起元 遼陽人萬曆壬子舉人丙辰卜宅居肥由淄川學訓陞應山令辛進鄖陽知府時闖獻二賊交攻鄖起元以功陞鄖陽巡撫禦寇甚有方畧

皇清王師至鄖起元首先納欵加右副都御史旋陞都察院加太子太保以老致仕年八十餘卒謚僖靖

龔孚肅 承先子父兄俱榮顯孚肅獨處淡素祓服儒者教授生徒以所得舘穀自贍侍父西園不離朝夕有疾藥必親嘗教子與孳成進士肅善屬古文詞尤工詩賦崇禎庚辰辛巳間大

饑首倡賑全活甚衆時獻賊幾萬人環城下攻極百端肅自守令率民兵拒却之

王綱 合肥人順治壬辰進士授刑部郎寃心律例多所平反再遷兵曹督捕逃案山積綱爲振滯獄釋株連冬日流徙出關者施湯粥衣絮賴以存活者數百人及考選才能授巡倉御史釐奸剔弊一破從來積習內陞通政左右衆議卓有古大臣出納惟允之風

李萬化 廬州衛指揮僉事性至孝補博士弟子員以文字馳聲和易近人不苟然諾壬午夏獻賊犯廬城父西垣綰衛篆年已老萬化挺身拒守有功

龔鼎孳 字孝升孚肅子崇禎甲戌進士歷官垣王師入關爲

王師未至郎先迎繳印遂得安堵

世祖章皇帝所重由太常卿晉刑戶二部侍郎尋遷左都御史以事謫上林苑丞後起爲都御史旋晉司寇平反疏滯獄復秋決所活無辜甚衆遷大司馬改大宗伯培士氣正文體疏請優禮學校復天下歲薦廣郡縣子矜兩主庚戌癸丑會試所得皆老成英俊累蒙

皇上獎諭寵眷有加卒謚端毅弟鼎孳字佾鼎入南雍

皇清初攝臨安學博署僊居縣篆民多踞山爲盜有願歸農者不敢擅還孳申詳撫按給牌免死更給農具全活者數百餘人未幾歸里築別墅城南建稻香水明二樓孳隱處其中與名流唱和著有稻香樓詩集行世

王承業廬江人由行伍以總兵管副將事康熙十七年奉調援勦粵西有功越三年進攻雲南省城陣亡贈右都督賜祭葬

劉承恩廬江人由廣東行伍以總兵官參將事於康熙十七年奉調援勦粵西積勞病卒

沈汝蘭字仲畹巢縣人順治辛卯貢任泰州訓時海寇薄城同當事畫策守禦宿城頭三閱月城賴以全有生員劉喬等七人遭奸人以大逆誣首南省州守知其冤不敢言汝蘭義形于色作七辨卒白其冤陞常熟諭上臺雅重之

馬之光字實符六安人崇禎己卯舉人性豪俠尚義歲災貸貲以賑收瘞白骨急人婚嫁教諭通州尋遷貴池擢修武宰修武爲韓退之故里首謁其祠鳩

工新之正供外陋泒悉罷無何中疾卒署中惟生平詩一卷而已子晉錫康熙癸卯解元

徐致覺號莘叟六安人順治丁亥進士授編修校士楚闈所得皆名流年未彊仕決意休致好結納名士橐中裝悉以資四方行屐不戀仕進不慕封殖時論高之

鳳陽府

〔夏〕**伯靡**　姬姓鄝人皐陶後爲少康功臣

〔周〕**管仲**　潁上人名夷吾相齊桓公子孫食祿於齊有封邑者十餘世著書八十六篇

鮑叔牙　潁上人鮑叔與管仲交薦之桓公天下不多管仲之賢而多鮑叔能知人也

老子　譙人亳州志云縣東一百二十里天靜宮老子所生之地姓李名耳字伯陽謚曰聃爲周柱下史孔子曾問禮焉嘗曰老子其猶龍乎所著有道德經五千餘言

卞和　楚人嘗於荆山得璞玉獻之以爲詐刖其足及楚文王即位乃抱璞泣王使玉人琢之果得玉封零陵侯不就

莊周　字子休蒙人也其學無所不窺然其要本歸於老子著書十餘萬言楚威王聞其賢厚幣迎之許以爲相周笑不應

華元　戴公五世孫華督之曾孫世戴公子考父食采於華因氏焉仕爲宋卿楚子圍宋急元夜入楚師登子反之床與楚平共公九年華元合晉楚之成盟於宋西門外

樂喜　字子

罕共公十二年樂喜爲司城人或獻玉子罕弗受

向戌平公元年爲左師十三年春公會晉侯魯侯伐偪陽以封向戌向戌辭仍與宋公三十年向戌欲弭諸侯之兵以爲名如晉如楚爲會於宋秋七月乙酉宋公及諸侯之大夫盟於蒙門之外

閔損字子騫孔門德行之科今宿有閔子祠墓

蹇叔銍人百里奚言於秦穆公曰臣友騫叔賢而世莫知穆公使人厚幣迎蹇叔以爲上大夫

伍員字子胥潁乾溪人伍舉之後父奢兄尚平王使奢爲太子建傅而使費無忌爲少傅無忌無寵於太子因讒於平王王遂執奢殺之員亡走吳闔廬以員爲吳行人員遂悉興師與唐蔡伐楚遂入郢後伐越越王敗吳於姑蘇傷闔廬指闔廬死子夫差立二年而報越敗之夫椒越王使大夫種厚幣遺吳太宰嚭以請和夫差將許之員諫弗聽夫差將爲魯伐齊員諫又不聽員屬其子於齊鮑氏吳太宰嚭因讒之王使賜之屬鏤之劍乃自刎死吳人憐之爲立祠江上命曰胥山

史舉爲下蔡監門習百家之說

沈郢沈丘人郢有高行秦徵爲相不就作沈亭於潁濱遊釣終

身

甘茂潁上人爲秦左丞相王使之約魏以伐韓宜陽後被讒奔齊位上卿卒於魏

甘羅茂之孫年十二爲秦上卿遺趾丘隴至今存焉故潁號甘城

秦

陳勝字涉陽城人秦二世元年發閭左戍漁陽勝與吳廣爲屯長會雨失期法當斬乃相與謀殺將尉召令徒屬衆從之爲壇盟祭自立爲大將軍廣爲都尉攻大澤鄉拔之陳勝乃立爲王號張楚諸郡縣苦秦吏暴虐皆殺其長吏以應之後爲其御莊賈所害謚曰隱王

陳嬰東陽城人爲東陽令史東陽少年殺其令欲立嬰爲王其母止之後爲楚王上柱國漢封棠邑侯

武涉盱眙人項籍使說韓信反漢與楚連和三分天下信不從

漢

兒寬貧無資用嘗爲弟子都養時行賃作帶經而鋤休息輒讀書以射策補廷尉文學卒史嘗爲張湯作奏上問湯曰前奏非俗吏所及誰爲之者湯言兒寬上曰吾固聞之久矣以寬爲奏讞掾以古法義決疑獄擢爲中大夫遷左內史寬勸農業緩刑法理獄訟務在得人心推情與下吏

民大信愛之開六輔渠定水令以廣溉田拜御史大夫詔寬與司馬遷等共定漢太初曆居位九歲卒

召信臣字翁卿壽春人以明經甲科爲郎遷上蔡長視民如子後爲南陽太守爲民興利其化大行號曰召父遷河南太守治行第一尋徵爲少府

何比干字少卿汝陰人少學尚書於晁錯經明修行通曉法律爲汝陰縣獄吏曹決掾平活數千人武帝時爲廷尉正時張湯持法深刻而比干務存仁恕後遷丹陽都尉無冤囚淮汝號曰何公

韓牧字子台臨淮人哀帝時爲御史善治水建議於九河故道穿之縱不能爲九但爲四五亦可以殺水勢也

召馴信臣曾孫少習韓詩以志義聞鄉里稱之曰德行恂恂召伯春肅宗朝拜左中郎將入授諸王經

袁如伯臨淮人著越絕書

陳萬年字幼公沛郡相人丙吉薦之宣帝時代于定國爲御史大夫

陳咸字子康萬年子以父任爲郎有異才抗直數言事擢御史中丞後王莽再徵不起

薛廣德字長卿相人以魯詩教授累御史大夫諫諍射獵元帝卽日還宮帝祭宗廟欲

御舟廣德免冠頓首極諫尋乞骸骨賜安車駟馬黄金六十觔

陳寵字昭公沛國洨人明習家業肅宗初爲尚書是時承永平故事吏尚嚴切寵上疏請濟之以寬除慘酷之科五十餘條後歷三郡所在著蹟官至司空

陳忠字伯始寵子明習法律安帝初立言多切直累官至尚書令

許陽字偉君平輿人少好術數王莽輔政召爲郎遷酒泉都尉莽篡漢乃變姓名爲巫醫逃匿他界莽敗方還鄉里汝南舊有鴻隙陂成帝時丞相翟方進奏毀之建武中太守鄧晨欲修復署陽爲柳水掾陽因高下形勢起塘田百餘里數年乃立百姓便之後病卒百姓思其功祀之

梅福字子真九江壽春人少學長安明尚書爲郡文學補南昌尉上書言事及王莽專政福一朝棄妻子去後人有見福於會稽者變姓名爲吳市門卒云

趙孝字長平蘄人王莽末天下亂人相食弟禮爲賊所得即自縛詣賊代弟就烹賊大驚並放之顯宗聞其賢詔拜諫議大夫遷侍中又遷長樂衛尉復徵其弟禮爲御史中丞

桓榮字春卿沛郡龍亢人少學長安習歐陽尚書常客傭

以自給十五年不窺家園世祖令說尚書甚善之拜議郎賜錢十萬使授太子遷太子少傅賜以輜車乘馬榮大會生徒陳其車馬印綬曰今日所蒙稽古之力也顯宗即位尊以師禮永平二年三老成榮爲五更封關內侯食邑五千戶

桓郁字仲恩榮子當襲爵上書讓於兄子汎顯宗不許不得已受封悉以租入與汎

桓馬字叔元郁子明經篤行有名稱授安帝經拜光祿大夫順帝即位封陽平侯弟子傳業者數百人

桓典字公雅馬孫傳其家業以尚書教授潁川門徒數百舉孝廉爲郎拜侍御史常乘驄馬京師畏憚爲之語曰行行且止避驄馬御史獻帝時拜中丞賜爵關內侯

徐防字謂卿銍人永平間舉孝廉補尚書郎職典樞機永元十四年拜司空遷太尉安帝即位以定策封龍鄉侯歷仕五朝卒

范遷字子盧相人有清行仕爲漁陽太守及在公輔有宅數畝田不過一頃復推與兄子

施延字君子蘄人明五經星官風角舉有道高第爲侍中順帝時爲太尉

郭憲字子橫鄞人也王莽拜憲郎中賜以衣服憲受而焚之逃于東海光武即

位徵憲拜博士遷光祿勳車駕西征隗囂憲諫曰天下初定車駕不可動乃拔劍斷車靷帝不從後潁川兵起乃歎曰恨不用郭子橫之言

戴憑字次仲平輿人習京氏易年十六郡舉明經徵試博士拜郎中時召公卿大會諸臣皆就席憑獨立光武問其意對曰博士說經皆不如臣而坐居臣上是以不就帝即召上殿令與諸儒難說憑多所解釋帝善之拜爲侍中正旦朝賀百僚畢集帝令羣臣能說經者更相難詰義有不通輒奪其席以益通者憑遂坐五十餘席京師語曰解經不窮戴侍中卒詔賜東園梓器錢二十萬

桓譚字君山相人以父任爲郎好音樂習五經能文章尤好古學爲給事中上書陳時政帝欲以讖決疑譚極言其非經帝怒出爲六安郡丞著書言當世行事號新論

張酺字孟侯汝南細陽人趙王張敖之後也少從祖父充受尚書能傳其業勤力不怠顯宗開四姓小侯學酺以尚書教授除爲郎賜車馬衣服授皇太子侍讀累官司徒

許邵字子將平輿人少立名節于人倫多所賞識與從兄靖俱有重名好覈論鄉黨人物每月輒更其品

題故汝南俗有月旦評兄虔亦知名汝南稱平輿二龍

虞詡字升卿陳國武平人祖父經爲郡縣獄吏案法多平反嘗曰于公高里門而子定國至丞相吾決獄六十年矣雖不及于公其庶幾乎永和四年爲大將軍鄧騭長史到官設三科募壯士拔得百餘人使入賊中誘令刼掠乃伏兵以待之遂殺賊數百人又潛遣縫者傭作賊衣識其裙有出市里者吏輒擒之由是駭散遷武都太守賊率衆遮詡于陳倉崤谷掩擊大破之郡遂以安

管寧仲之後字幼安僑居遼東見公孫度語惟經典不及世事乃因山爲廬越海避難者皆就之旬月成邑遂講詩書陳俎豆度安其賢民化其德

陳蕃字仲舉平輿人太尉李固表薦徵拜議郎遷安樂太守大將軍梁冀威震天下遣書詣蕃請托使者求謁蕃笞殺之坐左轉修武令遷鴻臚會白馬令李雲抗疏桓帝怒當伏誅蕃上書救雲坐免歸里數日還光祿勳時封賞踰制內寵猥盛蕃上疏極諫帝頗納其言晉太尉李膺等以黨下獄蕃上疏極諫情辭懇切竇太后臨朝以蕃爲太傅蕃與后父大將軍武同獎王室蕃陰與竇

武謀誅宦官事泄王甫矯詔收蕃送北寺獄遇害

范滂字孟博細陽人少勵清節舉孝廉爲清詔使登車攬轡慨然有澄清天下之志州境守令贓汙者望風解印綬去遷光祿勳主事後以鉤黨坐即自詣獄母曰汝今得與李杜齊名死亦何恨滂跪受教顧謂其子曰吾欲使汝爲惡則惡不可爲使汝爲善則我不爲惡行路聞之莫不流涕

杜密潁川陽城人爲人沉質遷北海相宦人官子弟爲令長奸惡者輒按捕之行部到高密見鄭元知其異器即詔署郡職後拜太僕黨事既起免歸本郡與李膺名行相次故人稱李杜

劉馥字元潁相人魏武帝表爲揚州刺史至合肥建立州治數年恩化大行流民越江山而歸者以萬數於是立學校興屯田治芍陂七門吳塘諸堤以漑田

三國

胡質字文德壽春人少知名江淮間仕魏爲頓丘令平反獄情累遷征東將軍假節青齊諸軍事卒賜爵陽陵亭侯諡曰貞

倉慈字孝仁淮南人魏太祖開屯田於淮南以慈爲

綏集都尉太和中遷燉煌太守抑挫豪右撫恤貧羸民翕然稱其德惠數年卒於官吏民立祠祀之

廖扶 字文起平輿人習韓詩歐陽尚書教授常數百人嘗曰老人有言名與身孰親吾豈爲名乎遂絶志世外專精經典尤明天文風角推步之術州郡公府辟召皆不應人號北郭先生二子孟舉仲舉並知名於時

嵇康 字叔夜其先上虞人家於銍之嵇山因氏焉拜中散大夫博覽該通好修養服食之事註有養生論與陳留阮籍輩爲竹林七賢兄喜有當世才歷太僕宗正

劉曅 字子陽許邵稱其有王佐才魏太祖至壽春時廬江界有山賊守險衆謂不可伐曅以爲可卒如所度從太祖屢參謀議料敵制勝無不中後進爵東亭侯

蔣欽 字公奕壽春人事孫策累功遷盪寇將軍初欽屯田宣城徐盛斬其吏而欽每稱其善論者美之

丁奉 字承淵安豐人少以勇事吳爲小將每出斬將搴旗屢立戰功官至大將軍領徐州牧

周泰 字幼平九江人孫權駐宣城不治圍落而山賊卒至權始上馬賊鋒已交奔投身衞權身被十二創權得脫從討黃祖與

周瑜拒曹公於赤壁攻曹仁於南郡拜奮威將軍封陵陽侯

魯肅 字子敬臨淮東城人少有壯節不治家産散財結士與周瑜同渡江往見孫策大奇之瑜復薦肅於權召肅與語嘆曰卿大計正與孤同此天以卿助我也後瑜病薦肅自代累官横江將軍子淑永安中為昭武將軍都亭侯

武陵 沛國竹邑人父周光祿大夫陵及二弟韶茂皆總角時劉公榮見而奇之曰三子皆國士也陵最優字元夏沉敏有器量仕晉至尚書左僕射卒謚定韶至散騎常侍茂至尚書

陳矯 字季弼東陽人魏文帝時為尚書令明帝即位進爵東鄉侯帝常問司馬公忠貞可謂社稷之臣乎矯曰朝廷之望社稷未之知也卒謚文貞

許靖 字文休少與從弟邵俱知名於時並有人倫臧否之稱而私情不協邵為郡功曹排擯靖不得齒敘以馬磨自給及董卓秉政得補御史中丞後避難於吳轉徙入蜀昭烈克蜀以為太傅

呂範 字子衡細陽人少為縣吏從孫策征討願暫領都督佐將軍部分之郎具袴褶執鞭詣閣下啟事自稱領都督中外肅然人不敢犯遷平南將軍屯

柴桑終大司馬子登臺使各爲賦植援筆立成封平原侯徙封臨菑丕卽位貶爵安鄉侯立爲鄄城王徙封雍丘植嘗憤怨上疏求自試薨謚思王

曹植字子建操次子丕同母弟也十歲餘善屬文時鄴銅雀臺新成操悉將諸

曹彰字子文文帝同母弟少善射御膂力過人能手格猛獸建安中封鄢陵侯及文帝卽位彰與諸侯就國立爲任城王

曹沖字倉舒武帝第四子生五六歲智慧若成人時孫權曾致巨象操欲知其觔數沖曰置象大船之上而刻其水痕稱物以載之則校可知操卽施行焉

曹仁字子孝操從弟操破袁術攻陶謙征呂布平黃巾迎天子都許仁數有功河北旣定從圍壺關操令曰城破皆坑之連月不下仁曰圍城必示之活門所以開其生路今公告之必死將人自爲守非良計也操從之城降錄仁前後功封都亭侯

曹休字文烈武帝族子年十餘歲携母渡江至吳武帝謂左右曰此吾家之千里駒也文帝以休爲征東大將軍擊孫權大將呂範等於洞浦破之拜揚州牧明帝封長平侯太和二年帝征吳休深入戰不利因癰發背薨

諡壯侯

曹冏字元首少帝族祖也詩天子幼稚冏作六代論感悟曹爽爽不能納爲弘農太守

曹洪字子廉魏太祖從弟太祖起義兵討董卓至滎陽爲卓將徐榮所敗太祖失馬賊追甚急洪急下馬授太祖曰天下可無洪不可無君與太祖還奔譙封明亭侯

許褚字仲康譙國人勇力絶人嘗一手逆曳虎尾行百餘步漢末聚少年及宗族保鄉里魏太祖徇淮汝褚以衆歸太祖壯之曰此吾樊噲也即日拜都尉引入宿衛從褚俠客皆爲虎士從討韓遂馬超有功遷武平衛中郎將

夏侯惇字元讓譙國人年四十就師學人有辱其師者惇殺之太祖初起惇爲禆將遷折衝校尉從征呂布爲流矢所中傷左目太祖平河北爲大將軍後遷伏波將軍薨諡忠侯

夏侯淵惇族弟從魏武帝征伐有功封博昌亭侯守漢中爲昭烈所襲戰死諡愍

曹眞字子丹武帝族子武帝哀眞少孤收養與諸子同力能射虎使將虎豹騎屢立大功歷遷至大司馬賜劍履上殿眞少與宗人曹遵鄉人朱讚並事太祖遵讚早亡眞愍之乞分所食邑封遵讚子薨諡

元　**薛綜**　沛竹邑人字敬文仕吳爲郎除交趾太守
侯　遷少傅所著詩賦數十萬言子瑩撰吳書
隨孫皓入晉
爲散騎常侍

晉　夏侯湛　字孝若譙國人美容儀與潘岳友善京
師謂之連璧泰始中拜郎中惠帝擢散
騎常侍將卒
遺命薄葬　**陳騫**　嶠子沉厚有智謀仕魏爲尚書
郎遷中山安平太守累封鄉侯
晉武帝卽位以佐命功封高
平郡公加太尉卒謚曰武　**劉翼**　淮陵人衡陽太
守起兵復晉祚
力戰
死之　**稽紹**　字延祖康子事母至孝晉武帝時徵爲
秘書丞始入洛或問王戎曰昨於稠人
中見稽紹昂昂然如野鶴之在雞羣戎曰君復未
見其父耳惠帝朝爲侍中河間成都二王舉兵帝
北征王師敗績於蕩陰侍衛皆潰
惟紹以身捍衞遂被害謚曰忠穆　**劉弘**　字季和相
人爲寧朔
將軍監幽州諸軍事封宣城公太安中以平張昌
有功進拜侍中鎮南大將軍開府儀同三司都督
荊州諸軍事弘每有興發手書守相丁寧款密人
皆感悅爭赴之曰得劉公一紙書賢於十部從事

卒謚曰元

嵇含字君道紹從子徙居鞏縣亳丘自號亳丘子舉秀才除郎中惠帝朝爲中書侍郎鎮南將軍劉弘表爲平越中郎將廣州刺史爲弘司馬郭勱所害追謚曰憲

桓彝字茂倫榮九世孫性通朗早獲盛名仕爲浚道令遷吏部郎後宣城內史蘇峻作難彝聞慷慨流涕進屯涇縣其長史裨惠勸彝僞與通和彝曰吾受國恩義在致死如其不濟此則命也遣將軍俞縱守蘭石峻遣將韓晃擊之左右勸縱退軍縱曰吾受桓侯厚恩本以死報吾之不可負桓侯猶桓侯之不負國也遂力戰而死晃因進兵攻彝彝固守經年勢孤力屈爲晃所害謚曰簡有五子溫雲豁秘冲

桓冲字幼子彝第四子代溫居位盡忠王室時謝安以時望輔政冲懼逼乃求外出累破符堅有功既而符堅盡國內侵冲深以根本爲慮乃遣精銳三千來赴京都謝安欲外示閒暇固不聽冲歎曰謝安有廟堂之量不閑將畧今大敵至方游談不暇天下事可知矣俄而聞堅破大勳克舉慚恥發病而卒

桓宣銍人仕爲丞相舍人時張平樊雅各據一城元帝以宣信厚又與同州里轉爲

參軍使就之平雅郎遣使隨宜受節制遷譙國內史庾亮北伐以宣爲都督平北將軍司州刺史假節鎮襄陽以功封竟陵縣男卒贈鎮南將軍

桓伊 字叔夏宣從子父景有當世才仕至侍中伊有武幹參諸府軍事遷淮南太守以功進都督豫州諸軍事與謝元破符堅於淝水以功封永修縣侯進號右將軍性謙素不伐善音樂有蔡邕柯亭笛常自吹之遷都督江州刺史卒謚烈

戴逵 字安道銍人善鼓琴工書畫武陵王晞名之逵對使者破琴曰逵不能爲王門伶人孝武時累徵不就

丁穆 字彥遠譙國人積功封眞定侯爲順陽太守太元四年除振武將軍梁州刺史受詔未發會符堅入寇穆戰敗被執稱疾不仕後謀襲堅事洩遇害

南北朝

趙倫之 下邳潼人幼孤事母以孝稱宋武帝起兵以軍功封閬中縣侯遷雍州刺史後以佐命功更封霄城縣侯少帝即位徵拜護軍進領軍將軍居身儉素卒謚元

裴邃 壽陽人十歲能文善左氏春秋時裴叔業以壽陽降魏邃乃自拔還梁梁以爲豫州刺史欲謀壽陽

乃以遂督軍北入所至響應竟破魏軍**鄭黑**壽陽人爲豫州刺史時殷琰叛黑起兵淮上捍之遷司州刺史**鄭紹叔**年二十餘爲安豐令有能名天監初入爲衛尉卿紹叔少孤事母及祖以孝聞奉兄恭謹及居顯要祿賜所得四方餽遺悉歸兄室忠於事上言事無隱封東興侯爲司州刺史卒謚曰忠**劉元明**臨淮人南齊時歷山陰建康令政爲天下第一終大司農卿**任孝恭**臨淮人幼孤事母以孝聞家貧無書從人借讀目一過畧無所遺梁武帝聞其有才人學召入西省撰史爲司文侍郎兼中書通事舍人專掌公家筆翰爲文敏速每奏稱善侯景之亂不屈被害**劉休**相人多藝能尤精占筮宋孝武時爲騎馬都尉襲祖爵南鄉侯齊建元初爲御史中丞**董紹**鮦陽人少好學有文儀爲魏宣武所賞除洛州刺史頗得人情後遷御史中丞**王廣之**相人宋累功封寧都縣子齊高帝即位以佐命功進封應城縣公卒謚莊**王珍國**廣之子仕齊爲南譙太守有才名時郡饑乃發粟財以賑之遷桂陽內史討捕盜賊境內肅靜

任滿囘都道經江州刺史鄒世隆臨渚餞別見珍國歸裝甚輕嘆曰此眞良二千石也武帝嘗謂其父廣之曰珍國誠堪大用卿可謂有子矣永元中爲徐州刺史卒謚曰威

劉顯睢人父鬷博學彊識終晉安內史顯幼聰敏六歲能誦呂相絕秦賈誼過秦時稱神童天監初舉秀才爲臨州王參軍署法曹尚書令沈約嘗策顯十事顯對其九顯問約五事約僅對其二當時名流莫不推賞

夏侯詳譙人年十六遭父喪哀毀廬墓三年有三足鵲來集人以爲孝感所致累官尚書左僕射長子亶襲爵次子夔以功封保城縣公

夏侯亶爲南豫州刺史加都督壽春久罹兵荒百姓多散亶輕刑薄賦務農省役人戶充復遷吳興太守有惠政吏民圖其像立碑歷六郡三州不爲產業祿賜所得悉散親故性儉約居處服用充足而已卒謚襄

夏侯夔亶弟以功封保城縣侯大通中爲豫州刺史立堰溉田歲收穀百餘萬石境內賴之夔兄弟並登大任有恩惠於鄉里百姓歌之曰我之有州賴有夏侯前兄後弟布政優優卒謚桓

隋

裴政字德表壽州人幼明敏博聞強記達於時政爲當時所稱年十五辟邵陵王府法曹參軍平侯景功封蘘陵縣侯開皇初轉率更令加上儀同三司與蘇威等修定律令進位散騎常侍轉太子左庶子多所匡正出爲襄州總管妻子不之官所得俸祿悉散之

劉臻字宣摯顯子年十八舉秀才高祖初進位儀同三司左僕射封饒陽縣伯臻耽悅經史終日覃思精於兩漢書有集行世

唐

夏侯端壽州人高祖微時與相友善即位擢河南道招慰使傳檄州縣次亳州會王世充起道塞無所歸乃馳節東走世充遣人以吏部印綬召之端焚書懷節間道走歸拜秘書監

李敬元亳州譙人博覽羣書尤善于禮召爲崇賢館侍讀

裴懷古壽春人奉詔懷輯姚嶲驩定南方使黙啜不屈節還拜祠部員外郎累官幽州都督左威衞大將軍

何武壽春人常被誣枉至州投石自明守釋之未幾寇起武詣守日此眞畢命之秋也領偏裨入縱陽盜發兵潰武

獨闕死

周憬 壽春人仕唐謀誅武三思不克走于比干廟大言曰比干千古忠臣神而聰明其知我乎三思虐害忠良滅亡不久可筭吾頭于國門以見其敗遂自刭

劉行舉 盱眙人徐敬業起兵揚州行舉與楚州刺史李從福連和城守後拜遊擊將軍

朱仁軌 字德容亳人隱居養親常誨子弟曰終身遜路不枉百步終身遜畔不失一段有赤烏白鵲棲所居樹詔表其異

朱敬則 字少連仁軌弟以孝義旌一門六闕相望敬則志尚恢博好學重節義武后稱制開告密羅織之路張易之搆魏元忠張說欲誅之無敢言者敬則獨奏曰元忠說秉心忠義而所坐無名殺之失天下望乃得不死

龐嚴 壽春人舉賢良第一權京兆尹強幹不阿累官翰林學士

李紳 字公垂亳人擢進士第短小精悍詩最有名時號短李常以古風求知于呂溫溫見齊歎誦憫農詩曰春種一粒粟秋收萬粿子四海無閑田農夫猶餓死鋤禾日當午汗滴禾下土誰知盤中飧粒粒皆辛苦曰此人必爲宰相果如其言

董邵南 安豐人讀書行義事親以孝聞所居

之地至今名隱賢以邵南常隱 李興安豐人父死
于此也韓昌黎有送董生序 廬墓廬上產
紫白芝二本醴泉湧出 王建字仲初潁州人大曆
栁宗元爲作孝門銘 進士初爲渭南尉値
內官王樞密者過飲語及漢桓靈信任中官樞密
澳憾之乃曰吾弟宮詞天下皆誦於口禁掖深邃
何以知之
建不能對

五代 王敬蕘汝陰人唐末王仙芝等攻劫汝潁間
剌史不能拒敬蕘遂代之卽拜剌史
沉勇有力善用鐵鎗重二十斤潁亳諸州民皆依
敬蕘避賊梁太祖表爲沿淮指揮使梁兵攻吳敗
歸過潁大雪士卒饑凍敬蕘沿淮積薪
作粥哺之多全活歷官武寧軍節度使 馮嗣勳臨淮
人仕梁爲宣武軍押衙屢立戰功卒贈太保丁會壽春人唐澤潞節度使屢立戰功朱溫弒
昭宗會乃歸李 張存敬譙郡人爲人剛直有膽勇
克用卒贈太師 少事梁太祖爲行營都指
揮使從葛從周攻滄州敗劉仁恭於老鴉隄 徐懷
還攻王鎔於鎭州遷宋州剌史卒贈太傅

江南通志人物 卷之二十五上

玉亳州人少事梁太祖爲將以雄豪自任勇于戰陳從太祖鎭宣武爲永城鎭將秦宗權攻梁壁懷玉以輕騎擊破之從太祖東攻兖鄆破徐宿懷玉金創被體戰必克捷所得賞賚往往以分士卒爲梁名將本名琮太祖賜名懷玉

常彥能家富好施予朱溫攻淮南過潁潁人畏避溫怒曰軍回當屠城及至淮久雨乏糧彥能自以家貲餉軍溫喜賞以官不受溫曰汝何欲曰潁人畏王威逃遁不敢迎幸察之貸一城生聚溫從之潁人皆得免難

楊師厚潁州斥溝人朱全忠表爲曹州刺史又爲齊州刺史累功爲天雄節度使朱友珪欲圖之召計事其下勸勿行師厚曰吾不負梁後人建廟於斥溝以祀之歷朝累封爲西齊王

李穀字惟珍汝陰人舉進士從事華秦二州晉天福中擢監察御史累官開府儀同三司進封趙國公

宋

高瓊燕人從蒙城少勇鷙宋太祖召至帳前郎位擢御龍直指揮使積戰功累官保泰軍節度使鎭州都部署眞宗時爲并州都部署終撿校太尉追封衛國烈武王曾孫女配英宗爲宣仁

聖烈皇后璽不識字而曉暢軍機善教諸子每戒以毋曲事勢要以祈進身若吾奮身行間至秉節鉞豈因人力哉

尹拙 潁州人性純謹博通經史顯德初拜常禮院事與張昭同修實錄又與昭及田敏同詳定經典釋文周世宗北征命翰林學士作祭白馬文學士不知所出訪於拙拙歷舉郡國祠白馬者以十數時服其博子季通有文學以蔭仕至國子博士

舒元 潁州人少倜儻好學通左氏穀梁等傳辨捷強記治郡日或奏其不親獄訟事太祖面詰問之元具述曲直太祖甚嘉歎之

呂彝簡 字坦夫壽州人進士及第眞宗朝嘗奏免農器算後拜司空嘗感風眩疾帝剪鬚合藥仁宗初立太后臨朝十餘年天下晏然彝簡之力爲多

呂公著 彝簡子幼嗜學至忘寢食彝簡器之曰他日必爲公輔寓居洛陽舉進士累官御史中丞元祐初拜尚書右僕射兼中書侍郎與司馬光同心輔政後進司空卒謚正獻

丁罕 潁州人從劉廷幹戰徐河以奪橋功補本軍都虞候淳化間出爲澤潞團練使知覇州會河壞城壘罕以

私錢募築譙人進士及第眞宗時出爲監民咸德之

張傅 司所至勾摘姦隱吏不敢慢

張綸 字公信潁州人少倜儻任氣從需有終討王均於蜀有降寇數百據險叛使綸擊之綸馳報曰此窮寇急之則生患不如諭以向背有終用其說賊果來降尋遷江淮發運副使興利除害有循良政

王臻 字及之潁州人舉進士累遷監察御史擢淮南轉運副使徙福州閩人多先食野葛而後趨仇家求鬬臻辨察鬬格狀被誣者往往釋去進諫議大夫權御史中丞

曾宗道 字貫之亳州譙人舉進士爲定遠尉眞宗時爲諭德上嘗使使召之方與鄉人飲酒於肆使者曰上訝來遲當何辭以對宗道曰卽以實對飲酒人之常情欺君臣子之大罪使者如其言上嘉其忠實爲右正言論列無所畏避眞宗追念其忠御筆題殿壁曰魯直剛正疾惡人皆憚之目爲魚頭參政因其姓且言骨鯁也謚肅簡

曾有開 宗道從子歷知衛冀洺滑州初行新法王安石問江南何如對曰新法行未見其患當在異日也

朱壽昌 字康叔天長人以父巽蔭守將作監主簿

使湖南或言郴州可置冶采金者壽昌甚言不可詔亟罷之知閬州大姓雍子良殺人壽昌窮詰之抵罪郡稱爲神累官中散大夫

董槐 定遠人少喜談兵既而折節爲學嘉定初登進士調靖安主簿淳祐間知靜江府兼廣西經畧安撫大使寶祐間叅知政事右丞相兼樞密使爲政務大體苟可以利國家知無不爲進封永國公一日將暮值雷雨大作槐起衣冠而坐爲諸生說兌謙二卦畢遂卒謚文清

高覿 蘄州人舉進士爲嘉興簿通判泗州詔定南塲茶法多所建明累官集賢院學士進給事中梓州路轉運使

苗時中 其先壺關人徙於宿以蔭補寧陵簿有善政熙寧中爲梓州轉運副使韓存寶出師時中以糧道遠剏爲摺運法食以不乏遷戶部侍郎

張信臣 字公立世居亳州調浦江尉其長多貪黷憚其清愼通判遂州州民李十師以左道惑衆遠近患之臣發其罪遂人以安

常秩 汝陰人熙寧間徵詣闕神宗問何道免民於凍餒對曰法制不立庶民食侯食服侯服此大患也

曹穎叔 譙人進士及第爲陝西轉運民盜鑄錢穎叔請

罷鑄從之進龍圖閣學士**李植**泗州臨淮人幼敏明篤學兩舉於鄉高宗朝植轉運京畿帝親賜之食留之幕府累建巍功歷仕數十年朝野倚重**周虎**字叔子臨淮人知和州適金兵圍和州甚急虎部分將士乘城拒守母何氏年九十期與兒偕存亡虎凡二十四戰斬其驍將十餘人敵乃引去虎推功歸母進封永國太夫人轉和州防禦使卒謚曰忠惠**王希呂**宿人乾道中舉進士授秘書省正字歷兵部尚書以端明殿學士知紹興府天性剛勁遇利害無所避居官廉潔歸老至無屋廬**孫暉**少負義氣靖康之亂率淮民團結保護鄉井賴之擢四川招信尉建炎中金兵陷泗將渡淮暉率民兵禦之相持半月城陷死焉**張禮**靈璧人登紹興進士擢監察御史按河南省叅知政事尋陞平章政事居官嘗讀書史晝夜不倦案牘滿前應之如響**魏杞**壽春人登進士爲宗正少卿使金通問遷叅知政事**劉位**招信縣橫山人靖康初賊衆剽掠位連破之威聲大振號橫山劉家軍後羣盜奄至位出城接戰中流矢沒於陣詔贈建寧軍節度使建

廟於滁陽位之子常保聚橫山今山上有墩
賜號剛烈劉綱人呼磨旗墩相傳謂剛建旗之處
移鎮維揚遷王惟忠臨淮人時軍與據韮山爲寨
洪州總管依附者萬餘人金人以孫與
知亳州屬縣皆聽節制惟忠王鑑爲正陽忠義軍
獨不聽後仕至左軍統領正將屢立戰功
歷知濠州封霍丘人進士歷官兵部尚書都
盧江開國侯呂祉督參謀軍事紹興間淮西宣撫
使劉光世免以王德爲淮西都統制酈瓊副之瓊
與德不相下交訟於都督府召酈瓊赴行在瓊以
衆叛降於劉豫呂祉死汪立信壽州人舉進士德
之祉妻吳氏自縊以殉祐初移書賈似道
陳三策似道怒不行元兵至立信抵高郵扼亢死
時元伯顏入建康人以立信三策告之伯顏嘆曰
宋用此人我安得至此求其聶信安豐人爲荊湖
家厚卹之曰忠臣之家也都統沉勇有謀
隨天祥戰於方石嶺傷重不能戰壽州人
自投崖石而死贈清遠軍承宣使呂文德魁梧勇
悍少嘗鬻薪城中制置趙葵見其道旁遺履長尺
餘訝之遣吏訪其家値文德出獵暮負虎鹿各一

而歸與偕見趙留之帳前擢用嘗爲招撫使守濠州後守襄陽累官少保兩鎮節度使爲封衛國公後追封和義郡王

牛富霍丘人勇而多智仕宋戍襄陽五年移守樊城咸亨間元張弘範截江而出銳師進攻樊城城陷守相張漢英死焉統制范天順仰天而嘆曰生爲宋臣死爲宋鬼自縊死元兵入城富猶帥死士巷戰渴飲血水轉戰而進身被重傷以頭觸柱赴火死裨將王福嘆曰將軍死國事吾豈獨生亦赴火死事聞
贈富靜江軍節度使謚忠烈

姜才臨淮人知兵法善騎射仕爲通州副都統戰屢勝復守揚州元將使人招降才曰吾寧死豈作降將軍耶不屈被害

洪福懷遠人夏貴家僮從貴積勞知鎮巢軍貴既降元招福不聽使其從子往福斬之貴怒以元兵入城執福屠城欲殺福子大源大淵呼曰法誅首謀何至舉家爲戮福叱曰以一命報宋何報人求活耶福大罵數貴不忠南面就死

〔元〕孟祺符離人幼敏悟知問學善騎射辟掌書記廉希憲等器重之廉爲國史編修一時典

册多出其手伯顏南伐祺畫大計應酬剖决畧無疑滯陞嘉興路總管累官提刑按察使卒謚文公

馬希先 懷遠人讀書博古善屬文舉鄉貢前夕夢靈槎賦已而果然既中授陳留教諭不就

姜起宗 懷遠人隱居不仕一門之内緦服百口歷宋至元五世同居

李晃 潁州人至正辛卯州人劉福通作以紅巾爲號流劫鄉市晃率衆拒之不支被執奮罵而死

李黼 字子威晃弟廷試第一授翰林修撰累官至禮部侍郎黼出守江州州賊陷武昌舳艫蔽江而下黼治城濠修器械募丁壯分守要害賊徐壽輝將丁普郎渡江與也孫帖木兒奮擊賊大敗逐北六十里已而賊勢更熾黼守孤城引兵登陴城破巷戰知力不敵揮劍叱賊曰殺我毋殺百姓遂死之謚文忠賜祠額曰崇烈官其子秉力集賢侍制

貊高 太和人初爲擴廓部將至正間任平章事孤忠敢言不畏權勢後卒於晉寧子仲禮扶柩歸葬

明

徐達 鳳陽人年二十有二從太祖平羣寇定中原功冠諸將持身恭慎每攻下城邑未嘗

妄殺一人累封魏國公贈中山王謚武寧祀功臣廟位次第一

常遇春懷遠人世業農賦性剛直膂力絶人元季江淮鼎沸春單騎從太祖奪采石爲渡江第一功率兵北伐所至披靡師次柳河川以疾薨追封開平王謚忠武

鄧愈虹縣人從太祖渡江累立戰功封衛國公追封寧河王謚武順

湯和字鼎臣鳳陽人剛毅有智畧從太祖征伐所至克捷累封信國公追封東甌王謚襄武

沐英定遠人父母蚤亡太祖養爲已子冒朱姓初爲帳前都尉擒陳友定洪武初始復姓名授大都督同知戰功爲最封西平侯同傅友德藍玉下雲南詔英留鎮卒贈黔寧王謚昭靖

李楨盱眙人尚曹國長公主封曹國公卒贈隴西王謚恭獻

李文忠字思本禎子初以舍人領軍征討臨戰必先士卒勝則以功推下釋兵家居恂恂若儒士常師金華范祖幹胡翰講明性理之學追封岐陽王謚武靖

李善長定遠人太祖以長者禮之與語竟日皆合遂留幕下贊軍機畫糧餉甚見親信及渡江以善長爲帥府都事供億轉給以功封宣國公郊廟祀典官

制封蔭諸大制作皆出其手封韓國公子祺尚臨安公主

胡大海

虹縣人長身鐵面智力過人從太祖居前鋒拔諸州屢建奇功常曰我本武人不讀書然吾行軍惟知有三言不殺人不擄婦女不燬人廬以江南分省參知政事守婺州值苗軍亂被害追封越國公謚武順

趙德勝

鳳陽人勇敢有氣節從太祖有功累官爲元帥守南昌中流矢卒追封梁國公謚武桓

馮國用

定遠人采石之戰國用有功追封郢國公

馮國勝

偕兄國用謁太祖於妙山後從征屢捷封宋國公

韓成

虹縣人從太祖起兵率先陷陣屢立大功陳友諒圍南昌急大戰於鄱陽湖被圍計無所出成進日臣聞古人有殺身成仁者臣不敢辭遂賜成龍袍冠冕與太祖服同對賊衆投水中賊遂退封成高陽侯建忠臣祠於康郎山成位第一

曹良臣

安豐人以功封宣寧侯北征和林孤軍深入死焉追封安國公謚忠壯

郭子興

其先曹州人娶於定遠居焉元末起兵自稱元帥見明太祖奇之遂授以兵其妻張氏撫愛馬后尤至後封子興爲滁陽王張氏爲

夫人立廟滁州

傅友德 宿人與弟友仁友道躬耕畎畝會河患身負其父避之穎穎上寇起復還宿遂仗劍歸太祖從征陳友諒於鄱陽湖身被數鎗戰益力殺數百人平山東河南燕冀秦楚等處州郡歷有戰功封潁川侯統師伐蜀蜀平太祖親製平蜀文以旌之

郭興 鳳陽人從征鄱陽有功累封鞏昌侯贈陝國公謚宣武

郭英 興弟初從征偽漢下武昌及從徐達取中原克元都封武定侯追封營國公謚威襄

唐勝宗 鳳陽人以從征功累封延安侯

耿再成 字德甫鳳陽人初從征累陞樞密院判官守處州苗軍李祐之等謀叛再成聞亂上馬收兵不及迎罵曰國家何負汝乃敢反因被害追封高陽郡公

俞廷玉 臨淮人以武功追封河間郡公

俞通海 廷玉子以武功封虢國公

俞通源 廷玉子以武功封平國公

俞通淵 廷玉子以武功封越巂侯

丁德興 定遠人紀律嚴明不妄殺歸附追封濟國公

王弼 定遠人洪武初累功封定遠侯

繆大亨 定遠人從征屢有功守鎮江爲政寛簡人皆悅之

吴良定遠人有勇力屢立戰功封江陰侯追封江國公謚襄烈陸仲亨鳳陽人以從征
功封吉安侯周德興鳳陽人以功封江夏侯陳德鳳陽人世農家善騎射以從征
功封寧江侯鄭遇春鳳陽人累功封滎陽侯費聚臨淮人以功封平涼侯王
志臨淮人以軍功封六安侯追封許國公張赫臨淮人以平倭寇功陞都督僉事督遼東
海運封航海侯追封恩國公謚莊簡顧時字時舉臨淮人明初起兵率先歸附論功封濟寧侯
追封滕國公謚襄靖常榮遇春再從弟從李文忠北征戰于阿魯渾河陷陣死之常維
德戰死鄱陽湖贈武德將軍封懷遠子祭于康山忠臣廟常德勝戰死鄱陽湖贈武毅
將軍飛騎尉封壽春縣男祭于康山忠臣廟胡海洋定遠人居毛城村屢建奇功封東川
侯茅成定遠人攻張士誠戰死于蘇州追封東海郡公張銓少有勇力善騎射喜談兵
從征屢有戰功歷陞指揮僉事大軍平雲南銓之功爲尤多封永寧侯趙彝虹縣人以功封

忻城伯孫虎壽州人屢立戰功從征北伐至應昌遇敵鏖戰死之追贈樂安郡伯

曹震鳳陽人以征西功封景川侯

張龍鳳陽人封鳳翔侯

李新鳳陽人累功封崇山侯

楊國興定遠人累立戰功鎮宜興卒後敕封宜興城隍顯佑伯國興剛果正直驍勇絶倫兼擅文學其鎮宜興秉義靖難識者比之羊祜

李彬定遠人累立戰功封豐城侯追封茂國公諡剛毅

宋朝用定遠人屢有戰功追封西寧侯

費瓛定遠人永樂中累功封崇信伯

華雲龍善劍術歸附授千夫長屢有戰功比至燕都封府庫圖籍諸物士卒無侵暴封淮陰侯

謝成鳳陽人累功封永平侯

孫興祖鳳陽人累官副都督死於王事追封燕山侯

劉繼祖字大秀鳳陽人家饒好行其德與太祖爲比隣因予地以葬淳皇帝后而德之後官其子英世襲署丞追封繼祖爲義惠侯妻婁氏爲夫人

郁新臨淮人洪武初由人才除戶部度支主事歷戶部尚書

潘毅臨淮人明初從征累有戰功追贈榮陽伯諡武肅

胡

敏定遠人字伯成貢鄉薦辛巳修明初大典宋晟敏亦預焉書成擢上虞令拜監察御史

宋晟字景陽定遠人以功累官總兵三鎮涼州封西寧侯追封鄆國公謚忠順

尹綬字廷章定遠人領洪武丙子鄉薦任御史擧刺無所顧忌永樂初有事於海外威信並申歷數萬里山川島嶼悉繪爲圖以獻

唐鐸虹縣人廉靜不妄取予上初起兵時即以侍左右每以故舊遇之累官至兵刑部尚書

劉才霍丘人靖難有功封廣恩伯

李傑霍丘人從征有功調北征陣亡事聞贈鎮國上將軍

楊冀安靈壁人洪武初歷官工部侍郎奉使雲南著有異績

劉成靈壁人從征有功洪武三年置海寧衛以成爲指揮僉事提兵往來浙西後以殺賊中流矢卒追封潁國公

張泌字淑清潁州人洪武中由歲貢授給事中陞光祿寺卿爲光祿二十餘年於御膳必躬視精潔受成祖寵遇尤渥卒賜祭塋

章順擧字元凱潁上人洪武中有司以人材薦授河南右布政有奇績尋陞廣西左布政

朱能懷遠人襲父職沉毅有智畧從文帝靖難以元勳封

成國公征交趾薨於途　孫巖　鳳陽人靖難時守通州封應城伯追贈翼城侯謚
威武

陳亨　壽州人以靖難功追封涇國公謚襄敏

袁洪　壽州人洪武中以功追封沂國公子容封廣平侯卒謚忠穆

丘福　鳳陽人以小卒事成祖于藩邸從起兵累功封淇國公後北征率兵深入遇伏死賜祭葬恤典甚優太祖親爲文以祭之

馬世熊　臨淮人累官至營田使及卒太

張信　興子永樂元年封隆平侯追封郧國公謚襄僖

李遠　懷遠人以靖難功封安平侯北征力戰馬蹶被執罵不絕口死追封莒國公謚忠壯子安襲安平伯

柳升　懷遠人以靖難功歷官都督晉侯爵宣德中交人黎利反升奉詔征之遇賊伏力戰而死

崔聚　定遠人永樂時以靖難功授左軍都督府僉事

苗同柳升征交趾賊驅象至兵亂被執不屈死

衷　字秉彝定遠人永樂辛卯進士授編修轉侍讀屢典文衡選侍經筵仕至大學士卒謚文康

陳璇　字汝衡定遠人永樂辛丑進士除御史巡按浙江廣西所至肅然仕至浙江按察使益廉

介自持貪酷官弁一時斂跡

周常字茂永定遠人永樂壬辰進士授御史鎮邊關按山西勘處松潘糧儲所至風裁凜然歷任福建河南僉事除害袪弊俱得大體常性敏悟少讀書日記萬言爲文下筆立就尤長於詩

李默字思道領鄉薦永樂中上書陳言朝廷奇之歷漢府左長史王有異志苦心極諫王怒禁錮之事敗府僚屬皆被罪唯默赦還

張思恭蒙城人洪武間貢入太學授給事中人有暮夜以金遺之者郤不受其人強委金而去詰旦言於朝上嘉其有守遂歷刑部侍郎尋歷行在左侍郎兼綜軍務爲時名臣

金純字惟一泗州人洪武間由監生授吏部文選司郎中歷江西叅政進刑部右侍郎永樂八年扈從北征多所贊畫九年奉命發河南丁夫開濬黄河故道漕運至今賴之遷禮部尚書巡撫四輔川調工刑二部尚書宣德中致仕卒贈山陽伯

玉成泗州人洪武中監生永樂間授國子監學正宣德初上夢大殿將傾忽一朱衣臣擎其梁棟次日早朝玉成誤衣紅入爲侍班者所糾即宣上殿喜曰此朕家石柱也擢左都御史賜衣一襲

其誥勅皆出御製**周長**天長人永樂九年與尚書宋禮侍郎金純治漕河修復會通河置十五閘又浚黃河故道殺水勢河成受賞長有膂力善騎射先是從靖難有功卒贈萊陽伯謚忠毅**李瑛**字景昭天長人宣德丙午領鄉薦授歷城教諭冡宰尹旻實出其門性剛介旻位樞要數以書延請固辭不往**陳福**字從善宿州人洪武末以貢任工部主事轉郎中永樂初扈從遷都請從江南富戶實京師晉兩京府尹上給二役於其家以示優異福歷官久所餘俸祿盡與族里之貧者人以此賢之**趙畿**字邦翰宿州人鄉舉後卒業成均歷金華推官發奸如神考績至京救僉事陳祚弗得遂乞休歸**張貫**靈壁人洪武中監生任北平參議永樂中改順天府貫首爲府尹爲政嚴明不阿權勢卒於官**卜謙**字伯讓穎上人領永樂辛卯鄉薦遊太學選侍東宮講讀授工科給事中替可獻否常以魏徵自期宣宗御極思念舊臣取回京賜織金衣仍給事中牙牌直文華殿日承顧問嘗陳十事上時嘉納仕終陝西參議**李恂**字恪如亳州人登洪武十

十五年賢書特拔爲給事中廷臣薦爲大總戎帥師入蜀以征不庭值文皇帝靖難踐祚勅諭招之卽自縊使者返命文皇帝日此眞忠孝雙全者也

韓觀襲廣西衛指揮僉事討象賊有功陞右軍都督府都督同知鎭守交趾

張建節字子行五河人永樂朝由武功襲福建都指揮使雖由武功顯思以經術垂世著有毛詩問難樂志園集

耿天璧再成子明初侍上往揚州隨軍征進累立戰功歷官杭州衛指揮同知予世襲

張彥禮五河人洪武間以人材徵爲陽武令多惠政民不忍舍父老詣闕告留任一十八年卒於官囊槖蕭然不能歸里因家其地

陳嶷字九峰蒙城人宣德中舉賢良方正試文賦擢第一授刑部照磨屢決疑獄楊士奇薦之擢御史蜀獠叛胡濙舉嶷往勦之嶷集將士秘授方畧一戰而克陞陝西副使以忤權宦謫沔陽驛丞

韓璽頴州人永樂辛卯舉人授給事中選侍皇長孫春宮講讀日承顧問遷山東按察僉事轉副使宣廟登極思念舊人召還侍文華殿忤權貴出爲廣東左叅政以廉謹自持始終不替

王

質字夢瑾太和人永樂甲午鄉薦歷官御史嘗上
疏切陳十事有裨大政悉見納采時松門聚盜
奉命往察之還奏止罪渠魁餘悉宥之境賴以寧
歛歷內外三十年事無過舉自奉惟蔬食人呼爲
青菜王仕至李瑛字景昭天長人宣德丙午舉人
刑部尚書　授歷城教諭冢宰尹旻實出其
門旻位樞要數以朱勇東平王子篤學勵行經濟
書延請固辭不往　子史天文韜畧無不精研
英宗命知經筵北征有功進太保正統己
巳隨駕北征沒於陣追封平陰王謚武愍年富字大
有懷遠人正統間由舉人爲河南右布政使時流
民十數萬聚南陽陳州間標掠爲盜富撫定之尋
拜副都御史巡撫大同山東所至民肖像祀之天
順間戶部尚書缺上曰掌國計者須用執法人年
富足當之魏貞懷遠人正統壬戌進士任靳敏字
卒謚恭定　御史從駕北征死於土木時
遜盱眙人景泰辛未進士仕至御史巡按陝西有
土豪累世盈惡敏微行訪之被因於水獄中其家
婢陰啓門釋之曰妾亦受害者敏裂袂解肘章摩
以迹授之曰持此抑直指之門則雪矣既按部擒

發而籍沒之**陳敏**字内修天長人景泰癸酉舉人令鄱縣鋭意民事禱雨祈晴若響縣多虎患躬禱於神虎遂遠去繼令連城興起文教士多獲雋**戴昂**字時舉宿州人正統戊辰進士爲御史時以言事謫相口驛丞陞濉縣知縣在任九年奉公守法民不忍欺**張僖**靈壁人景泰甲戌進士授御史歷杭州知府值歲饑設法賑濟活六萬餘戶終湖廣參政**郭登**武定侯孫七歲讀書過目成誦十歲能文詞景泰間以功封定襄伯卒謚忠武**柳春**字孟端臨淮人中正統戊午鄉試任御史歷陞浙江布政兩居藩司率多惠政**凌耀宗**臨淮人由秀才任中書舍人陞禮部員外博學宏詞天順間預修一統志**張儀**字文質臨淮人以貢任河陰知縣民懷其德有去思碑見河陰志**郭昇**字騰霄穎州人天順庚辰進士初任冬官督運清泉濬鑿興利大著能聲改鎮徐州洪洪從古險阨每歲溺船數百昇相共要害鑿石殺水勢爲功甚鉅擢郎中仍蒞洪事維揚河善淤運舟膠淺當事才昇復使往治昇疏淤滯置儀眞白塔河閘瀦蓄有法陞陝西

叅議今洪上有郭公祠

顧佐字良弼臨淮人成化巳丑進士歷官左都御史爲有明風憲第一終戶部尚書爲剛正名臣

劉福字宗慶臨淮人中成化甲午鄉試任兗州通判陞本府管泉同知弘治間張秋河決平江伯陳瑄委往治之福奉檄塞河口築石堤功用底積建祠安平鎮

王昶靈璧人成化丙戌進士授樂安縣令有淫祠數十令毀之時適有火患百姓懼不敢毀昶乃自往碎其妖神火患遂息値歲凶以便宜發粟賑濟擢御史疏攻李孜省終太僕少卿

劉剛字宗柔太和人成化庚子舉人任壽張令居官清謹剖決如流百姓呼之日包劉

王敬字彥誠臨淮人以貢歷任蜀府右長史居鄉謙抑有長者風

黃金字良貴定遠人成化甲辰進士任吏部主事陞廣西叅政歸里時歲饑民疫金指畫賑濟有未周者自爲煑粥以食之日活數百人

周鉞字仲威宿州人弘治乙未進士授永新知縣報最劉瑾招之見日吾力能援爾御史鉞不往遂改進賢教諭尋復公安知縣稱疾不起

儲珊字朝珍潁州人弘治巳未進士令清江擢

御史巡按山東抗疏奏劉瑾不法狀謫岢嵐州判瑾誅起南兵部車駕司擢浙江僉事劇賊王浩八等亂桃源勢甚猖獗提兵克獲上嘉之

顧伯謙字有終臨淮人中弘治壬子鄉試學本六經未仕而歿

張昊字朝元天長人弘治丙辰進士授烏程令擢御史陞江西僉事分巡九江時姚元洞寇亂昊與參政董朴約日討之斬獲賊首僞侯念十等三百餘人欲擣其巢穴約董進兵不至兵潰爲賊所執賊以昊憲臣不敢加害委而去

李紹賢字崇德泗州人正德丁丑進士授行人以諫武宗南巡廷杖死建祠曰顯忠命有司祠之

曹格靈璧人性慤謹孝親力學有姑蘇陸氏貧格房養馬積五百餘金病故格自爲之殮促其子至悉與之仕爲漁臺縣簿

薛蕙字君采亳州人正德甲戌進士授刑部主事值武廟南幸抗疏力諫衆危之蕙不爲動陞考功司郎中議獻皇帝稱號蕙稱述古今撰爲人後辨凡數萬言入奏下獄既詔令復職時權貴勢熾遂絕意仕進不復就所著有約言西原集老子集解大寧齋目錄五經雜錄

李心學字師顏臨淮人

嘉靖丁未進士任戶部主事歷湖廣兵備副使勦平倭賊及容山景峒巨寇陞四川貴州布政使

戚繼光號南塘定遠人以祖蔭登州衛指揮進備倭都司轉浙江都司僉事請募義烏人三千訓練爲鴛鴦陣陞浙東參將台州倭入寇繼光備禦有方戰無不克在福建功尤著南平倭亂北鎮薊邊進左都督加少保爲一代名將著有紀効新書練兵實紀

沈應乾號治川五河人嘉靖庚戌進士初任南海令累陞保定知府多惠政積俸悉留郡帑備賑仕終密雲兵備副使

梁子琦字汝珍壽州人嘉靖乙丑進士授諸暨縣尹賑士恤民築橋曰梁公橋築堤曰梁公隄有名伯甘棠之風歷陞通政司參議

曾翀字朝舉霍丘人嘉靖己丑進士授南刑部主事改御史彈劾不避權勢以諫死追謚忠節

徐熙霍丘人以明經仕巴縣令縣境舊多虎患設機穽捕之益甚熙至盡撤其具齋沐告神虎悉遠遁

戚杰字世秀泗州人年十七成嘉靖乙丑進士筮仕新蔡知縣志操廉介擢吏部終考功郎中卒年甫三十有二杰少聘花氏女未婚而瞽及登進

士婦家請易婚杰不可曰夫婦倫也病廢命也吾不娶彼將安歸

劉繼文 靈璧人嘉靖壬戌進士繇萬安令擢禮部主事改授給事中章奏激切大著直聲出為浙江參政與海忠介齊名歷陞都憲巡撫廣西總制兩廣蠻海寇有功陞戶部左侍郎

張光祖 潁州人嘉靖壬辰進士授鉅鹿令調上虞修白馬湖築海塘四十里上虞民建祠祀之官至御史

劉朝 潁州人由國子生授新安縣丞為正寬平人勸之稍嚴曰民吾子也淫刑虐子寧可無官陞興寧知縣以母老告歸

李學禮 字子立潁州人嘉靖己未進士起家民部歙歷中外三十年輸粟活饑民至萬餘口闢膠河以利運皆經濟碩畫

王謨 字體文潁州人嘉靖壬戌進士授保定推官屯田使者逮繫百許人羅織成案謨有憂色母問故跪曰兒不欲殺人媚人恐失使者歡以遺母憂母曰兒為仁人吾不難為仁人母竟平其獄徵為給事中劾時相被謫仕至浙江僉事

王之屏 字汝藩潁州人嘉靖乙丑進士令永嘉進戶部郎侍御劉臺劾江陵相巡撫王宗載希江陵旨極力羅織欲殺

之之屏力爭臺卒得戍歷陞雲南右布政**王希喆**字思賢太和人少家貧奮志儒業領嘉靖壬午鄉薦任蒙陰令居官清執邑有土豪素恣橫喆至斂戢不敢干謁**李芳**字彥芳穎上人永樂乙未進士選庶吉士轉刑科給事中執法不撓忤權倖謫海鹽丞宣宗嘗問群臣曰李芳何在故京師爲之語曰永樂紀綱宣德李芳**沈一元**字子仁宿州人嘉靖巳丑武進士歷任至江西都司家居立義學義社樂善尊賢輿論歸之**馮應京**字可大盱眙人萬曆壬辰進士授兵部主事歷任湖廣僉事疏參稅監陳奉違旨不法逮問禁獄著經世實用編蓄艾編月令廣義諸書釋歸復職卒諡恭節**戴紹印**鳳陽人萬曆丁酉日本關白犯朝鮮命大司馬邢玠總督征之紹印杖策往從畫十策用以覆倭因勞瘁驟卒大中丞褚鐵檄郡建祠**楊應聘**字行可懷遠人萬曆癸未進士官光祿寺少卿總督西陲運籌柔遠一時推轂崇祀鄉賢**周汝昌**懷遠人由舉人仕推官陞戶部主事性剛方以不建生祠忤魏璫戍肅州**夏之鳳**字子鳴壽

州人萬曆戊子鄉薦授大庾令遷戶部郎中時有內豎白玉犯法潛避淡宮鳳入奏勅玉出聽審上嘉其正直書名於屏

方震孺字孩未壽州人萬曆癸丑進士授沙縣令擢御史巡按遼東一日上十三疏忤魏璫下詔獄崇禎初起用歷官廣西巡撫

李國士字正屏亳州人萬曆丁丑進士令豐城以治最選刑科給事中侍經筵疏言治河卹軍二事上可其奏旣而爲浙江僉事陞陝西副使清西安四衛隱糧萬石仕至山西布政嘗曰吾歷官三十年未枉一事未私一錢求不爲前人玷不爲後人危足矣

蔣應芝宿州人萬曆己丑進士歷官刑部郎中清白自持

戈尚友字善卿臨淮人萬曆壬子舉人任饒平知縣地產斷腸草民多借以輿訟尚友禁絕之遇牘罪輒令移置此草於沿海井中人莫解其故及海寇至取水飲者死過半幸遁去歷官昌平兵備

凌一躍字滇南五河人萬曆間恩貢仕武安知縣多仁政

許綱懷遠人當序貢念其次張蕙母老讓與之後授祥符知縣聞母疾不之任

徐琉字器之懷遠人由歲貢除長治知縣

以母老解官終養以孝友重于鄉里**曹軫**字質夫天長人以貢任安陽訓陟黃安教諭黃人至今俎豆不衰**許珍**字時聘天長人讀書有得如太極律呂理學諸書沈思默識心手相應而出仕府教授**張右銘**字汝警宿州人太學生歷官延安通判安寧鹽課提舉操持清潔兩任如一日**徐治民**字元禮潁州人以貢授棠陽令歷陞刑部郎駙馬都尉楊某受人田宅治民盡捕其下置之法楊愧而德之仕至平越知府**許廷桂**字世芳蒙城人嘉靖癸未進士令阜城擢御史察官官七人致觸大璫怒削職人以此賢之**李惟一**字君宇蒙城人少志聖賢之道日夜勤思豁然通一貫之旨著太極一貫諸解官婺源司訓**胡士奇**字浮治天長人萬曆丙辰進士授萊蕪縣令擢御史巡按宣大時逆璫魏忠賢慘戮諫臣士奇抗疏劾之

皇清**周永緒**字繩武盱眙人順治已丑進士授廣西副使殉難于平樂卹贈光祿寺卿諭葬祭廕子**錢世熹**字紹文五河人康熙庚戌進士孤嶠持身不苟合於俗未仕而卒惟存茅

屋三間猶諸生時

鄧汝賢壽州人祀鄉賢

林冲霄字斗客霍丘人崇禎甲戌進士歷官吏科右給事中以病歸

謝嘉霦字麟洲泗州人以貢授睢寧教諭端肅持已訓士有方居鄉以方正醇厚稱

施端教字匪莪泗州人少力學博通經籍長於聲詩以明經訓宣城令范縣歷兵馬指揮廉謹持重以風雅知名精六書工草隸皆有法程尤善集古所著有嘯閣集

潘國相字藎廷天長人少孤事母至孝仕中牟丞多政績子世晉順治乙未進士仕吏部郎中

劉體仁字公勇穎州人順治乙未進士官刑部主事多所平反調吏部稽勳郎歷考功郎獎拔善類引掖後進歸里家無宿儲所著有穎紀及七頌堂集

黃家門穎上人以孝友著於鄉順治甲午拔貢授咸陽令居官廉介有政聲舉卓異將行取士民爭赴泣留撫臣請以應升之銜留任以慰民望

上如其奏未幾卒於官

鄧旭字元昭壽州人順治丁亥進士授檢討辛卯典試江西振勵文風得人稱盛乙未奉

上傳旭品行清操才猷贍裕克堪任使歷陝西洮岷

道按察司副使引疾乞歸卜築淸溪凡賑荒修學贖難婦育棄嬰諸有益地方善事易產倡舉退處數十年爲善若不足又慷慨尚義交遊姻族多賴之旭性至孝以親早殁不及祿養每言及輒潸然流涕生平持正侃侃詆斥異端人見其和光同塵而實有壁立萬仞之槩子六人燃煒烺煐煊爌克世家學孫十二人

江南通志卷之第五十　終

江南通志卷之第五十一

人物

徐州

漢蕭何 豐人為沛主吏掾高祖布衣時數以吏事護高祖高祖起兵至咸陽何獨先入收秦圖書藏之以是具知天下阨塞戶口多少彊弱處項羽立高祖為漢王而三分關中地王秦降將漢王怒欲謀攻羽何諫曰臣願大王王漢中養其民以致賢人收用巴蜀還定三秦天下可圖也漢王乃以何為丞相何進韓信為大將說漢王引兵東定三秦何留收巴蜀給軍食漢二年漢王擊楚何守關中為令約束立宗廟社稷宮室縣邑計戶轉運給軍漢王常失軍何常興關中卒輒補缺帝以此專屬任何關中事漢王即位以何功最先封為酇侯功臣皆言何徒持文墨議論不戰顧居臣等
上帝譬曉之羣臣乃服列侯受封奏位次令何第一賜劍履上殿入朝不趨悉封何父母兄弟十餘

人皆食邑何買田宅必居窮僻處爲家不治垣屋曰令後世賢師吾儉不賢毋爲勢家所奪孝惠二年薨謚曰文終

曹參 沛人秦時爲獄掾高祖爲沛公參以中涓從攻秦漢王即位以參爲齊相國封平陽侯孝惠元年更以參爲齊丞相參聞膠西有葢公厚幣請之葢公言治道貴清靜而民自定參於是避正堂舍葢公其要用黃老術相齊齊國安集蕭何薨參入相始參與何有隙至何且死所推賢惟參參代何爲相一遵何約束日夜飲酒不事事惠帝怪相國不治事參免冠謝曰高皇帝與蕭何定天下法令既明具參遵而勿失亦不可乎帝曰善參爲相三年薨謚曰懿

王陵 沛人始爲縣豪高祖微時兄事之從漢王定天下封安國侯陵任氣好直言爲右丞相高后欲立諸呂爲王問陵陵力爭之太后不說問左丞相陳平及絳侯周勃等皆無不可陵讓平勃曰何面目見高帝於地下乎呂后遷陵爲太傅陵謝病免杜門十年而薨

樊噲 沛人也從高祖起豐爲舍人以戰功賜爵國大夫歷進舞陽侯初沛公謁項羽鴻門亞父謀欲殺之噲持鐵盾直入立帳下羽曰壯

士賜之巵酒彘肩噲既飲酒拔劒切肉食盡之羽曰壯士能復飲乎噲曰臣死且不避巵酒安足辭且沛公先定咸陽暴師霸上以待大王今聽細人之言欲殺有功之人臣恐天下解體也羽默然沛公出與噲等從閒道歸走霸上軍賜噲爵臨武侯噲娶呂后女弟為婦生子伉比諸將最親先黥布反高祖嘗病臥禁中噲排闥直入大臣隨之帝獨枕一宦者臥噲見流涕曰陛下不見趙高之事乎帝笑而起後盧綰反帝使噲擊燕時帝病甚人有惡噲黨於呂氏帝乃使陳平即軍中斬噲平執噲詣長安至則高帝已崩呂氏釋噲使復爵邑孝惠六年薨謚武

周苛沛人初從沛公為客及為漢王以苛為御史大夫既而使守滎陽楚破滎陽苛嫚罵項羽羽怒烹苛後論功封苛子為高陽侯

周昌苛從弟秦時為泗水卒吏從沛公入關破秦以昌為中尉尋擢御史大夫從破項籍封汾陰侯昌彊力敢直言蕭曹等皆卑下之高祖欲廢太子而立如意昌為人吃廷爭之曰臣期期知其不可高祖既立如意為趙王徙昌為趙相曰吾極知其左遷然吾私憂趙念非公無可者公彊為我

行高祖崩太后鴆殺趙王昌謝病不朝見三歲薨諡曰悼

周勃

沛人從高祖戰功居多封絳侯為人木彊敦厚高帝以為可屬大事嘗語呂后曰安劉氏者必勃也惠帝六年為太尉高后崩與丞相陳平等議共誅諸呂迎立孝文帝帝以勃為右丞相及歸相印就國有上書告勃欲反下廷尉捕治之薄太后以冒絮提帝曰絳侯綰皇帝璽將兵屯於北軍不以此時反今居一小縣顧欲反邪帝於是赦勃復爵邑就國十一年薨諡曰武

周亞夫

絳侯次子也初任為河內守文帝復封為條侯六年為將軍軍細柳帝自勞之軍士吏被甲銳兵刃彀弓弩持滿天子先驅至不得入軍門都尉曰軍中聞將軍令不聞天子詔使持節詔之迺傳言開壁門壁門士請曰將軍約軍中不得驅馳天子迺按轡徐行至中營亞夫揖曰介冑之士不拜請以軍禮見天子為動改容式車敬勞將軍成禮而去既出門曰此真將軍矣軍罷擢中尉景帝時吳楚反以亞夫為太尉將兵擊之三月而吳楚皆平遷丞相帝廢栗太子亞夫固爭之不得竇太后欲封皇后兄王信為侯亞夫又爭之帝默然而

沮後因謝病免相頃有上變告其子事連汙亞夫下吏入廷尉因不食而死

鄂千秋 沛人漢祖定功行封千秋進曰蕭何有萬世之功當第一帝曰進賢受上賞何功雖高得鄂君乃益明矣封安平侯

任敖 沛人少爲獄吏高祖嘗避吏吏繫呂后遇之不謹敖素善高祖怒擊傷主呂后吏及高祖初起敖以客從爲御史守豐二歲遷爲上黨守陳豨反時敖堅守封爲廣阿侯高后時爲御史大夫孝文元年薨謚懿

陸賈 徐州人以客從高祖有口辯高祖使賈賜尉佗爲南越王賈因說諭佗令稱臣奉漢約束歸報擢大中大夫帝又令著今古成敗之說賈凡著十二篇帝每稱善名其書曰新語後呂太后王諸呂賈往說陳平交懽太尉周勃及誅諸呂立孝文賈頗有力孝文即位復往使尉佗去黃屋稱制令比諸侯皆如意指

季布 徐州人任俠有名楚人諺曰得黃金百不如得季布諾項籍使將兵數窘漢王籍滅高祖購求布急濮陽周氏置布車中之魯朱家所賣之朱家心知布迺之雒陽見滕公說之爲帝言乃赦布召見拜郎中布弟心氣蓋關中遇人恭謹任

俠有布風方數千里士爭爲死當時季心以勇布以諾著聞關中

欒布

楚人與彭越遊兩人皆窮困布爲人所略賣爲奴於燕爲其主報仇燕將臧荼舉以爲都尉及荼反漢擊燕獲布梁王彭越聞之乃請贖布爲梁大夫使於齊未返漢責越以謀反梟首雒陽下詔有收視者捕之布從齊還奏事彭越頭下祠而哭之吏捕以聞帝召布罵趣烹之布顧帝言彭王功甚大以無罪被誅慷慨請就烹於是帝釋布擢爲都尉孝文時爲燕相吳楚反以軍功封鄃侯燕齊之間皆爲欒布立社號曰欒公社

周緤

沛人以舍人從高祖起沛至入蜀還定三秦賜食邑池陽從東擊項羽戰不利終無離心封信武侯陳豨反帝欲自擊之緤泣諫帝以爲愛我賜入殿不趨後改封鄘城侯孝文五年薨謚曰貞

申屠嘉

梁人以材官從高帝擊項籍及黥布爲都尉孝惠時爲淮陽守孝文元年舉故從高帝者悉以爲關內侯壽以御史大夫爲丞相因故邑封爲故安侯門不受私謁鄧通以弄臣戲殿上嘉召至欲斬之赦至乃免孝景帝二年晁錯用事諸法令多所變更嘉疾錯會錯擅

穿宗廟垣爲門奏請誅錯帝謂錯無罪罷朝嘉謂長史曰吾悔不先斬錯乃爲錯所賣至舍因嘔血而死謚曰節

伍被以材能稱爲淮南中郎是時淮南王安折節下士招至英俊以百數被爲冠首久之淮南王陰有邪謀被數微諫後王名被欲與計事被力諫止之王怒繫被父母復召問被不從又數危諫流涕後事發覺被詣吏自告卒被誅

韋孟彭城人爲楚元王傳及孫王戊荒淫不遵道孟作詩諷諫後遂去位徙家於鄒復作詩一章自孟至賢五世爲鄒魯大儒

丁寬字子襄梁人也初同郡項生從田何受易寬爲項生從者讀易善悟過項生遂事何學成東歸何謂門人曰易巳東矣寬至雒陽復從周王孫受古義號周氏傳景帝時寬爲梁孝王將軍距吳楚作易說三萬言寬授同郡田王孫王孫授施讎孟喜梁丘賀繇是易有施孟梁丘之學

施讎字長卿沛人沛與碭相近讎爲童子從碭田王孫受易與孟喜梁丘賀並爲門人賀爲少府薦讎結髮事師數十年賀不能及詔擢讎爲博士與五經諸儒雜論同異於石渠閣讎授張禹禹授淮陽彭宣繇是施

家有張彭之學同郡戴賓亦受易於讐

高相沛人治易其學亦亾章句專說陰陽災異自言出於丁將軍傳至相相授子康及蘭陵母將永康以明易為郎永至豫章都尉繇是易有高氏學

聞人通漢字子方后蒼說禮數萬言號曰后氏曲臺記東海人孟卿受之以授通漢通漢以太子舍人論石渠至中山中尉

蔡千秋字少君沛人嘗受穀梁春秋於魯榮廣又事王孫皓星公為學最篤宣帝時為郎名見與公羊家並說帝善穀梁說擢千秋為諫大夫給事中後左遷平陵令復求能為穀梁者莫及千秋徵以千秋為郎中名將選郎十人從受汝南尹更始翁君本自是能千秋說矣

焦贛字延壽梁人嘗從孟喜問易會喜死京房以為延壽易即孟氏學從之為京氏學

橋仁字季卿梁人也與同郡楊榮同從小戴受禮學仁仕為大鴻臚榮仕為瑯瑯太守由是小戴有橋楊之學

劉向字子政本名更生彭城人校書天祿閣上元之夕一老人策青藜杖扣閣而入吹杖頭火與譚開闢前事至曙而別問其名曰太乙精也聞卯金之子好學故

下覲焉成帝時遷光祿大夫會災異數見乃集洪範五行傳論奏之帝心知向精忠然取忌外戚王氏終不能大用也少子歆亦以明經起家官京兆尹

周慶字幼君**丁姓**字子孫皆梁人從魯榮廣受穀梁宣帝時遷郎十人從蔡千秋受穀梁學會千秋病死迺徵慶姓二人待詔使卒授十人自是穀梁之學大盛慶與姓皆爲博士

劉紆梁人與阮孝緒劉歆爲三隱嘗卜築鍾山有終焉之志嘗着穀皮冠披衲衣遊山澤風神頴俊意氣彌潚遇者以爲神人

龔勝字君賓**龔舍**字君倩並著名節世謂之楚兩龔少皆好學明經州舉勝茂才爲重泉令後爲光祿大夫因言董賢亂制度貶秩一等勝乞骸骨出爲渤海太守謝病不之官舍爲諫大夫病免哀帝遣使者擢爲太山太守終不肯起王莽居攝中卒莽既簒國明年遣使者郎擢勝爲講學祭酒勝稱疾不應後一年復遣使者奉印綬安車駟馬迎勝勝稱病篤爲牀室中使者至以印綬就加勝身勝輒推不受謂門弟子高暉等吾受漢家厚恩亡以報旦暮入地誼豈以一身事二姓下見故主哉遂絕飲食

死時年九十七勝居彭城廉里後世刻石表其里門

劉平字公子初名曠彭城人爲菑丘長政教大行屬縣有劇賊平守之所至皆理更始時平弟仲爲賊所殺其後賊復忽至平扶母逃難仲遺腹女始一歲平抱仲女而棄其子曰仲不可以絕類與母匿澤中朝出求食逢餓賊將烹平叩頭願歸食母畢還就死賊哀而遣之建武初龐萌反攻郡守孫萌平冒白刃伏萌身上被七創號泣請以身代賊曰此義士也遂解去萌氣絕復蘇渴求飲平傾其創血以飲之萌死平乃裹創扶送萌喪至其家後舉孝廉授濟陰郡丞所至百姓懷感後病免鍾離意上書薦徵授議郎遷侍中數薦連名士

陳宣字子興性剛猛博學明魯詩遭王莽篡隱處不仕光武即位擢諫議大夫建武十年雒水出迫津城門議塞之宣曰昔東郡金堤大決太守王尊勅吏民佇立不動水即消尊人臣尚修正弭災況朝廷聖王水必不入言未絕水去後乘輿出行遲欲驅鈎御者墮車下宣諫曰王者動有法度車鳴鸞步佩玉昔孝文時有獻千里馬者郤而不受陛下宜上稽唐虞下以文帝爲法帝納其言遂

徐行按轡

朱浮字叔元從光武破邯鄲授大將軍討定北邊封武陽侯浮年少有才能頗欲收士心辟名州名宿以爲從事多發諸郡倉穀廩贍其妻子漁陽太守彭寵詆之寵負功怨望浮密奏之寵遂舉兵攻浮涿郡太守張豐亦舉兵反時二郡畔戾浮城中糧盡人相食乃遁走帝以浮代賈復爲執金吾徙封父城侯帝以長吏多不勝任時有微過必見斥罷交易紛擾百姓不寧浮因日食上疏自是牧守易代頗簡轉太僕又以國學既興上書言宜廣博士之選帝然之遷爲大司空二十二年徙封新息侯

劉殷字伯典宣帝四世孫世封於楚及殷父紆遭王莽廢爲庶人因家於彭城殷數歲而孤與母獨居少篤志修行治經學建武中詔封殷爲菑丘侯奉孝王祀後徙封杼秋侯光武行幸沛太守薦殷秉修至行爲諸侯師帝嘉之賜殷錢百萬繒二百匹徙封居巢侯揚州刺史明帝徵殷行執金吾事遷宗正殷在位數言政事尤能牧恤九族時人稱之

劉茂字叔盛殷少子亦好禮讓桓帝時爲司空會司隷校尉李膺等抵罪而成瑨劉瓆下獄當死茂與陳蕃劉矩共

上書訟之帝不悅有司承旨劾蕃等茂
遂坐免建寧中復爲大中大夫卒於官劉矩字叔方少
有高節舉孝廉爲雍丘令以禮讓化民民有爭訟
矩常提耳訓告訟者感之其有得路遺者皆推尋
其主後舉賢良方正四遷尚書令代黃瓊爲
太尉瓊爲司空矩與瓊同心輔政號爲賢相姜肱
字伯淮彭城廣戚人與二弟仲海季江俱以孝行
著聞友愛天至常共臥起肱博通五經兼明星緯
遠來就學者三千餘人辟命皆不就二弟亦不應
徵聘肱嘗與季江夜過盜欲殺之肱兄弟更相爭
死賊遂兩釋焉但掠奪衣資而已既至郡肱終不
言盜聞而感悔後乃就精廬求見叩頭還所掠物
肱不受而遣之後與徐稺等俱徵不至桓帝乃使
畫工圖其形肱伏於幽闇以被韜面工竟不得見
之中常侍曹節等白徵肱爲太守肱乃遯浮海濱
再以幣纁聘詔書至門肱使家人對云久病就醫
竄伏青州界中賣
卜給食歷年乃還劉馥建安中爲揚州刺史恩化
大行流民越江山而歸者
以萬數於是立學校廣田宅爲戰守備及卒士民
思之子靖嗣遷廬江太守詔曰卿父昔爲彼州今

卿復據此郡可謂克荷者也

三國張昭字子布彭城人少好學博覽羣書爲孫策長史文武事一以委之策臨歿以弟權託昭權爲吳王授輔吳將軍昭容貌矜嚴自權以下皆憚之卒贈婁侯謚曰文子承以才學知名能甄別人物卒謚定侯昭弟子奮亦爲將軍有戰功

嚴畯字曼才彭城人少耽學性尤純直避難江東張昭薦之以爲騎都尉及魯肅卒權令代鎮陸口辭以不閑軍事後爲衛尉使蜀蜀相諸葛亮善之所著有孝經傳潮水論

樓元事吳主孫晧從九卿侍御正身率衆奉法而行應對切直數忤晧意後人誣元謗訕政事命送廣州華覈言元清忠奉公冠冕當世乞赦前愆責其後効晧疾其聲名竟徙交趾殺之

丁儀字正禮沛人曹操慕其才欲妻以女丕曰正禮目眇尋辟爲掾數與議論奇之曰卽便兩目盲尚當妻女況但眇乎

晉劉伶字伯倫沛人性放達不妄交游惟與阮籍嵇康善時乘鹿車携酒使人荷鍤隨之曰

死便埋我土木形骸傲然一世

劉毅 居京口詳見鎮江府人物志

劉弘 字和季少游洛陽與武帝同居永安里又同年累遷荊州都督在州多善政進車騎將軍及卒父老追思如甘棠之詠召伯

劉敬宣 世居京口詳見鎮江府人物志

劉簡之 世居京口詳見鎮江府人物志

南北朝

劉懷肅 彭城人宋武帝從母兄也家世貧窶躬耕好學征孫恩屢有戰功爲費令聞武帝起義奔京邑爲司馬連破城壘桓振據荊州懷肅自雲杜兼程而至振勒兵三萬旗幟蔽野躍馬橫矛躬自突陣流矢傷懷肅額衆懼欲奔懷肅瞋目奮戈爭先斬振首江陵平加督江夏九郡鎮夏口以建義功封東興縣侯弟懷敬武帝以其母乳保舊恩授會稽太守歷尚書金紫光祿大夫懷敬子眞道爲錢塘令有美政賜穀千斛以爲步兵校尉討楊難當克捷遷建威將軍雍州刺史

劉懷愼 懷敬弟少謹愼質直以平盧循功封南城縣男武帝北伐以爲中領軍名位轉

優而恭恪愈至後以佐命功進爵爲侯位五兵尚書加散騎常侍祿賜班於宗族家無餘財卒謚肅侯子德願嗣　劉榮祖懷愼庶長子少好騎射盧循逼京邑賊乘小艦入淮拔柵宋武帝令三軍不得輒射賊榮祖不勝憤怒冒禁射之所中應弦而倒帝益奇之以戰功參太尉從討司馬休之陷陣身被數創及北伐大破魏軍帝謂榮祖曰卿以寡尅衆攻無堅城雖古名將何以過此永初中追論平城功　劉亮懷愼從子少工刀盾仕宋以軍功封順陽縣侯歷梁益二州刺史在位廉儉所得公祿悉以還官明帝下詔褒美之　劉鍾字世之彭城人少孤宋武帝伐孫恩鍾推堅陷陣爲郡主簿後封安丘縣五等侯從征廣固孟龍符陷陣鍾取其屍及盧循逼建鄴鍾拒柵身被重創賊不得入循南走追之又追徐道福斬之封永新縣男累遷右衛將軍　劉虔祖世居京口詳見鎭江府人物志　劉道產簡之子詳見鎭江府人物志　劉遺民彭城人嘗爲柴桑令遁迹盧山時陶淵明周續之亦不應徵命謂之潯陽三隱　劉勔字伯猷彭

江南通志　人物　卷之一百五十一

城人少有志節家貧好交游劉道隆請爲司馬竟陵王誕據廣陵爲逆事平封金城縣五等侯豫州刺史殷琰叛召勔計之時琰嬰城固守自春至冬勔內攻外禦戰無不捷善撫將士以寬厚爲衆所依及琰降勔約令三軍不得妄動城內士庶歡悅爲立碑紀德還都封鄱陽縣侯行豫州刺史加都督後徵擢散騎常侍中領軍明帝臨崩顧命以勔爲守尚書右僕射中領軍元徽初桂陽王休範爲亂勔戰敗死之贈司空謚曰昭

劉粹 蕭人世居京口詳見鎭江府人物志

朱齡石 字伯兒沛人綽之子世爲將齡石少好武宋武帝以爲鎭軍參軍累功進建威將軍益州刺史蜀平封豐城侯弟超石亦果銳北伐還以爲河東太守後除中書侍郎封興平縣五等侯

劉善明 彭城人仕宋爲齊北海二郡太守元嘉末青州饑人相食善明家有積粟躬食饘粥開倉以賑百姓以其家田爲續命田後還南東海太守行南徐州事沈攸之反獻計平之封新塗伯常自云在家當孝爲吏當淸爲子孫楷式足矣歷官廉簡不煩俸祿散之親友卒唯有書八千卷

到彥之 字道

豫彭城人仕宋以戰功爵爲侯佐守荆楚垂二十載威信爲士民所懷爲護軍將軍卒謚曰忠

到溉字茂灌　**到洽**字茂㳂俱彦之孫兄弟竝以文才知名溉仕梁累官至兵部尚書最爲武帝所親愛洽應召爲太子舍人時任昉與彭城劉孝綽劉苞劉孺吳郡陸倕張率沛國劉顯及溉洽車軌所至號曰蘭臺聚有集二十卷人以溉洽兄弟比之二陸元帝贈詩及之帝嘗幸華光殿詔洽賦二十韻詩以爲工賜絹二十疋歷遷御史中丞

到沆溉從弟五歲時即過目成誦既長勤學善屬文工篆隸梁天監初以高才碩學待詔學士省帝讌華光殿命羣臣賦詩獨詔沆爲二百字沆於坐立奏其文甚美以爲殿中曹侍郎

到鏡溉之子五歲便口授爲詩婉有辭致仕梁位太子舍人作七悟文甚美

到藎鏡之子早聰慧歷尚書殿中郎嘗從梁武帝幸京口令羣臣賦北顧詩藎受詔便就帝覽以示溉曰藎定是才子因賜絹二十疋除丹陽尹嘗嘗謂任昉曰諸到可謂才子昉對曰臣竊以爲宋得其武梁得其文

到仲舉字德言洽之子志操耿特陳文帝居

鄉里嘗過之及嗣位授侍中叅掌選事累官金紫光祿大夫

劉孝綽　勔之孫七歲能屬文舅王融稱爲神童起家著作郎嘗侍梁武帝宴作詩七首帝嘆賞授秘書丞謂周捨曰第一官當用第一人

劉潛　字孝儀孝綽弟也幼孤兄弟相勗以學梁天監五年舉秀才累遷御史中丞在職多所彈糾無或顧望出爲臨海太守勵精綏撫境內翕然爲人寬厚內行尤篤奉寡嫂甚謹家無巨細必咨於嫂然後行

劉孺　字孝稚孝綽從弟幼聰敏能屬文年十四居喪毀瘠叔父瑱嘗謂賓客曰此吾家寶也爲太子中舍人嘗在御坐爲李賦受詔便成武帝賞之爲晉陵太守在郡和理爲吏民所稱入爲吏部尚書母憂以毀卒羣從子弟以文名者七十餘人孝綽孝儀孝稱並有文集行於世

劉遵　字孝陵孺弟少有學行爲晉王綱記室王爲太子除中庶子卒於官太子痛惜之形諸悼辭曰中庶孝友淳深立身貞固內含玉潤外表瀾清言行相符終始如一文史該富辭章博贍既以鳴謙表性又以難進自居吾昔在漢南連翩書兒及忝朱方從容坐首未嘗一日不追隨

盜者三友彼實其人及弘道下邑能使人結去思此亦威鳳一羽足以驗其五德　劉芳字伯友彭城人魏孝文時爲中書侍郎授太子經才思深敏精博初王肅來奔芳與辯論肅曰此非劉石經耶昔漢世造三字石經於太學學者文字不正多往質焉芳音義明辨故時人號爲石經出爲剌史朝廷吉凶大事皆就咨焉遷中書令正朝儀補太常卿議郊祀禮嘗集禮記義證十卷子懌仕魏歷遷南安將軍大司農卿　劉逖芳孫有文藻仕北齊官至儀同三司　劉隙芳孫仕魏位中書舍人屬梁通和前後受勅專對梁使一十六人不辱君命　劉弘少好學有行檢重槩周武帝以功授儀同齊州刺史志在立功隋高祖平陳之役表請從軍以功加上儀同封濩澤縣公擢泉州刺史會高智慧亂以兵攻州弘城守百餘日救兵不至與士卒數百人煑犀甲腰帶及劍樹皮食之抗節彌厲城陷爲賊所害子信襲其官爵　劉懋芳從子博綜書史善草隸書識奇字魏宣武初入朝位尚書外兵郎中芳甚重之所撰定朝廷軌儀皆與參量孝明初大軍攻陝右城拔懋願

有功遷太尉司馬卒家徒四壁所製詩文見稱於時又撰諸品物造作之始十五卷名曰物祖

孫道登彭城人魏永安初爲梁將韋休等所獲欲脇使招降鄉曲道登乃厲聲倡呼賊無所能遂見屠魏朝廷遣官弔祭賜五等子爵

鄭抗字子信彭城人有文學北齊武平末待詔文林館

劉臧沛人性方正篤志好學居家以孝聞仕梁爲著作郎

劉璠臧之子九歲而孤居喪合禮少好讀書善文筆十七爲上黃侯蕭曄所器重及蕭死故吏多分散璠獨奉喪還都墳成乃退周明帝授內史中大夫掌綸誥尋封平陽縣子在職清白簡亮不合於時左遷同和郡守隣郡人常越境詣璠訟理著梁典三十卷有集二十卷行於世

劉祥字休徵璠之子幼聰慧以神童稱事嫡母以孝聞十歲能屬文十二通五經江陵平隨例入關中平齊露布即祥文也初璠所撰梁典始就未及刊定臨終謂休徵曰能成我志其其在此書乎休徵修定繕寫以竣乃事

隋劉行本璠子也起家梁武陵王國常侍遇蕭修以梁州北附遂與叔父璠歸周以諷讀

爲事雖衣食乏絶宴如也爲河内太守尉遲迥作亂攻懷州行本率吏人拒之隋文帝踐祚擢諫議大夫帝嘗笞一郎於殿前行本諫止弗聽行本前曰陛下置臣左右臣言是陛下安得不聽若非當致之於理安得輕臣而不顧因置笏於地而退帝斂容謝之遂原所笞者擢左庶子領侍御史如故長史夏侯福爲太子所昵嘗與太子戲福笑聲聞於外行本聞之因付執法者太子爲請乃釋之一時權貴憚其方正無敢至其門請託路絶吏人懷之

劉子翊彭城人性剛蹇有吏幹大業間授侍書侍御史嘗從幸江都因切諫遣上江督運爲賊吳棊子所掠欲要以爲主不從會煬帝被弑羣賊執子翊至臨川城下使以帝崩告城中子翊反其言遂見害

劉權字世畧彭城人少有俠氣後折節好學動循法度開皇中從平陳封宋國公爲蘇州刺史撫以恩信煬帝嗣位累加金紫光祿大夫爲南海太守路逢盜起權招募撫諭羣盜降附至南海甚有異政遇盜起羣雄多願推權爲首權固拒之子世徹又密書詣權稱將方擾亂諷令舉兵權召集僚佐對斬其使矢無異圖

唐劉德威彭城人有幹畧隋大業末從裴仁基討淮賊手劍賊首傳行在後歸李密密降俱入朝封滕縣公將兵擊劉武周爲武周所獲使率本部狥地浩州得自拔歸盡上賊虛實高祖嘉之貞觀初歷綿州刺史政號廉平百姓立石頌德尋爲大理卿太宗問曰比刑網寖密咎安在德威曰在君不在臣下之寬猛視主之好惡今坐入者無辜坐出者有罪所以吏務深文爲自營計帝然其言

劉延嗣爲潤州司馬徐敬業攻潤州延嗣與刺史固守俄而城陷敬業邀之降延嗣責以大義不少屈敬業怒將斬之其黨魏思溫救止後爲汾州刺史

劉延祐彭城人擢進士補渭南尉有吏能治第一李勣戒之曰子年少而有美名宜稍自抑延祐欽納後封薛縣男

劉藏器延祐從弟高祖時爲侍御史衛尉卿尉遲寶琳脅人女爲妾藏器劾還之寶琳私請帝止其還藏器曰法爲天下權衡陛下用舍由情法何所施乃詔可

劉知幾藏器子博覽羣書善文辭舉進士累遷鳳閣舍人修國史著史論内外四十九篇徐堅嘆曰爲史氏者宜置此座右也劉

元初遷左散騎常侍

司馬鍠

徐州人天授初左補闕薛謙光上疏論選舉之弊長安中選臺閣賢望分典大郡十九人鍠與焉政績可稱獨謙光與鍠二人而已

路審中

徐吏也崔彥知其能頗任之彥遇害審中賂守卒歛藏其尸張元稔攻徐州審中率死士應因得破之後位嵐州刺史鄭畧謂中節貫神明

劉海濱

彭城人以義俠聞爲涇原兵馬將與叚秀實友善畧立戰功兼御史中丞劉文喜據涇州叛海濱與其子光國給以奏請及入對言奸惡可誅狀旣還光國手斬文喜獻闕下擢左驍衞大將軍封五原郡王海濱樂平郡王贈太子太保

劉沔

字子汪彭城人少孤客振武節度使范希朝署牙將奇之召謂曰後日必處吾坐後入爲神策將遷大將軍擢涇原節度使畧立戰功進金紫光祿大夫賜一子官

劉禹錫

字夢得彭城人工詩嘗與元稹飲白傳第各賦金陵懷古禹錫先成白嘆曰四人探驪龍子先得珠所餘鱗爪何用耶

石雄

徐州人少爲牙校敢毅善戰氣蓋軍中會昌初回鶻入寇詔雄爲天德防禦副

使兼朔方刺史佐劉沔屯雲州雄臨財廉每朝廷賜縑輒置軍門自取一疋餘悉分士伍衆咸感奮武宗嘗曰今將帥義而勇罕雄比者就拜行營節度使

劉軻 沛人博學多識登第歷官至侍御史所著有春秋指要諸書數十卷人稱其文章與韓柳齊名

劉商 字子夏彭城人第進士歷尚書虞部郎中以病免所著有劉虞部集十卷

劉巨容 徐州人為州大將罷勛之反自拔歸浙西突陣將王郢反攻明州巨容以筒箭射郢死擢明州刺史黃巢亂江淮授招討副使累立戰功授南面行營招討使進檢校司空封彭城縣侯

王駕 字大用彭城人自號守素先生大順元年第進士有集一卷

朱全昱 碭人全忠兄也全忠將受禪全昱曰朱三爾碭山一百姓遭逢天子用汝為四鎮節度使於汝何負汝滅唐家三百年社稷吾將見汝赤族矣遂辭歸居碭山故里

五代

劉仁贍 字守惠彭城人仕南唐以清軍節度使鎮壽州周師攻城仁贍堅壁不下子崇幸其父病謀出降仁贍斬之士卒皆感泣願以死守病甚其副使孫羽以城降世宗命舁仁贍

至帳前嘆嗟久之復使入城養疾是日卒

劉壽宣城人後唐舉進士爲左補闕累官少詹事宋
太祖即位素知壽履行否乎以老疾求退初爲清泰
中盧道受詔主文詣鎖院壽力薦薛居正以爲文
章器業必至台輔道取之後果爲相世稱其知人
壽子項仕朱爲監察御史項子晟晟子謫潭並進
士及第

李筠豐縣人爲周昭義軍節度使初宋太祖即位遣使加筠中書令筠不受即起兵以數帝罪帝遣石守信大破之於潞州筠赴火死

朱珍豐人五代時從梁大祖創立軍制選將練兵甚有法度嘗敗黃巢破秦宗權東并兗鄆勇出諸將先累立戰功拜淄州刺史

宋郭廷謂徐州人幼好學工書善騎射性恭謹事母以孝聞宋初爲靜江軍節度觀察使留後悉除弊政子延澤博通典籍累官國子博士

王漢忠徐州人少豪宕有膂力太宗時累遷侍衛馬軍都指揮使契丹掠中山往禦之追殺甚衆而崇儒好文輕財樂施故名稱甚茂卒贈太尉

李若谷字子淵豐人舉進士累官至參知政事以太子少傅致仕卒謚康靖性資端重

在政府論議常近寬厚治民多智慮愷悌愛人其去郡見思

李淑字獻臣若谷子年十二真宗幸亳獻文行在真宗奇之命賦詩賜童子出身試秘書省校書郎寇準薦之授館閣校勘後修真宗實錄爲檢討官書成改國史院編修官召試賜進士及第歷官翰林學士卒贈尚書右丞淑警急通人博習諸書詳練朝廷典故凡有沿革帝多諮訪制作誥命爲時所稱

李壽朋字延老慶曆初進士判吏部南曹使行諸陵奏言昭憲皇后誕育二聖爲國母獨以合葬安陵不及時祭請更其禮從之歷戶部判官知鳳翔府括蕪田三萬頃縱民耕擇其壯者使習兵司馬光薦其能加直史館同修起居注進戶部鹽鐵副使暴疾卒詔中使撫其孥賜白金三百

李復圭字審言淑次子慶曆初與兄壽朋同賜進士歷六路轉運使在浙西重農息民勞民多德之爲奏蠲帢稅在涇州奏免二稅民立生祠司馬光嘗賦詩以贈邵堯夫稱其臨事敏決有健吏才後以集賢殿修撰知荊南卒

劉顏彭城人好古學不專章句舉進士知龍興縣免官家居著書自適學者常數十

百人所著有儒術通要一經濟樞言石介見其書歎曰恨不在弟子之列

劉庠 顏之子八歲能詩長淹通歷代第進士選太常博士英宗時上書論時事除監察御史裏行後以樞密直學士知太原府

陳師道 徐州人字無己號后山少苦學諸經皆有傳於詩體九遂其為詩文淡雅自成一家元祐中以薦為本州教授元符三年除秘書省正字郊祀為執事官其妻聞郊壇高寒借姨家趙挺之綿裘衣之臨行間知脫而擲之地夜寒甚得疾明年卒生平方正甘貧有守不輕至貴人之門章子厚欲一見終不可得傳欽之知其貧懷金以餽及覩其貌聽其論議竟不敢出口所著有后山集二十卷行世

顏太初 彭城人顏子四十七世孫第進士累官國子監說書所著有洙南子晁繹集尤慷慨好義詩多譏切時事初孔聖祐卒罷襲封太初作詩以諷在位因以聖祐弟襲封文宣公云

鄭僅 彭城人第進士為大名府司戶參軍有善政盜賊相戒不入境累官吏部侍郎遷學士卒謚修敏子望之少有文名靖康初再使金營官戶部侍郎以徽猷閣直學士致仕

趙立徐州人補都虞侯建炎三年金師陷徐州王復死之立巷戰奪門出爲敵所得殺守者入城潛求復屍慟哭掩藏鼓率殘兵邀擊於外盡焚營壘奪舟船擾擊軍聲復振盡團鄉民爲丘歃血申令威震諸軍撫循其民召使復業又奏置王復廟城中遇出師必率衆泣禱以復徐州功補授忠翊郎就權州事杜充命立往援楚州至淮陰且行且戰遂抵城下楚人被圍久聞立來歡迎鼓舞立時中箭鏃入舌下命醫以鐵箝破齒骨去之後時流血盈襟立色不變更大破敵四年以漣水軍鎮撫使兼知楚州敵又併兵列寨城下守百餘日忽飛砲碎其首左右馳救猶曰吾終不能與國定亂矣言畢而卒贈奉國軍節度使開府儀同三司立廟楚州諡忠烈

宋汝爲字師禹豐人建炎三年假武功大夫奉國書副杜時亮使金行次壽春遇完顏宗弼軍宗弼刼而縛之欲加僇汝爲無懼色惟請達書而就死宗弼曰此忠義士也聽往見劉豫汝爲開陳禍福勉以忠義使歸朝廷豫不聽誘以官固辭越十年亡歸

宋南強字子居汝爲子因父避秦檜入蜀南強亦徙紹興後

知沙縣治專德化不事刑罰解職去民爲立甘棠之碑後官雅州政績尤著

姚孝錫字仲純豐人政和四年登科爲代州兵曹金兵入鴈門州將議以城降官屬畏怯孝錫卧大鼾畧不爲意後家五臺善治生州境歲饑出家所藏粟萬石以賑多所全活所著有雞肋集

成野賢豐人爲金鄉令每政暇匹馬一僕循行郊陌勸課農桑刑清事簡民安其業去任爲之立碑

竇沔蕭人喜儒學有遠識招賢以教族黨四方賢士日遊其門爲光澤薄學併在舊城西北隅士不樂居沔出己貲購邑東南高明地遷之

元

傅汝礪蕭人爲陝西諸道行監察御史文章政事卓異後遷朝列大夫浙江廉訪使僉事

袁遵道字叔正豐人至穴間以神童薦氣剛直性穎悟年十六能誦五經初爲國學四門館正字陞伴讀歷任翰林直學士

曹伯啓字士開碭山人篤於問學至元間以薦授西臺御史累遷御史臺侍御史奉命同完顏納丹纂集累朝格例名曰通制頒行天下又上言五刑者刑

異五等今縣杖徒役于千里外百無一人是一人身被五刑非五刑各底於一人也治當改丞相是之而卒不果行爲人性莊肅奉身清約在中臺獎藉名士甚多所著有詩文十卷漢泉漫藁續集三卷行世六子十孫皆顯仕

袁煥遵道子少游虞集之門進士累官吏部尚書參知政事進太師右丞相贈魯國公當元至正末賞自贊其像云官高而不知其貴道違而恆自退不時乎時而心乎憂世慮靈衆同中正獨異惟孜孜於聖學不知老之將至

許義夫碭山人爲夏邑縣尹每親詣鄉社教民稼穡見民勤者賞之惰者罰之境內豐足後爲豐丘尹值羣盜刼掠州縣義夫單騎出郊力言豐丘邑小民已驚竄幸無入吾境民獲免於難

明

薛顯蕭人少通韜畧膂力絕人元末大亂顯歛兵自衛至明初率所部來附擢親軍都指揮分鎮江西從征荊楚遷右丞從大軍北定齊魯次燕冀論功封永城侯長子經累功陞左軍都督次子纓甘州中護衛指揮僉事女一爲肅王妃

高遜志字士敏蕭人博學工文元末爲書院

山長洪武初徵修元史歷官侍講學士建文時遷太常少卿典會試值靖難抗節遯跡卒鴈蕩山中追謚文忠**任肅**字伯雖徐州人領洪武鄉薦為工部主事陞刑部郎中綽有能聲出知南昌府多惠政秩滿父老乞留命增秩還任尋陞雲南左參政致仕**黃正**碭山人氣剛方洪武中為邑吏以直言徵奏對擢右僉都御史卓有風裁彈劾不避權勢後黜為英山縣吏會金山寇叛有薦正子琰往詩者琰對曰臣年幼才弱不如臣父遂徵正復以為僉都御史即日渡江募勇敢士得十萬遂討平之未幾詩雲南叛寇亦降還至普安為賊劉傷卒**孟驥**字尚德蕭人洪武初以薦授驛丞歷遷貴州左布政使有惠政得民心秩滿乞留詔增秩還任**劉儼**字若思蕭人洪武中由國子生為慈利縣丞廉節剛方督儲底績以薦詣闕賜宴仍遷知慈利廉愛益著尋以疾歸比還囊篋蕭然儼好學明經義時令郝玘為建易安書院聚徒授講蕭士悉宗之**朱芾**字大芾徐州人洪武中為戶科給事中改御史性剛直糾劾百僚無所避忌以言事謫戍雲南至九江而卒

劉恭字政亨徐州人少穎悟好學領洪武丙子鄉薦授山西陵川訓導謫戍泗州壬午扈從渡淮以功授百戶永樂間歷官禮部員外郎監修永樂大典書成賞賚有加尋致仕歸　張宏山陽人性孝友勤於問學永樂中由國子生仕爲開封府同知遷戶部郎中律已廉潔出知荊州府政務既平所守益厲門絶私謁人每稱之曰閉戶張云　陳敬碭山人間韜畧永樂中以戰功官至中軍都督僉事出鎭山海永平法令嚴明軍民懷服　山雲徐州人父青從太祖征伐授燕山衛百戶永樂初以靖難功累官都督僉事雲襲職爲金吾左衛指揮使宣德初掛征蠻將軍印鎭廣西時溪峒猺獞數爲患雲至討平蠻寇韋朝列等斬首萬餘級降賊三百七十餘人還被掠男女二千五百七十九人築九堡四城威惠並行居民安堵　朱遷右都督正統初卒於鎭贈懷遠伯謚忠毅

信蕭人少穎拔弱冠領宣德乙卯鄉薦爲茌平教諭朴素清介嘗捐俸以濟諸生之乏之都御史畢亨京兆尹白良輔輩皆出其門蒙其恩澤及信卒越千里爲文以弔之　馬蕙字彥芳徐州人

器宇端莊邃於問學領宣德壬子鄉薦歷官汝寧府教授所至敦重行誼教有成効藩省屢聘典文皆辭不赴士林雅重之所著有蘭齋集

李鉞字廷器蕭人宣德戊申歲薦正統中爲溫州同知時海寇鈔掠爲患鉞冒矢石觸危險獲其渠魁寘之法餘脅從者招撫復業民賴安堵以功增秩歷知開封肇昌二府所在有惠政民尸祝焉

房棟字子材徐州人博學明經有文譽由國子生授知郟縣致仕蓄古今書籍閉戶誦讀學益該博惜其詩文佚散不盡傳

孫譓蕭人成化中由國子生仕爲吏部司務遷工部員外郎所居稱職在官二十五年致政還家恂躬自負薪山澤間惡衣糲食晏如也士論推爲古君子

馬暾字廷震蕙子領成化辛卯鄉薦初知潞州潞有宗藩甚橫暾至處以誠敬平恕皆信服無撓法者在州多惠政均徭賦興學校以治最遷南戶部員外郎進郎中卒於官

李瓊字元貴豐人博古嗜學聚徒授講由歲貢任歸安縣丞有善政民歌之曰李青天

劉經字引之徐州人領成化丙午鄉薦初爲武義令治最遷濟寧州卒祀名宦

守時逆瑾擅權作威遣人索金不從遂免官後瑾敗咸歡自月竟安於恬退以自終

張佶字習之徐州人弘治己丑以進士為鄞令性敏達剛毅視聲勢藐如也為治卓有風裁善良賴之遷南刑部主事疑獄久不決佶至立決之多所平反聲聞益彰遷浙江按察僉事勢豪愕然相戒勿犯民有抑者爭赴愬之

馬津字宗孔蕙裔孫正德丁丑進士任餘干令宸濠反從王守仁征討宗致良知之學豁然有悟濠既誅特拜御史抗疏直言風裁凝峻尋遷大理寺丞出為福建提學副使端已飭物秉經貞教士皆誠服焉以疾乞歸日究心聖學所撰有克復諸篇

李穩字邦泰碭山人正德戊辰進士任仁和知縣鋤强扶弱吏畏民懷遷御史有風裁多彈劾以觸權貴落職歸嘉靖初應詔起遷浙江按察僉事吏事精確聲望赫然尋乞終養歸居鄉恂恂稱長者

張鶴鳴字孚宇徐州人正德丁丑進士授山陰令值張居正行度田令邑有以若浮[illegible]稅告者鶴鳴履畝清釐之尋擢御史出巡病篤冬[illegible]屬侍側語不及私而卒

王業蕭人嘉靖庚子舉人知永清縣政尚平恕

一介不苟至於過抑豪右綽有風裁尋擢御史權貴憚之　張貞觀字惟成沛人由進士官禮科都給事中以建儲疏忤旨家居多載清白貽後所著書有掖垣諫草野心堂集行世　陳應詔沛庠生　陳應禎應詔弟亦庠生天啓壬戌七月二十四日白蓮寇再犯夏鎮衆皆竄避獨詔與禎率其族與鬬衆寡不敵並被殺　侯穎沛人爲庠生偵白蓮寇亂其族人從逆逼使附已穎知勢不得免先促其妻女投繯遂自殺闔門俱死　段廷光碭山人天性醇朴由國子生任西安簿介不苟取奉公爲民遭母喪歸行李不給邑人爲立祠祀且彙詩文以頌之名曰思段謠　姜上桂沛庠生白蓮寇陷夏鎮避亂村居爲其村氓所構父子被執罵不絕口俱被殺　張鳳世沛人居夏鎮膂力過人流賊之亂斬木爲寨護居民持挺與賊鬬擊傷甚衆力竭無援爲賊所殺

皇清萬壽祺字年少徐州人由選貢中鄉試五上公車不第棄制舉業博覽羣書精習吳屢

辟不就築室蠹公浦自號曰沙門慧壽或曰壽道人高風亮節爲學孫明曆法旁通禪理而吟咏無虛日刻有隰西內景諸集書法爲當代所推工隸篆尤精行楷至繪山水人物烟雲萬狀雖趙松雪董文敏莫能過也

李向陽字孝乾天啓甲子舉人性純孝恬情仕宦乙丑會試郄逆璫交幾罹禍後渡江旅食於金山歸而自吟云漫把文章變北海欲將事業問東籬率子弟躬耕手疏五經及註陰符老莊離騷批選八大家諸書盈千卷古文詞制義各有藏集詩體元孟書做鍾張足跡不及市與萬壽祺朝夕相倡和爲莫逆交大中丞趙累薦弗就

閻爾梅字用卿沛人明庚午舉於鄉工詩善飲酒酒後爲詩歌有豪士之概少與江左諸名士爲詩文友後屢游 京師又與宗伯龔鼎孳交多倡和之作晚年徧遊吳蜀邊塞諸山水歸里病卒

滁州

隋張奫字文懿全椒人以軍功進開府儀同三司封文安縣子徵授大將軍從楊素征江表

有功爲行軍總管作謚莊

唐刑文偉 全椒人以博學著名咸亨中歷太子典膳丞時太子罕見宮臣偉上書諫益知名值右史缺高宗曰文偉切諫吾見此直臣也遂授之累官鳳閣侍郎

五代張訓 滁州人楊行密據合肥訓往見授親兵遷黃頭都虞候從孫儒於宛陵遂襲歷陽及滁儒焚城走訓得穀數十萬斛悉以發賑又破陳可言於宛陵從爲常州刺史尋授刑部尚書屯軍漣水時朱全忠將龐師古屯清河口訓率舟師與戰大捷降其戍將陳漢賓轉左僕射都指揮遷司徒密州刺史全忠兵諸將請焚城大掠去訓不可乃虛旗幟于城上遣羸弱前行自以親兵殿後全忠遣王檀來攻遥望疑之遂不相及全師而還徙刺黃州卒贈太傅清河郡公孫原佖南唐保大中進士戶部郎知制誥歸宋授贊善遷大理

宋張洎 全椒人舉進士仕南唐江南平歸宋太祖曰汝教李煜不降草詔召江上兵乎對曰

實臣所爲犬吠非其主耳上喜遷直舍人院歷諫議大夫翰林學士知無不言後進參知政事與寇準同秉大政

張昷之字景山訓曾孫祥符進士判大理寺累官鹽鐵副使慶曆中用富弼范仲淹議除河北都轉運使懷忠秉節精吏治後知揚州以光祿卿致仕

張次元字公所滁州人父蔭授太子中舍提舉淮南遷知信陽軍興學延名士學者感勸除江淮提點坑冶鼓鑄剔除奸弊卒於官山陽徐仲車曰公不可撓淸不可汚蓋有志古之剛者

范酉新字孟中滁州人號靑山所著有孝順詩一卷

徐象賢全椒人祥符進士調山陽縣簿遷詣陳二州司理皇祐中以右贊善致仕司陳獄時宛丘有巨盜未獲縣取他盜掠服象賢執不可守怒象賢日願緩捕期不獲甘獨坐後遇赦眞盜詣府自首守服其明子穀嘉祐間進士知無爲軍遷提舉利州路常平以抗疏致仕歸

吳蔚全椒人熙寧進士調臨淮簿時靑苗法行蔚措置得宜民以不擾積官朝請大夫知廣德彭池三州所至興學校士子翕然向風

吳革與兄蔚同舉進士調楊子主簿

遷貴池令有兄弟爭訟革流涕譬曉俱感泣去知建平縣改判韶州移知南雄州課最第一遷知吉州時增鹽課革檄諸縣勿以所增為額元祐初除江西運判徙湖南卒子五人皆登進士朋諫議大夫竝中書舍人卅禮部尚書玆閣門舍人班翰林偏修

張瓌 泊之孫以進士除秘書省郎遷尚書祠部員外郎歷淮南轉運三司責羨緡瓌止進金九錢三司移文切責瓌以賦數民貧對入修起居注知制誥員外郎中

張璪 瓌弟舉進士歷官知制誥遷翰林學士神宗朝以資政殿學士知鄭州歷大名揚州卒謚簡易

王彥成 全椒人大觀進士調泰州法曹時左丞薛昂舉彥成孝義徽宗名諭日比覽榮遇集見卿文理優贍因改京秩仕至太僕少卿湖北提點刑獄

趙察 字叔晦來安人少負秀望事親盡孝撫孤侄如子鄉里每有爭得一言即釋屢貢不應晚以特恩調永福丞

元

葛洄 字敏問滁州人善文辭為清流縣訓導學者矜式之

（明）**樂韶鳳** 全椒人元末隱山中洪武初詣上軍門扈駕下金陵授起居注分校科舉累官兵部尚書嘗奉命撰表箋樂章又輯洪武正韻考歷國子監祭酒

曾文質 字子良全椒人以醫名從明祖渡采石每藥餌所及立驗授太醫判後其孫淮爲沅陵令謫遷將得遺金還其主曾孫近京有文學好施予

范常 字子權酉新之孫太祖駐蹕滁陽名見常進言得天下在得民得民在不妄掠又擇賢者撫字之天下不足定也帝悅尋守太平有惠政名爲翰林學士以老請休賜詩四章縉紳榮之子組官至雲南參政

楊元杲 字文素滁州人少好學以文雅稱歲甲午太祖駐兵滁城適旱元杲進言禱雨之由上以志士目之護蹕渡江日見親幸累官中書省右司郎中尋知應天府子貢字彥華官趙府紀善從征交趾

趙奎 字思義全椒人貌魁岸有材略洪武間從征以功陞福建都指揮使

王才 全椒人以武勇稱從太祖克金陵太平豫章等處官至廣東都指揮使

平安 全椒人初名保兒明太祖養爲義子父定濟寧指揮僉事從征戰歿安襲

職擢右軍都督僉事進副總兵屢敗靖難兵後爲所執成祖惜其才釋縛歎曰先皇帝蓄養武士今止安一人耳仍掌北平都司事後帝見安問曰安尚無恙安懼自經

譚淵滁州人永樂間特進榮祿大夫崇安侯世襲新寧伯

沈清滁州人從靖難陞都督僉事遷都北平清營建宮殿及九門封修武伯

陳友全椒人有膽氣永樂時從征有功封武平伯贈泗國公謚武僖

陳旭全椒人有智畧洪武中以功授永平衛指揮同知永樂初從征有功陞前軍都督同知封雲陽伯

方政全椒人以靖難功爲都督指揮後戰死贈威遠伯謚忠毅

方瑛政子有謀畧以父功爲金吾衛指揮發憤報父仇乞領兵平賊功多封南和伯謚忠襄

章惠全椒人永樂年貢令平陽奉公愛民不差隸卒止用粉牌傳遞勾攝題其版曰不貪不食於民有益人隨牌至庶免譴責人不敢違考績過里捐資助修明倫堂及祭器曾孫王化有文名

黃純全椒人永樂庚子舉人歷輝縣蒲圻兩學諭宣德時命選文學士得七人純膺首選擢兵科給事中終江西提學僉事

黃瓌純之子天順庚辰進士擢御史振肅風紀坐劾權奸左遷常山丞陞知化州道德二州所至興學祛弊修全椒志多所考正孫梅爲海寧縣丞善行草書

劉清字廉夫滁州人正統戊辰進士選入庶常己巳之變百官分地守禦清督察甚勤擢兵垣巡視紫荆關口偕毛福壽戰捷於竹查山陞少司寇以忤權貴左遷四川叅政

劉愷字伯和清之姪天順乙未進士令武陟有惠政擢御史閣人蔣琮倚勢暴橫愷列其狀凡三上諭丞劉陽遷知石首陟知薊州州近畿權貴縱橫愷一無所狥仕至福建僉事

李傑字懷英滁州人景泰癸酉舉人官翰林待詔有詩名

劉必賢字天祐滁州人天順丁丑進士兩任諸暨南城令擢御史尋知衢州俱有惠政

石澄字士廉滁州人天順丁丑進士除刑科給事中一日讀章疏詞氣侃侃英宗喜命藉名于屏嘗以石給事呼之仕至鴻臚少卿

石祿字允升澄仲子弘治庚戌進士授行人擢御史按廣東知大名府加叅政擢南太僕少卿調順天府丞疏劾劉瑾忤旨謫茶陵知州時論壯之

錢山字靜夫滁州人

成化丙戌進士擢御史歷浙江僉事築海岸以禦民患改補江西僉事行部豐城會大水民饑山不俟請即發倉粟賑之所活甚衆仕至副使

吳璋 全椒人成化進士官戶部郎中抽分蕪湖絕羨餘淡泊自甘歷鶴慶知府毀淫祀教民禮義滇人稱之孫中英舉人任漳平縣

張綱 字萬善來安人成化戊戌進士授南戶部歷員外郎遷岳州府持重簡慤政務平恕以見忤當道調黎平

常道 字文載來安人弘治乙丑進士昌邑令歷戶部主事歷萊州知府山東左參政平萊蕪劇寇賜金綺晉山西巡撫先是青羊巨寇陳卿等作亂道至撫剿之所得俸資盡給宗族家居蕭然

周冕 字服之滁州人正德丙子鄉薦授新安令擢御史上疏覈商稅清屯田勘蘆課卓有碩畫

宋璘 字玉輝來安人嘉靖丁酉舉人授嚴州推官鞫獄詳慎雪淳安重獄攝符建德卻絹例陋規監九廟大工材木拒徽賈私饋子行可嘉靖甲子舉人亦授嚴州推官繼父爲政操守愈清

于鏊 字器之滁州人正德戊辰進士授戶部主事改御史視鹺滄州巨寇楊虎入犯守者棄城走鏊朱衣

坐堂上諭以罪止首惡餘許自新羣賊羅拜去縛渠魁以獻復按宣太宗屬巾貴僤其威名宿蠹一清陞浙江臬副擒巨盜湯毛九等賜白金文綺陞山東臬司尋調貴州致仕著有六書本義

孫孟 字端夫滁州人嘉靖戊戌進士官杭州守有惠政

孫存 字性甫滁州人正德甲戌進士授祠部主事仕至河南布政居官有幹畧精於法比嘗集一朝典制與疏例互相發者附於律名曰讀法

戚賢 字秀夫全椒人嘉靖丙戌進士令歸安縣有蕭總管祠凡詛咒者輒賽廟中賢偶過之諭賽者曰天久不雨若禱神得雨則善否則罰無赦昇木偶坐橋上竟不雨賢命沉之水又數日舟行木偶忽自水中躍出左右失色賢曰未之焚耳命繫之岸別遣吏戒之曰候水中人出械以來已而果然蓋賽者賄沒人爲之以恐嚇也立命焚祠後知唐縣擢吏垣時大計吏賢以倖逃者旣拾遺則負屈者當申救上嘉納大察之有申救自賢發也尋因太廟火上疏請進賢退不肖謫山東藩司都事遂致仕闢南譙書院聚徒講學發良知之旨學者宗之

彭儒 字伯眞全椒人嘉靖乙酉

舉人歷任兗州濟南延安同知泰安嶽祠多贓金當路強儒爲監儒不可以廉謹稱尤敏幹有心計所委爰書無算持牒鱗次片言折之

胡松字汝茂滁州人家貧常從人借書讀一讀不再借登嘉靖己丑進士知東平轉兵禮二曹司官歷湖廣參議協勦叛苗賜金幣視山西學政時太原亂松以文衡上疏條陳十二事世宗善之進參政協守鴈門以疏觸忤時貴落職家居與王龍溪發明良知之學有良知議辨等集尋起參政進右副都御史巡撫江西平閩廣流賊歷兵部右侍郎歷南京兵部尚書尋改吏部尚書卒謚莊肅

吳亮來安人累官參將鎮淮安以建言免運便宜七事稱旨進副總兵子經以邊功歷右都督鎮守貴州

邵夢麟字道徵滁州人母范氏夢獲麟而生嘉靖己未進士授大理評事晉寺副有聲廷尉間擢河南僉事鋤梗醒枯風釆藉甚進浙江參議會倭警擒數十人歷江西提學終山東參政

石應岳號介峯來安人隆慶辛未進士改庶吉士授給事中建白務得大體歷官少司徒

賈潤字子雨滁州人嘉靖乙未進士選戶部主事分

司徐州事竣還卒囊金不足治櫬著有薇泉集

吳藩字价甫全椒人嘉靖乙未進士授南武庫陞職方員外郎以母老請終養侍食定省外惟詩酒自娛

汪繼志全椒人祖澍弘治二年舉人繼志以嘉靖年貢任東昌通判管放月糧例有羨耗輸之公庫有司庾官以耗糧坐死代完其額

費价字子藩嘉靖戊午舉人任建昌令負性伉爽不肎依阿爲鄰郡守所陷解綬歸著有窺天管見從孫致中樂善好施世有文學

郝孔昭字起潛來安人隆慶辛未進士仕常山知縣性敏博學著有四書詩經講意人稱鹿野先生

江以東字貞白全椒人隆慶戊辰進士授戶部主事晉南考功郎出督江西學政致仕歸所居惟數椽時布袍騎驢以行爲隣邑尉吏呵下絕不知其故督學使也

王嘉賓字國賢滁州人萬曆癸未進士授定海令縣故置帥餉貯縣帑賓驗册唱給帥及監軍不得衣羨齮齕之嘉賓怨綬自劾諸臺使廉嘉賓賢請調諸暨時以計擒大盜起補海寧築海塘銅鞮數千里以防海患最聞擢御史

金惟精號對峰全椒人萬曆間貢

任鑫縣訓教率諸生敦尚名節貧不克婚者捐俸資之彭夢祖字應壽全椒人萬曆庚辰進士授戶部主事上理財疏典滇試監兌三齊兩河尋守南康晉浙江台紹憲副刑布台郡易俗四宜陞本省參政講學白鹿楊于庭字道行全椒人萬曆庚辰進士洞固海防備軍實移疾歸守濮州陞戶部員外歷武選改職方時石繼芳拒命御史賈希彝請別遣重臣往于庭以卒伍于紀責督臣擒治首惡如其拒抗即行蕩勦何煩別遣上嘉納之在部勵精籌計將士震疊忌者誣以受賂三輔臣共為辨雪予告歸家王化振字春來女人萬曆著作日富邑人為建大觀書院孫克振字養翀滁州人萬曆癸已酉舉人授長洲論歷戶部主事卯舉人令東鄉湯溪俱有政績漕撫朱大典雅敬克振協力李鵬南全椒人萬禦寇郡賴保全孫孫之英舉甲午鄉薦曆癸卯舉人知尉氏縣陞雲南府判幼孤家貧事母孝流寇至椒鵬南歿已久有一寇尉氏人也訪其廬請主拜哭賈巖字曾瞻滁州人萬曆壬辰進恩義入人如此士授戶部主事疏請册立慷

慨數千言既而考功趙南星以察典獲譴又疏救之謫曹州州判泰昌登極錄用諸建言官墓木已拱矣

金九殿 字以忠全椒庠生以子光辰貴封大理寺正負志不偶晚號種菊老人

金九陛 字允訥全椒人父湛然邑庠生積學隱居九陛萬曆乙卯舉人知棗陽縣理銅獄救旱災蝗不入境寇警守備得宜領鄉兵迎擊鹿頭店斬獲賊首棗城獲全鄖撫盧象昇疏奏其功陞南光祿署正寇突盧鳳大司馬范景文令督浦口倉儲用資保障陞至設守一如守棗者寇不敢逼景文上其功晉蒼梧兵備副使蒼梧猺獞竊發陞同總督張鏡心勦賊鳳凰山口殲渠擣巢兩廣獲平建瑞泉書院大興文教調湖廣兵備復常寧城定祁陽變撫劉荒保等賊會勦八排猺峝奏功會推南贛巡撫陞引年休致歸

馮師京 字九如來安人萬曆戊午舉人任永康知縣力學爲世名儒爲政尤清惠弟兆京書法鍾米嘗變產爲兒師京償夙負里人多其友讓

周幹 字敬源來安人萬曆選貢任壽昌縣請折田畝裁馬價至今歌頌不衰

張國翼 字以敬來安人工古

文詞以貢授秦州州同巳卯分試陜闈致仕歸惟閉戶繙閱經史吳道昌字達行全椒人天啟壬戌進士授行人考選御史督順天學政性坦朴布袍徒步與人交無貴賤皆樂易至今鄉里稱之吳沛字宗一全椒廩生性篤孝友沛生日即父濂忌日也届期輙哀泣不受諸子祝家貧賴妻盛氏相之沛得肆意墳典設教四方子五成進士者四人當世榮之陳國計號君然滁州人天啟選貢任平樂知縣歸里值流寇攻滁晝夜協守城獲以全州守蕭琯與黃藩成隙幾釀變國計躬詣其營片言釋怨禍乃解金光辰字居垣全椒人崇禎戊辰進士授行人考選御史發內使奸狀直聲著聞京師饑發帑五城賑粥辰督理有方上遣內使潛視之歎曰此眞御史也時流賊熾河南辰往巡按斬馘賊魁數以捷聞復命考最會通督有保留內臣疏光辰劾之上怒召對平臺禍且不測是日風雷暴作上感悟得薄譴降浙江按察司照磨便歸省父父喜曰子以直道事君吾復何憾尋召入晉僉都御史申救總憲劉宗周復鐫三秩歸吳國鼎字玉鉉沛之子

紉端重簡靜祖謙每以忠臣孝子目之崇禎癸未成進士授中書舍人丁內艱廬居墓側自卜生壙與親知游詠其中高風類陶靖節子遲吉輯有邁園集

皇清金拱敬號止菴滁州人曾祖際有德於鄉父若嵩稱長者拱敬性凝重嘗刲股以療母疾崇禎癸未進士順治三年授兵部調吏部以太僕少卿管文選司郎中事究識流品詮悉人物人比之山巨源子六人鎮膺入大學鏞選嘉興知縣錄中順治辛卯鄉薦鐵鐸鑰皆有文名

晉國璧全椒人以貢任袁州推官慎刑平反國初土賊猖獗璧城守有功民得安堵

吳國龍字玉騧同兄國鼎舉崇禎癸未進士授戶部主事廬墓山居順治丙申詔舉隱逸漕臣蔡士英以經濟宏才薦得旨留內閣辦事既補給事中侃侃陳言多所釐正如請錢總歸戶部議科場則例士民交頌之又請幸學蠲積荒緩徵期留漕糧恤夫役子晟康熙丙辰進士

金光昊字侶樵九陛子中崇禎壬午辰進士鄉試任長子縣令逋糧三萬黜胥將民累

吳白撫軍俾自撿實民釋重困旱烈步禱甘霖立應雙穗徵瑞在任一載百廢俱興

吳國縉 字玉林亦沛子順治壬辰進士改江寧教授力修郡學總督麻勒吉特薦之生平好周急解紛如江寧令崔登華以交代羈呂夢琦且客死皆經紀之雪棠生梅進瑚之冤贖豫章被難之婦凡所舉風烈動人自訂世書堂正續集行世

吳國對 字玉隨與弟國龍學生多才嗜學工詩賦善書法順治戊戌進士第三人授編修文望冠同館丙午典試福建一意矢公所拔極一時之選陞司業力崩陋規遷侍讀提督順天學政嚴核文行士風丕變長子旦篤孝能文早殁次子昂昇等皆有文名

潘運暭 字熙仲滁州人博學工古文辭順治己丑進士拜中書舍人出入承明諸盛典制誥多所草定尋放歸著有遯齋易說西流雜記

朱宏憲 字守謙全椒人苦志孜矻順治辛卯舉人授溧水教諭釐正祀典陞完縣令完俗多投繯服酖之事概置不究自此人鮮輕生

金光房 字天駟九殿子順治己亥進士授九江司理修理濬臺先賢諸祠辨邏卒私鑄之誣建屋

以安插投誠兵弁民不知擾裁鈌歸惟圖書一篋補瓊山知縣郤規儀製華浮費黎人樂附鎮民鼓喿光房單騎止之子作鼎有文名康熙甲辰進士

周球來安人武進士歷白鴿寨都司僉書遷南贛遊擊有功陞太原總兵轉眞定總兵卒於官

和州

〈南北朝〉

昌義之歷陽烏江人少有武幹爲馮翊戍主梁武帝爲雍州時原遇之及起兵扳爲轉國將軍每戰必捷性寬厚能得人死力累功州刺史鎮鐘離位至護軍將軍

〈唐〉

何蕃和州人爲太學生學成行尊朱泚反諸生將從亂蕃正色叱之故六館之士無受汙者韓愈有傳

張籍字文昌烏江人善古詩及書翰行草舉進士韓愈薦其學有師法文多古風遷國子博士歷水部員外郎性狷直一時名士爭與之遊尤長於樂府仕終國子司業

勤思齊歷陽壯士也神力屈百夫則天太后召見奇之授遊擊將軍賜錦袍玉帶拜横南將軍與張說

郭元振輩締爲十友李
太白壯之有勸將軍歌

宋沈立字立之歷陽人舉進士僉書益州判官著
河防通議治河者悉守爲法遷兩浙轉運
使因茶禁害民著茶法要覽三司使張方平上其
書得罷權法歷進右諫議大夫判都水監出爲江
淮發運使居職辦治詔嘉之立初在蜀悉以公粟
售書積數萬卷神宗問所藏立上其目及所著名
山水記三百卷歷知越州杭州

錢藻和州人師胡瑗與同郡丘
江寧府徙宣州提舉崇禧觀
鄱並以詞學重當時登皇祐二年榜復舉嘉
祐四年才識兼茂科官至翰林侍讀學士

沈文通和州人皇祐元年進士第一人以
有官降次名官至翰林學士有文學

彭衛字明微和
州人少讀書不事科舉業居父喪以孝聞判趙州
時州民鬻蔬者側出蔬供郡官以免身役衛欲不
取而惡違衆意因告園丁曰我家食蔬少爾持歸
鬻之積錢爾家待我終任便擕去也訖去不復問
其清畏人知如此

張邵字才彥籍六代孫登宣和上舍第
爲衢州司刑曹事會詔求直言上

疏請建都金陵不應尋詔求可使北者邵慨然請行拘燕山僧寺從會寧府和議成始與洪皓朱弁俱南歸陞秘閣修撰後知池州再奉祠卒贈少師

魏矼字邦達歷陽人少穎悟時方尚王氏新說矼獨守所學宣和二年上舍及第高宗時累官侍御史嘗論和議之非秦檜召矼問以故矼具陳敵情難保檜不能屈

張孝祥字安國邵從子紹興四年廷試第一檜知孝祥乃祁之子祁與胡寅厚檜素憾寅於是下獄會檜死事釋以爲秘書省正字遷校書郎尋除知撫州年未三十蒞事精確孝宗即位復集英殿修撰知平江府事庭無滯訟歷轉廣南西路荊南湖北路安撫使治有聲績終顯謨閣直學士孝祥文章過人尤工翰墨嘗親書奏劄高宗見之曰必將名世

張孝伯孝祥從兄登隆興進士第官至參知政事時韓侂胄當國孝伯勸弛偽學禁復趙汝愚官于是一時貶斥者得還故職子郎之歷官司農寺丞知嘉興尋直秘閣致仕以善書名

趙時賞字宗伯宋宗室也居和州擢咸淳進士第累官知宜州旌德縣德祐元年以功陞直寶章閣軍器太

監從二王入閩中文天祥奏辟參議軍事時賞在軍中每見同列盛輜重飾姬侍歎曰軍行如春遊豈能濟乎數以偏師當一面爲文天祥所知空坑之敗被執死之

元張茂之和州人累官淮南轉運使以寬厚長者見稱

明王宗顯和州人少業儒博涉經史元季避亂僑居嚴州越國公胡大海克嚴州得宗顯知爲儒者禮遇之太祖親征至蘭溪大海以宗顯見太祖曰爾與我同鄉里正濟所用命宗顯潛至婺城察聽事體曰我得婺州令汝作知府及克以宗顯知寧越府事首開郡學延儒士宋濂爲五經師時喪亂之餘學校久廢至是始聞絃誦聲

黄有常含山人元季常奉母避難竟獲保全人稱其孝洪武初薦授平陽縣主簿

馮榮和州人洪武初以人才辟知華亭縣海濱盜起既克波及縣民榮爲言於統兵請罪渠魁而貸良民之詿誤者統兵然之脫死者數萬既而興學校課農桑均徭役辯寃枉政教一新故老至今德之

呂秉直和州人洪武初以人才辟知泰興首

開縣治撫集人民爲人純篤無僞果決有爲尤敦尚廉恥邑人化之

張禎字有祥茂之孫洪武中膺文學薦授眞定知縣有惠政秩滿老稚遮留至不能行陞五軍斷事致仕上聞其賢召至京將授以職引疾固辭

徐伯常和州人嗜學敦行洪武中舉人才授引禮舍人歷錢塘仁和兩縣典史所至以廉潔自修通達政理案無留牘恬和樂易民甚愛之

李彬和州人父信從太祖渡江累功陞濟州衛指揮僉事彬襲職善騎射屢立戰功後從靖難封豐城侯鎮守江西甘肅等處移鎮交趾卒諡剛毅

陳亨和州人勇敢善騎射初從太祖渡江屢以戰功陞授都司指揮鎮守大寧號令嚴明下人畏服陞至後軍都督僉事長子忠爲南京中衛指揮使

徐義和州人父壽才略過人輕財重義元末兵興父子俱處兵間後因靖海侯吳禎來歸義膂力過人好讀孫吳書平居以騎射擊劍爲樂每戰能躍馬揮刀作虎吼突入其陣衆皆披靡然不妄殺掠所至人愛戴之授建寧右衛指揮僉事子信襲職調征交趾陞福建行都司都指揮使

沈興和州人從太祖

渡江克采石太平等處由昭信校尉封武毅將軍累功授賞以戰傷令子暹承襲

仇成含山人生有膽略太祖駐師和陽郎挺身來謁與語悅之日壯士也留備宿衛扈從渡江克采石每攻戰奮勇戮力無堅不催繼擢統軍大元帥從征陳友諒論功封安慶侯卒諡莊襄

華高含山人生有勇智江淮兵擾高集義旅數百人入巢湖以捍寇聞太祖駐和陽納欵歸附屢立戰功洪武三年封廣德侯先是高已奉使廣東劵成上命貯內庫侯還給之高尋卒於崖州柩至京師上命納其劵於墓中追封巢國公諡武莊肖像祭於功臣廟

楊文含山人父興勇毅有大志歸附太祖從征戰鄱陽奮擊爭先遂歿於陣以文管領本部屢立戰功陞都督僉事掛前將軍印命充總兵備禦開平及卒賜葬含山縣梅山御製詩賜之

紀清含山人從太祖渡江授濟陽衛指揮有功陞右軍都督僉事卒勅葬縣桐城鄉

胡淵和州人以材勇從太祖渡江累功陞指揮使從征雲南進都指揮使子琛襲指揮使孫誌有軍功陞授署都督僉事

王斅字子學含山人永樂初由楷書

授推官擢判東昌府年老歸政數嚴毅端慤所至以廉慎著值滯獄必誠心推求卒多平反歷官三十年家無餘貲

蔣禮和州人永樂壬辰進士歷官禮部郎中左春坊中允致仕爲人外和内剛門無私謁文譽日著而退遜似不能言

王鎬字子京和州人領永樂甲午鄉薦歷官戶部員外居官廉慎處事精明父喪哀毀踰禮有芝二本生於墓人稱爲孝感所致子璽正統戊辰進士

張祐含山人永樂甲辰進士授給事中屢有建白出知處州摘姦立懦去害興利民甚德之俄奔父喪值土寇猖獗詔奪情勦寇事平郡民立祠祀之

陳懋亨之季子隨父征討有功封寧陽伯永樂間進寧陽侯正統間遣征福建擒葉宗留有功加封濬國公

李濬和州人父旺從太祖渡江累功授燕王左護衛千戶濬襲陞北平指揮同知封襄城伯

馬諒字子諒和州人宣德癸丑進士授吏科給事中歷應天府尹以戶部侍郎致仕諒深沉頴敏才識絶人尹應天獄多平反重建府治修葺學廟工傭悉資本府堂鈔民甚德之及叅總國計屢多建白有撫安軍民五事

恤民十三事便民九事皆切
時務上多嘉納卒賜葬祭　薛艮字允艮和州人正統戊午舉人
宣德間授解州學正擢獲嘉令改固始九載民
借留甚衆因加通判俸署縣事又四載代還　耿
定和州人由楷書歷官刑部郎中浙江參議正統
未處州盜起領兵勦捕率先督戰死於陣贈副
使　王璽字廷用和州人正統戊辰進士奉勅賫金
帛賞勞兩廣軍士尚書金濂知其才薦主
福建司督辦通州天津草束價督紫荊糧儲辦淛
江鈔課皆以廉能稱屢陞兩淛鹽運使宿弊盡釐
聲譽勃起母憂過
毀成疾遂致仕　唐忠字以信含山人天順己卯
鄉薦授密雲知縣以廉惠
稱歷官十二載一夫不妄役奏
蠲水衝田糧民德之如父母　胡澄含山人登天
順己卯鄉薦
尹寧都愛民如子適大盜竊發澄首事築城民賴
安集學士劉戩輩以詩賢之歷九載民借留又三
載陞寧海州同知澄性孝友事親甘旨必躬處
諸同堂兄弟無間所親作居家二箴以訓子孫　王
珍字元聘和州人成化丁未進士授浦江令恤民
勸農鋤强去暴崇禮教毀淫祠舉措咸欲復古

先達如程敏政費宏咸以公輔期之

武臯字舜弼和州人幼穎異好學登弘治癸丑進士授檢討輔導榮藩臯日進講讀諄復開導榮藩嘉其忠誠以先生稱之請歸省特許馳驛性廉靜寡慾時邑令有被誣求白於監司者察其寃代直之令入謝乃曰此監司蒞事之明朝廷用法之公吾何有

萬慶字子餘和州人嘉靖巳未進士授行人奉使楚中餽遺一無所受擢刑部員外有豪猾倚中貴私鑄諸司莫敢發慶按罪無所貸陞泉州知府慈惠溫厚罷不便于民數事適倭寇破永春慶以計擒之地方賴以安堵

王元吉字德修璽之曾孫嘉靖甲子舉人歷官臨湘教諭復州衛教授生而椎魯以躬行為已任嘗侍父疾籲天嘗糞親疾果愈還金焚券施棺掩骼不可勝舉所著有克復錄心鑑諸篇

張尚儒和州人萬曆貢授巴東知縣多善政陞歸州知州修聖廟鑿新灘石舟行便之

戴重字敬夫和州人性至孝少與叔父溫州倅燦師事江浦鄭朝聘砥行修名喜談王霸大略為詩古文深醇簡潔崇禎間以歲貢廷對第一授湖州司理尋調廉州著有河村文

集馬如蛟字騰仲和州州人天啓壬戌進士令山陰多異政名爲御史廵按四川有平奢功以事歸崇禎乙亥流賊陷和州及於難贈太僕少卿

皇清戴成性字我存和州人少出郡人戴重之門以文章名登順治己丑進士授中書舍人廵按福建監察御史有淸直聲轉兵部主事以大學士馮溥薦爲工科給事中著有讀書偶會

唐之禎字若木含山人崇禎癸酉舉人性醇厚廉潔淡於仕進官崇明教諭躬行導士士習興起攺海州學正卒於官

李衷燦字蓺仲含山人以貢授洵陽令歷冀州復補荆門州時大兵方勦巨寇李來亨等於茅麓山衷燦運餉無缺賊賴以平屬丈量民田民多恇懼衷燦第令自上所開墾者得田千畝有奇而民不知有丈量之苦乃交頌之遷衛輝同知問學於蘇門孫徵君奇逢執弟子禮時論高焉

廣德州

宋查湙廣德人隱居力學治平間郡守錢公輔薦於朝力辭乃爲築堂於城西名曰清容延請教誨郡子弟儒風日振號清容先生

查揆湙之孫幼俊敏能文熙寧中升上舍生神宗問近臣舍選得人有以江南查揆張汝舟對後第進士爲太學博士臥疾不起陳紆以詩悼之曰舍法得才傳黼扆古人馳譽重賢關

湯景仁廣德人熙寧中登進士爲寧國令以廉介稱邑民名其所居曰湯清

倪濤字巨濟廣德人丱角能屬文博學強記有操履年十五遊太學試第一大觀初舉進士累官左司員外郎時議有事燕雲大臣羣相附和濤獨抗言其非王黼怒其沮撓貶監朝城酒稅再徙茶陵船塲卒後邊事起朝廷憶濤先見因錄其子

何大圭字晉之廣德人年十八試禮部第一以文章著名

沈虛中廣德人舉進士歷官吏部尚書所著有資治通鑑事類左傳國語要畧考異國史要綱

李嘉言廣德人隆興初進十後從范成大使北歷知常饒二州皆有去思

周承勳廣德人博學能文舉進士調新昌尉尋以尚書充使而還

發奸戢盜民賴以安後知崑山縣**吳應龍**字雲朔建平人嘉定進士擢御史以八事爲言朝廷嘉納之遷江淮等路都大提點**章汝鈞**字和叔建平人淳祐進士授國子監書課官名試館職首以厚人倫扶國綱爲對以秘書正字家居里人多以差役破家汝鈞與郡人梅應發力舉義役行之鄰郡取則焉後除秘書郎致政歸**梅應發**字定夫廣德人舉進士歷仕兩朝累官三學橫經王邸秉筆都曹廳忠貞務廉退仕至直寶章閣

明

錢用壬廣德人元授編修洪武間官都察院經歷預編大明律官至禮部尚書**姚恕**建平人洪武甲子舉人任杞縣令性介才達綽有政聲擢御史所至振肅官至江西按察使靖難中宣城陳尚書迪不屈死恕陳壻也亦被戮**孫昇**字伯高建平人永樂甲申進士任御史時妖婦唐賽兒作亂昇統張旗馬撫王真等大敗賊於諸城山東悉平賜白金文綺擢遼府長史終建昌知府**謝士貞**字彥良建平人永樂中以明經任本學訓導循循善誘邑人知學皆其教

也胡廣廣德人永樂中貢任給事中陞左副都御史讜直敢言憲紀肅然時建平馬政擾民廣援祖制以州居山磧無平原疏免之尋改福建叅政戴初字復之建平人成化丁未進士性剛介甘貧力學有詩名歷宰三邑皆以廉稱濮瑾字艮玉廣德人由選貢知寧陽縣兩賑饑民全活十餘萬口在縣九年治蹟彰著上官交疏特薦以親老乞歸姜洪字希範廣德人成化戊戌進士除盧氏知縣以禮教民勸耕教織邑人愛戴擢御史疏時政八條多見採納按湖廣值歲饑賑活無算楚藩請益莊田洪奏罷之陞雲南叅政轉山西布政劉瑾求賂勿與落職歸瑾誅擢山西巡撫上曰豈非一肩行李過山西者乎卒謚莊介呂盛字文郁建平人弘治巳未進士任湖州知府時孝豐湯許爲冦盛諭以禍福元兇旣俘冦當悉平後備兵天津値武宗南巡皇夫擾民盛多方調劑民賴以安宗璽字朝用建平人弘治巳未進士授大理寺正逆瑾暴虐璽平反不撓任福建兵巡平大帽山冦轉江西憲副抗宸濠之横虐平奉新之大盜終雲南布政王世祿

字子廷廣德人正德丁丑進士歷知麻城象山瀘州景州陞戶部員外郎清慎慈惠治聲甚著

李謨字子範廣德人嘉靖間進士仕刑部主事委漕運理刑減稅貳萬兩擢吏部稽勳司居官清慎銓曹稱第一廉吏

李得陽字伯英廣德人嘉靖乙丑進士任戶部權淮關盡鐲浮苛知九江府築三洲堤建澄江樓萑苻警息歷陞湖廣巡撫鍥成賦役全書全楚永賴平島蠻上司之亂免荆沙衡永採木之害以乞養歸上追嘉撫楚之績起南工部左侍郎適陵殿城工鑄造諸大役焦心殫力卒於部署贈戶部尚書

夏良心字宗堯廣德人嘉靖辛未進士除刑部主事歷陞山西叅議擐甲巡邊烽火潛消轉兩浙水利道築海堤費省功倍加秩賜金陞山東按察使東民苦饑倣冨青州遺法全活甚衆晉江西布政擢江西巡撫時兩璫榷稅歲十五萬奏免七萬兩加兵部右侍郎捐罰鍰四千金設倉置田備粟備賑卒贈兵部尚書

李天植字性甫廣德人嘉靖辛未進士授平陽推官擢吏科給事中時張居正奪情鄒元標趙用賢具疏被杖植疏救甚力有首選閹

宦多人植言儒士進學數少中貴選用太盛兩事倒置語攻政府出絫饒南道時毁天下書院當事希執政意欲并廢白鹿洞膳田植持不可且捐餼增益令諸生講習其中後歷曹濮兵備以終

濮陽淶 字貞菴廣德人嘉靖丁酉舉人公車時適楊繼盛以忠諫死淶素服往哭幾被禍通判南昌操勵清白平花園積寇靖豐城劫盗蒙賜白金所著有四書禮記貞義韻學大城圖書性理訂疑

夏思 字官明廣德人少而苦學寒暑不輟隆慶庚午經魁王錫爵奇其文延爲子衡師任禮部司務以請建儲忤旨歸

管九皐 字如鳴廣德人隆慶庚午舉人任冨陽知縣崇教化勸農桑以卓異擢御史彈劾不避權貴風采凜然歷廣東副使清操益勵

李徵儀 字于來天植孫萬曆辛丑進士授清江知縣擢御史疏薦鄒元標顧憲成趙南星直諫蒙譴宜峻擢以備啓沃閱視山海居庸兵馬條上便宜數事皆報可劾李三才盜用皇木發內監冒破金磚等費止内苑營建臺榭皆俞允廵視長蘆鹽政督學順天掌河南道臺紀肅然陞大理寺左丞以不附逆璫削籍忠賢誅

以原官起用　戈維屏字元衛廣德人萬曆辛卯舉人孫攻苦積學一郡英儁皆出其門　孫振宗字簡伯廣德人萬曆壬子經魁家貧力學夙夜吟誦尤善屬古文學者師之　戈簡字行可廣德人崇禎辛未進士授晉江知縣謝絶請謁綜賦汰役練兵修學息海氛靖山寇具有成績　王之棟字嘉隆建平人崇禎間恩貢僉判邛州民愛戴如父母攝篆榮蒲二邑適蠻寇叛棟督餉黎城瀘河等處調運不匱以守正不阿上官左遷去任　夏儀字長卿良心之孫頎然玉立咳吐成文一時名動公卿　夏魁暘字宿甫建平人崇禎辛未進士授中書科舍人

以貢訓奉化攝浦江縣事賊陷義烏及浦江魁暘誓衆登陴城破被執抗罵不屈殞於池

皇清包元獬字拂雲廣德人順治間恩貢授平陰令時濟上屯兵縣苦供億獬多方區畫賴以不匱斷獄明允有龍圖再見之謠

江南通志卷之五十一　終

江南通志卷之第五十二

孝義

古今人表之次先賢也以曾參亞於伯牛張晏議之葢謂孝首百行而班書後曾子非所以教孝也聖代用三物六行詔天下尤莫重於孝歲時耆老講約鄉校錞于申之聽者油油然興懷明發乃唐景之評吳俗曰家無不孝之子縱所言涉誇要之易與爲善故膺綽楔之褒者踵相接也彼尚氣誼而敦然諾其又不匱之思所由推歟志孝義

江寧府

南北朝陶子鏘字海育秣陵人兄尚宋末為侍臣所怨被繫子鏘公私緣訴流血稽顙兄乃得釋母終居喪盡禮與范雲鄰雲每聞其哭聲必動容改色欲為申薦初子鏘母嗜蓴母歿後常以供奠後忽營蓴不得子鏘悲恨慟哭而絕久之乃甦遂常斷蓴味 徐雄丹陽人位奉朝請能清言多為貴遊所善事母孝母終毀瘠幾至自滅俄而兄亡扶杖臨喪一慟而絕 庾沙彌其先穎上人居金陵嫡母劉氏寢疾沙彌晨昏侍側母亡晝夜號慟鄰人不忍聞既葬旅松百餘株自生墳側梁武時以純孝舉召見嘉之補欽令復丁生母憂喪還濟江中流遇風舫將覆沙彌抱柩號哭俄而風靜蓋孝感所致 朱百年江寧人南齊時值兵亂母死廬墓終身有白兔紫芝之異鄉人名其里曰孝感 江紑字含潔先考城人居金陵父患目紑侍疾朞月衣不解帶夜夢一僧告以飲慧眼水乃可差及覺訪智者法師啓捨牛屯里舍為寺以慧眼為名及就創造泄故井井水清冽取以洗眼因此遂差時人謂之孝感梁南康王召為主簿不樂仕進父卒廬墓終日

號泐月餘卒

張松 建康人兄悌坐罪當死松及弟景各欲代死縣以讞上梁武以爲孝義特降其死

唐

張常洧 句容人父卒廬墓側生芝草十二莖從孫公挺亦以孝稱

宋

包級 父鐶爲人所殺級年十七與弟綉相抱痛哭抉讐雙目瀝血祭父讐家訟於官壯其孝義爲直焉

李華 字君儀溧陽人父歿居喪毀瘠盡哀母老得廢疾華憂懼罝家事不問專奉養衣不解帶者十餘年歲旱發廩平價食其一方虛龍待炊者日以千計大觀間蝗數害稼獨至其田輒不食人以爲異

錢戩 溧陽人居父憂有少年來曰而父在京逋我金戩欲償弟有難色令舉其驗戩曰大人與人交信彼必不我欺且父貸宿鏹拒無左驗詞辭直非孝子待親之道卒與之元夕家人出觀燈鄰人潛入爲盜戩覺之呼前諭曰爾良家何乃至是取金與之使去竟不語子時徽官至敷文閣待制

呂宣問 開封人文穆公蒙正四世孫徙居溧陽父倅洋州娶韓氏

生宜問甫六歲辭去莫知所之父卒事嫡母李氏盡孝將訪所生以池陽當蜀人往來孔道乃求調池州錄事參軍凡蜀客經從多方物色知在仙井被檄知荊門過當陽玉泉寺求夢於武安王而應果得其母於仙井相失四十餘年一旦復見相持悲泣吏卒爲之出涕時韓已七十嫡母八十三矣

張孝友句容人親殁廬墓三年有五色鳥來集墓樹

趙煥溧水人廬墓不仕學者宗之

史思賢溧陽人割心療母母子俱全

王弟兒溧陽人年十五割股救母

伊小乙溧水人割腹取肝愈母疾詔旌之

劉興祖溧水人割股療父疾愈復作又割肝以進有司旌之

元樊淵字浩翁句容人至元中奉母避兵茅山兵至欲殺其母淵抱母號哭以身代死兵兩釋之母亡事之如生薦辟不忍去墳墓終不起

王榮句容人五世同居庭無間言歲饑輒出粟以賑鄉里賴以存活者百餘戶給棺殯瘞八十餘人延祐間詔旌其門

王進德字仁甫其

先自汴來家金陵事兄如父好施濟無所恡其最著者郡庠𢿫進德搆講堂極宏敞并陳設器具所費七萬餘緡買宅一區割田九百畝創建江東書院朝錫以額設官掌其教置義莊以贍親族修城隍以圻井里

顧童子建康人年十六母病割股母愈而童子死

偰文質溧陽人十歲割股療母

明

周琬江寧人父爲滁州知州以倭官路論死琬年十六叩闕請代父刑上疑爲人所教命斬之琬顏色自若乃宥其父死戍邊琬復請曰戍與斬均死耳父死臣安用生爲願早就戮上甚怒命縛至市琬色甚喜上察其誠赦之親署屏曰孝子周琬尋授兵科給事中

李疑江寧人世居通濟門外家貧好周人急金華范景濡爲部吏隻身得疾無肯僦舍者杖而詣疑疑延入泯室居之躬爲煉藥煑糜濡有黃白金四十餘兩疑記其數而封識之濡死疑出已財殯於聚寶山舉所封囊招其二子至按籍而還仍臚之以歸平陽聯子廉械逮京師其妻孕將育衆拒不納臥草中以號

疑歸謂婦曰人孰無緩急倘爲風露所襲則母子俱殞俾婦邀歸產一男踰月辭去不取其報金華宋學士爲之傳

王指揮失其名世襲虎賁衛妻死不娶獨與母居孝養備至人皆稱孝義王同官黃某遠謫久不通問妻貧不能存成國朱公儀素愛指揮閔其喪耦欲以黃婦妻之名指揮語之揮唯唯而已成國遂擇日歸之指揮雖處一室夜則各寢居數月成國聞之召訊其故指揮曰曩以主命不敢逆但與婦同寢其夫歸何以處之況彼失節是某失節也成國曰若爾則如之何指揮曰如兩全不若遣送謫所某家有老奴夫婦二人令伴送至彼可無虞矣成國嘆賞久之亦賜金遣二人送至謫所夫婦重聚

汪應乾府軍右衛指揮割股愈母數年母復病復割股以進而愈

徐昱字彥昭江寧人舉宣德七年鄉試選國子學助教父病革醫告技殫昱旦夕籲天求以身代封臂肉和糜以進父疾瘳鄉人將以聞部使者昱曰此一時遑迫計無復之耳奈何從邑長令干名乎後居官有矩範

徐遠字文穆上元人平生以古人爲法有友人寄一竹篋內藏白金奇玩

其夜遠家失火友人已甘灰燼往探之遠於已物無所取獨抱此此篋移置善地性耽書史所著有居學齋集

金玉 留守右衞人弱冠爲父報讐郎中尹灝稱其孝

蕭春 字秉常其先江夏人寓居金陵父病痢春不解帶者逾月每夕沐浴仰叩北辰及病劇臭穢很籍春泣曰吾父不復生矣兩手據牀一吸殆盡悲苦遂絕良久乃甦父卒哀毀廬墓

徐震 字廷威其先吳郡人家金陵錦衣指揮呂貴常以金十二觔寄托震遺少子貴死名其子還之其子啓封顧疑震震名故人并其子出貴手書示之其子乃愧謝而去博士沈立者善數學推其子後當貧以五十金託震震後訪其子果貧亦名而與之其不侵然諾如此成化間被薦至京側當得官不就隱居來鳳山

龐景華 字宇春上元人父歿時方九齡母孀居鬻簪珥市書遺就里塾景華承母志力學不怠母病阽危景華刲股爲糜以進疾乃瘳常至江滸捐金拯溺活十六人鄰火爇近所居籲天而禱風反火息有司奏旌其門曰孝行復其家母九十三卒廬墓側朝夕哭有盜十餘人事推埋聞哭聲曰此孝子也相

戒無犯

何岳 字畏齋留守衞籍嘗夜行拾遺金二百鍰不與家人言凌晨攜至故處有尋至者問其數目封識皆合遂以還之其人欲分數金爲謝岳曰拾金而不敢隱豈利數金者乎又嘗授經宦室值主人以事入都寄一箱於岳中有數百金曰俟遣人來取去數年絕不通聞適其姪以他事至因託之寄還岳郎觀察何汝健之曾祖

丁禧 其先江都人祖瑄天順初爲錦衣帥歿而賜葬江寧石子岡禧襲府軍後衞指揮使性至孝年五十猶無嗣息人有勸其禱祀者禧曰人受命於天而得生於祖與其乞靈土木曷若乞靈於親乎歲時伏臘必走賜塋下具牲牷申誠悃雖風雨寒暑未嘗愆期一日冒雪而往拜謁竟瞻視壠上故有槭樹方隆冬見碩果一如拳異而攜歸與室人啖之遂有娠生子弘潮得世襲

陳名謨 上元人父病危篤藥餌無効與弟名世各籲天願以身代乃相繼割股以進而父愈先是其母朱氏曾割股愈其父姊適劉又割股愈母一門之內母姊兄弟孝行相承人以爲難

楊朝宗 字見卿嘗館於大姓徐氏有同門生易某相友善貧

無以自存將投故知於汴朝宗曰道路遠人心叵測適有館穀之便可少留乎易喜過望時徐姻有杜兵部者將令其子從朝宗學朝宗遂舉易自代人以是咸多朝宗

卜璠字樸菴江寧人行年五十即不關家務日以施藥掩骸放生修路爲事嘗卜地牛首山側中途見負戴者苦渴即以貲穿井井在鐵心橋至今行旅便之偶過一橋聞下有哭聲甚哀問之則夫婦逼於債攜幼子欲自盡也急捐金救之次年冬返吳江夜深舟覆攀船底飄數十里得登岸至一人家叩門求濟門啓則昔之橋下人也夫婦拜呼爲具食燎衣易舟以行子鏜孫履吉皆援魏科壽八十有七沐浴端坐呼家人羅拜而逝三日就殮面光如生

姚澍字元白上元人母病脾醫不能療乃割股作羹以進病愈嘗拾遺金一囊候其主不至盡出以周貧乏

史世揆字度子江寧人父歿時甫七齡同里周姓貸其父千金貧不能償析產時世揆焚其券嘗納妾妾入門悲痛不已詰其故曰父負冤繫獄鬻妾贖罪思母無所倚耳揆惻然遣還不問其貲更贈五十金

趙時振字少東江寧人舉成

子鄉試授嘉祥教諭父早卒母八十無疾而終時振哀毀過甚嘔血數升扶柩歸葬於康家山廬墓二年夜深哭奠徹曉不休竟以成疾死朱太史之蕃姚鴻臚淛各爲詩文哭之後人立碣山中曰趙少東先生廬墓處

武局號橙墩溧水人家金陵有族人負一王孫千金王孫禁之別室而邀局飲伴令僕洩其語局投袂起曰族人被禁索逋而局高坐歡飲豈有人理乎即代償亦易易耳何見辱之深也乃縱其族人去歸謀諸婦盡假其簪珥之屬以與王孫值八百金聞者義之

徐鯨字樂野本上海人好施予嘗獨修方正學祠墓及安德門至新亭岡大道捐資募工便於行旅

王馮字杲青四川學憲芝之瑞子芝瑞死王事葉葬端州西郊之梅菴馮家赤貧徒跣奔迎經營踰年奉柩以歸時六合潘士奇與芝瑞同沒同旅襯芝瑞偕父棺載歸同葬之時稱其義

王承芳字元美先世歙人幼事制舉業遊學白門從外父賈遂家焉以歲時洗腆屬兩弟繪同心圖各持其一族有死喪時其多寡而周卹之故人有溺死者歲時呼而奠之里人呼爲忠恕翁拜光祿丞不仕從祀

鄉賢

陳敦化 秣陵橫山鄉人父早亡母葉氏長齋奉佛撫敦化及弟妹成立年八十有三忽臥病値土寇所在爲虐或勸敦化遷避敦化曰母病方劇勢不能移若棄母自全如人理何執不去亡何寇劈門入執敦化索賄不得繫於樹射七矢乃釋而去後來者踵至備受塗毒惟以身蔽母復被刃者三寇去箭孔刀創流血如注人皆危之不二十日遂得痊可咸謂孝感所致云

路伯鏜 字元振上元人嘉靖辛丑進士事親盡孝武定侯郭勛坐事逮繫以千金求爲一言伯鏜却之

姚金玉 其先浙人隸上元割股愈母詔旌孝行之門

趙拱辰 江寧庠生居家教授承歡備至有重幣聘之遠遊者拱辰曰吾方以身事親豈以千金易一日耶嘅給諫世祿常稱爲世之眞儒家之孝子子自明孫司至皆以孝稱鄉先達表其里曰仁孝里

周禧 句容人壬午自汴還有溺人觸舟傍急援入舟中灌以米飲乃甦返棹數十里訪還其家嘗寓京邸拾遺金十斤翌日其人泣至尋覓禧審實還之又嘗商閩有誤與貨價千金者禧追還之

唐保八 句容人幼

喪母力穡以養繼母朱氏得父歡父歿奉繼母益盡孝嘗値歲荒保八慮不能兼濟棄子池中妻救之得存後因鋤地得窖錢二斗舉家賴以存活時人以比郭巨云

錢賔國 字寅勛溧陽人伯兄以逋賦繫將質已產代償之令聞而問曰汝寒士曾與而兄析箸否曰析久矣然逋賦者賔國之兄負逋賦名者賔國之父也賔國敢令父負此名哉令義之日而兄逋以百計爾償其半我爲子足勿過累子後

繆希亮 字思忠溧陽人事母至孝由貢司訓宣城不樂仕進嘉靖己丑旣登第不廷對而歸遂終養焉母歿不復出司空劉麟表其墓曰有明第一高士

周什一 溧水人少孤貧父早卒事母朱氏至孝母病思魚鱠値大風無漁者什一徧走湖濵得一魚倍價市歸剖之得黃金百兩以是得盡孝養

梅洪 溧水人少孤事母以甘旨自奉甚約其婦有後言遣之母瞽洪每負以行一旦復明人以爲異母卒廬墓三年縣令聞而賢之爲娶妻生子矣婦厭其貧去之數歲子卒洪亦卒邑人收葬於城北十里許有監司題曰孝子梅洪之墓

彭鯤 溧陽人母卒廬

墓有連理白兔之異

花犇孝子 高淳人不知姓名日負薪以市常雪中至學宮教諭于鳳見其衣敝肘露謂曰何不以市薪所得易衣對曰小人有母不暇自謀耳鳳曰汝有妻乎曰有何以衣妻曰新者奉母母而易其舊者聊蔽體耳鳳喜其孝以千錢贈之却不受固與之乃曰當爲公供薪鳳堅辭之至夜則載而投學舍之閾中鳳蹤跡其人竟不得或曰居花犇故名

葛至學 高淳人爲父割股者再爲母刲目復明卒而廬墓當事旌之

楊師祿 高淳人年二十四歲遇亂兵父正宗被執師祿號泣求代兵異之欲留置軍中師祿不從被害妻卞氏年二十痛夫念親守遺腹子以終

吳蘊南 高淳人崇禎末隨父避亂會土賊入門劈父胸蘊南從樓上望見急下求代被害妻孫氏誓死守節刲股救姑

秦漢 高淳人嘉靖中諸宦者奉睿皇后梓宮從承天所過郡邑皆有獻至南都淳令陶某獨無衆校擁陶去拘一室人莫敢救漢曰吾當立返之乃衣錦衣乘馬揚鞭而進衆駭視無敢呵止闢戶出陶負以上馬絕塵而去復代陶攜金致之得無患一時名重

京師年老居家值歲饑漢爲縣令籌畫勸借得穀二千石民賴以生**魏孝楞**高淳人父子盧墓勑旌雙孝**劉銓**江浦人父觀爲御史緣事犯辟銓具本擊登聞願以身代蒙特宥復觀原職**陳標**江浦人陳澤之子澤妾李氏生標甫五歲而父遣之歿適於浙標既長欲往尋覓以父年衰而止父歿詣浙迎母亡已十餘年遍訪遺塚啓棺滴血負柩歸葬**楊鳳**江浦人割股救母壽享一百一歲**李夢周**六合人年七歲割股愈父**曹鎮**六合人鄰人失火及門鎮護父柩不出未幾風返火滅**張文峙**字紫淀上元人伯仲俱博學好交遊文峙少年有志經世經史外旁通兵家陰符以及象緯星占流寇初橫大司馬范景文就廣區畫著南畿本區志見總鎮山東畫節文峙千里迎喪與弟可度可法棲息山林塵垢名利傲裘緩服集明布衣詩百卷藏之名山兒子怡亦復高蹈人稱其一家孝義云**韓范**字孟小鷹揚衛籍崇禎丙子舉人范父任俠好施父子涉江有負官錢鬻其女者解橐中金贖歸之**鄧艮材**字千霄年十八始授經郎

能通大義尤潛心於象山陽明之學爲諸生留心世務以節義自許甲申聞李自成之變號慟累日棄舉子業絕意進取葛巾野服頹然自放於山水之間

吳可箕上元太學生甲申闖賊陷京師可箕具酒食召親友言別衆莫測其意已乃製白衣題詩於襟入英靈坊關廟閣殿屏自縊而死同時有孝陵衛董啓明者聞變自縊樹下妻王氏與子女俱死武舉黃士彩素伉達頗不爲鄉里所重至是亦闔門自經

曹臺望字肅應江寧諸生性至孝父病侍湯藥不離側幾忘寢食形爲骨立寇亂捐千金倡修城垣巡按御史嘉之題授恩貢嘗夜宿淳化鎮聞鄰人以債迫棄其妻即罄囊贖還之其好義類如此子鳳禎登順治辛卯賢書人稱爲長者

皇清

羅必顯字揚庭先南昌人徙居金陵性至孝自少及壯侍父母寢食無惰容居喪柴毀幾不能生所居臨有友代置廣廈辭弗受曰丈夫豈受人憐耶一日夜飲歸過螺南巷口遇投繯者急呼救詢之知爲索逋所迫謀代償之其人泣謝必顯無德色晚遵一峰家學一以性理訓子孫今

科第連綿代有偉人

年八十一無疾卒

吳學萊 高淳庠生廬墓 **朱文謙** 字六吉文公裔世居江寧與兄文泰事母范母疾刲股療之邑令旌其門又葺紫陽書院贍䘏同族與兄友愛至老不衰時稱盛德

劉開楠 高淳人廬墓 **劉玉佩** 江寧人刲股救父一門雙孝旌

黃明詔 溧水人刲股療父其子世化刲股療母 **王瑞昌** 溧陽人刲股救父 **許良春** 江浦人刲股療父 **彭禎源** 溧陽庠生父欽宅生五子禎源其季也力學授經獨嘗甘旨以養二親雖屢空不謀菽水於諸兄父柩在殯中夜火起已燎壁椽源抱柩籲天願與俱燼火忽自滅咸驚爲純孝所感子桂極皆太學生有文名桂以博學宏詞薦母病辭不就徵

李暄 字叟三上元人由監生授楚雄知縣少有至性母蚤逝事繼母得其歡心定省無間人以孝稱之

陸成之 上元人與兄芬之友愛誠篤兄殁成之盡以産付姪自甘淡薄長姊適董卒遺幼女撫爲己女擇從姪鳴時能文者妻之鳴時後登辛卯舉人壬辰進士其孝義至今稱之

劉芳

陰字瞻怙上元人上世屢割股救親父岳遂以孝友名其堂以訓子孫云芳蔭十五補諸生性純篤承父訓有隨處體認天理之領父歿三年無改母病以身禱母死事母兄如父事姊如母事父伯仲如父視伯叔兄弟如已兄弟朋友有急賙之有疾視之族黨婣戚罔不念也修道路市藥施槥修族譜無義不舉

張光字樸生江寧人庠生以孝友稱與同學謝廷相友善晚構南郊別業兄弟五人自相師友廷相公車道卒遺孤光撫之如已子鳩資經理其生計二十年無愆期無德色更全其資爲置田宅同學陳昱無子僅一女許字光子光子夭昱亦病革以妻女委光光諾昱撫牀曰吾可瞑目矣光乃爲其女擇佳士嫁之復立其女之子爲陳氏後年七十六卒子景栻景載有文名

蔣凡順德府別駕張愨僕愨居官勤慎偶馬蹶而墜不能言相隨止凡一人泣告太守曰吾主飲順德一口水積貸未償今若此行囊請封貯使人知吾主之爲清白吏語畢引刀割股以進籲天願代少間愨稍甦太守義之

黃老人江寧庠生黃清家僕清靚疾篤家貧子幼不能治喪

事老人號曰此老僕責也棺殮俱盡備誠敬主母貧無食老人脫身爲傭以養之歲時必携酒省墓哭盡哀家有數棺未葬皆釀錢葬之

董三策 江寧人康熙癸丑武進士授萬州遊擊值寇亂檄策勦賊于定安策血戰百里恢復縣城窮危搜險勦除餘寇深入黎洞中毒身仆猶口呼殺賊而死

增華 瀨水劉氏僕也居桓朴野劉氏以常僮畜之崇禎癸酉劉仲子道開補崖州幕偕其弟及二客二僕往海邦多瘴癘二客二僕相繼死道開懼遣其弟還而道開亦死獨增華瀕死復生乃間關萬里扶五柩歸跪主母前且拜且泣出百金封識宛然曰此主人積俸也襆被蕭然衣敝不掩旁歎服

蘇州府

〔漢〕**顧翺** 吳郡人少失父事母孝母好食雕菰飯嘗躬自採擷供養家近太湖湖中乃生雕菰無復雜草蟲鳥不敢至遂得以爲養郡縣奏表其閭

〔三國吳〕**顧悌** 字子通吳人孫權時爲將軍悌向歷四縣令每得父書灑掃設几筵舒書其上拜跪讀之父終飲漿不入口五日以不見父喪嘗畫壁作棺像設神座於下對之哭泣服未闋
而
卒

〔南北朝宋〕**陳遺** 吳郡人爲吏母好食鐺底飯遺在役恒帶一囊每煮食輒剝焦以給母後遇兵亂聚得數斗恒以自隨及敗逃竄多餓死遺藉此得活母晝夜啼泣目爲失明遺還及戶再拜號咽母豁然即明

張敷 字景應吳縣人少喪母問之輒鳴咽年十餘歲求母遺物唯得一畫扇每至感思即開笥流涕敷小名樝父邵小名梨文帝戲之曰樝何如梨敷曰梨是百果之宗樝何敢比元嘉中遷黃門侍郎司徒左長史未拜父在吳興亡報以疾篤敷往奔省自發都至吳興成服凡十餘日始進水漿葬畢不進鹽豉遂毀瘠成疾世父湛每止譬之更感慟絕而復甦未朞卒追贈侍中稱所居曰孝張里

顧訓之 吳郡人仕太原太守五代同居子孫富盛閨門雍睦家有

百戶時
人重之

齊 陸厥 字韓卿吳興人父被誅厥坐繫尚方尋有
赦厥恨父不及感慟而卒弟絳字魏卿嘗
父臨刑時抱頸求代不獲
以身蔽刃行刑者併害之

梁 張稷 字公喬生母劉氏遘疾稷年十一侍養衣
不解帶每劇則終夜不寢及終毀瘠杖而
後起嘗設神主出告反面如生州里謂之淳孝兄
瑋善彈箏稷以母劉先執此伎聞瑋爲清調便悲
感頓絕遂終身不聽之父永
及嫡母丘相繼卒廬墓六年

陳 張昭 字德明吳郡人幼至孝父熯病消渴嗜鮮
魚昭結網捕魚以進弟乾字元明亦有至
性父卒兄弟並不衣綿不食鹽醋日食麥粥每感
慟必嘔血父服未終母陸又卒兄弟毀瘠家貧未
得大葬布衣蔬食十餘年兄弟因毀
成疾年未五十並終於家嗣息俱絕

隋 徐孝頴 吳郡人丁母憂三年衰絰不離身終冬
不御綿纊形體骨立每哭踊盡哀聞者

員涕嘗在圍中晝臥見人盜萊徐轉身向内恐盜見之其仁行謙退皆此類也仕隋爲學士校書郎

唐丁公著字平子吳人三歲喪母七歲見鄰媪抱子哀慼不食請於父緒願絶粒學道稍長父勉就學舉明經高第授集賢校書郎清約守道不滿秩輒去侍養於家父喪負土作塚貌力癯毀見者憂其死孝觀察使薛苹表上其事詔刺史吊問賜粟帛旌閭

宋李鼇父壽昌令璲濮州人咸平中自睢州罷官北歸舟過吳江而卒鼇葬於天平山鼇時尚幼奉母鄭家於蘇天聖中鄭卒與璲合葬鼇侍杖寢苫廬於墓側早夜悲慟甘露再降於松栢鼇又以母嘗誦金剛經刺血爲書刻於墓下郎中楊備表之

龔明之字熙仲幼逮事祖母李李自言少嘗大病夢神告曰與汝七十七及期果病且華明之夜禱於天乞減已五齡以益李壽灼香於頂者七聞腦中爆裂聲不爲動詰旦李病良愈又五年乃卒宣和三年明之以諸生貢京師迎父母往已而母與弟繼亾去鄉數千里貧無以歸葬明之取其家所有自一錢之直皆折責之不足又

乞貸於人竟護二喪以歸淳熙中李衡以忠諫去國年幾八十德望絕人獨以兄事明之時人賢之目爲二老

陳振 字震亨崑山人父遵死貧無以葬得地圓明村卜者云不利長子振曰使親藏得寧或不利於振二弟尚可主祭遂葬焉後振爲紹興進士弟拱亦登端平科振以祿不逮養刻木爲親像一飯必祭鄉人稱之

衛時敏 崑山人與弟季敏友愛甚篤三世同居寧宗御書友順堂扁賜之

陸十七 吳江震澤市民父疾刲心作糜進啗遂愈寶佑二年郡守趙汝歷爲建旌孝坊熹熙中郡守吳潛建純孝坊以旌之

周津 崑山人父驥有病津刲股以療或以義諭之津曰父母遺體豈宜毀傷然因所予者還以奉之詎爲過邪津亦以壽終

李重發 崇明人性至孝其隱居詩有奉母甘疏食呼兒課古書之句母死廬墓誦經而不惑浮屠

元

湯文英 字茂實宋紹興間五世祖玉自華亭徙吳嘗手植黃楊於庭曰吾子孫守行操心弗墜厥紹此樹當日益蕃名其堂曰存心迨至元初歷二百餘年庭樹陰滿至文英子孫凡八世

同居進士顏堯煥上其事於朝表門閭

金弘道字達可吳縣人祖璹仕宋將仕郎至弘道聚族凡六世至正間旌其門

陳謙字子平郡人年三十始受室踰五十父病革思食鱖而父歿謙終身不食鱖兄訓字師敬爲吏不苟同一在兩浙鹽司嘗鬻乘馬書畫器物屬錢所知贏什一自給所知死妻操錢子母歸訓訓謝曰生享其利死餒其孤吾不忍也悉以錢與之及歸吳窶甚謙曰吾兄能若是復何憂乃力苦周旋惟兄所欲爲京口孫子翼與謙爲忘年交有女貧不能嫁子翼病篤謙持貲爲畢婚事至正間訓爲江浙行省照磨告歸時張士誠兵適至訓謂謙曰汝無官守宜自爲計謙曰兄在弟何所之俄兵突入共脅訓拜不屈遂刃其胸謙以身翼蔽之幷遇害門人范文炯求屍得之水中猶兄弟相倚立

秦玉字德卿其先由鹽城徙崇明父再徙太倉玉早孤刻志苦學博通諸經母顧氏織絍給業玉益感奮與兄未嘗異財事無大小悉稟而行母病累旬不解帶及卒泣血茹淡俄鄰居失火母殯在堂玉慿棺號呼火遽滅人稱孝感

何恒横塘樵者生至正間

母瞽嗜食餅餌恒出必市餅置懷中歸奉母一日有人邀奪之歸告母母曰爾未歸有人來云爾子寄餅餌於此食之甘又云三日後來醫汝目去後吾目似有所見恒異之逾三日俟之不至意非常人必不再來恒出其人即至謂母曰爾子在否曰甫出曰吾昔許醫汝目曰嘗賜餅餌食頃目即明矣曰與汝一葫蘆凡有疾者搗其中但得物即瀹湯飲之母曰諾即去恒後病劇搗飲之立愈鄉人以爲孝感乞藥者如市漸致富沒後其子搗之藥即不出

王斌字嘉甫吳縣人早孤好學事母賈甚謹斌爲無錫屬吏迎母就養每雞鳴起朝其母始出夕歸復躬進飲食母叩吏事斌曰所行善則喜不善則減眠食斌一一體順日益戒謹母病斌不解衣不交睫奉侍藥餌及沒執喪哀慟骨立吳俗多火葬斌惻然追傷其父營穴窆母閶門外復築亭原上名曰思服踰祥猶哀泣如始喪

吳淳字伯善長洲人少與兄同居兄以疾發伏枕幾二十年元季吳中被兵家悉奔潰淳獨侍兄不去有操刃入室者淳負兄倉皇走避復遇亂兵十餘交刺淳以身蔽兄被三十餘創昏仆於地竟死

淳創稍愈遂入餘杭山終

朱良吉常熟人母錢病且死良吉沐浴禱天剖胸取心肉一臠煮粥食母母病愈良吉心痛不可起邑人俞浩齋聞而過之覩良吉胸間瘡裂五寸氣騰出不能言俞爲納其心以桑白皮線縫合月餘而愈

陳晉字亥翁吳江人元末僞吳竊據其父作詩坐謗訕論死晉請以身代父父子爭死不決有司謂代父者孝代子者慈慈孝之人安肯訕上遂兩釋之

陳寶生字彥廉其先海鹽人父思恭商閩溺海死母莊氏携寶生歸太倉撫育成名士最與黃子久暱以父溺終身不至海上子久歲一詣必至海上觀濤舞拉寶生則泣曰陽侯吾父讐恨不能如精衛塡木石何忍以怒眼對子久爲動容不前而返因作讐海賦紀其事

明殷奎字孝章一字孝伯其先自華亭徙崑山浙東僉憲孛朮魯昱重其名舉教官奎以養母不起至正丙申州治復有聘奎訓導儒學便養母乃應命洪武四年以薦赴京試高等當得官州縣念母老疏乞近地便養忤旨調咸陽教諭在任四年念母不置作陳情詩辭甚悽惋竟鬱鬱以死

弟璧箕璧字孝連奎卒於官璧謂箕曰母老吾弟宜在膝下吾當遠迎兄柩遂間關數千里扶喪以歸時人高其行爲壽歸柩圖

陳貞字子固常熟人洪武初母沈患心痛垂華貞刲股雜羹中以進母食而甦越三日痛復作貞欲刲心再進母覺謂貞曰汝誠篤孝若爾我心益痛止之是夜母夢土神周孝子授以紫蘇飲服之愈人稱爲孝感云

瞿嗣興字華卿常熟人母嘗夏月患癰穢不可近嗣興燖湯洗滌跪牀下執扇驅蚊以手磨穢剔腐晝夜無休母又患積氣醫不能治刲股肉作羹以進母不食已五日矣啖之疾愈母思菱食時菱始花求諸市不得嗣興乃解衣入水半日忍得菱以進人稱孝感所致

顧琇字季栗吳縣人洪武初父濟民戍鳳翔母韓從行留琇守丘壠越六年聞母訃琇即日奔赴函母骨以歸自陝抵吳踰數千里骨函未嘗着地行則負之寢則懸於屋梁而草宿其下渡則著之心胸父既老免歸必躬滌溺器家人止之曰此非爾所知蓋其心恐親有病故視溺以驗之役父卒琇哀號五日死

梅應發居閶門市母嘗有病刲股爲羹

以進母啖之疾已他日母復疾危甚應發露立北面稽首以香然頂灼臂叩天乞減已年以益母壽是夕天陰暝俄頃雲開盡見北斗之六星惟一星尚没頃雲復合及還見母擁衾坐床上言有白衣六人以水灌灑遂豁然而蘇

莫轅 字巽仲吳江人洪武初父繫詔獄將刑轅年十一願代父死理官試加脅誘語無異詞遂奏釋其父而繫轅後恩宥歸家被火火逼母寢轅躍入火中抱持以出鬚眉盡焚卒年七十七私謚貞孝先生

都文信 字士誠吳縣人其父思賢與徐右之交善思賢死妻唐有娠晝夜悲泣右之日使人存問且慰之曰若生子吾當妻之已而果生文信右之遂舘爲壻洪武初右之坐事文信請代行右之曰汝未有子豈可爲人死不許旣而右之事白得還復以事被逮文信曰今已有子可行矣潛冒右之名以往竟死於獄右之感其義卽屏妾侍遂無子都氏世奉其祀焉

沈伯剛 長洲人本孟姓自少立爲母姨夫沈勝五後洪武中勝五坐事當誅年且老伯剛願代死時年方十七臨行太祖怪其少問故特赦之

錢廸 常熟人父甦洪武中

坐事當刑迪年十八詣執政求以身代所司上其事詔從之

虞宗濟字思訓常熟人父德良與兄某坐法當死宗濟詣吏自任曰父兄不知也獄具斬東市顏貌不變時洪武辛亥夏六月也年二十二宋學士濂有論贊

徐植字原芳常熟學生父達輸賦後期將伏法植年十八請代父死臨刑賦詩有父母恩同日月高試將一死報劬勞之句邑人王廷珪爲作孝子傳

戴君用長洲人洪武中父禍之因監稅失火法當死君用身代父刑其妻吳氏泣曰吾夫得子道而死吾忍失婦道而生子文禮方襁褓紡績以養守節五十年宣德三年旌表

陸安字修平崑山人父德甫坐罪擬棄市安時年二十初婚即別其婦抵京大書代父典刑四字於布袍伏闕哀請許之臨刑從容就刃妻鍾氏抱骨哭盡哀亦自經死

王淳王洵郡人父鑄爲都督府斷事洪武入年坐法當死淳年二十七洵年二十二日夜號泣爭謂御史請代御史訊其執志堅定疏於上特免焉

范廷珍字惟中崑山人父彥良洪武中以事連坐廷珍率其弟廷堆詣官陳請願代父

死倩詞悲惻官爲感動得末減兄弟俱戍河間

梁棟崑山人父孟鏞洪武中爲館陶主簿以第六子鎬爲人贅壻母憐其幼嚙臂流血而别孟鏞既卒棟思鎬不置徒步至館陶已失主家所在從隨所至輒求之垂三十年一日以事至華亭寓東禪寺會大雨有僧袒而決渠棟見有痕心動就與語即鎬也抱持大哭遂攜歸相友愛終其身

徐昌伯吳江人永樂中坐事謫戍遼東家有老母其弟季昭請兄留養而以身代行昌伯曰爾不經事少年豈堪萬里兩人相爭久之母卒遣季昭行後十餘年季昭還母兄尚無恙鄉人扁其堂曰孝義

蔣安字仁伯吳縣人洪武間弟懋以累戍開平安時爲縣學弟子去巾幘詣御史泣曰懋幼弱不任戍且老母所鍾愛請以安往御史許之

俞敬字用禮太倉人少爲張氏養子頗虐之張母孫曲爲憐庇如已出敬亦事之如母孫遘危疾敬籲天刺左脅割肝和糜以進疾愈既而復作又自嚙左臂肉以愈之永樂八年詔旌其門仍擢爲尚寶司丞洪熙元年陞少卿復俞姓

楊玳字公藴永樂間入京師遇館人喪不能舉

將醫其子珧探囊得鈔三十錠助之後歸母顧氏遘病藥不能救珧籲天刲股作羹以進母食之病尋愈

甘霖字用汝崑山人父伯清疾亟指孽子密謂霖曰汝善視之宣德乙卯霖貢入太學密家居嬉遊入市遂失所在霖聞之驚哀無措百計覓之弗獲五年後入京謁選祝其先曰某遇密方敢就職果於京民安士傑家遇密爲奴乃奔告達官贖歸兄弟復完友愛備至

鄭壬字有林崑山人母年高不能行特作板輿與家人舁之隨所往來如是者數年母意甚適迨歿治喪不作佛事葬祭一如朱氏禮兄亡無後事寡嫂如母嫁其孤女不異已出鄉人稱爲雙松先生

支琮字敬將崑山諸生家貧事母至孝每冬寒母不能寐琮以已衣覆之自煖其足有郡倅慕其爲人晨往候焉良久不出倅惟問之知其以青袍覆母母睡熟恐驚動不敢啓竟以短衣見倅嘆息而去

徐任字惟用太倉人母楊氏病迎醫莫効每夕搏顙北辰求代三刲其股作糜以進得愈

吳璋字廷用吳江人幼孤依母陸以居永樂二十一年詔選天下節婦充內役陸以年例當行宣德元年

親王出封廣東徙封饒州陸皆從行璋棄家奔走二藩屢求見母不允正統十二年復懇啟於王王憐而許之命入宮見母母時病華璋徬徨刲股作糜以進病少間王聞召賜金帛勞遣之璋遂負母出至寓三日而卒乃匍匐扶櫬歸葬

朱顥字景南長洲人父歿廬墓有馴烏之異成化十一年旌表

陳與立世居蠡口奉母至孝每旦嗜楊涇橋糕離家二十里外與立不避風雨寒暑致之如是幾十年忽一日買糕至橋所有破衲道人爲與立求糕啗母即與之復往買歸而道人已畀前糕與陳母且留一瓢與之云將此注水飲人可以瘳疾與與立大驚自是病者求瓢水飲之疾良已一時以爲孝感遂聞於朝孝宗遣中使取瓢去與與立沒里人爲立祠

沈輔字良弼嘉定人與妻瞿氏俱至孝輔嘗他出忽心動悸汗曰得無二親不安乎惶遽馳歸則母癱瘓已不可救矣哭踊絕水粒者三日父思善病痢夫婦朝夕稽顙北辰願減己算以益親壽久之額堂印處成窪父於昏倦中恍接神語異香滿室病遂起及沒廬墓三年弘治七年詔旌其門曰雙孝

沈珵字君玉嘉

定人母病目或云平日舐之可愈瑆如法行之三年果復明父有背疾傴僂不能起立瑆日夜扶侍不離左右聞有李神鍼者能起痼疾邀致之李欲爲灼艾瑆以身試痛甚恐父不勝固請止是夜父夢神人語曰吾感孝子意爲汝鍼之鍼之驚汗疾遂愈弘治九年詔旌其門

徐源 字仲山長洲人母患目疾源用舌餂之炎涼無間二年復明每夜讀書燈油不給姊竊與焉既貴資裕其姊相見必泣蓋追憶前事因以思父母也

瞿通甫 太倉人兄弟同居友愛凡五世知州李端奏旌其門

王瑄 太倉人母早嫠瑄述母苦節得表旣葬結廬墓側大風雨不移晝有故出夕還跪墓前日瑄來矣慈烏時集其廬瑄死妻劉氏守節有司爲建坊

沈志仁 字景範太倉人生父尚友充松潘總兵官擒賊反督府坐尚友逗留逮下刑部論斬志仁跣足隨父獄號泣長安街遇冠蓋輒叩首訴會秋盡且論報志仁詣廷尉乞上父寃狀廷尉辭志仁乃退自拜疏時上恭己上書多不報志仁疏上之二日忽有旨下刑部釋尚友志仁奉其父以歸

錢之選 字舜臣常熟人

父名袁以事繫獄之選京控上官請代繫居囹圄日手一編吟哦不輟父戍遼左追隨萬里至元菟有萬戶某妻以女得籍鐵嶺衛爲諸生中嘉靖庚戌進士授晉江令擢兵部武選司郎中上書訟父冤得白遂得封父如其官予告終養父子同歸時人榮之

沈楠崑山人七歲喪父迨長耕壠上竭力奉母姜氏嘉靖癸丑母感痰疾迎醫療治不瘥乃右手持刀晝左乳刲之火煨爲末雜湯以進時母口已閉取匙灌之凡數進母盡乳而甦如是三年而母復病傷寒又刲其右股如初母病亦愈御史周如斗爲請於朝詔旌其門

歸有楨字養素父一齋六十一歲乃生有楨體最尫弱絶憐愛之口授以經輒成誦父老且病知次兄得其腴産盡讓之而率其庶弟九郎別於宅西偏小房以居族人咸皆嘆美兄姪輩析産蕩盡每賑恤之歿則爲之棺殮年九十預知死期無疾而終

秦霑字光甫其先上海人父奎以避仇徙崑山霑年十七補諸生而族仇陷其父成大獄霑因服投牒御史御史怒杖霑十五叱之出乃大哭急白太守淚蔽面眦盡裂太守憐之爲白御史從未

滅父獄既白再補諸生登嘉靖壬子鄉薦歷安化寧陵兩縣令遇事無不立剖獨於疑獄必重持之曰向者父獄起吾仰視堂上人猶狠狠虎也今我坐堂上庸知堂下之人不狠虎我耶故所至嚴而不殘云

陸懋 字邦美崑山人有姊嫁蔣氏子父特愛之嘉靖甲寅倭亂圍城時其夫婦爲賊所執將加害懋懋突城而下跪泣曰殺姊必殺吾父乞代姊死以全父志賊感動釋其姊令懋負擔懋度姊去稍遠提擔撲賊賊逐之懋走叢棘間傷足遂遇害懋兄愚慟哭城上亟識其處圍稍解拔衣褲求之髑髏壘壘不可辨愚哭曰是吾弟邦美瞑眼當開忽有髑髏眼閃閃動與頸領合遂槀葬城西

王在復 太倉人嘉靖甲寅倭亂掖父奔逆次相失在復已脫賊二里許展轉尋父見父被執急趨叩頭乞命倭持刀殺父在復抱父以身蔽之倭麾刀父子首並墮手抱不解時有郡人曹六與其二子被獲縶手以行長纔十六少數歲啼呼乞歸倭以白刃恐之長者跪曰願舍父吾隨所往不敢違賊憐釋父擄其兄弟而去

嚴銑 嘉定人父堂爲里胥中非法死銑尚少自刻其胸作必報

父仇字累歲訟冤於官不得伸乃白經死殷都爲作孝子傳

沈兆 字祥卿嘉定人倭亂奉母往崑山母病傾貲醫禱弗効割股爲膳已愈復病至爲嘗糞及亡號慟不能拜起扶櫬歸遇雨竟夕跪雨中求晴翌日果克葬在南雍時甥龔錫爵方五歲遭家變僕李崧負至兆所兆撫之如子及成立乃出其十五年餘租與親友所贈一箱并付之

沈桂臣 字公耳吳縣人事繼母絕孝歲饑貿粟置飦炊以奉母巳與婦啗糠粃不令母知授徒入帑悉歸母手不私一錢弟嗜酒善費唯其所需或恚氣橫加桂臣笑承惟恐傷母心爲縣學生六舉優行晚以貢授滁州訓導

屠潮 南濠治銀工也兄洪爲縣吏主藏與博徒遊竊貲千金官治之急無償潮奮詣官願罄所積代輸請貰兄官義之洪泣諭潮曰我讁死家猶可爲并死何益潮不從竟償畢單衣行道上所知相勞苦潮曰千金易得吾不忍兄之罹難也

姚木 長洲人父觀落魄不事家人生業惟喜飲酒作詩木常見其父緩步庭除作吟哦聲便私謂其妻曰汝舅因無酒故詩不就汝可急溫酒以進父好飲常至夜

分木必周旋候侍未嘗入室隆冬甚寒思無以供父膳遂躬捕河濱果得魚父有怒則必跪問怒未釋不敢遽起有時呼妻同跪必得父之歡顏而已

袁墨津 逸其名授徒餬口嘗夜行拾囊金寄記其數栫於里門叩門者凡三人審其數相符合者歸之其人願以半爲報不受孫樓作還金頌

沈位 字道立吳江人隆慶戊辰會魁爲翰林檢討處家善事後母與後弟倬尤友愛嗣族贍友不蓄餘資

馮篤初 號谷華吳縣人世有隱德以教授爲業有士與計偕路遠無資泊河濱知篤初未有子乃以已女紹爲女婢鬻之篤初詢得之即返其女不責所費孫定舉景泰甲戌進士

張曉初 吳縣人無子以厚貲娶一良家女見其舉止端凝詢知其父爲廣文喪不能歸售女以備行李曉初欲返之則已發矣乃令妻撫之擇壻而嫁焉曉初後生子習舉成化己丑進士

張冲 字應和冲母李氏疾焚香籲天割左臂一臠置湯藥以進因以愈後嘗代兄服賈燕京歸途聞父病乃倍道行遇盜欲傷其股盡劫所賈今然故人所附金未失也故人子弟來視劓甚不[illegible]

問余沖云盜去吾金君家金固在也遂悉還于金無吝色人以爲難

顧淳長洲人父名言常患頭風後勢益熾醫禱百方弗効乃呼淳永訣欲自裁淳時年二十一駭愕密禱於天剪其髮際之肉投藥以進不令其父知也病立愈後不復發鄉閭驚異扁其室曰孝感

陸相字思誠崇明人父訓被獄相冒死白冤代笞幾死母疽發割肉補患處立愈與弟臣共爨七十餘載有義門家風

李濟字民望吳江人父璇遘危疾濟年十二即刲股作羹以進父病遂愈居母喪廬墓三年不入私室人呼爲李孝子

徐應雷字聲遠郡人父完以貢任漢陽通判母方假寐聞雷即產因以命名甫二月父見背母性嚴毅婦股善事姑姑時呵詈不絕口股曲事彌謹母病應雷夜不交睫居喪毀瘠幾絕者數四迄老猶奉木主出入必告如生存應雷面頤有痣毫數百莖甚白自稱曰毫子所著有白毫集

繆天秩字原常吳縣人父爲怨家所搆陷獄獨身奔走營救賴以得脫父得重疾侍湯藥衣不解帶目不交睫者累月籲天以身代陰刲股肉和糜以進而父竟不起居喪

毁瘠骨立又以刲股傷遂成瘵疾嘔血死

金潮吳縣人性誠篤孝謹善飲父不嗜酒終身戒之父母病醫弗能藥乃刲股雜藥以進立愈父母卒廬墓蔬食三年萬曆初事聞臺使者歲致粟帛復其家

屠嘉賓字心益吳江人少孤祖大化鞠之及大化危疾嘉賓密刲股和藥以進疾遂瘳母氏先以哭夫喪明嘉賓復舐其翳久之霍然人謂孝感萬曆中旌獎

侯萬鍾嘉定孝廉五歲時適野墮江中有巨手如白雪擎之出得不死年十八舘於青溪聞父病篤急馳歸奉侍湯藥焚香告天願以身代忽有橋自空中墜葉綠苞紅鮮潤如新摘時六月上旬也因進父嘗之異香滿室病遂愈人以爲孝感

潘煉吳縣人家胥湖好周恤貧困有貸其數金者煉往索其妻頗艷以以夫出如是者再煉以其夫素未遠出詰之妻具實告曰夫以無金可償願以妻事君屢見君不動嗔妾者數矣因涕泣煉驚去不復索金

盧守善吳江人太醫院御醫割股療母祈益母壽十年肉爲飛動母果踰十年卒崇禎十三年年九十八而終

顧振字子厚太倉人崇禎戊寅

嗣父韡病急振年十五醫禱不効念古有刲肝救親者籲天引刀自吮以下劃至腹卒不得肝乃封臂肉治糜進病立愈創處俱瘢痕積起見者感惻知州錢肅樂給獎

張鳳儀字恒拙嘉定人先喪母繼喪父哭之失明三年感夢於神授以方服之障翳頓消遂精眼科療人而不受謝隣人浦少岡遠遊以金二十兩托之後遇凶歲鳳儀饑且死囑其妻曰吾即先汝而死當埋某金於土中以待其歸勿動分毫也自父亡事伯兄如父年踰六十兄不命之坐不坐不命之食不食及兄亡鳳儀哭一月而卒

丘文學字游夏吳縣人少喪母事父能得其歡父沒哀過失明醫者勸服羊肝文學以非禮不從久之目漸明如故

皇清呂雲奇字石英太倉人父後娶雲奇委婉承志乙酉七月大兵洗村落偕父匿叢棘中父被執雲奇跳身出抱持乞免愿以身代遂皆被殺既死雲奇猶兩手抱父項不釋年二十四斂時妻龔氏矢共死以刀截一指置棺中知州白登明旌其閭曰節孝雙奇

江德璜字獻之太

倉人母年八十目瞽日以舌舐與復明母病痢禱衣必自浣滌燕客必先母後客乙酉七月德璜遇兵子某抱父求免同刃卒人稱兩孝子

顧鰲 梅祉人順治二年六月父仲常爲讐金瑞甫密刺脇而死鰲時年僅二歲稍長詢父死狀母具告之即淬一刃挾以出入金亦避之至辛丑冬鰲年十八與金遇於胥口拔刃刺之金驚躍入水鰲亦投水連刺傷額不死跳去金挾貲誣以盜兵備王紀郡丞劉瑞訊得實謂甫既殺其父又欲誣其子雖經屢赦罪不宥巡撫韓世琦具題斬甫於市

袁駿 字重其蘇州人父泰徵以醉溺於河駿方六齡母吳矢志撫孤駿稍長篤孝家貧傭書致養嘗跪拜流涕向名公卿丐詩文表母節號霜哺篇裝成百軸海內稱爲袁孝子

程爌 字宏敷父朴生爌八歲而卒母陳病劇憒出戶設香案持剪刲其股剪極利所割過多遂暈絕妻蔡怪不返秉燭出見爌撲地哭失聲繼從地得肉亟扶入和藥以進母病少痊後卒不起股創甚哀毀骨立然猶力疾營葬事

黃向堅 字端木郡人父隨友遠宦道梗不歸向堅晝夜涕泣徒步往滇

中始順治辛卯十二月訖癸巳六月自吳入滇[illegible]自滇歸吳無所不歷蹢足黧面蒲伏至白鹽井得遇二親與其從弟向嚴肩負籃輿而行歸抵里門孺慕承歡凡二十六年而母殁父登九十無疾終向堅負土營葬不再期亦卒人稱完孝云

松江府

唐 **陸南金** 郡人字季孫貞觀中爲太常奉禮郎開元初少卿盧崇道徙嶺南逃還僞稱弔客突入南金舍道其情南金匿之事覺詔御史捕按南金當重法弟趙璧自言匿崇道請死南金固言弟自誣御史怪之趙璧曰母未葬妹未歸兄能辦之我無益不如死御史驚上狀遂兩釋之

宋 **衛公佐** 字輔之其先汲縣人徙居華亭母郁蚤逝事繼母陳盡孝族有貧不能嫁女者給爲擇壻縣未有學捐地爲址熙寧末饑疫施粥給藥瘞殍給棺無慮數萬元豐中復饑舊令秩滿代者已至轉運苛留之使督逋負纍繫盈庭又爲出粟代輸釋繫者舊令得解去 **殷澄** 字公源華

亭人家富好施宋末避地南錢元兵入華亭南錢
猶保聚將軍怒欲屠之澄扣軍門曰今郡縣新附
將軍不撫綏招來以稱上神武不殺之德顧欲盡
勦斯民乎將軍手劍叱之澄正色曰殺我一人活
千萬人死猶生也語益烈遂止丞相伯顏聞而義
之欲授以華亭軍民都總管使不受隱居養親至
老不
衰

元湯文英字孟寬華亭人世篤孝友至文英八世同居至元間表閭復其家

夏侯

尚元字文卿華亭人郯王聞其賢招致之待以上賓會王有召命赴京尚元曰王守國北門不
輕動或陷虎口悔將何及王不聽至都被誣沒親
信莫不逃匿尚元慨然曰王國士遇我我當以國
士報之乃詣朝堂陳王忠孝每語聲淚俱
墮衆爲感愴書三上詔雪王冤以子襲爵

夏椿字壽之華亭人早孤事兄如父喪葬盡禮至元丁亥歲
祲椿出粟賑糶庚寅復祲設粥以待饑者大德丁
未旱鄰境民攜持老幼歸夏氏椿闢廬舍具饘藥
濟之欲去則贐之歸死者給棺以瘞事聞於朝旌

其門爲義士御史周景遠爲作義士碑任仲孚上海人好善樂義大德中饑發米二千斛穀八百斛以濟貧乏部使者上其事詔旌其門擢其子良佐溧陽縣儒學教諭良輔信州疊山書院山長蕭德嘉字立禮辟召皆不就妻亡不重娶獨居垂三十年至正間盜起州里解散德嘉不爲動曰吾當守死於先祠耳時稱爲孝子杜英發上海人初季父某無後嘗養莫氏子爲子後復以英發爲後及季父歿悉以產歸莫氏子復爲之冠娶待之不異同氣族困於徭役置義田儲粟若干石以資之隣里婚喪皆給助焉葉以清華亭人尚氣節德清尉劉景告以三喪不舉即貸五十緡黟縣伯顏調兵昱嶺屬妻子曰我死母老當往依華亭葉子激顏果死以清夢顏來日以八口累君越二日其妻果奉母至時避地者建德尹楊瑀平江尹貢師泰建德守毛景賢咸依之徐初字本道華亭人父信後母讒初事之益恭父暑月病疽穢流衽席初身自浣滌不解帶者經月父乃悟曰汝吾孝子也徐誠字信之上海人至正間父疾醫禱無應乃刳股

和藥以進疾尋愈好施予三族多待以舉火歲祲爲饘粥以食餓者活萬餘人

趙恭 字思恭上海人家貧好學母方氏久疾嚙臂肉作羹啖之疾尋愈父通患蠱疾其弟荻封股肉爲糜以進亦愈時兩稱之

唐時 華亭人與楊維楨陸居仁善幼遭二親喪哀毀成禮貧不能家三十乃娶夏椿延爲館賓隣有孀婦餽餅餌毅然拒之夏益加敬焉

姚玭 字比玉松之金澤人楊完者兵亂玭奉母陳氏遁於野遇河不得渡母曰兵至吾誓不受辱遂沉水玭倉皇投水救之負母而出母病思魚羹暮夜莫能得家畜烏甚馴囑之若有須會尋出戶致白魚以歸供母人以爲孝感淛行省辟之以親老辭

明

顧敏 字文敏松江人洪武初父仲睦坐法被逮死子孫應戍邊敏年十三刺血上書白父寃太祖憫之得從末減放歸賜手詔旌其門年十有九夫婦結草龕偕坐成化中無疾而終

沈得四 華亭人洪武十一年祖母張遘疾得四剮股食之即愈祖父病得四又取肝作湯以進隨

瘳事聞詔旌之仍敘授太常寺贊禮郎

張榮一華亭人洪武十九年母楊氏病劇榮一禱天剖腹取肝以進母啖之卽愈事聞詔旌其門繪像城隍廟中至今尚存

張桓華亭人母病劇醫不能措手焚香籲天潛刲股以進母食愈事兄宗文盡恭愛有司命董里中輸賦貧不能輸者代之作義井橋梁渡舟製善藥濟人疾永樂中渡沙河水暴漲覆舟人皆溺死桓漂流四十餘里恍若有人舉之者僕馬皆獲濟

錢惟慶字汝明部符賦民銅急遣使捕後期者勿攝甚嚴其兄存善與焉惟慶詣使者曰老母所藉終養惟兄不如期者我也存善曰弟爲吾母愛子不能離膝下我爲家長不如期罪當坐兄弟泣爭行使者亦感泣而驗籍竟以其兄行會有免旣執母喪不勝毀瘠兄老事之彌恭

劉仲禮字用和上海人以春秋明經辟名至應天遇靖難師入不食七日死

陳泰號檜清華亭人刲股肉愈母疾

楊周字起東華亭人里有周甲者爲族人所窘周奉檄勸諭甲夜餽五百金拜庭下周叱之有賈持三千金留寄十年賈至倍其子母錢償之

客堅謝予錢不受周不得已散之貧民療疾賑饑所存活以萬數

居宗晟華亭人成化中母張氏患膈疾醫禱弗效宗晟割胸取肝和酒封服肉爲湯以進母尋愈

周禋字維敬爲府掾太守劉璟器之璟以剛直忤侍御黃憲欲按以墨拘諸掾拷掠之皆誣服禋獨鳴其冤楚毒備至無撓辭黃怒繫之獄次日復召鞫之乃復大呼黃悟得解補樂平簿改興國尋告歸著述甚富

馮海號存朴事父母出入雖近必長揖以告日具潔羞以娛母母疾篤日嘗糞夕叩北斗求代死迄半載始瘥然竟以勞苦遘疾垂歿呼母三日不絕口里中私謚曰苦孝

王子奇金山人母有疾子奇吞其痰母病尋愈母卒苦塊三年冬不絮夏不扇忌日號泣如初喪以指揮起家總戎閩中與士卒同廿苦海錯皆不敢嘗曰吾親未食也初未舉子妻劉氏置一妾詢爲金千戶女立遣還不責聘貲涉海遇大風嘆曰吾無風波風波奈何俄風果息

馮行可字道卿御史恩長子嘉靖壬辰星變父恩應詔上言大臣朋奸悞國詔下獄行可晝夜扶掖馳至京師徒跣號泣氷雪中

遇貴人與訴之刺背書疏乞斬臣以代父通政使陳經見而憐之爲之引奏父遂得末減戍雷陽

張同文上海人母孫氏病療百方不愈禱天刲左股肉和羹進母食之旋愈

張誼字履道居永豐里蜀岡張守道提兵勦倭來海上以橐錙寄幷五歲兒屬焉守道戰歿誼募善泅者出其屍躬扶創血以殮出所寄歸其子馴機而還尋以貢入京抱病歸隱柳溪晚營壽藏見有荒蘚翳墓石讀其銘乃永樂時徵士陸子安墓豫章胡學士儼手題遂捐鑛修葺之所著有萬松山館等集

韓宏謨青浦庠生嘉靖甲寅倭犯沈港獲宏謨母欲刃之宏謨號泣請代皆被殺宏謨子亦哭奔救幷遇害人至今哀之

陳時熙性孝友父遇倭將刃之時熙哀請代獲釋後父病刲右股調羹以進遂愈

徐億字子裁家泖西倭躪境上億駕輕舟擁父母避匿遇倭來奮梃捍擊親得脫而身墮水中有浮草隱之越數日乃脫母疾億籲天請代父病疽親爲吮之及相繼歿哀毀骨立絕而復甦既葬結草廬墓側冬不絮夏不帷削竹爲坐刳木爲枕亂髮椎結墓去家不四里每

歸祀先未嘗還內晚休廬中喪畢不食鹽酪不括髮者十年垂老遊城中市人堵立有强邀至家令子孫識之曰此徐孝子御史溫如璋疏請建坊表之

王節上海人素業農父病危甚節以刀割左股肉作羹進之疾旋愈

莊允中字執卿年四十未舉子以百金置妾至門聞女父爲司倉君蓮官課被繫鬻女以償惻然還其婚約不責原聘隨亦舉子

高承順字孝卿華亭人母施氏暴卒哀慟經月不能起親黨憐之餽七箸皆不却密以進父未嘗一入口父轉漕遘危疾旅邸承順所過神祠輒百拜祈禱一日父夢大士授以刀圭疾遂愈倭亂海上倉皇奉父奔郡城遇寇寇露刃向父乃以身擁蔽叩頭流血寇義之曰爲孝子丐若死遂釋以去父歿盡遜產於伯氏姊貧而嫠養之終身

錢良輔字德卿華亭人祖母九十餘臥牀褥間不能起良輔反哺而護持之承重居廬哀毀備至後以母蔣氏之喪致毀卒

沈文亮字星白父鎬以若學成瘵將不起文亮髮纔覆額哀號禱天願以身代時有碧雲巖供觀音大士乃步拜乞靈若聞

空中語曰臂血可療爾父於是夜藏薙髮刀刺臂血投藥中以進病遂瘥

朱一德字士隆上海人適館拾遺金俟路側頃之一人號泣至曰吾父逋官錢繫於獄故賣妻贖父遂還其金萬曆十六年登賢書寓於南都中夜有艾婦即之燃燭待旦終不及亂昧爽輒爲徙寓居郡城之南見廟中屍骨無主者捐田葬瘞里中謝棊陷大辟知其冤辯於官出之不受一錢

奚欽字聖功有鄉人負其金者留欽宿飾其女出見曰所負實不能償願以此女侍衾枕欽拂衣出走宿友人家至夜分大吐曉起視之蟲如髮數百欽素病瘵是後遂愈又嘗還遺金多隱德

張可成青浦人萬曆十三年父守誠病故鬻身營葬母馮氏患病醫禱不效割右股肉以奉病隨愈

曹誠上海人倭亂時避兵五里村有川沙人失金惶急欲死誠獲之立還無矜色人稱長者

蔣坤元少孤貧事父備極甘旨子時英嘗割股療父疾時英妻李氏亦孝事姑嫜里人稱世孝焉

陳國是字與同萬曆甲辰進士以郎中出爲寶慶知府有諸生聘妻蕭氏江川王怙勢欲强婚生陳寃

王以書來國是立呼**陸志孝**華亭人家貧事親竭鼓吹爲生成婚禮奉養及親歿絕食泣血因喪明遇異人療之一目復**沈泓**字隣秋婁縣人生五月而父卒母宋氏撫而教之以嘉善拔貢舉崇禎癸未進士事母至孝中年孺慕不衰及母歿每當歲除必至殯所寢處焉元正三日後乃歸以爲恒居常念母每中夜哽咽人爲感動

皇清**陸從龍**字五雲華亭人爲諸生有聲性至孝家貧盡力硯田以供甘旨父病躬侍湯藥衣不解帶者三載歿後事祖母竭誠奉養垂十五年不以委諸叔撫幼弟極友愛弟蚤亡育其三子教誨之俾成立從妹少寡養之終其身故人死貧不能具棺櫝倡義殯之以子貴　覃恩贈翰林院庶吉士崇祀鄉賢**張尚文**字從周上海人十四歲英敏好學父遊京滸即能拮据養母咸稱其孝弟亡撫諸孤不異已子門庭整肅慷慨好施一日載布入郡見其叔官逋窘辱即舉舟悉畀之無矜色平生多陰德舉鄉飲大賓**錢昶**字永日性孝友家貧竭志承歡兄遭誣陷涉大獄傾

家貲嘗救事得白素有才畧好施予排人患難閭
里遠近無爭訟者以子貴　覃恩贈翰林院編修

常州府

〔漢〕許武字季長陽羡人太守第五倫舉孝廉武欲
二弟晏普名乃析貲爲三自取膏腴二弟
所得皆瘠少鄉人鄙其貪而稱弟克遜晏等並得
選舉武泣謂宗姻日向以二弟年長未豫榮祿故
分財取譏今殖產數倍悉推二弟無
所留郡中稱譽翕然仕至長樂少府　許荆字少張爲郡功
曹兄子世報讐殺人怨者操兵攻之荆出跪曰兄
一子爲嗣死即滅絕願殺身代之怨者挾荆起曰
許掾郡中稱賢吾何敢犯遂委去太守黄兢舉孝
廉和帝時稍遷桂陽太守行省來陽縣有兄弟訟
財上書自劾後皆感
悔召拜諫義大夫

〔晉〕華寶無錫人父豪義熙末戍長安寶年八歲臨
别謂曰我還爲汝冠後長安陷寶年至七
十不婚冠或問之不忍答輒號慟彌日齊建元
三年詔表門閭陸羽云慧山華陂寶所築也

南北朝吳欣之　江陰利城人弟慰之為武進縣吏元嘉末隨王誕起義會華欽軍至衆駭散慰之獨留被執將死欣之詣欽請代兄弟皆見原齊建元三年有詔旌表

余齊民　晉陵人少有孝行傭書以養大明二年父卒於家訃未至齊民忽語人曰比肉痛心煩甚如割必有異故尋得報日夜行四百里母子相對慟絕復甦問父遺言母曰恨不見汝齊民曰相見何難亟建殯所號頓而殞郡以事聞詔更所居里曰孝義賜其母穀百斛

薛天生　晉陵人其母罹艱棘嘗蔬食天生亦蔬食母未免喪而逝天生終身不嗜魚肉齊建元三年詔表門閭

蔣恭　義興臨津人元嘉中晉陵蔣崇平為劫見擒云與恭妻弟吳晞張偕行時錄晞張弗獲收恭及兄協付獄兄弟爭受刑郡上其事于州悉原之後除恭義成令協義招令

劉懷嗣　晉陵人與弟懷則十餘歲喪父哀不絮食不鹽豉建元三年詔表門閭

吳達之　義興人嫂亡傭直給喪具從弟欽伯夫婦歲饑被掠達之有田數畝售以贖郡命為主簿固遜兄又以先世舊田與族弟弟亦不受

棄爲閒田建元三年詔表門閭

陳元子義興人四世同居百有七口建元三年廉使上其事詔表門閭仍蠲租賦

許昭先義興人親老竭力致養雍州刺史劉眞道辟爲參軍辭不就叔肇之繫獄七年昭先料理飼饋了無倦色貲産旣盡賣宅繼之尚書沈演之嘉其操行肇之遂得釋

唐

王遇晉陵人肅宗時與弟遐同行道中爲賊所執將釋其一兄弟爭死賊感其義俱縱之

宋

葛書思字進叔江陰人第進士調建德主簿時父客已老欲迎養之官客難之書思曰曾子一日不忍去親側豈以五斗移素志哉遂投劾歸養十年餘近臣表其志行以爲泗州教授弗就客不得已許以他日偕行始乞監新市鎮居喪哀毁骨立盛暑不釋苴麻終禫不忍去塚舍後官朝奉郎卒諡清孝

孫遠晉陵人母周氏刲股起父疾母卒遠哀毁盡禮崇寧間郡守李孝節爲請旌表淳祐六年裔孫鎬年七十餘病疽其子裂肝以療尋愈八年郡守李廸大書刻石名所居里曰中孝以昭其家之世德云

陳思道江陰人喪父事母母兄以孝弟聞鬻醯爲生母病思道

衣不解帶者數月母喪水漿不入口七日既葬廬墓側日夜悲慟晝則白兎馴狎夜則虎豹環廬而臥咸平初賜束帛旌其門

元

王彬 字文父武進人早孤事母盡孝母歿哭泣幾喪明天曆巳巳歲旱鄉隣絕食彬力丐得免卒年七十四葬之日送者千數慟哭如喪所親

李辰 字吉父江陰人家貧力學有大志縉紳交薦其才試迪功郎史館編校改參制置司幕府事以母老歸侍數年母喪哀毀絰不釋寢苫蔬食廬墓側六年絕意功名鄉邦賢之

章齊 字敬叔江陰人元季父文避筵死雷溝亂兵中齊求父屍不得哀慟絕粒者七日昔蓼莪章鄭箋而逝以避亂松江窆之廬涇子庠後爲袁州知府洪武間庠乃奉祖衣冠及父柩葬先壟

張孝子 小字阿蟠無錫人徙居晉陵父卒家貧蟠方成童傭力染工馬氏以養母蟠精其業主愛之歲給其直時得一美味必歸遺母嘗暑月每夕滿艾以驅蚊隆冬雨雪爐不絕薪積二十年母終蟠痛哭幾絕鄉人嘉其行以張孝子稱之

明顧士傑字文英武進人洪武初父督國賦時法嚴稍詿誤輒坐死適父病兄士俊當就逮士傑年十七自塾歸聞舉家哭問故乃曰父老矣兄家督也何可死死士傑未受室竟自詣獄死父兄爲立嗣仍建祠祀孺子

楊浦字宗廣武進人自浦而下五世同居食指以千百計尊卑上下藹然有禮義風

孫慶字思敬武進人母嘗病瘍臭醫不能療或曰必吮而愈慶時暑穢甚慶吮數日果愈已又得寒病慶焚香籲天刲股作羹進母食之良愈後母壽終慶至墓所日夜號泣墓上產靈芝之備五色雲氣人以爲孝感所致

沈明字惟達常州人母病日夜侍湯藥明亦致疾幾殆兄歿以遺產屬明明遂以己產與婦家產合爲一嫂曰婦產叔所當私固請卻之明笑曰安用此計校心一涉計校則眼前巨細悉成紛擾矣

馬官常州人九歲喪母哀慕如成人人事父事繼母極孝父年七十患頭風醫弗能療禱於神願刲股救親夜夢神曰樓前榴樹汝以鐵線懸係則割可弗害如言果無恙爲郡諸生父亡事母羹進即愈後父以壽終

錢獻卿至孝母常患病三

月餘醫百方不效獻卿每夜籲天願身代割左股肉和藥進之母飲藥輒瘥比曉病已

王之柱 字砥中武進人歷官福建按察司副使兩歲失怙母毛氏教訓成立方舉進士即具疏陳母苦節奉俞旨建坊旌表初令將樂有異政守南陽擢觀察居官所至奉母孝養不衰崇祀鄉賢

李貞 字惟闇大椒山人幼喪父其母資織紝撫育之母病年餘貞醫禱百方益貧甚母卒鬻妻以備棺衾里有許還淳者義之畀三金贖妻又為募二金助葬貞感其德遂終身父事還淳

黃琮 字禮坤進人性孝祖母徐年八十餘為盜所獲琮挺身出謂盜曰祖母老而貧幸釋之我有私藏當出以相奉盜釋祖母因令搜所藏處無有琮曰欲脫祖母耳安得有藏盜怒將殺之一盜曰孝孫也殺之不祥遂釋父紳病琮刺血投詞於神廟願以身代刲股為羹進終不能愈琮哀毀成疾卒

李步行 無錫城東菜傭也早喪母事父孝父嗜酒每朝鬻菜於市得錢沽酒歸飲其父體無全衣而父使身之物無不給里中有不順者其父諭之必曰何不學李步行

儲鳳 無錫人庠

生事父伯欽最孝父年八十老病在蓐頃刻不離適清明祭掃父命鳳親往暫出郭而降火延燒父死鳳痛不欲生銜哀葬父自父死便不忍火食惟飲水食草木根皮傭書於顧氏得工價植松楸逾半歲墓事完乃告弟曰可自力圖蚤娶以延父祀身負薪往墓所號慟至暮覓山中枯草取所負薪自焚死宣德九年十月朔也

顧復字德中靖江學生成化間以貢候選京師以念母卒於邸次卒之日母於憂中聞復哭聲驚曰兒死矣及柩還以所服冠皮柩上遇母哭冠輒躍覆於地其妻子哭則否人以爲死猶孝云

蔡元銳元鐸無錫人嘉靖乙卯倭寇突至入其庭銳鐸肩其父升諸屋銳爲賊所執殺諸塗鐸以父免未知銳死也明日特重貲往賊營贖兄併遇害事聞旌其門

全純字原赤常州人貧而養母能竭其力曰孝友母卒痛哭歲餘而瞽鄉里舉其孝巡撫周忱餉以米布純固辭曰某能稍盡人子之情則目不盲矣忱瞿然命設香案躬爲祈天曰若全孝子果孝宜還其目三月純目復明忱名驗之即日捐俸買田瞻焉

沈奎字文叔江陰人嘉靖

乙未進士授戶部主事督餉淮南進郎中具疏乞終養詞甚哀懇報允歸奉母悅豫八十九而終

褚國祥 字徵輿武進人萬曆庚辰進士授上杭知縣轉湖州府同知初國祥屢欲迎養其母母不從至是忻然曰湖常一衣帶水吾雖拙於官其得奉母乎母猶不能從遂請養歸杜門無所造請既終母喪郡縣强起之補兖州府同知

張履正 字我先江陰人萬曆壬辰進士戊戌廷對應得令告改應天府學教授曆南曹凡十年意便養母也後擢守江西廣信歷任四年補九江道聞母病即日棄官歸親調甘旨不離左右者七載推愛弟妹逾於子女居鄉不立崖岸其沒也里人爲之罷市祀廣信名宦

陸卿榮 字孟歆武進人萬曆甲辰進士歷官太常寺卿以親老乞歸父卒哀毁中有巡撫浙江之命盖痛親不逮問遂病不起命以喪服殮

張倫 字與人兄弟同居倫與季弟新各一子仲亨四子皆長倫謂二弟吾等老矣子六人又婦六人盡及吾而析箸乃析其貲產爲六亨曰吾兄弟三當三分之倫曰諸子皆子爲諸子分非爲吾兄弟分也若三分是爾私其子

而吾與季私其財不可亨因聽之

居上宿字燦宇常州人居父喪盡禮奉母益孝萬曆間母年七十久病上宿不離左右醫療之不效籲天願以身代潛割股肉和糜進之母尋愈有司題旌

秦柱字汝立無錫人先世與新鄭相高拱有交未嘗數至其門及拱爲張居正所傾禍不測門下士皆引去柱特遠候之居正父死不奔喪同官吳中行抗疏杖闕下以身後事相託柱挾醫調護得不死江陵銜之斥爲王官復中以考功法柱欣然棄官歸

李魁宜興人性篤孝父佩得心痛病魁割股和藥以進父疾愈

史元鎮宜興人其家失火元鎮入火救母萬氏母子俱焚死火熄屍猶負母欲出狀巡按題旌建坊墓道

陳一經常州人至性純孝生不識父詢得貌繪而事之每諱祀輒嗚咽欷歔至老不衰母節嘗旌以筆耕所獲佐官鏹建坊焉僕人娶婦詰之乃故儒生妻也急遣還不問其直少與異母叔同塾凌轢百端皆忍受不使母知後叔饑寒乃更周之

陳可達靖江人與父偕渡江舟覆可達善水先登見父不得遂操櫓洄流往得之時父凍瘦

不支因復溺可達不見父大哭復挾櫓赴中流尋父竟溺死三日後抱其父屍出面色如生褚城字鳴六常郡諸生父喪明每五更以舌舐父目復明又稱貸以嫁兩妹藉脩脯所入娶弟婦三崇禎十年巡按御史路振飛上其事詔建坊旌表賜冠帶左守身常州人父病守身籲天封股崇禎十二年巡按周一敬題旌守身姪國光光妻徐氏二十三喪夫敗屋數椽不蔽風雨與夫櫬同寢處者二十餘年至是同日旌節孝蓋萃一門云堵儁錫字仲緘父緒常禱於茅山夢茅君予以牧牛童而生六歲喪母十一歲喪父錫哀毀如成人家貧藁親每以爲痛從兄大建收養之成崇禎丁丑進士上疏願賜假歸廬墓三年上憐其志許之迨歸結廬墓側朝夕悲號枯桐再華蛛絲結成孝字追念先人夢徵因自號牧游云朱維炯字劬生靖江人族有逋欠南糧千石者已擬城旦將斃囹圄炯出息稱貸力救之家産傾其半復損百金贖其臯舉族義之劉權靖江人力傭供母日必夙興具盥沐侍母食而後出及再食則又趨歸覘母食畢始出出後母死既葬

廬墓溯泣奔號出入必告如生時終身未嘗他徒**劉鑰**靖江人篤行尚義散財詣昆弟訓海監諭安義爲兩學廣試額至今頌之

皇清**秦孝維**字善先無錫人授經養親得修金必手進請命不敢私啓封父母歿廬墓三年與龔廷祥高明昭友善及龔與高殉難遂躡跡斗山不見一客臨歿預定其期沐浴衣冠賦詩而逝**樂莘**字子尹無錫拔貢母病殆私禱於神割臂肉和藥以進母立愈父亦多病莘在遠塾晷雨祁寒無日不歸省遂感風疾卒**秦重采**字幼儀無錫人幼丁父母喪哀毀盡禮家人失火逼母柩采憑柩呼號火及簷而返事兄敬愛生平未嘗失顏色事嫂如母踰壯喪妻不復繼室**邵廷紀**宜興人年十九父庸爲盗所執廷紀懇求代父盗釋其父廷紀焚死妻岳氏年十八守節**朱天錫**靖江人年甫弱冠母萬氏年高寢疾屢藥弗痊天錫密割股雜諸藥以進母疾頓瘳

鎮江府

南北朝徐耕延陵人元嘉二十一年大旱人饑耕以米千斛助官賑貸賜詔書褒美比之漢卜式酬以縣令時東海嚴成東莞王道蓋各以私穀五百餘斛助官賑恤由耕倡之也

蕭叡明字景濟南蘭陵人母病風積年沉卧叡明躬禱夕不寐時嚴寒叡明下淚淚爲之氷叩頭出血忽有一人以小石函授之曰此療夫人病叡明跪受之忽不見函中惟有三寸絹丹書日月字母服之即平復久後母亡不勝哀而卒永明五年贈中書郎

韋鼎字超盛其先京兆杜陵人世居京口侯景之亂鼎兄昂於京口力戰死鼎負屍奔走求棺無所得哀憤痛哭不輟忽江中流新棺至因取以充殮元帝聞之以爲精誠所感大加褒獎

唐蕭世廉蘭陵人摩訶子也少警俊敢勇有父風而性至孝摩訶凶終時世廉方幼服闋後追慕彌切其父時賓故脫有言及世廉對之哀慟不自勝終身不執刀斧

周積字國寶金壇人永徽間四境盜起積糾合鄉人拒之手刃數十人力竭自刎死事聞封爵立廟祀之

五代南唐

刁彥能上蔡人居潤州少孤事母孝嘗從事節度使王茂章茂章叛吳歸吳越彥能嘗從行乃使家人扶其母僕於道左泣告茂章曰彥能有老母在此不能舍而從公敢請死茂章哀其意許之後仕南唐爲將武軍節度使賜田注籍京口因家焉

宋

刁湛丹徒人舉咸平三年進士累官三司度支判官封典在具慶者恩不及亡母眞宗東封告成肆赦妻已喪者得敘封時湛爲太常博士而母徐已死上章謂妻以箕帚之舊尚蒙封邑之榮母以劬勞之恩不及漏泉之澤教化之本輕重未安朝議是之遂封徐高平縣太君士大夫在而封及亡母自湛始也

蔡淵字子雍丹陽人登進士乙科累官至大宗正丞初淵家饒於財兄弟以豪奢相尚淵獨擔簦以遊寒苦如寠人或勸稍分兄弟之財以自給曰兄弟治產吾治書兄弟不以家事累吾吾可以身計累兄弟乎聞者愧之

虞申字行父丹徒人始從姚闢授春秋游京師謁安定胡瑗瑗奇之申生平孝友勇於赴義同產負人司農錢既析貲矣悉爲償之仲弟死嫁

五女如已出撫其孤如已子

張恪字季恍金壇人七歲而孤事母兄孝友居母喪三年不入私室既禫猶不御酒肉致甘露屢降白鵲來巢兄有奇疾恪刲股以進遂瘳紹興中官浚漕渠兄部役以疾請未報而歸主者追逮甚峻恪往號泣請代主者義而釋之兄子有緣役破家者復爲築室以居又有坐事當沒產者爲贖還之擇良田數頃爲義莊宗族諸事賴之歲饑炊粥食數千人赤子遺棄者悉收鞠之兵興鄉人有女流落他郡遣人贖以歸其父買妾詰所自來知爲邑士女即屬其妻治裝嫁之工人竊白金事覺願償以女恪弗取併所竊釋不問政和間鄉里疏其八行曰孝友慈儉睦婣任恤上之守令及部使者以聞於朝

陳亢字退叔金壇人少讀書以文病不任家事乃請於師束書歸養家饒而勇於爲義嘗開古速瀆河民便利之歲饑疫傾家儲以給藥食所活不可勝計又作萬人坑死者給衣櫬收葬後以子孫官顯累贈朝散郎

湯宋彥字時美邦彥弟以祖鵬舉澤累授至湖北安撫司參議階朝議大夫爵金壇縣開國男念兄司諫邦彥以使金坐貶

而卒既已析居輒推良田以益之得任子恩即以官其孫幼女未行輟其子裝授之次得任子恩以與長弟之子又次與季之子

諸葛塡丹陽人執親喪哀毀絶酒肉問喪於劉宰鮮違禮焉手治墓砌瘞骨立歳饑民共伐墓木塡不能拒抱木泣竟痛而卒人稱諸葛孝子云

章瑢丹徒人母亡思慕切至墓上枯竹復生時以爲孝感所致

湯克昭字晦叔其先梁山人克昭徙居京口初以淮閫辟受修武郎累官至武翼大夫差知貴州改肇慶府鄉人負錢萬緡貧不能償以産歸之克昭曰昔以義假豈望報耶乃焚其劵又買田千畝爲義田凡同祖所出給予有差

竇寶丹徒人以割股療親疾見旌

周伸丹徒人親病刲股療之而愈咸淳間受旌

東崇芳字德馨丹陽人德祐乙亥北兵來父國寶被俘崇芳詣軍門號呼請代父大帥義之釋國寶去留崇芳軍中掌文檄久之憫其孝言於伯顔予以二矢縱歸

〈元〉**孫瑾**字無咎丹徒人父茂歿嚴冬跣足而行衣不解帶常食粥及葬後廬墓盡哀事繼母

唐甚謹唐患癰瑾吮之而愈唐復瞽兩目瑾舐之
復明唐更病瘓伏枕十有二年藥食必先嘗暨歿
哀毀過禮將葬時春苦雨瑾夜號天乞霽至旦
雲日開朗甫掩壙雨注數日不止縣上狀旌之

徐鈺 丹徒人泰定元年侍父鎮往婺源經小溪口時
流水暴漲鎮墜水鈺急往投谿擁父出父得攀
筏以升而鈺力憊且水勢湍急不能自奮遂溺
死屍漂流四十五里始得有司以聞旌其閭

張壽 字仁輔丹陽人五世同居孝友彌篤至
元三年詔旌其門曰張氏德義之門

王元伯 金壇人四世不異爨家人百餘口無間言日使諸
女婦聚一室爲女工畢歛貯一庫室無私藏幼穉
啼泣諸母見者即抱哺一婦歸寧留其子衆婦共
乳不問孰爲巳兒兒亦不知孰爲巳母也宣伯卒
即以家事付兄子軏軏辭元伯曰若宗子也宗子
宜主之相讓旣久卒以付軏至元間旌表其門

明

王岑 字子輝金壇人洪武間兄榮以人材舉授
杭州府同知佐崇山侯開臙脂河崇山侯
受富民錢爲迂其道事發伏誅榮坐當劓滕岑走
京師擊登聞鼓請以身代義而許之旨下兄巳刪

矣榮率拳爲撫其孤正統初出粟三千石助官賑饑上聞遣行人賜勑表其門曰義門復其家

高禮保 丹徒人性篤孝曾祖母徐疾殆禮保割脇出脂膏作粥以進徐疾愈事聞詔旌其門

楊椿年 丹徒人割股救親疾有司上其事旌之

貢原懋 字世德丹陽人正統間歲饑出穀二千石以賑貧者有司以聞賜勑獎諭又建學舍延明師以處四方之士

賀愷 字伯元丹陽人值歲饑詔民出粟及格者予旌愷獨輸粟辭旌天順中歲又饑愷輸粟益多辭旌益堅有司高其義虛賓席以待終不赴時蝗災獨不犯愷田人以爲厚施之報孫玭亦以輸粟及格授承事郎一人輸賦畢有戚容詢知其鬻女也

殷士望 字德遠丹徒人傷之還所輸令贖女而代之賦嘉靖末倭猝犯京口士望父被倭執士望請以身代倭兩釋之其女弟亦以孝聞有司上其事旌其廬曰麟鳳年八十一偶疾衣冠起拜二親神主正坐微笑而逝所居宅傍先後産二麟人咸以爲士望所感云

陳守愚 字子直丹徒人性至孝好施家被盜其戚梅某孔某先以帑寄守愚至是

倉皇泣赴守愚撿得原金悉還之閭里服其義朔望肅衣冠拜先祠涕泣歷數十年如一日邑令陳廷芝器重之入北臺特薦將授官以親老不就退隱白沙之渚

王諶丹徒人性醇直爲諸生讓貢於唐某以唐年老也後唐仕至通判諶游南雍未仕卒

史濟字啓賢金壇人貧民有鬻妻者助之金獲留嘗糴菽於淮他賈誤以百斛牙籌授濟亟還之謝以十籌不受

于玉瑞字信甫金壇庠生手錄周程張朱諸書高忠憲攀龍以爲獨得道學之傳性至孝父歿遵遺命以布袍殮遂終身不衣一帛

湯宗元字養初金壇人念大父年高同臥起者十餘年大父歿始娶家貧傳東脡供二親膳必豐腆時季弟未婚倍給以常稔田自取其瘠嘗渡淮有誤遺金一篋者名而返之族人婚嫁喪葬未舉爲贈遺之人有所貸逾歲悉焚其券年九十一應恩詔賜粟帛

曹塾字啟倫金壇人祖遺田僅百畝與兄子同居後增至二千餘畝悉以兄子均分歲饑輸粟千餘石於官以勸賑遴授鴻臚寺序班

張栢字汝憲丹徒人萬曆己丑[illegible]大荒栢出粟千石爲賑於城

西設糜以賑疾病者給醫藥無衣者給綿絮凡五閱月至麥熟方止所全活無算臺使者上其事於朝遥授布政司經歷至今科第蟬連世有名德人以爲積善餘慶不爽云

張觀宸字修羽丹徒人栢子少有名諸生間性樂施捐腴田千四百餘畝爲義田計夏秋之入凡千二百石以贍族人暇日用經史自娱子幾博雅有父風

鄒量金壇人萬曆末年痛父癎疾刲股和藥以進父病得甦逾年父歿廬墓崇禎十年奉旨建坊

孫尚魁丹徒人節婦孫氏子也孕三月父卒尚魁自慟爲遺孤不識父面每登高及風雨夜則大哭母病刲股以進及母歿設主淨室旦晚侍食凡數十年忽一日詣親族作別曰三日後別諸君去尚魁遺孤喜將識吾父於地下也踰三日果卒

殷懋充字鳴盛丹徒人有丹陽張某負人千金憤欲自縊懋充聞其事竟代償之

李元炳金壇人父瞽以舌餂復明割股飼母母疾愈崇禎十一年旌獎

謝深金壇人家貧以傭賃爲生年二十八未婚母七十病膈割左臂肉以進母病得愈

陳光美金壇人母虞氏病劇刲股

以進遂愈伯兄無嗣次兄烈以子嗣之烈願兩析其資以一與光美不受子英畧字不書亦以封股療母疾

莊仲祥字瑞之金壇人父以苦學失明仲祥日侍側口誦古史數十則雖冱寒深夜無間日老人畏夜長吾欲爲大人減漏刻也晝則博束脯以佐甘旨繼母僅長仲祥二歲終時仲祥年七十有三居喪盡禮所生弟素驕蹇祥愛之無間崇禎甲申三月聞變大慟疽發於背誦宗忠簡臨終語而卒

陳觀陽字賓之丹徒人父肖授徒維揚逆徒宗孫達憾師嚴投毒飲食中肖中毒死觀陽甫十六歲誓報父讎宗宦族多藏百計展脫江都知縣姚持之甚堅凡十九年迨觀陽成進士血疏陳情孫達始伏法

王榮圖字介休金壇諸生崇禎甲申聞變大慟不食七日死

王明灝金壇諸生崇禎甲申之變憤發不食死

王希高金壇人杜門讀書不交一人聞李自成陷京師即大慟號泣出門其家蹤跡之不得明晨見希高端坐於居伍村之池中就視之則已死矣

朱祚元字仁卿丹徒人性篤孝母孫氏病兩封股以進父爲亂兵所執請以

身伐遂並及於難

皇清楊日進字吾往丹陽人性和易好施延名醫善藥以郵貧病鬻治道路賑濟鄉里時稱長者

賀雲舉字紫翔丹陽人順治辛卯恩貢授徐縣令謫兩浙鹽幕時四川初定父以張獻忠之亂死於資陽雲舉棄官徒步入蜀求遺骸弗得慟哭空山中聞者爲之流涕

周瑞金壇人刲股療親敬事長嫂散財以贍貧乏順治三年題旌

張繼昌金壇人家貧年二十八未婚傭工養父父病篤求醫不效刲左臂肉以進父旋愈順治六年題旌

王宗積金壇人父疾嘗糞籲天及父歿夜廬墓晝侍母膳風雨無間順治十二年題旌

何金鉉字元用丹徒人父病親嘗藥衣不解帶及卒哀禮並至用妻陳嫁貲治殮父積脩脯三百金留弟妹婚嫁生計養寡母朝夕定省事叔父如父二弟又歿撫二孀三孤踰巳子女歷凶歲更遭亂流離挈孀孤保全之母歿終身茹素葬族之不能葬者十數人多[illegible]忌親友晚入山學釋偶微疾室中聞異香端坐逝香從

戶出

賀上林 丹陽人父天敘以事忤毘陵令繫獄將殺之上林年十八謀脫父弗得聞巡撫將至涉江湖淮迎其舟大呼騶從呵之不得前遂投河髮沒沒數寸復躍起大呼撫軍急令救之已死撿其衣得一紙則白父寃詞也撫軍按毘陵具得令不法狀釋天敘獄毘陵人立賀孝子祠祀之

黃洪元 丹陽人父與同里虞庠有隙庠陰伺其夜醉沉之河時洪元甫十餘歲同弟奇元日夜飲泣稍長各市鐵鑄一斧藏之久則更鑄凡三易斧未得問一日鄉里舉社會庠至洪元同奇元疾揮兩斧庠血肉如糜乃大笑詣官自陳兄弟爭死有司義之釋奇元繫洪元於獄康熙辛卯十一月事聞 詔釋之遂爲僧

湯勉明 字允黽金壇人六歲事繼母恭謹繼母卒雖及祥不與宴會父好奕歿於乙酉櫝其枰盤藏之終身不奕

高拱斗 丹徒人性好施康熙歲癸丑巳未值饑饉兩捐貲設粥賑濟年老體弱恒身自經理修築橋梁道路梵宇郡鐘鼓樓久圯更捐千金新建弟拱奎極孝友兄無子嫂亡奎時止一子即以嗣兄爲嫂服斬衰後又生子一道府並行旌奬

相繼卒

程達昌 丹徒人父遺產盡讓從兄避亂多攜親朋不從者給助之子世英有文名

淮安府

〔元〕**史彥斌** 下邳人有孝行值河溢墳墓多壞彥斌先爲厚棺葬母刻銘其上乃縛草浮水中仰天呼曰願天矜憐假此芻靈指示所在隨草人所之得柩歸葬

杜佑 下邳人河南行省署爲三父水馬站提領父成病於家佑忽心驚舉體沾汗棄職歸父病始三日遂禱求代嘗糞以驗疾父卒廬墓盡哀有馴兔之瑞

王士寧 贛榆人事父盡孝雖貧不自給甘旨不缺至順間旌表其門

匡國政 睢寧人爲歸德府判官母守節病刲肝進愈又病刲腦和藥愈母終廬墓終喪有鹿馴遊郡邑上其事表其里曰貞孝

湯福新 河南杞人元初徙居山陽後遷桃源赤鯉湖居積甚富好行義邑令賈汝礪以海運糧戶逃追徵不完代爲償米五千石淮水泛清河以東受害乃募人築堤四十里捍其患後僉事孛羅鳩各縣民開濬邗溝故道以通漕運淮山陽縣工

久不就復助米二千石天曆間歲饑賑粥兩淮之民多所全活又浚漣沭二水通舟楫今名湯家澗以次子贈大夫三子通遵暹皆仕顯

〈明〉**劉煥** 贛榆人與弟炯皆孝謹父卒哀毀骨立既葬煥廬墓三年母卒炯廬墓三年友愛尤篤知縣侯保表其門名所居曰孝義莊

李英 邳州人母劉氏病甚英嘗糞視藥而愈母卒不飲酒茹葷跣足廬墓三年洪武十七年旌表

張住兒 桃源人母孟氏病篤住兒救療不痊痛切之至乃於脇下割肉為羹以奉母母病瘥洪武二十五年旌表

楊旻 字克彰山陽人父早卒母陸氏病衣不解帶比卒哀毀踰禮既葬廬墓終制每忌日執哀如初喪母素畏寒遇大雪則繞墓號慟墳遂無雪有白鳩雛兔之感

張義 邳州人洪武初境內骨骸暴露義隨地掩瘞為大塚者五

丁震 山陽人自永樂暨祖文義迄震五世同居少長雍睦正德初有司上其事詔旌義門

王鋐 山陽人十歲已知孝養景泰間祖父母忽患風疾朝夕侍湯藥籲禱祈代及祖父母繼歿

殯葬如禮躬負土爲墳廬墓三年又刻遺像朝夕奉事其初父母歿亦然成化五年旌表其門

岑義 邳州人父泰母蘇氏義朝夕問安必拜跪飲食湯藥必親調母疾籲天願減年以壽母母盲朝夕餂之目復明父母卒苦塊幾毀葬岠山下跣足負土成墳廬墓三年甘露降墓樹半月有司上其事旌表

支儉 沭陽庠生成化初丁父母憂朝夕悲號蔬食水飲廬墓終制墓所樹木百鳥來巢成化十年旌表歿祀鄉賢

蘇德 邳州人父澤先卒母張氏嬬居患癱疾歷二十年德及妻奉事朝夕不離左右養而能敬母卒哀毀廬墓三年鄉人稱之

李昇 字雲超山陽人幼喪父聞家人稱父名輒哭不輟聲事母不離左右家貧教授童子以養母母卒執禮過哀遂喪明每朔望必至墳拜慟苦塊於別室者三年自是終身不啖葷腥

周熊 淮安衛指揮父伯亨母梁氏蚤世事繼母李氏以孝聞及歿建思親樓於中門外刻像其中朝夕奉事出告反面時祭薦新未嘗少違

蔣彬 大河衛人母張氏得時疾汗閉幾死彬愴惶以艾火灼臂籲天母忽汗出獲安後父喪哀

毁特甚既葬廬墓終制每晨昏哀哭常有二鳥飛鳴廬中夜則有數犬繞廬來往士夫歌詠之

劉瑛 邳州人與妻張氏同心孝敬父疾瑛憂懼齋禱願以身代疾愈壽終終哀毁過甚蓬頭跣足負土為墳廬墓三年既而母以年八十九終瑛號慟廬墓如喪父時形容枯槁幾殆至喪生

高大茂 邳州人童子時母石氏病盲大茂問所以母言産汝時居簷下為風所傷大茂舌舐至復明母病刲股進羹愈之

羅鵾 字雲漢宿遷人天性孝友成化丙戌成進士思祖母先亡至泣血初授御史以二親及祖迎養道遠乞改南道及僉江西憲祖家居鵾在官預製衾具一夕夢祖病即遣使持衾歸祖果屬纊矣遂用之人稱其孝感歷歷俸悉推以與兄妹祀鄉賢

徐謐 海州人府軍右衛人經歷事父母極孝愛及父母殁廬墓終制有白鹿來馴之感弘治三年旌表

管名 贛榆人平生不入城市與人寡交事親至孝父母殁廬墓六年負土成墳手植松樹萬餘株

張鵬 宿遷人祖母王氏病不解帶兩月後祖母與父母相繼殁各哀毁廬墓其子璣孝養亦如其父人謂世孝

孫

清 睢寧庠生幼孤事母孝正德七年母卒時流賊入境清守柩不移賊竟不入其門如是者再鄉舍亦藉以不擾有司奏聞立石 **陳斗南** 鹽城人嘉靖庚戌進士事繼母以孝聞母病疽悲號七日口吮其瘡即愈 **姚通** 宿遷人葬母廬墓遇大水漂沒號呼繫舟巢於樹巔晝夜哀泣遠近感動父殁又廬墓三年事繼母盡孝 **吳輔** 山陽人母李氏病篤割肝爲羹食之病愈 **吳珏** 沭陽人少喪父其母疾晝夜求禱嘗糞疾愈母卒廬墓三年殁祀鄉賢 **陳寶** 鹽城人親殁廬墓三年不與妻相見惟命其子餉米於墳所 **楊錦** 母病侍湯藥不解衣三月父鸞鰥居陪寢處不入私室者十數年每冬父足凍裂夜以舌舐之父患劇疾嘗糞醫愈嘉靖二十三年膺貢當赴京以父老不忍離膝下竟不仕其應給盤費禮銀因不謁選辭其後父鸞飲於鄉年九十五卒至嘉靖四十三年督學耿定向初就官夢神語曰楊樸菴孝子也及試淮詢知樸菴爲貢生楊錦鸞異錫書幣表其宅里授之職銜一時以爲至孝所感殁祀鄉賢 **吳從衆** 清河庠生萬曆二十九年

九月十三夜火發母潘氏老病熟寢烈燄肆起從衆冒烟以入掖母仆至再三支吾强負卒出燄中致母稚薦延至次日母子繼亡母尚有完軀而子身則糜爛矣奉旨旌表

劉梓 贛榆人父母俱病盛暑不解衣湯藥親嘗籲天求代及相繼不起負土成塚獨處墓所逾四載燈火自蓄即近村不到饑饉屢經剖木皮度日跣足蓬頭哀慟見聞者皆爲墮淚

成瑤 鹽城人年十七喪母寒暑哀切廬墓三年妻病殞不返顧

孔金 山陽人父椿母謝氏椿死遺腹三月生金事母孝母被大賈杜言逼娶沉河死金屢訟不勝言以賄謀欲斃金金丐食走闕下擊登聞不得達復走歸墓所晝夜號不輟聲里人劉清等上其事知府張守約異之名聞里媒氏質實擬言斬未幾張卒言夤緣得脫金復號訟不休被箠無完膚撫按理舊牘仍坐言斬死獄中金涕泣終身貧老乖死推官曹於汴署郡聘飲於鄉

朱繼幹 安東庠生生三月喪父少長每問父貌於母母哀號幹亦哭不作家貧見母有不悅必跪伏求解母病嘗藥禱愈母殯姑哀毀幹哭右目喪明

吳松 山陽人蚤失父

廬墓三年奉母孝至九十而終姨嫂養之終其節撫孤姪以存兄裔拾遺金還主施藥修路

孔艮 金子父病刲股肉爲羹進得愈後父喪廬墓哀毀如其父人過其門與墓無不嘆悼咨問者萬曆四十三年巡按王九敘具題同其父旌表

張賓張嵩 宿遷人自元時始祖張榮以來同居衣食必均私蓄必戒娶嫁祭祀宴飲喪葬定爲約束成化七年旌表義門合男婦二百餘戶同居十四世

蘇勤 安東人自祖蘇及以來六世同居宗族和睦成化間郡守楊杲上其事於朝

葛禎 沭陽人

岑仲暉　**高興**　**葉旺**　**高宗泰**

鞏得海 俱邳州人正統五年同輸粟賑濟奉勅旌表有尚義坊

王仲英 清河人輕財好義正統六年輸麥濟人旌表

葉斌 邳州人成化年大疫死者枕藉斌捐地掩瘞爲義阡

高隆 鹽城人弘治癸亥歲大歉死者枕藉隆瘞男婦數千人

杜岐 字來儀晨起如廁見遺金數百自朝迄暮餓守不離始廉其人返之其人泣謝去

沈麒 沭陽諸生正德初流賊擾淮麒

守母病不去比郡守被執麒趨入寇壘諭以大義寇悟放歸巡按張獎曰賊至守母不去孝也能救太守義也

陳鍿山陽人好義樂施嘗出遇市頭有以貧鬻妻者捐粟贖之

晁世典宿遷人萬曆四年修城助銀一千兩事聞賜七品服

鮑越山陽人敦睦行善隄顏家河路三十里爲橋梁五處建亭鑿井以息行者凡三圮三復之萬曆四十三年建坊旌表

周金鹽城人割肝救母

梁秀鹽城人蚤喪母父憐之不再娶秀朝夕奉侍誠敬篤志父死卜葬結草廬墓側離家數十里地曠不近居民嘗中夜有鬼試之不爲動蓬首跣足終三年族人羣往迎歸揭臥薦起有赤蛇數十盤旋草間衆驚異表其事旌之進士爲著梁孝子傳

皇清

虞三省鹽城人父好施予竭力承其志有貧民賣女求脫誣獄省令急贖其女自賣耕牛助之歲屢饑前後輸粟張濟千餘石死後人思之

王忱淮安庠生少恂謹好學母病惶懼不欲生醫療百計母死日夜哀號遂至病瘠未匝月喪次燕巢產白雛繞柩飛鳴人稱孝感爲白燕詩

輓之者甚多

呂惟鹽城人少好學負才名敬事父母一言笑必小心承奉幼聘淮浦高氏次女女長得廢疾瘖且癡高欲厚餙粧資妻以長女惟以大義固辭必不棄瘖女未幾女與惟相繼卒江淮人多爲詩文表其事

揚州府

漢董永海陵人父亡家貧貸錢以葬曰無錢當以身爲傭及葬畢詣錢主家道遇婦人求爲永妻錢主令織絹三百疋以償一月而畢辭永去曰我天之織女天帝憐君至孝令我助君償貸耳遂不見今丁溪場永與父墓並存西溪鎮有天女繅絲井

三國吳盛彥字翁子廣陵人母王氏因疾失明彥不應辟召躬自侍養母食必自哺之母既病久婢使數見箠撻婢忿恨伺彥出取蠐螬炙飼之母食以爲美然疑其異密藏以示彥彥見抱母慟哭絕而復蘇母目豁然即明仕至中書侍郎

晉高悝　江都人少孤事母以孝聞年十三值歲饑悝蔬食不厭每致甘肥於母撫幼弟友愛寓居江州刺史華軼辟爲西曹書佐及軼敗悝爲匿其妻子會赦乃出元帝以爲參軍歷位至丹陽尹光祿大夫封建昌伯

南北朝劉宗武　宋廣陵人魏太武南伐至安宜宗武母爲亂軍所害宗武蔬食終身人號所居村爲孝義鄉

五代南唐徐鍇　字楚金廣陵人與兄鉉同事南唐後主鉉與鍇天性友愛飲食起居必共鉉以直諫見逐鍇思念不已遂病心狂其母請於後主曰法有兄弟相罪及今鉉竄逐而鍇病欲死是兩棄之也誠不忍其兄弟相繼殁願令鍇與鉉俱貶後主憐之召鉉還鍇病尋愈

宋許俞　黟人置別業於海陵因居焉爲胡瑗所知俞事父供給甘旨晝夜不怠與妻子共食粗糲供父則盡珍異父病篤澣濯衣服必躬親之曰寄於家人之手吾恐厭怠也

嚴希孟

如皐人父文式早卒母李氏持家有法希孟惟命是從能體母心母喜曰吾有子若斯可瞑目地下矣母病瘧藥禱無驗希孟割股肉炊糜以進其疾遂瘳鄉人稱曰嚴孝子母壽八十二終希孟哀毀三年未嘗與人言笑

史聲 如皐人元祐戊辰進士家貧母先卒日夜讀書暇則躬樵以養父自食粗糲未嘗至飽及授官迎養中途聞父訃即奔跣四日至父尸所哀慟幾絕扶柩還葬結廬墓左躬負土培壟遇弔者未嘗與言惟觸地叩哀而已

張憙 字立道海陵人事母至孝赤芝之生於門越七年又產舍後竹間前後凡十四本光潤如塗丹朱抑之鏗然有聲乃築三秀堂人皆以詩頌其孝感

丁天錫 如皐人父早卒事母至謹一日盜入其家脇母索財無所得欲殺母天錫以身衛曰寧殺我寇自慚曰吾何忍殺孝子母子俱得免

顧忻 泰興人十歲喪父以母病不茹葷者十載雞初鳴具冠帶率妻子詣母室問所欲五十年未嘗離左右母老目不能覩忻日夜號泣呼天母目復明能秉燭紝九十餘無疾而終

吳汝明 儀眞人母疾割股以療有靈芝之生堂

側開禧間金兵入境他廬皆焚汝明室獨無恙嘉定間詔旌其門

蔣伍 寶應人嘉定間母孫氏兩目俱盲伍自刺左目和粥以進母母目忽明縣上其事郡守直祕閣應純之賜予甚厚詔表所居曰昭孝坊

元

袁智周 字道濟泰州人元至正間父敬夫爲土豪劉正二所殺智周志復讎寢苫枕塊陰佩刀以俟六年不得便適正二爲他人所殺乃棄其刀御史趙子威上其事旌之

卜勝 高郵人奉母至孝泰定間母病爲嘗糞又割股作糜以進母尋愈詔旌之

張緝 字士明其先膠州人父官維揚因家江都至正間緝與兄紳弟經俱領山東鄉舉緝授泰州幕棄職養親居揚十五年高郵賊兵犯境母姬氏方病賊持刀突入舉家驚散緝獨以身翼蔽其母背負數創母得以全

李茂 大名人從家揚州父與壽臨卒語茂曰吾病且死爾善事母茂泣受命奉母孟氏益謹母嘗病目失明茂步禱於泰山三年復明又夙夕祝天乞損己年益母母年八十四歿居喪哀慟聞者傷之

歲家有百歲堂

徐恩江都人家貧業農兄弟數人析爨恩獨依養膝下父患瘍日夜抆其患處後爲盜傷恩奮勇手刃一人盜披靡去母病不飲食者月餘時盛暑恩伏牀下身爲蚊蚋所嘬無完膚每晨焚香籲天偶一老兵匃其門見著絮繒肘後懸竹筒云以貯藥恩爲母懇請老兵解一粒予之大如粟母服尋愈人疑老兵仙者也時稱徐孝子

姚山如皋人年甫十三父病華晝夜悲號刲股肉作羹啖之父愈

夏應芳江都人萬曆戊子舉人有浙人沈氏過廣陵以敝笥寄其家曰藏書也約以明歲來久之聞浙人死芳攜笥訪其子歸之發笥得白金五百兩

白承宗字厚之通州人八歲喪母哀號不食事繼母如所生父病晝醫禱盡力三十年不懈嘗以舌舐其目父八十時承宗置酒上壽以娛親親目忽開如故親歿廬墓三年

孫著寶應人父鸞嗜飲酒著常置錢酒家令其恣飲父病氣壅醫云須百蝦蟆可愈時冬月著覓之野中得百蝦蟆里人大異之著曰傷百命以生吾父吾不忍也乃盡放之自刲股雜豚肉中父食之尋愈

龔勳字世臣高

郵人九歲母疾隆冬思藕勲禱求獲之後貢入太學心動馳歸五日而父卒隱居不仕令祀鄉賢

陸典 高郵人幼有神童名父龍慷慨尚俠時有衛弁侵屯田事敗法當戍乃謀之龍曰某罪不敢辭但惜祖宗汗馬勞自我墜耳因泣下沾襟龍憫之即挺身代任其過謫佃遼東毅然不返顧典方必抱痛然無如何穆廟初遂發憤出塞求親而訃適至悲號躃踊奔喪塞外欲扶櫬歸里而法不得入關乃徒跣京師泣陳於當道薊督檄護之歸

孫諫 高郵人父嬰疾諫割股以進父得痊繼又病疫諫曰身體髮膚受之父母以父母之身救我父母死當無恨割右脇出肝寸許飲父父立起諫懼傷父志不令家人知創久不愈有神人背其門出紫色藥傳患處一二日即無恙巡撫李三才賚金以資養令有司歲以粟帛存問

許蓁 泰興人家貧年十六母黃氏病且殆兄將鬻蓁治棺殮母不忍蓁沐浴告天割右乳下肉作羹以進母病遂愈

王維慶 字裕昆高郵人性至孝妻陳氏能順承維慶之志母病陳氏割股愈之繼父病篤不治慶曰吾聞割股非孝然吾婦行之

歲家有百歲堂**徐恩**江都人家貧業農兄弟數人析爨恩獨依養膝下父患瘍日夜吮其患處後爲盜傷恩奮勇手刃一人盜披靡去母病不飲食者月餘時盛暑恩伏牀下身爲蚊蚋所嘬無完膚每晨焚香籲天偶一老兵匄其門見恩著絮繪肘後懸竹筒云以貯藥恩爲母懇請老兵解一粒予之大如粟母服尋愈人疑老兵仙者也時稱徐孝子

姚山如皋人年甫十三父病革晝夜悲號割股肉作羹啖之父愈

夏應芳江都人萬曆戊子舉人有淅人沈氏過廣陵以敝筒寄其家曰藏書也約以明歲來久之聞淅人死芳攜筒訪其子歸之發筒得白金五百兩

白承宗字厚之通州人八歲喪母哀號不食事繼母如所生父病瞽醫禱盡力三十年不懈嘗以舌舐其目父八十時承宗置酒上壽以娛親親目忽開如故親歿廬墓三年

孫著寶應人父鸞嗜飲酒著常置錢酒家令其恣飲父病氣壅醫云須百蝦蟇可愈時冬月著覓之野中得百蝦蟆里人大異之著曰傷百命以生吾父吾不忍也乃盡放之自割股雜豕肉中父食之尋愈

龔勳字世臣高

郵人九歲母疾隆冬思藕動禱求獲之後貢入太學心動馳歸五日而父卒隱居不仕令祀鄉賢

陸典 高郵人幼有神童名父龍慷慨尚俠時有衛弁侵屯田事敗法當戍乃謀之龍曰某罪不敢辭但惜祖宗汗馬勞自我墜耳因泣下沾襟龍憫之即挺身代任其過謫佃遼東毅然不返顧典方少抱痛然無如何穆廟初遂發憤出塞求親而訃適至悲號躃擗奔喪塞外欲扶櫬歸里而法不得入關乃徒跣京師泣陳於當道薊督檄護之歸

孫諫 高郵人父嬰寒疾諫割股以進父得痊繼又病疫諫曰身體髮膚受之父母以父母之身救我父母死當無恨割右脇出肝寸許飲父父立起諫懼傷父志不令家人知創久不愈有神人詣其門出紫色藥傳患處一二日即無恙巡撫李三才賚金以資養令有司歲以粟帛存問

許蓁 泰興人家貧年十六母黃氏病且殆兄將鬻蓁治棺殮母不忍蓁沐浴告天割右乳下肉作羹以進母病遂愈

王維慶 字裕昆高郵人性至孝妻陳氏能順承維慶之志母病陳氏割股愈之繼父病篤不治慶曰吾聞割股非孝然吾婦行之

獲濟傷體愈親不猶賢於已孔應試高郵人家貧
乎亦刲股愈之奉旨旌獎事農崇禎甲
戌母施氏病刲股療之愈逾年再病又刲以進不
愈誓然肉香十年母復愈應試每歲四然剪肉和
香爇之胸創墳起者三十二處壬午父好年八十
病癯不瘳有里人謂抉寘官目辟之立止應試泣
日抉神目謂可驅癯鬼耳吾有目取而代之與其
令鬼畏不若令鬼憐也夜焚香祝天抉左目睛墮
有血絲綴之長寸許不可斷力截之煮湯以進癯
果愈後父死應試哀號不飲食者七日躬負土營
葬里人稱孔孝子江九萬字元里儀眞人父尚實卿曰炤
與母楊氏先後病九萬及妻黃
氏相繼刲股以進皆得瘳黃氏先在家
時刲股和藥救父人稱其一門純孝
皇清趙宗曾江都人母八十病篤宗曾年六十刲股
以進母遂愈其子天澤亦刲股以救母
病孫啓新道立皆以孝友世其家林中馨江都人母得疫危篤中
馨與其弟中喬共視湯
藥旣醫不効遂各刲股以進母病獲甦其父章燦
又繼染疫二子日予身父母之身旣以活母敢靳

一臠救吾父乎再剖進父病亦旋瘥

陳嘉謨字我師興化諸生順治初父弘道叔弘猷俱爲奸人所誣繫府獄仇黨日夜謀殺之嘉謨欲一見父不許詣讐所以身請代讐交口唾詈毆之見血猶且成嘉謨痛哭於城隍之神入傍舍作書懷之而去是夜其僕獨臥逆旅三更聞哭聲且叩門甚急起視無所見大惟之及明有傳當事家書至署者啓封則嘉謨所作血書也曰父死子亦死徒死耳無益死於今猶可明父冤誠得鋤奸暴安善良嘉謨死不恨當事大驚令求尸不得越七日髮上指眦立風浪中立脫其父叔於獄收葬嘉謨而盡殺仇黨死時年三十二

李之瑀江都人順治五年之瑀方成童母蕭氏病篤割股作羹以進母立愈當事旌其門

閻士彥江都人總角父病劇士彥謂古有刲股療親者引刀視天曰苟活吾父何卹吾身即臠其肉以羹進父病得瘥其母素羸弱士彥不茹葷以資母福

丘雯高郵人年尚幼母湛氏病篤雯憂之甚夜夢神語之曰汝勿憂能割汝肉啖之母可即愈隨躍起持刀拜神割肘肉自烹奉母母訝何物雯佯曰醫人所

治藥羹也食之果立愈

孫莊字尚廉通州人母病莊三割股三愈之

許石陛字元文如皋人忠愍公直之弟母病篤割股以進立瘳居喪不食甘旨不近絲竹

蕭日曠江都人康熙七年母朱氏病篤浹旬不食日曠侯嫂婦皆臥乃潛持瓣香告天畢自割其肝時三更舉家熟寐中聞人聲嘈嘈群聚室中若奔護者至昧旦其婦方覺見日曠危坐燈光下血滿裾神色不變手持片肝付婦入藥鐺中以進母婦驚詢其故云始操刀而割若不得肝所在再割之微露三割之乃得肝脇下創如盂洞見五內舉家往視相向泣母食之病果瘳日曠以創甚殞年二十六

徐文璉字廷璧興化貢生七八歲父母皆喪以不得奉二人爲憾每遇歲時輒嗚嗚作孺子泣會大水移塋親柩於高原躬自負土哀勞備至嘔血而死同里陸掄爲作傳其子燕譽亦稱孝子云

江南通志卷之第五十二終

江南通志卷之第五十三

孝義

安慶府

漢時公 桐城邑令逸其名休致於家以孝弟禮義導化民間子弟子弟感之立亭曰時公亭

享萬倫潛山人司空克之從兄也事母孜

晉何琦 孜朝夕色養常患甘鮮不贍乃爲郡主簿及丁母憂居喪泣血杖而後起停柩在殯爲鄰火所逼煙燄已交計無從出乃匍匐撫棺號哭俄而風止火息其精誠所感如此服闋乃慨然歎曰所以出身仕者非謂有尺寸以効智力實利微祿私展供養耳一旦煢然無復怙恃豈可復以朽鈍之質塵黷清朝哉於是適志衡門躭翫典籍公車再徵不行

南北朝宋何子平 廬江潛人少有志行事母至孝揚州辟從事史月俸得白米輒

貨麥人日所利無幾何足爲煩子平日尊老在東不辦得米何必獨饗白粲每有贈鮮殺者若不可寄致家則不肯受除吳郡海虞令縣祿唯供養母不以及妻子人疑其儉薄子平日希祿本養親不在爲已母喪去官哀毀踰禮每至哭踊頓絕復蘇屬大明末東土饑荒繼以師旅八年不得營葬晝夜號哭歠粥不進鹽菜所居屋不蔽風日兄子伯與欲爲葺理子平不肯曰我情未申天地一罪人耳屋何得覆蔡興宗爲會稽太守甚加矜賞爲營冢壙

梁 何烱字士光廬江灊人也父尊天中大夫烱年十五從兄受業一朞並通五經章句烱白皙美容貌年十九解褐揚州主簿累遷治書御史以父疾經旬衣不解帶頭不櫛沐信宿之間形貌頓改及父卒號慟不絕聲枕塊藉地腰虛腳腫未幾竟以毀卒

唐 徐仲源故徐偃王後升翁調官望江令因居焉仲源其耳孫生而仁孝貞元中母疾篤不食割股爲羹餌以進母食而疾愈邑宰魏信裴以事聞德宗歎賞勅號所居里曰昭賢鄉曰孝感

後仲源登科授合肥令未幾母卒瘞於宅之東南隅母平昔畏雷仲源必躬爲掩耳既卒每遇陰晦震雷輒伏墓曰仲源在斯郡邑復以聞再命䇿孝義墩賜白華軒以彰之

元

方德益 元末自池戶徙桐以好義稱所居鄰學宮前衢監割居地之半以廣之桐溪水出龍眠暴漲則激石漂木不可渡議橋者難焉德益捐金甃石橋成堅緻迄嘉靖末猶賴之

明

曹鏞 懷寧人母龍氏病氣疾藥弗效本草謂人肉能療疾鏞乃割體肉以食母疾愈復作鏞又割其胸肉以進母復愈未幾疾復作鏞妻王氏亦割臂肉以食母既而母病復大作鏞又割股母疾遂瘳事聞　詔旌其門復其家

方鵬 字其大懷寧人家甚貧繼母馬氏遇之無道百計承順有女弟自馬出馬曰嫁吾女必鬻其居及母死不忍食言果鬻居以爲粧奩助父槃病篤吐血一升跪接而吞之幾不自保尋父歿親刻木像飲食必祭嘗他出夢父有怒色醒即歸視有家僮簪其像號泣治之孝感如此嘉靖間登進士

楊貴 其先湖廣痛父母之養不逮祿遂終身自薄其奉

武昌人父典英武衛百戶謫爲安慶軍遂爲安慶人貴素性至孝母蔣氏病且危藥弗効貴憂甚乃夜半割於左股及脅刲肉令妻和米爲粥以奉母母疾遂愈後事聞詔旌表復其家

劉棐字居輔性孝友垂髫時聞父訃音晝夜奔赴渡河墮水逾時而出人以爲孝感事伯兄恭恪同居四十年無幾微間

曾希曾號兩山與弟希周菽水侍母必歌詩以侑之母疾三年衣不解帶七學諸生同聲孝德學使者亟旌之希曾泣辭不受曰此自生人恒事何忍以父母博名高學使者降階而揖曰是吾師非吾友也

阮以臨號象源少負豪傑槩總督葉夢熊征寧夏疏薦偕往臨念母老潛然出涕曰溫太眞亦一代人豪特急功名絕裾而出千古薄之吾奉菽水他不問也力辭不赴母歿每除夕必宿墓

段正洪懷寧人母葉氏卒會鄰家不戒於火將及正洪以身蔽棺號天哀甚忽雷雨大作火隨止

韓祥卽字維熊刲股愈祖母疾又刲股愈母疾同里稱其孝

程昇節婦聶氏子霑欲刲股愈母疾至老色養不衰族衆感其孝義以公共吉壤一片讓昇安

厝先人里中呼爲孝感塚云御史鄭崑貞以節孝雙美旌其閭

盛應魁懷寧人年十二父母危病三刲股以進親疾獲愈巡按御史龔一程疏題建坊旌表

葉正奕任長治縣縣丞少特母劉病篤奕刲股肉烹進劉食之尋愈

檀郁桐城人字子復家貧少孤母汪氏守節郁事甚謹母有疾郁侍湯藥衣不解帶每夜告天求捐巳年以益母壽母卒貧無以爲葬或贈以石山不可穴泣禱於神有鄉人胡伯恭夢神告曰檀孝子有穴曰湧泉可丈許耳莫諭其旨醫師程伊聞之曰人湧泉穴屬足穴其在山麓乎求之果得窆之郁遂廬於墓側蓬跣苫塊哀慕如初喪時山故無泉下汲爲苦忽石罅出泉色瑩味甘迨三年歸泉亦遂涸正統丁卯狀聞詔旌其門復其身

吳堂字德隆桐城人邑諸生父希瑞患脾痛堂手自抑搔數月不使人代至丙夜父命之退猶涕泣不忍辭父沒伯兄爲政堂僅得瓦廬半間以奉母有圃在伯兄舍後兄欲之堂偵得其意作券因族長遺之而御其值歲祲有歸粟數十斛者堂縮口節食以其羨給諸從兄弟及比鄰之乏者其孝義多類

此**殷溥**號直菴宿松庠生父早世母以哭夫喪明溥事母極孝成化癸卯領鄉薦志在祿養就教嘉興陞國子監助教覃恩錫封敕中有母節子孝之褒歷漢陽襄陽二郡別駕母亾遂不復出

呂腆太湖人嘉靖時母病禱以身代不愈朝夕哀泣及葬則腆已雞骨支牀矣有詔旌表

方岱字明鎮望江人志行端慤江左宿儒嘉靖辛亥歲薦以母王氏年九十七終養不仕詔授官以旌之岱父璽先以孝行著里稱其世德

方效桐城人字去病嘉靖乙酉舉人父有侍姬家人不能堪效安之父歿家人曰父橐是司可急取效獨不可擇善配其篋爲所攜去

方可桐城人字子時事父孝力學養志其伯仲以母異父又愛之稍不協可畢聲柔色不敢仰視父歿諸臧搆伯仲爭貲可曰兄弟無訟寧兄推刃弟不可反戈詞不訴鞫不辯有司察而直之嘗置義倉輸穀實之又捐田七畝歲入義倉周宗族人貧者

張祝桐城人少有至性十歲母病刲股爲湯以進遂愈郡守以爲幼而行孝不由矯強請於文衡補博士諸以諸生游南雍授光祿監棲隱桐溪之滸

彭寶字惟善桐城弟子員刻意砥行不以貧累嘗作紀過錄自警雖一言一動必期無愧所生人以貞秀才目之伯母葬鬻書爲助居父喪哀思廢寢食竟以是卒陳所聞字辛華桐邑諸生少能以孤童自力奉孀母獨任勞苦得其歡心手一編督耕隴上就土性之沃瘠燥濕而權衡之所獲常倍三分一妹文第爲營婚嫁又各畀田一頃邑令陳贄化式廬請赴賓筵復署其門曰孝友傳家周聘字延聘桐邑諸生父母繼亾家貧十年不能葬坐臥苦塊知縣李尚默捐俸八兩使諸生往營葬聘曰爲人子而以親喪煩長吏其何能安守塚凡十二年遂能知來言休咎頗驗或問不習占候術何由如此曰靜久不覺乃爾張思誼桐城人八歲父纏卒哀痛成疾事寡母吳氏極孝夏驅蚊冬炙爐必親爲之時節坐母堂上衣冠拜堂下起獻酒拱立將撤下堂拜如初五十年守此禮有弟思諶孱而愚誼衣食之年未三十鰥居輒不更娶曰恐有室則於吾弟疏矣周登字大舉桐城人弟赦早卒遺千金篋以托登其子動方幼不知也登撫而訓之動畏其嚴不敢

盱視比長受室補博士弟子乃出其遺金授勳封藏宛然嘗中家政於祠堂以義責族弟名召怒批登頰登置弗答名久之感悟曰今日乃知吾兄

周自字明德桐城人邑諸生弟覽侵賦有司督之急令覽售產於自以償自代輸八百金毫不受產惟取一雕鞍曰弟所以逋賦者汰侈故爾欲碎之以明教宗人請遂與之居數年賦不枉自復納二百金覽願以產償自終不忍取覽感泣後稍克自振云

張廷中桐城人兄弟五人既析箸弟乃日落廷中滋殖曰吾不忍吾弟之壁立也集諸弟合爨而居久之諸婦有後言廷中曰吾知厚吾弟耳安問其他悉以所殖之產五分之爲輸税不以煩弟終身怡怡焉

方初桐城人字子復成童時父遘疾溽暑嚴寒不離臥側每藥必親嘗以進後父當督皇磚於姑蘇初弱冠請代曰有子不服父事安用子爲卒代之磚不苦窳妻盛氏事姑甚孝人謂初刑于之化焉

黃敦字効仁桐城人有同祖弟二家落鬻產敦曰不可委先澤於異姓厚直取之弟後拮据事生久之敦曰吾何忍取弟產欲弟知艱苦自立爾乃今能治生遂以

產還弟不取其直敦晩舉五子人以為行義之報

郜冠字德纓桐城人邑諸生以孝聞葬親桐梓山每過之必下馬泣拜而後行數里望見必式而改容曰先君之居也終身不斁五十喪妻終身不復娶

朱文林字士先桐城人甫六歲喪父家貧櫛髮為藝竭力養母母病思魚市無魚文林禱水投竿即得有姊寡且盲母念之迎歸與母同寢食姊先卒具棺衾營葬母病篤文林潛禱天地封乳下肉一臠煮以進母遂愈母卒葬西山廬墓側豺虎間來不為懼郡邑長吏及鄉薦紳金為文遺祭其母文林竟以哀毀卒

葉日初字寅初望江人幼時讀書即以古人自期領萬曆已酉鄉薦時方具慶介眉侍壽猶執少儀不少弛友愛諸弟館穀悉分給以資舉火人稱真孝廉

方祉字子受桐城人郡諸生兄祿患疫室有死者祉扶抱制藥祿日人畏疫甚爾乃冒暑顧我祉曰智者不信幽而棄禮仁者不違道以求生疫何足畏乎母孀居二十年孝養備至卒時值歲饑鬻產襄事不煩他兄弟

殷效字子學桐城人繼母夏氏有二子美衣食就傅授書而裁效衣

食使之耕效胼胝作苦甘淡泊無難色夕歸濯足更衣面侍色常愉父喜勞之曰惟爾克家能子哉食指漸繁爾其尸饔效益奮力乃致千金分給諸弟不以錙銖自私夏感悅遇效有加

王鰲

桐城人至孝父卒廬於墓側日夕哀號思慕不已忽夢父曰兒何不畫像而臨之對曰兒不解畫日我其誨爾起於鼻準乃圓其頭旋分耳目終及於身鰲驚覺命筆一揮成像酷肖其父見者以爲神授

徐即署

桐城人年八歲祖接沉痾臥牀署父晝夜視湯藥已而疾篤署割股以進接食畢霍然起

盛唐

桐城人年十二祖母汪疾篤刲股以愈後唐父如會臥病唐母張氏亦刲股以救夫得愈

朱蓬

居桐羅塘洲兄弟六人淳朴孝友善事母一婦偶有忤於母母不悅日高猶臥蓬自田歸問故率諸弟跪請母遽躍而起曰偶貪春睡無子婦以也蓬宜於兄弟和氣淪浹合力搆一室以居三年又搆一室以與仲氏次第相及各安其居歲饑鄰有童翁貧且病田盡蕪蓬使三弟服牛而爲之犁耡曰童翁不知其田之誰犁也異之蓬曰吾力有餘翁力不足故代之耕耳校官張異

緒聞其孝義躬訪而題其宅曰田龍

趙之葵桐邑諸生性至孝少與方君簡友善君簡遂以子逢月師事焉崇禎丁丑賊至君簡守護母柩死於賊時逢月館白門之葵聞信白衣冠往哭之發其笥得絹殯殮未終賊復至殺之逢月至今並祀其家

吳忱周字尚文桐城人貢成均父命分產辭曰家本不豐兒且饘於鬻使兒日肥伯季日瘠不忍也祖遺別業悉無所受嘗夜讀邸舍主人婦暱就焉曰若夫吾友也爾縱由新安不媿夫吾寧不媿友乎婦慚而退

金韡遷桐之雙溪母陳病值亂無從得醫因刲股以進弗愈聞古有割肝者乃穴其左腹得肝寸許方爲臑以進母從枕上便聞有異香時行道者見其屋角炊烟如瓔珞雲冉　少許立瘳

方夢暘字子旦桐城人父歿有受債者千餘金夢暘悉焚券嘗渡江舟人失金相爭夢暘謬曰適吾僮得遺金必爾物也抵岸分橐償之已舟人得金所在乃諭之曰金微物也倘爭而溺柰何寧謬償耳人稱爲長者

金騰高字上達桐城人任俠好義邑大饑騰高積穀二千石悉出賑其鄉里曰所貴夫

好義者補天地之不足也豈其乘歲祲而自爲利乎詔旌其門曰義民

李璽字廷玉順天籍桐城人其友汪晃赴廷試病於邸囊有百金付璽人無知者晃卒乃爲治棺斂甚備自主其喪召晃子至京迎喪因以父金還之

方學尹號起莘桐城人年十六爲諸生有聲父病日夜侍湯藥衣不解帶父卒遺命葬繼母山掘穴有石學尹不敢違號泣籲天鑿石下棺後三十年子孫徙墓石皆成土人以爲純孝之感也

錢元道桐城人有氈商主其家既去除室見有遺金約二百餘度商已遠乃置倉中積穀壓之次年商復至言別後失金元道曰此非途中失也發倉示之囊括宛然遂還之

朱東桐城人字漢卿貢生晨詣學見道旁有遺金東不顧僕曰後人不攫之乎東命收約二百餘金以聞於校官出示招之則糧役王姓者之遺也王請分東笑曰天欲損爾豈令我見之速挈去

陳希學字子敎桐城人嘗以赴試過香爐寺如厠見遺篋有金百餘兩收之居不去僧曰文宗且至何乃逗遛希學曰吾與友約姑待之三日失金者哭而至曰以吾父之嚴而

失稅金也進不勝官刑退不勝父刑死矣希學出而還之

張清雅字玉楚潛山人崇禎十年父久道病將革冠環門庭匿身後衆侍湯藥父死衞棺不去賊欲斬棺雅以兩手覆之斷指血濺砍雅仆地幼子超藝從牀底躍出伏背求代父子死焉傾火發賊復憐之相與擁棺中堂口稱全孝而去其老僕雲滿撲火守屍亦長號數日不食死

陳廷選潛山人流賊至母謝氏老病不能行選負母避草間爲賊所獲將殺其母選叩頭流血願以身代賊怒殺之氣絕尚抱母不忍釋手母幸得全妻陳氏收選尸殯如禮因囑其子文露曰姑老矣汝善事之即撫棺大慟墜巖露急援之不及而死

黃朝烈號無競潛山人文節公裔母王氏病危泣禱於天曰烈今有三子煥燦炳皆母遺也足延母祀願以身代因割左股和羹以進母疴遂愈烈之剜痕亦不血而痊人異之爲直指旌表

袁學知字非生潛山人母陳氏病不可起學知籲天刲股母食之即痊父遺產併所入盡推兩兄笥匣惟圖書而已

金道會字仲貞潛山人父客死金陵傷不得送終遂絕意仕

進每一追思血與淚迸哀動行路崇禎丁丑流賊盤踞道會避虎頭寨時荒疫流行道會運米得三十石同寨索貸踵至同室者商曰吾食指浩繁米將盡柰何會流涕曰誠然然吾不忍人饑而我飽也未盡饑兩日長子承蜩夜冒鋒刃審視賊營間道得脫會歸遇死傷露骨買棺葬五十餘塚高曾同產姊妹多零落者分產半給之晚年杜門著述

胡琴 太湖人母鄔氏早亡繼母徐氏嫉琴琴孝事之母疾禱以身代越時母愈聞而感動母嘗晝臥雖盛暑必衣冠揮蠅蚊不敢輟及母九十琴已七十矣定省益勤事聞旌其門曰七十而慕

呂之徵 字愈疏太湖人父死廬墓三載哀毀骨立日食惟饘雖蔬菜弗茹也事聞旌其門

馬繼周 太湖人父琥早逝母陳氏守節撫之及母卒周傷母以苦志終廬墓三年哀感之聲動於松楸聞者爲之增痛萬曆間母子並旌

顧槐 太湖人事父至孝凡父意所在無不委宛承順及父死廬墓三年致哀盡禮萬曆間建坊旌表

馬之龍 太湖人性篤友誼好施濟兄人龍歷宦楚藩明季寇亂楚人爲賊掠流湖者之

龍曰此阿兄子民也悉具貲糧以歸壬午城陷之龍子亦被執至楚彼地復爲優禮送還以報之**汪文煒**號純符宿松人母早世隨父避地江左父亡事伯兄如事父奉繼母以孝母始苦之後亦爲煒所感舉孝廉二十年絶不以竿牘于謁郡邑宰崇德調山西靈丘致政歸產薄不及中人兄子與子均之毫無私厚嫁孤姪女一如已女及晚歲尤貧窘脫粟不飽處之淡如**石汝修**字止所宿松人幼失恃繼母高氏撫之及其長貿性淳篤善事二人雖垂白之年問䙉必至父亡廬墓三年繼母歿亦如之援例入雍歷滿考授州倅不樂仕積德行惠年八十餘終**田荆**字義軒宿松人官省祭幼喪母繼母駱氏撫養及長事母極孝母喪明荆每食必親奉母病垂危荆親嘗湯藥不解衣者數月母喪一號幾絶二弟蕙蘭幼荆撫育之田舍分給無私財焉**方友信**宿松人母王氏臥病三十年旦夕侍湯藥不倦及疾甚刲股以進子際明際奎孫孔成孔祚俱割股和粥救親時稱方氏五孝**張洪猷**宿松庠生字伯卿早喪父廬墓三年母疾割股愈親讓產

以分諸弟天啟甲子舉孝廉

朱守益 宿松人母皮氏疾劇刲股邑令熊廷棟申請旌表

劉之瑄 字朗生宿松庠生乙亥賊將至適父病風家人呼瑄出避拒曰父臥牀吾惟有死守耳賊砍其父瑄以身蔽之連受數刃而死父得免

袁師臯 字理衡宿松庠生母老齒脫不能食臯年已六十母食必口哺之乙亥賊至執其母使跪病臥不能賊殺之臯奮與賊鬬遂攖刃教諭毛之儁申請旌表

萬民望 字兩虛宿松庠生母年八十以流賊至負母而逃遇賊泣告願以身代賊殺之而貫其母兩臺旌其死孝

楊士奇 字伯英宿松人辛巳城陷父介八旬被賊執奇甫匍出救賊舉刃奇抱父同死遠近痛之

張瓚 宿松人鄰齡能文家於皖乙酉城潰父庠生映光爲兵所執瓚紿以多金求全父許身爲質父得逸去遂遇害

葉應龍 宿松人家貧貿易爲生頗知書義父早亡母疾刲股救之代巡何樞旌曰純孝格天

龍涌 字本一別號京泉望江人家不戒於火祖母武氏躬睡風狂火猛涌奪然不顧身奔入焰中扶祖母起須臾風反負出無

恙後父書疾危涌刲股爲羹以進父食而疾愈邑令朱軾以事聞詔旌其門曰慈順復其家

蔣珉 望江人字廷貴父智疾篤珉刲股作糜以進父食而愈

王惟翰 字思重望江人父恂疾篤翰泣祈願以身代診脈知疾必瘳因歎曰爲人子者不可不知醫遂究心岐黃家言調藥進輒多奇中云惟翰用明經分廬江教量移辰州府授以母老不復之官鰥居數十年起臥不離母側母年九十有五翰哭母成疾遂終

李德賓 望江人母病癰膿潰德賓以口吮之凡醫藥必自炊治而後進寢食不離母側者二十年崇禎間以孝舉鄉飲名載學冊春秋致胙焉

章繼曾 字思樸望江庠生事親誠養交至親寢疾籲神求醫必長跽涕泣親喪制除逢忌必哭

王準 字明衡望江人父忱舉明經生準兄弟獨準食飢日此仁粟可上高堂獨任甘旨忱易簀有遺俸數十金獨與準準泣拜請公之昆弟弟惟乏嗣準憐之與共起居飲食二十年惟先死有私橐百金舉以報德亦公之諸猶子

阮之釪 字韜甫懷寧人崇禎乙酉叛兵薄城城潰母崔老且病不

能行賊至舒爲母請命不許以身代死不許遂挺身障母皆被重創舒格鬬而死子湛九齡得脫於難順治初以成童列博士弟子每傷父死孝之烈嗚咽流涕直指衛貞元以事聞　詔建坊旌表

吳汝鼎 懷寧庠生幼失怙恃傷痛嘔血兄汝忠病癱適歲大祲鼎稱貸爲參苓暨肉食進之躬爲洗滌而身實忍饑啜糜也郡守皮應舉巡撫張國淮史可法皆以國士遇之

方都韓 字大方懷寧人母病侍湯藥衣不解帶者年餘丁母憂以哀成疾幾不起三年不居內不御酒肉或勸之仕泣謝曰老父在不敢以身許人乙酉兵叛蒼頭擁出郭韓拊膺曰豈有父危難而子逃者乎復入遇賊執父韓請以身代父得免韓遂遇害

蔣奕芝 字鍾韓懷寧人乙酉城潰賊欲刃其母奕芝以身庇母遂被害

黃淡 字元味懷寧人乙酉城潰母徐氏爲賊所執淡以身庇母母被刃遂奪刃抗賊賊擒殺之噴血罵賊兄中通中德亦抗鬬被殺

陳道賓 潛山人割産撫孤姪設義塚葬露骨

皇清張秉彝桐城人字孩之生而穎慧爲文一本經術以廪例入南雍考授別駕未仕兄秉文以名第官四方彝奉父母里居侍養誠順已卯秉文殉難山東彝走數千里扶三櫬攜藐孤以歸身遇大喪不以時詘儉其親雖年在杖鄉猶登涉山川以營窀穸躬親廬墓手植松楸後冢樹交花人以爲孝感弟秉貞以大司馬捐館京邸諭賜祭葬大典彝皆贊襄成禮弟孝廉秉哲早逝彝親視爲含斂家有祖置義田經營規劃以歲入充伏臘餘助婚勵學贈給有差凡拓塋地樹蔭木立豐碑以次修舉譜牒散軼起而纂錄之傳記詳核一邑以爲式其天性儉素聲華美麗絕無所好歲大饑爲設糜粥賑恤存活無算生平隱德不以告人處華膴不以門第驕閭里子歷官通顯彝儉素如初每千里致書惟以忠君報國祖宗積德爲惓惓晚益邃性命之學蒔花植竹以自娛年躋大耋巾舄飄然人以比香山洛社之遺歿後諭祭一壇

陳彝字以常澹山人早遵庭訓賁序有聲父逝事繼母王氏以孝著年三十卒妻宣

氏謹事孀姑人稱爲一門雙孝

汪世奕 潛山人字貽遠幼至性過人八歲喪父哀毀骨立若成人及長每追思卽撫膺雪涕事繼母婉容愉色曲盡承歡叔伯恒省試覆舟奕扶櫬歸里經紀其喪

華士怡 字怡如潛山人明季歲薦寇亂時奉母避山堡賊獲母脅贖怡鬻產贖回復遇賊母倉卒墜巖傷足怡負行百餘里至郡醫愈尋卒怡哀毀盡禮

余可宗 字因其號明岱潛山人幼失怙事孀母備極孝養髫年入泮大江以北推文壇祭酒結客好施撫兩弟成名席素封田取磽确臧獲取老弱年七十猶丙夜篝燈與子大節孫光全塾奎輩講性學源流孝友忠信或旁及古今考証嘗曰士君子先要從根本逐漸推去風雲月露不足稱也故子若孫文行俱不媿象賢云

田德產 太湖庠生母被賊執德產與妻出救求代得釋城陷復負母得脫母歿守墓三年督學李嵩陽疏請建坊旌之

章于國 太湖貢生篤孝二親父疾朝夕號痛籲天以身代城陷負母百計求脫不獲母赴水死國哀毀絶粒者半月嗣後倚廬哀泣逾於常制三載

徽州府

唐黃芮 歙人繼母洪病芮割股以進遂愈父卒廬墓終身不去墓側產芝貞元十九年下詔旌表至今稱其地爲孝行里云

宋王六 歙人母夌瞽草屋半間風雨不蔽依親金氏久而厭之時六甫九歳翼母返其故趾刈薪易米以養學校上其事旌表

祝確 字永叔歙人親喪廬墓兄弟先後死熙河確不憚險阻親往致其喪吏部朱松爲諸生確歸以女生文公熹方臘之亂郡城爲墟有媢權貴者挾墨敕徙州治溪北衆患潦漲欲訴於朝莫敢爲倡確奮然身任州治卒復其舊

程四 歙人幼孤鞠於姑家姑病革四省問退曰吾幼失怙恃姑猶母也誓當報德乃焚香取髓粥而進之姑疾遂愈

查道 休寧人母病經旬不解帶母思鱖魚方冬市無鬻者道泣禱於河得鱖尺餘取以饋母病愈

夏俅 休寧人早孤奉母曹氏孝養備至既卒廬墓生瑞竹又生芍藥並蒂者二鄉人號其室曰

雙應

曹矩 字晦之休寧人景祐進士官屯田郎中貤贈父汝弼燎黄之夕芝產塋上事聞詔賜所居爲孝芝里從父文死方臘之難世稱忠孝

陳克巳 休寧人紹興中母有病女割股婦繼之克巳又割其肝母病尋愈

鮑乙 休寧人母垂亡乙焚香鑿腦取髓煮粥奉母遂活

汪廷美 婺源人居聚百口旦暮食必同席親喪盡哀祥符中詔減天下賦十之二廷美亦減其佃租有鬻香者去後發其槖得金追還之里人竊其携問之曰將以祭先美曰彼乃有孝心助以魚酒有從質麥種者過期年種敗無收廷美還其質更遺之以麥時號爲汪長者

王德聰 婺源人少孤孝友信義爲里所稱一家幾五千指同居七十餘年天聖初縣宰劉定奏旌其門曰孝友信義

張珏 字公予婺源人弟滋罣誤法當死珏曰吾力單微養母不如弟自拘於有司遇恩從邊以是見知韓世忠從討叛寇劉忠曹成上功補職稍遷進武校尉進朝請郎乞歸賜詔旌其坊曰昭義朱熹稱其天姿孝友有古篤行君子所難能者邑祠鄉賢

詹惠明 婺源人父坐鬭殺繫

婦惠明請縣求代不許以狀上惠明至郡復請嚙指出血詞甚哀太守曾告以在法無代方盛夏坐府門外以艾自灼其頂曾自外禱雨還見而憐之明日至庭下方閱其狀忽割右耳擲廳事上血淋漓曾大驚亟爲奏報下詔減其父死而釋惠明曾又奏惠明與漢女緹縈相類乞下本州常加存恤從之改所居里爲孝悌里

許規 祁門人常羈旅宣歙間旁舍某郡人病且死以骸骨屬之因捐囊中黃金曰以是交長者及死規負其骨若金從千里外畀其家人

（元）

鮑元鳳 歙人元季寇至邑盡奔竄鳳與妻子訣曰吾有母不能爾卹遂躬負母深避巖穴亂定歸近舁恍若神導與妻子遇俱獲全

黃一清 休寧人母嘗病亟清焚香告天願減巳筭以益母壽夜夢人曰明日老嫗來當得藥治日果有嫗授以咲蚉之法夜行乞蚉隣鄉還至中途遇虎清號泣曰我死不足惜如母蚉何虎熟視而去

戴熇 婺源人弟熠烱父卒相與廬墓三年朝夕致盥沃上食如平生除喪不廢

明葉仁休寧人父宗茂任饒州知府以事罰輸築城仁上書贖罪太祖嘉其誠宥之汪葵黟人生元末每晨多造飯攜斧入山至暮乃歸妻怪問之笑而不荅又常煑芋菽搗粉築墻人莫之覺及土寇爲亂葵隱入深山柴舍宛然村落中有積糧葵部分居之時或以芋牆充食存活者甚衆汪存字廷堅歙人母疾割股作羹即愈後隨父商歸宿邑之汝灘天未明父捨舟先歸人言前路有虎存不待飯冒雨追四十里始及父果遇虎山陬存泣告天曰願虎傷已勿傷吾父虎竟去畢文璟封股愈母郡守彭澤旌曰克孝李士昺歙人家貧力農以養母陳氏遘疾昺封股作糜以進遂愈畢陽自幼以孝聞父卒泣血幾喪明迨母疾露禱求以身代割股和藥進之疾愈自後不復遠出祀孝子祠何澄字應清歙人出繼族叔勝勝卒有爭繼者澄推讓田產無所取惟歲時祀事不怠早歲母疾晝夜禱割左股進母得甦吳鼐歙人與兄鼎弟珊客黃州鼎夜鬭殺人誣鼎吏捕之急鼎不知所出鼐曰兄年高未有子弱弟老母所憐皆不可死

獨鼎子巳長願代兄以塞禍遂詣吏就繫鼎寃之求直不巳鼎謂曰坐自苦必無生望不若保餘貲善事老母撫弟姪立門戶毋以余爲念也其夜具衣冠自經死州人傷之白于府以禮殯之

黃鑑字德聰歙人父志禮商久不歸鑑兒時問父安在輙號泣不食家素貧拾薪養母年十四告母行訪其父舟至黃州得之

洪祖歙人幼孤事母孝母患胃膈祖刲股爲糜進母病遂愈兄有逋貨祖爲償之

許象先字汝賢歙人庠生父卒于淮奔喪歸傷懷永悼三年如一日繼喪母伏苦塊泣血毀瘁越十五日卒於喪次

方尚用歙人父櫗患痢諸醫莫治尚用刲股煎湯以進父隨愈後尚用病幾絶以不能終養爲恨尋死逭母病蔓尚用跪告曰惟荸薺可治如言果瘥宗鄰咸稱其生死盡孝

程邦仁歙人弟邦儀死於倭誓死以報體肥不耐步履每日負襆被身挂二尺竹筒盛水漿於中庭疾趨百回約三十里乃止日以爲常人疑其顛久之遂健行聞沈東山爲郡司理乃徒步走燕邸訴弟寃沈甚哀之抵徽遂閱故牘出邦儀屍棺勘驗邦仁撫之慟竟絶是

門觀者千人哀聲動山谷沈雪其寃卒論抵

許立德 字伯上文穆長子十八補諸生母汪氏患噎苦不能飡德亦終日不飡母歿以積饑哀毀死三日復甦彷彿見母送之歸旣卜地葬母廬墓側日夜悲號文穆聞之佯稱病名之返侍父時念母慟哭文穆亦慟後恐傷父心每念母欲哭輒掩面走他所盡哀而還及文穆歿當蔭子屢讓其諸弟

胡之憲 歙人年十歲同姊玉娥年十三以母汪氏病篤相向痛哭憲謂姊曰聞危病惟割股可救遂同拈香告天剜肉和粥以進母遂愈事聞旌表雙孝之門

程周 字希旦歙庠生父鹿病周割股作糜以進明年疾人欺周利其產乃誣周殺父周自分捨親自巳雖生猶死幽狴犴者三年適士官會審其獄登塲風雨大作及開釋天日清朗周父死三年容貌如生邑令乃以鼓樂導送歸

吳榮讓 字子隱歙人八歲父歿于楚年十四出尋父骨舟覆鄱陽湖緣木獲免得父骨於襄陽藁葬誌之越十年再往纍骨歸後遷葬高曾以下及親戚之無主者九十九喪建宗祠置義田義塾天啟間建坊旌表

江應全

歙人父殁以三月遺腹而生過父忌輒悲號逾旬事孀母色養盡歡母疾與妻割股以進居喪哀毀躬自負土廬于墓側直指使者題旌之

吳公選歙人少失怙侍伯兄病劇仲兄困於訟咸竭力救之每歲終計族人老幼授衣粟屢遇凶荒力行賑恤崇禎末年病篤囑子允復蠲逋請於朝願輸萬金佐公家之急奉旨旌義贈中書加工部主事

鮑文行歙人與弟文光俱以割股愈親疾

汪徵壽歙人好施予焚券濟貧義聞鄉曲捐貲二千金修河西橋梁郡守紀其事於牌亭

吳鴛休寧人祖從軍雲南陣亡勾鴛補役以父年老目盲詣闕上書乞就原所移父侍養詔許之

吳修休寧人事母孝鄰嘗失火抱母號泣籲天火毀多舍獨存其居母卒廬墓三年羣烏來巢

程琦字廷珪休寧庠生父病疽躬吮之父嗜薯父没終身不忍食母嗜鯗魚百方辦進嘗授徒遠鄉聞母病夜踰峻險顛蹶中若兩燈前導及入境始知其爲虎也人共奇之

夏默休寧人客淮母在家病革忽起曰兒至矣翌日默果至謂心動馳歸仲兄客疾默馳赴調護得致生

還弟鈐病且死託以八百金默經紀其喪餘付其子嘗泛黃河舟沒復起

詹侃字時遷休寧人選閔縣尉迎母就養母抱咳疾中夜輒需湯侃寢榻下聞咳即起母病割股作湯以進母卒哀毀股創迸裂遂仆歿

吳拱宸休寧人幼失怙恃及長追思不釋刻像奉祀憂弗肖遇道士自言善鐫摹因迎歸像成甚肖族人駭異顏其堂曰刻木祠

金彥文三歲喪父舅奪母志賴祖撫育家貧採薪負米以供祖歿殯葬盡力母寡迎歸孝養母病齋禱願以身代母卒廬墓三年朝夕哭泣忽一夜虎過不害人驚異之

邵棠父喪三年不內寢夜聞母哭偶走視之往往達旦母爲輟泣厝父南郊朝夕往省值歲潦水浸壙仰天籲泣土爲之滋母壽七十是日鳩巢於庭人以爲孝感之璐

汪讓年八十一夢神告賊發冢奔視賊覺走慟幾絕因廬墓側病革始輿歸先是常夜行有猛獸當戶探之溫詰朝跡其處已噬犬去矣里中五谷神爲厲讓檄而滅之汪循爲讓作鐵漢傳

金源輸助宗祠興文會繕橋立渡每歲終貧以卒歲者千餘人事繼大母曲體其心父歿飦粥

三年母有癈疾轉側親扶不離左右

吳應麟字伯端休寧人幼孤依祖課督好學力行祖殁哀毀骨立每思父未及養終身屏絲竹誕日忌辰上冢慟哭弟應乾祖存之日已析產後攜貲贖舟產盡破又分已貲與之里人稱其孝友

黃侃休寧人生平卓犖嘗條陳淮南北鹽莢利弊使者稱善居家收族建祠置義社義冢義田捐貲萬緡建古城石梁亭臺祠宇他如黌宮白岳倉庾道路諸役侃悉與焉入粟佐國詔樹坊褒義

邵燕休寧人年八歲值父心疾啼泣追隨病良已又踣困于商母金憂之欲以身殉母伴寢未幾潛起燕覺抱母號泣乃止丙戌夜夢神示以翊公純孝四字燕疑之翌日父居樓圮燕號趨擁入見椽棟交加空若一龕無恙而出人以爲孝童之感云

汪德壽休寧人居母喪哀慟號泣淚盡繼之以血縗絰爲赤廬墓三年足不履戶衣不解帶後喪父亦如之

汪尚質字賓塘休寧人早失怙恃恭事伯兄惟謹撫兄子孫代爲婚娶四世同爨無間言

吳繼艮字君遂休寧人喪母肖像弗戒於火哀服三日哭之率仲季以禮讓

美田宅不校構義屋百楹買義田百畝贍郡邑學田八十七畝輸還古書院講金四百義葬戚屬還人子女乳活遺嬰貞烈婦爲之表揚歲祲施粥救饑

金九苞休寧人舌耕色養母病割股以療迄葬廬墓三年終服哀毁卒於廬邑令旌之曰孝慕殉親

汪宮字季旋休寧人年十五父歿母金勸其行賈宮曰腰纏十萬不易菽水一日也母歿慟絶復甦

李仕昌婺源人兄仕選爲仇家以人命誣構避逃被繫獄縣宰擬坐昌抵罪弟仕昭赴訴曰逃兄者我願以身代昌曰兄逃我長我當其罪二人爭執於庭竟爲疑案繼宰李令成正其誣義而釋之旌其門

祝孟謙字志讓婺源人歲大祲當輸粟千石賑饑先是兄孟資亦輸粟六百石以賑存活不啻萬衆有司上於朝並賜勅旌表建尚義坊

余鎬字宗京婺源人父廷璨以大辟寃繫縣獄獄疫幾危鎬自縛詣郡哀求代死郡守感悟許之父得出後鎬亦免

曹永護字義千婺源人德性寬厚橫逆至處之恬如或以侵侮告曰君誤聽耳居産與鄉人連有爭必讓之每荒月歲必密察鄰家之急

陰餽之不以語人

汪汝和字守介婺源人嘗寓郡值故人以黃木負逋八百餘緡繫獄和竭資爲出不責償又有欠錢糧二十餘兩者鬻妻以納不忍離其子哭之哀和捐如數止其鬻王子焚券累千金甲申又大焚券郡守梅名於郡郡立旌善亭

汪思智字睿甫婺源人父景亭以役解軍南京思智請代父往父不可力請同行事竣父疾不能起思智乃急促歸及舟發而卒思智恐舟人棄父屍於是以身掩護日兼兩人食又時作呻吟聲七晝夜抵饒州城始發喪

曹玒字世美婺源人義烏方時成幼喪母出亾資盡將赴水死玒活之助以錢令習業期年父尋得之泣拜去又族人師儼宿負玒一日醉遇諸塗疑玒心責逋捽玒泥中逸去玒返曰偶失足也不以語家人明年大饑儼挈囊求糴不得玒復遇之知其阨邀與歸儼恐懼謂必修怨既授酒食出米爲贈隨取舊券還之儼感泣

曹廷啓字道可婺源人幼讀詩至蓼莪塾師爲述王裒故事啓瞿然曰哭是自家要哭廢詩無益師奇之甫弱冠從業服賈有贏利歸告於父分給諸兄弟父有疾躬侍湯

藥嘗歲暮歸自金陵宿旅次得弋陽劉信遺金二百餘兩待還之鄰人僉祥負官錢急將鬻妻啓助金代償俾得完聚

曹孜學 字懋舜婺源人三歲喪父甫九齡伯仲欲析箸孜泣曰奈何忍分手足耶伯仲感之復同居十餘載乃析孜受產獨取磽者後伯仲以販木供上用緣事繫京師孜聞涕泣傾產往救之坐是貧落終其身無怨言

謝用 祁門人父嘗置妾馬氏客外妻輒嫁之東都越五月生用委鞠鄰家及長語之故用扼腕每痛泣不已東都人且死馬氏流落用乃托遊學遍訪數年適一媼攜幼子自江右來假宿訊之乃母也相抱泣見者感動用乃歸告迎生母及同母弟歸奉養備至事嫡母尤謹有司奏旌其門

馬祿 字天祥祁門人嘗客旅舍友人以四百金寄祿同舍者盜金亡去祿秘不言罄已貲償之已而盜敗友人始知置酒宴會還其前銀祿竟不受人義之嘉靖戊午縣修學祿輸助三百金

汪宗淮 祁門人父茱客亳州娶妾宋氏生淮三歲父卜隨嫡扶櫬歸母宋另適陝西比長念母不置齋戒三年乃出潼關抵鳳翔徧覓不得一日風雨偶憩

道傍見一老嫗荷鋤而來問答相符即母也相抱痛哭奉以歸

洪應培 祁門人母周氏病篤培年甫九歲日夕籲天願以身代中夜刲左臂雜糜以哺母尋愈

陳邦賢 祁門人母謝氏患病賢走禱名山延醫百里不救糜股肉以進母夜夢旌旗喧闐里巷曰為孝子贈

謝廷薦 祁門人天啓末母程氏病劇妻李氏密禱於天割股以進母服之甚安須臾薦與兄陞亦以湯進視之皆肉糜也不謀而同母病尋愈邑令旌之曰一門純孝

謝世麟 祁門人父俊久客外奉母于里尋歸孝養備至父母相繼病篤割股救療獲愈嘗捐巳貲修明倫堂建聚奎堂以聯親族崇禎間縣令屢行旌表

陳大道 號鳴宇祁門人幼工舉子業數奇棄去挾計然策上奉二親中友諸昆下撫猶子族黨戚里待以舉火者百餘家嘗置祭田建宗祠以太學仕鴻臚親得貤封遂請老

余枝華 黟人父九旬華亦七十侍疾臥榻逾年罔懈庭間忽湧泉以供汲咸異之鄉村有孝感湧泉遺趾及名賢詩贊

汪文保 黟人多陰德嘗拾遺金二百金於路遂止客舍訪祁

人謝氏悉付還分金酬之不受事聞太守名使受叩頭辭守謂謝曰報德途窮汝何以金强人謝俛首曰小民有兩女願結姻守曰善問文保子幾人曰子八人有孫乎曰三十人守起立舉手加額曰有是德宜有是福取果酒鼓吹中門送歸

葉端 黟人性重厚以孝友重於時

葉舜鼎 黟人竭誠事親友篤昆弟慷慨好義爲人解紛雖百金不惜

葛泰 績溪人母病篤思食生梅時值八月泰但遇梅樹輒泣竟得生梅二顆食母疾遂愈

程伯祈 績溪人事父母甚謹終身無間言父卒哀毀幾絕讀禮墓側插竹編籬枯竹生笋蔚然成林

朱廣 績溪人父以病籲天以身代父尋愈母得危疾割股和粥以進母疾亦痊及父母卒負土爲墳廬於墓側有司旌表其門

方正 績溪人幼失怙母孀居正偕其弟節竭力孝養郡守彭澤大書節孝以顏其堂母卒正建蓼莪館於兆之左朝夕哭奠郡守李天寵復以其狀上聞亦以孝節旌之

胡仲俊 績溪人性至孝刲股療親兩修橋路捐資賑饑卒時年九十有四

戴紹科 績溪人父母喪廬墓三年

不入房幃由歲貢任江西教職不受贄歸橐蕭然夫婦步行返里

皇清張正茂歙人父年八十老且憊宛轉牀簣閒十餘載夜多溲茂躬奉溺器㪅羹饘醴必親調以進父歿哀毀骨立號泣三年如一日生平好施與嘗買婢詢知其父無他息即還之不責值以儒士試中翰著有元晨詩集行世

項繼成字康伯歙人年十四刲左股療繼母汪氏疾宗族稱其孝爲求旌獎成謝之曰此非爲名且不欲令吾母知之也固泣乃止

金應忠休寧人同弟掄策江淮間爲寇所得弟曰兄能事母寧殺我兄曰弟未有子寧殺我賊義而釋之

程大任休寧人義俠有大節遷青浦有張姓貧鬻其妻任以金濟之得不鬻有豪擠其讎於獄任力雪之

汪思孝婺源人幼失恃備嘗艱苦迨長痛兄不祿無姪事繼母拮据以供港口係婺通衢舊設木橋水漲多溺孝傾橐三百金甃石爲梁買義田六十畝以贍族人又置十五畝開義塾訓貧子弟遠近義之

唐道林績溪人明末土寇竊發拘兄道俊偪金贖命林入賊窩代

死俊子瑜葬以父禮服喪三年以報林恩

胡名儒 尚義任俠伯元吉流離楚漢儒親往咨訪奉歸供養死死葬如禮親友婚姻喪祭有不給者皆拮据助之雅好讀書以孝弟教鄉里子弟人莫不欽憚之庠序敦請賓筵

汪浚 博學嗜經史不以鉛槧相競每月講學還古書院闡與表幽發前賢所未發事親極其誠敬言行舉動俱足為世師範學者稱為泰茹先生

汪鼎和 休寧人父守漳嬰疾和禱天願以身代歲饑捐貲賑活無算

金徵邁 字仲超休寧人父元彥遺腹子母年二十五歲勤勞紡績撫邁成立養母享年八十五苦節六十年有司三旌其門歲時奉祀伯父母如已父母兄嫂早歿喪殯盡力撫二姪如子臨亡財產遺命子姪均析邑人稱金氏節義之門

汪雅會 字清卿休寧人居躬方正以孝弟率先一鄉奉為儀範博極羣書尤留心理學出其門者皆致身通顯且敦善不怠好義以䘏濟人之急以子貴贈吏部考功員外郎識者謂其有陰德云

寧國府

【唐】**蘇仲芳** 南陵仁義鄉人太和中父死負土成墳廬於其側遶墳行哭羣鳥隨之悲鳴祥雲覆墓瑞草蔓生鄉人勸其歸不聽乃棲寄安賢寺著戒行數年趺坐而化室有異香

萬晏 涇人以孝弟稱數世同居詔表其門賜束帛有司復其家

楊懍 旌德人光化中試太子校書行義修飭自唐太和至宋乾道間闔門義居纍千餘口以孝友世其家

【宋】**許遂** 字伯通宣城人早孤事母盡孝鄉人勵其子輒曰汝獨不慕許伯通乎遂子兪字堯言少失恃父所嗜味遠邇必致隨侍都下與其婦茹麤糲而奉餼頗珍公卿多推倖佐之登大中乙卯進士授溧陽從事父春秋高與俱歸海陵疾篤躬任滌濯居喪以禮聞嘗旅遊琅山僧院忽泣下問之曰念昔大人客此耳仕終大冶令

李經 字天常南陵人母死廬墓躬執畚鍤纍垣植松地故多虎後乃皆絕嘗夜歸風雨急晦中若有以火導行者入道傍茅舍翁媪延入語甚歡且曰聞

孝莘予名今乃識之旦視之土神祠也紹興中知縣葛祺立蘇李二孝子祠

何自興寧國人寶祐間父元貴疾力禱神祠封股以進越三日愈縣令余燦召其父子至庭飲食之且作孝行歌訓邑衆云

呂鏜字夢祥旌德人幼孤事母以孝聞嘗遊宿亳間客潘氏不御酒食問之曰鏜遠遊親養勿給敢自享厚饌乎政和三年入京上書請嚴生子不舉之禁宣和初復論之從弟鉞嘗爲鏜著實德居士傳及以布衣登朝氣度岸偉宰相問曰非所謂實德居士者耶薦授潞州士曹調鳳翔府判官

元

周淳卿寧國人躬行孝友親歿於墓側築永思亭哀慕歷九年不改

明

凌餘慶宣城人當洪武初以匠役京師家有母病劇餘慶聞之憂甚夜焚香籲天割股求療時禁嚴不得輒歸白于官以聞勅以所封股付餘慶妻兒楊添一持歸妻和糜進其母尋愈詔復役 旌其門

江休旌德人永樂初父坐事赴質刑部臨行屬諸子以後事休泣請代父曰吾

老矣奈何以强壯易我休竟詣所司訟其事詔釋其父父嘉其孝慶賫貲産休以分所當爲辭不受

梅應魁宣城人爲郡諸生性至孝父時驚病篤應魁禱于神願捐已筭益父比卒哀毁如禮既葬廬墓所蔬食水飲終三年始歸

吳大經宣城人父宗周宦臨江經怨心動犯江濤以行適及承訣父病吮疽嘗糞居喪骨立郡邑屢旌

陳希良字克忠宣城庠生母疾衣不解帶者經月及殯廬於墓朝夕哭奠事如生父没亦如之

俞瓏字汝霖宣城人幼失怙其母疾篤籲天求代刲股和粥以進母獲甦十餘年居恒手織草屩雨雪則罝衢側聽人自取母終廬墓三年郡守以聞詔給冠帶旌之

朱時俊宣城人其父夢桂病死數日俊痛不忍棺迫切求神願以身代桂果甦已患癰瘻俊刲股和丸進之乃起

孫國訓宣城人母劉卒葬麻姑山廬墓三年虎蹲其前畧不爲動鄉稱其孝

貢汝悌宣城人性至孝父疾嘗穢及卒廬墓三年郡邑表其門

貢有時字子雨宣城諸生孩年母姚病輒泣不食事父漢卿色不豫即長跪父好客而

病且貧時多方召客爲父歡弟性蕩　陸可宗字省
以母命終身不析箸母卒廬墓所　我弱
冠爲宣城諸生父敘嘗疾篤封股藥之獲甦有劉
儕腴田數畝析產之日悉讓其兄藉脩脯爲養貧
芳字孔昭宣城人父大成以孝友著顯幼孤貧
顯甚挾笈遊京師母張日才而困命也慎勿妄
干人顯唯唯久之以文見知大學士劉一燝名籍
京師問奇者如市罄所贄歸葬祖父母完諸弟婚
且婚從弟以延吳日通宣城人與弟日遇同居六
叔祀宗黨義之　十年不忍析通歿又十年
日遇終不忍析　潘寧海字太乙宣城人家貧六歲
人稱爲二難　父客外三十二年絕音問
寧海圖父像號泣中野後獲父墓于淮邳千里褁
骨歸母患膈于杭封股以救亦單身扶柩還族弟
定海歲饑賣妻寧海假張昭南陵人字斯明年十
貸畱之生二子衍其嗣　四父遘危疾割臂肉
煮糜以進疾愈逾年而卒哀毀骨立吳珍南陵人性
立葬送以禮父有遺寃誓死雪之　友愛弟疾
篤告天求代不數日弟果愈珍乃遘疾　珍
既歿弟撫其七子勝已出稱一門友愛　沈仲曄

南陵人弱冠時母歿守棺不入私室比葬廬墓側朝夕哭泣父憐而召之不歸後以疾卒士大夫多作詩哀之

劉邦正南陵人年十六父暂病篤割股和藥又夏月思蟹食正號泣河滸得二蟹疾愈每朔望禱天願減已算益父俄仆殞嘉靖四十四年御史宋纁撰文遣官祭墓

丁楨南陵人侍郎鉉之孫因兄枋子泳論死繫獄楨恐兄絕嗣請于官願代泳死獄成知縣胡文靜察其枉白于當道破械釋之

何正人南陵人七歲時母病浮腫以手按之泣不已母喪卧于尸側諸母勸乃起父病焚香籲代父卒廬墓三年事聞賜帛給冠帶旌之卒年九十祔祀丁山祠

孫汝棟宣城人嘗受一老匠衣笥之寄閱歲啓笥得白金二百兩棟祕之三年其子稱父遺命來取棟令呼其弟至悉以付之

杜三陽太平人性孝友爲父母兄封股者四遺產讓之兄宗人有逋糧者三陽爲破產償之

左忠涇縣人尚義砥行嘗分產給諸弟周恤族人有鬻男償負者以金于途欲自盡忠解橐救之過江寧鎮得遺金百候還其人歲饑賑貸甚衆

黃友璋旌德

人於逆旅中草蓆下得三十金坐候抵暮有老翁涕泣而至瑋詢得其實舉以還之

嚴大本南陵人刲股療母疾及父母相繼喪廬墓三年里人建祠祀之

朱慶福涇縣人母蕭氏生母董氏蕭病篤禱傷貧甚惟股肉不須錢郎刲左臂作糜藥之尋愈時年十六

洪希淀涇縣人一歲而孤伯汝鉅撫之成立伯病劇刲股和藥以進越十載伯卒同從兄廬墓三年

趙桂枝涇縣人年十三遇遊兵執其父刃脅索金桂出叢薄間抱父兵以刃揮之號泣不肯釋俱被害

吳惟賢寧國人父歿躬負石甃墓道廬居三年有梅結實而甘人以爲孝感

汪文英字日賢寧國人五歲失恃哀毀如成人繼母徐嚴甚彌敬事之兄文光歿鞠育其二子每私語家人寧饑寒吾子毋饑寒吾兒子

侯來保尚書陳迪家人迪靖難中抗節當極刑六子同日死時姻戚四竄莫敢傷覗來保銜痛潛拾其遺骨還葬宜城

張廷翰旌德人幼失父七歲授小學至文王事王季事問師日斯事可行於今否師云何爲不可翰卽毋日鷄鳴盥漱衣冠候母開門

睡聲輒欣然去或母微病不食翰亦不食母歿四時薦食如生郡守羅某贈詩有慈母眼中先考淚嬰兒膝下老萊心之句

呂賜宗旌德人母病刲股療治禱請身代兄阜宗無嗣撫遺女二若已出崇禎末歲饑賑粥三月逡拾遺金百條其人還之

鮑邦志字君繼旌德人幼時母病刲股以療數載母復病劇持刀抉胸取肝割之恍惚見神人許益母算進肝食母立愈崇禎元年詔賜冠帶郡守徐大儀建孝子祠

胡泰亨太平人兄寧犯法當死無子泰亨請代寧不許泰力籲所司僉難之乃大呼曰國法固不可移代者甘死于法因涕泣求往疏入上嘉其義減戍

方必通太平人年十五父疾華中夜泣禱刲股投藥以進尋愈父卒篤愛弟姪義不自私

林桂芳太平人嘉靖間父倬卒于官泣血千里扶櫬歸賊劫其母桂芳手翼之斷指而亡母得免

林文榜太平人萬曆間大水父宗倫被溺榜迫墜援之與父同殞

孫世賢太平人父客死燕邸徒跣扶櫬歸無殯所抱棺呼搶族人爲葺數椽虎跑其側不色動廬傍忽涌甘泉既三載

或勸歸泣曰禮未葬不變服吾何歸乎

金俸宣城醫官璞僕也本姓嚴嘉靖中璞輸歲額死金陵子枝甫在襁褓俸破產走京師了公逋歸以所齎百金營繕田廬與妻聶氏同撫藐孤勞悴萬狀卒克其家俸年七十餘其幼主集客必躬致食品如敬事官長邑參政梅守德言于郡守旌異之

皇清方士達旌邑庠生母喪廬墓及父歿刻像事之事繼母如生母順治九年奉詔舉孝友建坊旌之

陳尚老太平人兄鶴老死閩中丐貲徉奔喪火其骨函負以歸毋止宿枕之哭不敢發聲淚漬衾席比歸㛐焦氏以烈死與鶴老合葬焉

池州府

唐費冠卿字子車青陽人久居京師登元和進士聞母病革馳歸而母已卒廬墓終喪哭不輟聲遂隱九華御史李行修舉其孝節拜右拾遺冠卿歎曰干祿養親耳得祿而親歿何以祿為竟不應

何登粹青陽人親疾割股和藥以進遂瘳後親歿哭泣哀毀而卒時以純孝稱

宋張璉字伯器貴池人篤於孝友厯數邑治劇有聲後知鳳翔卒父洵嘗爲獄吏每闔戶默思爲囚平反得則飯否則寢不安枕以子璉貴封朝奉大夫賜金紫

方綱青陽人家世孝義同居四百年凡七百戶雍睦無間言每晨鳴鼓會食著家法三卷景德二年出穀五千石賑貧民轉運使馮亮以事聞詔旌其門

佘起銅陵人一門義聚千三百餘口子孫貴顯不絕

柯應烈建德人性孝嘗學毋聞氏病不解衣侍湯藥癯瘠盡瘁每夕露禱減筭以益母壽忽空中有聲特延一紀後果如數嘗事欲强以官毋語曰吾家代以文發身何事旁曲竟辭

鍾鏜銅陵人登淳祐進士其家十一世同居鏜幼開悟如成人官至汀州守

葉薈貴池人秋九月母病渴思生李薈號哭樹下忽叢葉中得雙李如彈丸人以爲孝感

汪與成銅陵人一家一百八十口盡斃於建炎之難獨遺與成成後三年改葬其父念母骸骨不存刻木肖形侍養十年而後附葬哀動隣里

元方時發字子春青陽人綱之後一承先志正身齊家孝友雍睦邑令史午聞於朝詔旌

表鐫役至正二年勅授州教授

明吳徹字靜卿貴池人應弘治十年貢事繼母薛氏盡孝兄弟五人友愛尤篤子侄歲時必加考閱臨終凡族人各授遺言

胡大武祥友善應貢入監畢歸省慈幃因母目雙瞽遂晨夕娛親曲盡孝養母瞽八年一日復明人以爲孝感所致

葉叢椿字汝靈貴池人叢桂之弟父母年近六十祖母九十餘桂篤行工文椿孜孜效之桂及妻俱早逝父母祖妣臥床先後接喪椿曲盡孝養困苦百端不遺餘力撫桂子士凱學成入泮凱復夭亡育凱之寡婦孤兒多難相仍始終不替

檀世仁字良貴貴池學生因母多病嘗在床蓐遂不事經史專檢醫書驗方察脉晝事調護夜事跪禱一意養親母年逾六十卒居喪哀苦奉父不離左右其居鄉處友尤能勤守繩墨

宋邦輔字子相東流人嘉靖丙戌進士官御史因諫大禮斥權倖落職歸躬耕養母妻操井臼子任樵牧高風峻節士大夫造其廬者必屏騶從而後入

廖廷

皓 貴池人力耕以養繼母一日皓歸於田妻治爨母採蔬於圃忽有虎入其中堂母自外入虎啣母臂而去皓知之追及抱虎項以拳搥入虎口母得脫暈地皓手在虎口隨虎行數十步虎亦舍之忍痛負母至床側力盡幾死猶連呼曰急爲我救母項之少甦見母創甚乃口吮其毒越數月俱愈

王學詩 貴池人少有器識嘗從理學丁旦遊補弟子員力學飭行足跡不履城市刲股救母不使人知家赤貧卿人喪周人緩急不憚解推弟宅災學詩結茅苟安而以居舍讓其弟後應天啓四年

吳應彥 貴池人母王氏瀕危彥十九歲求醫不效潛割左股調羹以進母遂愈羹香滿室匝月不散後父中風又割右股如前無創患父疾亦差巡按旌之

李希仁 青陽人少孤事母以孝稱母卒廬墓

程璋 青陽人父早逝母年十八遺腹生璋正德十三年詔旌其門璋傷母節弗彰徒步詣闕三次擿登聞鼓刺血上書朝廷嘉之降旨立坊旌表

孫懋述 字清華青陽人忠孝性成廬墓九年孝感馴鵲任忠州學正署州事值寇亂力保孤城存活萬衆屢舉孝

子究心理學別號心學先生

章忠銅陵人父早喪奉母竭力孝養母病刲股調羹既卒廬墓終身不御葷酒兄嫂同死于京不遠數千里徒步扶櫬以歸邑宰憐其孝行申詳旌表

王萬年銅陵人家貧事二親承歡盡禮兩割股以愈母疾親歿皆廬墓三年邑令旌其門

袁惟儒銅陵人年十五割股療父後儒老疾子一貴亦割股人謂孝子之報

唐輝石埭人由貢任紹興檢校二親相繼卒輝聞訃奔喪依家禮營葬廬墓側三年哀哭如一日

夏鎮石埭人父早逝傭工以養母母患目將瞽鎮舌舐之復明及歿哀毀骨立結廬壙側朝夕哭奠三年不廢偶野燒風熾將及廬撫棺長號俄而風返火息

楊永顯石埭人母陳氏病篤刲股以愈父喪值歲大饑遺命藁葬顯哀慟拮据躬畚鍤卒能塋葬如禮

桂士訓石埭人祖父一林病割股祖母吳病又割股父嘉祥患蠱絕飲食又割股皆得復生鄉人歌曰堪嘆一身三割股至孝天成世所無

柯延茹建德人質性純愨事父母至孝兄薰自嬰鄉致仕歸偕弟蔚日夕友恭食必共席疾

必侍藥時百口共爨茹總理家務纖毫不私朔望必申明家訓不涉勢利蔚素好學樂施壯年失偶不再娶

柯達字本章建德庠生母病刲左股父病刲右股屢瀕於危卒無恙父母亦因以勿藥多歷年所

江景德建德人父疾刲股和羹疾愈母病目吮之復明執親喪刻木廬墓

宋益宗東流人母周氏早喪事繼母至孝父年八十臥病宗焚香告天刲股以進父隨愈

皇清

方祥美貴池人性孝友母病密禱於文孝廟母隨愈母溺愛少子居與祥間數百步祥每負母家食後弟坐盜誣祥罄產以雪弟冤邑令竇復禧旌之

鄭思誠貴池人母疾刲股母死廬墓荒年施粥米疫疾布參苓當道屢以孝義旌之姪必光亦以孝著

楊國儁石埭人博通經史父歿廬墓三年每作孺子泣不止母善病偕妻持齋戒祈禱願減己齡以益母壽奉院道旌表

吳來芳建德人少負才篤學痛父先逝孝養孀母徐氏不忍遠離遂絕志功名母病篤芳已六十筋力衰憊猶親煑湯藥衣不解帶數月生平持大義里中事無鉅細片言輒釋人以孝義

稱之

太平府

漢方儲丹陽人除郎中丁母憂負土成墳種松千株鸞鳥棲其上白兎游其下

唐朱脩割股愈親詔旌其閭史臣作孝友傳敘列二十四人脩其一也　**王丕**數世同居詔旌表賜粟帛州縣歲時存問復其賦稅

宋趙權黃池鎮人母病衣不解帶嘗藥而後進醫屢易益篤乃焚香夜禱泣曰母死權何以生取刃刺胷探手取肝以進母漸瘳權亦遇良藥無患里人以狀聞太守孫梯表其里曰孝感坊

張崇祖瑁南唐侍御史知宣州因家春穀目祖父以來義不析居至雍熙間內外千口闔門肅然　**聶雲**蕪湖人割股愈父其後伯世成病復刲臂以進而愈咸淳十年知州孟之縉奬其孝

元張鐩字文煥東平人至元辛巳任太平路總管府治中秩滿因家焉事母純孝母卒廬墓

三年至有紅蓮變白之異郡爲立孝蓮坊大德二年旌表

夏餘達 永保鄉人自宋慶曆中高祖那政以來七世同居至正已酉表其廬家有田一坵每歲麥秀皆雙穗知府李習尚書汪澤民爲之傳

胡光遠 性至孝母喪廬墓一夕夢母欲食魚晨起號天將求魚以祭見生魚五尾列墓前隣人聚觀有獺浮水去知獺所獻衆以事聞表其門

明楊乙六 太平人自乙六至貴二五世同居貴二子旺七一支同居更四世條置家法自田產家室以及飲食細微無不秩然有禮讓風食指且千計萬曆十年奉詔褒勸表曰世義承恩

李仲名 太學生幼失怙事母以孝聞母死停柩中堂問寢視膳出告反面如存日及葬居廬三年凡烈風雷雨必省視墓側至老不替

徐思明 采石人父母病兩刲股以進母亡廬墓三年

張昇 太平人蘇順任淮安令寄木匣於昇昇背甚厚昇屢厄回祿已財不顧而爲順艱難負荷以走垂數十年順歸而還之封如故

丁大相 字子忠太平人母殁寢柩旁不入私室父

卒廬墓三載有白燕來巢之異里人稱爲丁孝子

曾熹太平人儒書奉養父順染痢熹殰寢俱廢逾月籲天願代封股雜糜以進醫者曰病轉則糞轉熹嘗糞再三通邑舉其孝者

章杞字弘奎采石鎮人與韓守直爲莫逆友韓疾劇以三十金授杞不令妻見囑之曰妻王氏有孕幸男也以此撫之杞諾而返無一人知者韓娩果舉一子名嗣龍杞給衣食得成立杞病篤呼韓氏子來一訣嗣龍至杞啓篋約三百金封識付龍語曰汝父臨終遺三十金爲汝營息今十倍矣有簿會計甚悉謹守之龍以白母母感泣杞卒命其子衰絰荅拜如喪父禮歲時伏臘祀之

丁僧在采石傍麓心寺齋水入寺拾金欲還之恐出入無時與原主左遂落髮寺中後其人果泣至審實以歸分金爲謝堅不受其人感無以報乃製小扁具載還金顛末竟以頭陀終

曾瀛字祥寓兩封股愈母病

孫瓃年十五歲封股愈母

張秀字廷彥蕪邑庠生父殁哀毀骨立廬墓三年不交人事後以明經授衛經歷

魏祥太平人領成化丁酉鄉薦以母老不忍遠離絕意公車朝夕侍養母

死祥亦哀毀卒

葛集字仲芳太平人正德時璫瑾肆虐郡方伯邢珣以言事忤瑾被譴親知無敢前者集獨俟江滸傾囊助之獲達貶所江右蒙師楊姓者逆刼不能歸集給以資斧還家而歿歸訣囑其子報集集德子登第官南都集已謝世親祭墓前樹華表獎異之

黃文星字東璧蕪湖庠生年十四歲母產將危刲股雜糜以進遂得甦族有仇父者星截髮鳴寃當道陞其孝為直焉隣火逼廬風反而滅鄉人樹石曰孝子

畢相字葵軒蕪湖庠生嫡母戴氏常抱疾圩庄相不解衣者數月病篤奉母入城路卒舟邸秘而不言至縣負之歸舉哀正寢其妻父趙璽令武城璽婦周氏出三百金與之相辭曰壻有志讀書安事阿堵物

李潔蕪湖人父疾篤刲股以進獲瘥後歿廬墓四載始歸春秋伏臘必具牲牷哭墓側淹留彌月

趙應時祖文顯由王簿陞江安令父隨任病卒應時甫弱冠奔喪遇風濤舟覆抱櫬流數十里幾死復生歸葬先塋

楊逢時陳泉俱刲股愈親

王華十三世同居有司扁曰義門

徐大賓繁邑

孝義

庠生父母卒廬墓側不避豺虎豺虎反避之服闋歸泣曰父母何在敢受妻孥之養而肉食如故耶屏妻獨處甘藜藿者四十年

閔濟周刲股愈父病撫按兩院奬之

曾焌繁邑庠生父母病兩刲股愈

汪琇字玉瑩母歿廬墓茹素以終

皇清

楊璜字希周世居當塗之栗樹墳會兵繞其鄉璜曰吾祖宗丘壠在此何忍棄去因匿妻妾與子於林中以身守壠兵見執之璜遂赴水死子甫十齡自林間見父溺號哭亦奔投於水時丙戌三月十六日也久之父子兩屍攜手浮出人皆以官圩水爲曹娥江云其妾張氏遺腹生女忽變爲男

陳三齊繁昌村豎十二歲母死朝夕上食哭之哀旋厝丘壠依其側父臨力禁之返乘間復詣乃聽之里人爲結廬以處三年然後歸

廬州府

漢

郭巨無爲人生一子三歲凶年母減食與之巨令妻埋子遂穴地得金上有字云天賜孝

子郭巨本州郭巨山蓋以此得名

晉王虛之字文靜廬江人年十二喪母三十三喪父二十五年鹽酢不入口病臥時忽有人來問疾謂之日君以孝聞疾當差俄而不見病果差庭中楊梅冬實墓上橋樹亦再實時人咸以爲孝感齊武帝永明中詔旌門閭蠲租三世

唐萬敬儒合肥人三世同居親亡廬墓大中間旌表其門名所居爲成孝鄉　唐海巢人母喪廬墓手自耕植以備祠祭忽於粟田中產嘉禾一本六穗一本五穗廬州刺史裴靖上其事作嘉禾表以聞

宋王光濟廬州人喪母因刻像日久奉事如平生孝道純篤咸平中詔旌之　趙廣合肥人淳化中八世同居　何徐行周舒城人數世同居朝廷旌表其門賜粟復其賦稅　宗壽梁縣人母沈氏病飲藥不痊宗壽刲左股肉煑粥以進母食遂愈　李昊貞年九

歲母孫氏產後患重貞刲右股肉煮粥其兄曾方貞年十六歲亦刲左股肉煮麵羹母食之即愈

孝子無爲人名未詳母目雙盲每旦餂之眼復明

余元璨舒城人淳熙十一年六月母朱氏病篤璨刲左股救母遂愈

汪安淵舒城人淳熙十三年春母陳氏病篤安淵刲右股救之遂愈

檀念二舒城人淳熙十二年二月母章氏病幾絕念二鑿開左脛骨寸餘取髓食母愈以上三人事聞於朝詔付史館仍令有司依例優給碑存

白僕字仁甫六安人少隨父樞判眞定遭元兵父子相失自是不茹葷酒人問其故曰俟見吾親宋亡誓不仕所著有朝野新聲太和正韻天籟集

元

羊仁字爲良廬江人至元初兵南下仁母及兄弟皆散去仁年七歲賣爲汴人李子安家僕力工二十餘年子女憐之令仁跡母於潁州蒙古軍塔海家兄於蒙古軍岳納家弟於邯鄲爲役俱無恙乃逼懇親故貸得鈔百錠歷詣諸家求贖之經營六年大小二十餘口復聚居仁孝友甚篤

鄉里稱美大德十三年旌其家

明

高興合肥人自幼事親盡孝父歿哀毀踰禮廬墓三年寢苫枕塊烏巢墳林聞哭悲鳴以助其哀服滿覲鄰勸歸有白鵲數百大如鶴鸛隨後翔空而集於宅盤旋良久方去時人嘆其孝感詔旌

吳敬無為人母疾篤晨夕告天願以身代引刀剖肋割肝煎湯奉母隨愈敬終不為傷僉謂孝感所致守臣上其事明太祖官以贊禮郎

錢敏字志學舒城人幼喪父家貧力學事母至孝永樂辛丑登第乞還鄉侍養母歿廬墓詔旌之

沈謹合肥人母喪謹哀毀踰禮廬墓三年因築牆忽泉湧出足供墓前飲濯又有鵲巢於樹謹每哭奠鵲哀鳴旋繞其前成化間詔旌之

朱世藩合肥人七歲喪父奉孀母李氏盡孝母故藩嚙棺呼號口眼血出遂至喪明奉旨旌表

衛郡合肥人母病篤思泉水是年旱郡叩天掘泉泉水湧出持歸奉母遂愈鄉人稱為衛孝泉奉旨旌表

張梅合肥人母疾篤嘗糞嘗痰復病癰疽吮膿血得愈父歿廬墓三年奉旨旌

表

黄用賢 字以能六安人早喪父事母張奉養備至母喪廬於墓側有泉湧出虎馴擾不爲害兩經火室廬不燬鄉人以爲誠孝所致成化丁酉旌表

李得春 合肥人年甫十三父病嘗糞刲股母病亦如之父母歿俱廬墓三年冬月有野草生花之異

王紹 字繼學舒城人由進士任監察御史母喪躃踊頓絶廬墓三年詔旌之

孫翦兒 舒城人早喪父事母孝家甚貧樵採供甘旨母寢疾籲天求代母卒露宿墓側鄰翁憐之爲結廬於墓鵲巢樹上哭則悲鳴相應復有兩虎每日晡至墓側旋繞哮吼達旦而去刻木肖母像事之終身

張政 廬江人父病侍湯藥及卒哀毀踰禮廬於墓側虎不爲患人以爲孝感所致正統六年詔旌之

張澄 字世傑廬江人少時執厨役事母江惟謹江喜飲澄具佳醖飲之少不樂輒唱舞務致其悅出必具品物命妻供奉嘗往蕪湖侵晨拾遺銀一錠又嘗糴李姓穀拾銀伍兩俱驗實還之母壽至九十喪葬盡禮嘉靖三年詔賜壽官

李大經 廬江人字天叙父病劇刲股肉煎湯充藥以進疾尋愈數年父

終廬墓　周繼成字敬則廬江庠生十四歲刲股救
三年　母母歿廬墓三年邑令名其鄉爲
孝子里　詹天瑞廬江人舌耕奉親及母病籲天刲
勒石　股後母歿廬墓三年邑令請給衣
巾於東關外建節孝坊瓦屋　丁華一無爲人兄弟
十間令孝子居内社學教讀　五人不忍析
居相與誓天折梅五枝共接一本各識之祝曰如
一枝枯卽共有異心後五枝俱秀實鄉里驚歎謂
友愛所感號　吳孝子無爲人逸其名家貧常執役
五果丁氏　富室身無完衣母獨甘旨不
缺富人有感其孝者常資給之後母卒未葬鄰家
失火將及孝子廬力不能救惟伏棺痛哭不去火
遂越其廬延燒他屋左右　章華國無爲人少孤嘗
無一免者惟孝子廬獨存　學母劉氏病篤
國刺臂血食之愈後母病異瘠不治國禱神齋宿
夢神人指京紅紙熏之果愈授徒養母年六十餘
母殁爲孺子泣三年不茹葷酒　朱燦無爲人厚重
每臨肉食則涕下竟以羸疾死　好義正統間
歲歉燦曰野多流殍家有餘廩何不輸之官以備
賑遂上米四千四百斛輸官同族各亮者值歲荒

亦設粥日食數百人朝廷嘉其義顏曰尚義之門

陳本忠 無爲人正統庚辰輸米九千二百斛子志高二千斛志達穀八千八十斛以備賑又憫流民路宿乃即舍傍披草萊爲百十楹居之復施粥二月以食饑者全活甚衆後父子三人俱奉勅旌表其門

杜濂 無爲人少客維揚艤舟登岸得遺靴一隻內有銀三百餘兩五鼓風順舟人促行濂稱病延日午失金者號哭欲赴水死濂驗實付還之其人分半以贈濂不受尋客蕪湖拾旅館主人四十金亦還之後濂晝寢夢神語曰汝來月合雷震死爲汝有陰德宥之矣次日雷擊其家牛驢各一濂無恙

姜潤 巢縣人父早逝一夕母病其兄請禱潤密籲天刲股肉以進病愈鄰里欲上其事潤曰吾所爲乃子職安用是爲

黃岳 字宗太六安人母病刲股肉以進即愈御史曹璘作文紀之

段弘仁 英山學生父卒哀毀骨立至葬廬於墓側朝夕哭踊有鵶櫕翠遶止宿墓前不驚正德元年奉部旌表

李九疇 字叙卿六安人父鰲以胃疾廢祖老且貧疇事病父哀祖曲盡孝養父先卒祖享年九十

餘乃終喪葬如禮嘉靖丙辰詔旌其門曰順孫

何金 節婦冷氏子六安人母孀居金生於遺腹及長事母孝母疾金爲嘗糞卒廬墓三年萬曆庚申奉旨旌表

姜宣○鄭顯忠 英山人萬曆九年共捐穀四千石備賑有司旌之

張四哲 合肥人崇禎乙亥流寇圍廬急四哲率弟四美四奇與賊戰城下不勝退謂兩弟曰城將陷與與舉家戮辱死不如清白死遂偕弟暨妻女子婦孫共一十五口投井以殁

劉國翰 六安人崇禎十三年捐穀一千石賑饑都院史可法旌之

汪禮 六安人常商於淮南有浙人劉姓者聞其有義攜五百金求寄遂三十年劉以罪戍遠左及歸禮付之封識宛然

何克仁 字樂山六安諸生嘗赴省試宿逆旅拾遺金托故守之不去頃主人倉皇呼索詢實還之割半以謝笑却之去湘潭李檢討騰芳爲作還金記又衞人楊德甫鬻妻以完逋糧何無嗣買妾得之見有不捨意憐而還之以子慶元貴封工部營繕司員外郎

張狆 英山庠生父德卒既葬廬墓三年哀絰不去身朝夕哭奠有枯樹復生之異詔旌其門

項倫霍山庠生親歿廬墓三年喪妻時年甫四十遂不娶鄉人稱爲孝子義夫

許國忠字抱赤年十八補弟子員族黨中有貧乏不能立者周恤之無吝色崇禎辛巳年大旱輸粟五百石賑饑又捐資修城太守吳大樸旌之

佘承德無爲州庠生崇禎十五年流賊突至德同祖母劉氏母魏氏妻楊氏妹玉女奔避魏扶姑劉行步艱難爲賊獲俱被刃德呼號救衛亦斃楊氏急投水殉夫玉女年十六知不免厲聲罵賊百拒不辱膚肉寸斬一門五烈最爲奇慘

皇清

張維德合肥人崇禎乙亥流寇入境其父被執欲殺之德年甫十齡延頸就刃願以身代賊感而釋之順治丙申父歿德哀毀骨立既葬廬墓三年

魏振趾合肥人郡廩生順治九年大饑捐資賑濟全活甚衆父歿廬墓三年越數歲母楊氏歿又廬墓三年

胡蔭合肥人年十五時父病篤刲左股調藥以進父尋愈母繼病蔭復刲右股進愈巡按衛某旌曰永懷明發

楊光耀無爲人年十四攻石爲業妻鄒氏年亦十四耀母病涕泣背其夫刲股作羹進姑病少愈

母復索羹耀亦背妻封股以進母立愈初夫婦各不使知也久之共見瘢相對而泣

鳳陽府

漢徐憲 臨淮人居喪白鳩巢於戶側太守鄭弘舉爲孝廉朝廷稱爲白鳩郎

李植 字元植臨淮人丁母憂以戶部郎中歸葬哀毀廬墓有甘露朱草之祥劉鎭遺書云忠臣孝子元植兼之

蔡興 臨淮人父病告天願以身代父歿廬墓三年負土成墳鳩鳥巢哺事聞旌之

南北朝宋王彭 元嘉初父母終貧不能葬兄弟二人晝則傭工夜則哀號鄉人哀之助貲作甎時天旱穿井數丈無水彭號天自訴泉忽涌出葬畢泉竭詔名其里爲通靈蠲租布三世

宋張可象 潁州人七世同居宋咸平中詔加旌表仍蠲其課調

元張紹祖 潁州人授河南路學教授至正中奉父避兵山間賊至將殺其父紹祖泣曰吾父者德善人請殺我以代父且若輩獨非父母所生乎何可殺人父賊怒以戈擊之戈應手挫因相

謂曰此眞孝子不可害乃釋之

張旺舅 霍丘人幼失父母陳氏居貧守志旺舅十九歲賣錫以養母及長母病號泣告天求以身代母得愈自以業微不能多給竟不娶以終母年天曆三年旌表

曹彥可 亳人至正間妖賊起羣趨彥可家以刀斧逼之寫旗彥可唾曰我儒者知有君父寧死不爲汝寫旗遂遇害事聞謚節愍

劉通 亳州人家貧業農母卜氏失明通誓斷酒肉禱之三十年不懈母年八十五忽復明事聞褒美之

張仁愿 譙人有孝行父卒事其兄仁隸出告反面如事父禮仁愿曉法令仕爲大理卿卒贈秘書監

孔全 亳州人父病刲股肉啖之愈後卒居喪盡哀廬墓左負土爲墳三年起墳廣一畝高三丈餘

〔明〕

張倫 鳳陽人河南衛百戶洪武四年倫自陳父母行年皆八十餘家遠不可以迎致就養乞解職歸上嘉之命爲濠梁衛副千戶

羅于開 性篤孝父病刲股殁則廬墓

栁鳴鳳 鳳陽庠生以明經任安慶府學訓賊兵破城矢志劾死賊欲全之曰大丈夫旣蒙朝恩不苟偷

活願借爾刀以礪吾頸賊殺之

沈律　陳汝聯　連思恭俱鳳陽人刲股救親

王澄臨淮人母楊氏三十而寡澄方三歲及母死廬墓三年有瑞芝一莖生塚前弘治十年事聞旌表

馬體乾臨淮貢生父昇卒廬墓三年備極哀苦

金爲聲父疾刲股以療旋愈

許心亮臨淮人家貧士大夫招之食見精潔者輒遺以奉母兵叛執亮問城中虛實亮拒言多火炮糧餉賊怒縛之於樹亮大罵截其兩耳罵益厲磔其尸人咸壯其義

王阿孫懷遠人父官三病篤阿孫刲股進父即愈後母病阿孫又刲肝進母亦愈事聞旌表

許本忠懷遠人事父母竭力養志母愛少子本忠愛其弟益篤父母亡先後廬墓六年詔旌其門

張賢懷遠人父母歿先後廬墓九年晨夕負土壘墳積若丘壠樹木成林鵲兔馴擾

陸欽母胡氏病卒廬墓三年

耿約懷遠人事繼母劉氏盡孝父歿廬墓三年歲荒出粟百餘石入官賑濟

許士俊年十七同父應元渡淮應元落水士俊大號隨跳入淮三日後抱父屍而出

袁鏜懷遠人學訓張天祐卒於任貧無以殮鏜治棺贈之又資其路費歲饑賑人粟

徐彥昆懷遠人歲荒與弟彥聰捐米以食饑者捨棺以埋道殣

廖冠平懷遠人正統五年輸麥一千一百石入官賑饑其弟冠正冠玉亦各輸粟五百石奉勑旌表

張簡懷遠人正統五年輸麥一千三百石賑濟奉勑旌表景泰四年復輸粟三百五十石賜官帶

王綱定遠人母歿哀毀水漿不入口廬墓三年事聞旌其孝

徐汝楫霍丘人父歿負土壘墳廬墓於成化六年詔立坊旌表

張价字大之蒙城人母病目盲价舐之而愈弘治四年舉鄉薦訓鄆城有教澤母亡廬墓三年

郭藩定遠庠生嘉靖辛丑父壽歲貢之京以疾卒藩聞驚仆徒步數千里扶櫬歸葬結廬墓側日環塚而哭哭訖輒負土數簣有摽掠者過其廬戒左右曰勿驚怖此孝子廬也墓常出金色蛇從之

潘儀定遠庠生母卒廬墓側日負石壘塚忽有犬來守其廬若素畜者人稱為潘孝子

蔡斌　徐榮俱定遠人割股愈親

陳遠五河人幼失父為邑

吏例得候選不忍違其母願乞冠帶終身母病割股乃愈母死廬墓三年劉時暢虹縣人母于氏孀居病篤棺衾已備暢哀痛取母糞嘗之味苦曰我母生矣母病果愈蒯昂壽州諸生母喪廬墓三年劉鳳壽州人母喪哀毀倚廬三年終不忍歸顧琛壽州人母失明琛齋沐祈北極旬月母目遂明張芳亳州人嘉靖中母徐氏卒芳自痛生貧不能養乃廬墓側明年秋病篤妻子不令入廬而卒李文明亳州鄉貢授武英殿中書萬曆四十三年乙卯亳大饑文明捐米一千五百石以助賑救賜蒼生寄命四字旌之鄧讓字汝謙壽州人父景陽卒兄敬前母出也年已六十生二子疑讓少子有厚畜讓乃盡出其囊槖畀之無靳容母卒哀毀過禮萬曆末壽陽饑人相食沿門資給之全活甚衆卒祀鄉賢汪泉字及之蒙城人父病寢食俱廢父歿廬墓負土培壙有白鳩巢其廬張忠卿事親盡孝親終廬墓三年張顯思年十三喪父廬塚上日夜號泣有羣盜入其廬相率而去曰毋驚孝子先世遺產盡推予其兄授徒自給

韓文昇蒙城人母劉氏苦節撫昇母病篤昇與其妻栁氏同割股救之　牛斗光年十七父疾割股父歿結廬塚上不扇不爐者三年一味之甘母未嘗不敢舉筯歿復廬墓　薛剛蒙城人正德六年流賊破城縛生員劉梧欲殺之剛哀告曰彼秀才將來大用我棄人願代死賊義之並釋焉　趙偉母歿廬墓負土爲墳白鵲來巢烏鳥羣集　張一鳳霍丘人母孀居孝養惟謹隣有盜禍及於鳳鳳不顧妻室負母而逃得免於難中嘉靖壬午鄉試　張燦垣霍丘人賊屠城父被執乃冐刃入賊壘救父不克伏屍痛哭瞋目大罵奪賊刃相弁賊賊怒寸磔之　汪時譽九歲喪父事孀母寢食必親問侍妻戴氏同心致養三遇母病刲股者三皆獲愈子如濆亦以孝聞　萬鐘　徐興祖　姚得山　李嶼　李珉以上俱霍丘人輸粟千石賑饑奉勅旌表　陳鏞　李義　王崇禮　胡義　朱理　王崵　胡敬以上俱霍丘人輸粟五百石奉旨旌表立碑紀其事

楊芸泗州人以省祭選徐州大使母陳氏病篤刲股得愈妻侯氏亦以孝聞

湯三聘泗州庠生父民蘇病危刲股肉以口吮便處自父初病即絕粒父未起而聘已病篤曰父無恙予敢更求生哉果殞

楊見復母陸氏染病刲左股進母少安弟見和復割右臂乃全愈

周夢兆父鶴齡病危夢兆咬左臂以進父得愈善事繼母乘無間言

王之給泗州人年十四孀母何氏病篤焚香叩禱割股進之果病愈

孫仁家饒於貲值歲荒百姓負官租千餘金仁慨爲代償上官旌其義

楊宏與弟富捐宅以廣學宮

蘇旺　蘇智　蘇旻　朱文玘俱泗州人正德間山東大盜犯境旺等挺身迎戰以衛村坊各手刃數賊尋以賊衆力窮皆遇害州守立祠祀之

蔣學顔盱眙人年十六割股救母旌表建坊

沈一元母病劇醫弗効與弟一中俱禱天割股以進

王大像天長人父葬廬墓三年時歸省母不入私室令其婦趙氏侍母臥起母病痢像爲嘗之

唐堯智天長人年十二母病

劇刲股作羹母覺有異香進之尋愈後以貢授湖廣上津縣令邑有虎虎噬孀婦子堯智㲲於山神有頂虎自出命捕者奔逐之入其穴內獲實物數十金取以給母虎尋斃孫士俊亦刲股救母

王和

張嘉彥並割股愈母病

許純忠年十四刲股愈母病

馬應星母鄭氏病不起剖腹刲肝其弟應臺亦同時刲股愈母疾

石梯年十四父尚纂病劇刲股進之院道表曰童孝

繆悅道天長人田間兒也年十四母姜氏病劇以刀刲脇下出肝寸許與母生啖之有教之者曰子慎矣須責羹道再刲乃羹而進焉母得愈督學歲給布米

王應舉刲股救母

許三選割股愈父病里中欲舉其孝語其兄遷云此家庭不得已之至情可以是治名耶固辭

張威命事張昊之僕昊征姚元洞蠻威從行軍潰爲賊執昊曰我死國宜也爾亟歸威曰王不歸兒何之賊亦昊威力拒之之曰寧殺我賊怒遂支解威張氏世祀之

董官治三刲股愈父母疾

潘其蓁

其茂母病兄弟同日刲股母聞羹香病即愈

李行

恭母病刲股入藥服之立愈

胡世富參軍崇應第之僕第少時至查家渡遇盜僕見主被執紿之日金在吾橐執彼無益也因舍第得逃盜索金不得世富被害

王秋天長庠生王應芬僕芬遊粵嶠得疾秋籲天刲股進之遂愈

張弘業母病業年十三至廟中禱神刲股取香灰拚痛處肉隨失業方欲復刲肉自空而墮進之母即愈及弘業病其子庠生瑚亦刲股救之

趙銘宿州人宣德九年父纖病革沐浴焚香願以身代乃刲股以進自愈

郭興宿州人父喪廬墓側手植樹千株灌培葱鬱有馴兔之異正統四年事聞建坊

武一謌宿州徐王墳丗襲祀丞崇禎丙子流寇亂居民盡逃一謌謂職司林木當守以殉同妻路氏子若孫闔門罹難

曹格靈璧人有姑蘇陸氏質格房養馬積五百餘金病故格為之殯召其子至與之

張孟可潁州人父母避亂繼歿扶柩自隨備經險阻歸葬七里河子文甫邸舍有客遺金五十兩客貯三日客至還之文甫子珣有客遺布二十疋珣駕小舟載布追還之

時尚祥潁人祖父病目每辰

祝天餙之目復明又刲股以療祖疾

劉全印 頴人九歲而孤事母篤孝居母喪寢於柩側食蔬飲水三年

白精裹 頴人字輔乾節婦袁氏子甫五歲而孤母常自嚙蘗粃以不入內室精者餇兒裹泣跪訴每食則先啖惡糲者天啓丁卯舉於鄉崇禎乙亥寇警城破僕逼其逃去曰母守我四十年我何忍舍去遂遇害

郭之傑 頴人年四十舉於鄉事二親身執饘饌流寇至輒登陴堅守見西北隅潰義不苟逃投黑龍潭死

檀之櫆 乙亥正月流寇陷城舉家驚遁時母柩在殯不忍去賊至死之

張維黃 頴人城陷與其母匿巷舍賊牽其母索金帛將刃之維黃急謂賊曰爾毋殺吾母願殺我遂遇害時二十八歲贈江寧府儒學教授

王敷政 頴上人廬墓三年服闋遍謝墓隣至高氏家雷雨大作繞戶振垣政起席雷從其坐下穿屋成穴而出數里村舍盡壞高氏宅獨全人傳爲雷避孝子

杜煥 字永顯頴上人母祝氏嘗病目禱山神日復明父晚年雙目盲割左股肉以愈之由太學授福建按察司檢校入覲道經太湖山日晡有虎當

前衆皆駭散煥不懼虎垂頭而去琉球入貢上言委煥接賓琉球以金爲贄煥正色曰汝爲納貢而來吾奉命接賓而先受金是欺吾君也固却之遠人嘆服

康衢 頫上庠生室後讀書一日有隣女薄暮來奔正色拒之女慚赧而退有金姓者臨歿以八百金相付康力辭曰某貧無復需此恐爲鄉閭所議竟却之

徐嘉猷 頫上人嘗蒐荒人相食猷出糧平糶人得賙活會貧里積欠禁繫猷捐二百金代輸出繫號曰徐善人

陳試 頫上人丙午大饑隣邑就食他方者道經其門試偶拾一小囊約數十金心知爲饑民所遺立俟其人還之其人分半以謝試曰受爾一文爾途少一文之費其人叩祝曰願君壽百歲夫妻果同享年九十七歲無疾而終

趙勤 頫上人趙天錫僕流賊掠江口家人俱避錫偶返舍而寇至勤匿主于柴中而身攄之賊搶掠無所不至仍以鎗刺腹勤至死絕不言主所在及賊去主獲免勤亦甦得以壽終

林鵬 太和人母溽暑苦熱鵬日夜扇之又恐以風中母帷對牆扇之令凉氣近母流寇至負母而逃賊欲殺之既而感其孝不忍害

母八十有三日侍左右家雖貧送終之具皆如禮傳有林孝子歌

闞瀾 太和人字德源有巡檢王道緣事欠贖米三十五石經歲拘留瀾如數代納其人始得還鄉常于城門外捨義葬園一區

侯忠 大和人知縣薛安以陷城取罪繫獄死忠爲具棺造墳以禮葬之安妻無所歸忠奉養之視如母四十餘年終始不怠

陳倫 字天敘太和人弟蚤卒遺孤子甫六歲教之成立分產業與子無異族黨有喪未舉者助之有貧不給者濟之

張四重 太和人宿旅邸有女奔焉鍵戶不內客焦姓者寄以千金數年來取封識宛然子立成進士輒令之歸曰吾安兒色養何以祿爲

秦思凡 太和人流寇抵縣被獲驅之攻城凡大聲呼城上曰死賊無計攻城不過牛皮覆車以避矢石所懼惟火語未終賊碎其屍守城者遂以柴焚皮車城得保全邑令作文祭之

孫應傑 太和人其母方殮有寇警家人勸之逃傑曰柩在何忍去寇至疑柩中有金將舉火焚之傑以身衛賊怒手足寸裂及開柩知其非詐乃完其棺而去

常有榮 太和人流賊壓境繼母龔

氏病不能行率子從教載母而逃遇寇將刃其母榮求免欲殺榮從教抱父哀求已代賊感其孝釋之令載母而去

雅元聲 亳州孝廉賊破北關抵其家脅之從聲正色厲聲曰吾登賢書委身于國豈妄從汝耶賊怒殺之並及其子

成綱 武平衛人葬母結廬墓側負土增塚高丈餘廬墓中有青蛇出入不傷人社燕結壘於廬事聞旌表其門賜冠帶榮身時賚粟帛

楊昇 亳州人葬父結廬墓側茹蔬三年負土培墳高丈餘每黃河水溢至廬輒迴詔旌其門賜冠帶賚粟帛

周矩 武平衛人母羅氏亡結廬墓側墓木生連理蛇免馴遶墓側詔旌其門賜冠帶

顧元 亳州人父病篤元割左股食之即愈及父終廬墓三年

李福信 亳州人母張氏病祝天以刀割左股割肝一葉烹湯食之母即愈

周永祚 亳州人母早卒侍父楊二十餘年昏暮即負以行父歿廬於墓傍二載寇至以疾死

李心唯 亳州人崇禎八年寇至唯泣守毋喪不肯離賊騎哭至唯抗不屈賊殺之子果見父死厲聲罵賊賊又殺之

皇清馬魁臨淮人母死自具畚揷負土壘墳廬於墓側三年　王繼善爲繼母劉氏刲股立愈　邵光先懷遠人順治六年有淮安謝涵玉還金三百七十兩先獲之及尋至引入家中欵以酒食舉原槖付之其孫蘭蕙二人年皆幼稺克踵祖風亦還醉客錢玉銀一百二十兩至今稱之　徐文明　李恭　黃麟生俱蒙城人　劉芳名親病刲股　葉英刲股愈母母張氏生英週歲夫亡甘貧守節督學表母節子孝　泗州人母楊氏危疾兩次刲股獲痊　戚珂泗州庠生刲股愈母疾　陳養廉　陳其弼　王自明　張士鉅　張儀　王禪　繆自守以上皆刲股救親

張明棐宿州人順治十二年八月賊五十騎入其鄉家人俱登樓母劉氏年七旬不及避爲賊所刼明棐急下救母賊執之肢解而死母得免於難十七年六月事聞奉旨建坊

孫守信常受至戚託孤以三百金授之俟其子成立探囊還之封緘宛然　王禾

康順治十五年冬葬母李氏廬墓三年尹國泰靈璧人年四十餘無子妻宣氏爲泰置妾問其所自本名家子從夫宦遊爲寇所掠故至此泰惻然即日遣嫠別室訪其原配贈貲還之陳懷禮有饑民王姓者指妻爲妹歸禮作妾禮問得狀即日還之不問原資沈允達潁上人康熙元年九月盜劫其父九德拷掠之允達赴難爲賊所拒徒跣踰垣越荆棘而出告救四隣不應達奮曰有親至此安用生爲赴鬬遇害王廷璵太和人家貧母高氏垂危璵割股療之

徐州

漢劉愷字伯豫杼秋侯般長子以爵讓弟憲遁去有司請絕愷國肅宗特優假之後有司復奏侍中賈逵因上書言愷孝友潔清讓封弟憲潛身遠迹有司不原樂善之心而繩以法懼非長克讓之風和帝納之乃徵愷爲侍中在位者莫不仰其風官至司徒稱病致仕有詔賜錢歸養河南尹歲致羊酒安帝時朝廷多稱愷之德帝乃遣存問厚加賞賜尚書陳忠上疏薦引愷拜太尉以疾乞

休

韓俞 字伯俞事母至孝被笞泣不已母怖問荅曰常笞痛今不痛知母力衰是以泣

南北朝

孫棘 彭城人宋孝武五年發三五丁棘弟薩坐違朞棘詣郡自列巳爲家令乞以身代弟薩又辭列自引太守張倂察二人甘心赴死棘妻許又寄語棘不可委罪小郎且大家以小郎屬君家道未立君巳有二兒復何恨倂表上孝武詔特原罪賜帛二十疋

劉悛 字士操勔子任齊爲刺史父勔戰死悛時有疾扶服求得父屍頂後傷缺悛拔髮補之持喪墓側冬月不衣絮後任司州刺史道經壽陽過勔碑下再拜泣涕以父死朱雀航終身不山其路明帝崩衞送山陵路經朱雀航感痛至曲阿而卒

劉覽 字孝智孺之第十六通老子易位中書郎以所生母憂盧於墓再朞不嘗鹽酪食麥粥冬著單布衣家人慮不勝喪中夜竊置炭於牀下覽因暖得寐及知之慟嘔血梁武帝聞其服闋除尚書左丞

劉苞 字孝甞至性孝友年甫三歲而孤至六七歲伯父悛繪等並顯貴苞見之輒泣其母怒之苞曰早孤不識父聞諸父多與父類故心中悲耳因歔欷

母亦悲慟奉其母最孝嘗爲扇席溫枕母及兩兄相繼亡經營葬所不資諸父

隋劉仕儁彭城人性至孝丁母喪絕而復蘇勺飲不入口者七日廬墓側負土成墳植松柏虎狼馴擾爲之取食隋文帝表其門

唐劉易從德威子也兄審理以孝義著聞貞觀中爲郎將後以吐蕃寇涼州審理戰敗見執易從在省之既至而父沒易從晝夜號泣不止吐蕃哀而還其尸徒跣哭泣扶護以歸見者流涕永昌中封任城縣男

皇甫恒彭城人

尹務榮彭城人咸數世同居事親居喪著至行天子聞其孝弟各旌表其門

甄君州人明經教授鄉稱善人家貧乞貸邑里以葬父母作室墓側陳后山名曰思亭因爲之記

元劉福蕭人性至孝父母存能供甘旨居喪寢苫枕塊飦粥至終喪如一

韋信碭山人性儉素事二親盡孝每朝夕供膳必俯伏四拜而後退人問之荅曰父母恩終身難報跪拜何勞

有司以聞至元閭詔旌其門

明 朱環字璇玉州人由國子生授靖寧州知州有孝行母歿廬墓上聞旌表

權謹字仲常州人天性孝友十歲遭父喪即哀毀盡禮過成人母李氏訓之問學謹刻厲成母志兄度爲壽陽丞坐謫戍謹罄資給其行妹寡爲撫其孤成立永樂丙戌以薦爲光祿署丞母病躬湯藥弗效籲天求以身代母踰年終比葬躬負土封樹廬墓三年感有泉湧兔馴之異永樂中命驛赴闕又以命事狀朗誦大廷示百僚拜文華殿學士謹辭帝曰朕除卿嘉其孝以風天下之爲人子者宜德初乞歸賜白金文綺仍勅禮官旌其門子倫字民秉永樂丁酉舉於鄉學行修明養親二十年親終隱居教授不仕

權宇倫子亦盡孝道倫年九十病臥宇侍湯藥寢不解帶既卒負土種樹廬於墓側晨昏哀泣母卒亦如之州守以聞旌表其門

張端字端夫州人永樂中親喪廬墓以孝行薦授真定守旌表之

范寶字敬時性至孝居親喪盡禮比葬廬墓三年由國子生仕至河間府

同知

王豫字德立性孝善醫藥施療恒逮貧者初居父喪哀毀骨立母歿如之將舉柩合葬父塋道遇雷雨豫號泣籲天雨即止既葬廬墓三年孝感羣鵲馴集依依不去有司奏旌表其門

周湘字東之州人精於易學後學多師之至舍不能容性至孝悅親極滋味母亡侍父寢食十有一年不人私室

徐韶父母亡既葬親操畚插負土爲墳廬守三年哀毀骨立其妹亦以節聞有司兩上其事各給米粟人稱一門孝節云

章文友徐州衛軍成化初以親喪廬墓旌表之

金昌字士昭國子生親喪盡哀合禮廬墓三年成化中旌表其門

張東州庠生親喪廬墓成化中旌其門

吳友直州人成化中以親喪廬墓奉旌

李恩少厄孤貧採薪給母母老患風疾思昕夕守泣割股爲糜以進母賴以全有司嘉賚並表其門

路車州民成化中以廬墓受旌

唐鸞蕭人性篤孝父母相繼卒居喪如禮及葬廬墓側負土成墳知縣馮顯上其事弘治十五年受旌嘉靖十一年有司復表其門

南貞蕭人早孤事母至孝母卒廬墓三年

彭

討兒父疾亟醫療弗效夜焚香籲天封股烹進父食愈

孫應奎字天瑞蕭人力農事母母病思食甜瓜四西月未實應奎奔號遍覓忽從草中得之母食病愈時以為孝感

劉曠蕭人甫十歲父偶疾曠對天乞禱及長母卒曠夜然香燭祈北斗願以身代會大風至錫沙石燭終不滅母即愈後由十字生任徽府畚助道王以正甚敬憚之屢屢求終養不許王表其第曰孝行曠以不獲歸養鬱成疾卒於官

紀旻錫庠生儀度雍雅童子時讀書務力行念身體髮膚受之父母珮一青囊落爪髮必藏囊中動履率服先訓居母喪結廬墓側日三負土加塚三年塚若丘陵昕夕有羣雀依依馴狎意氣實相感焉

趙光霽錫山人性孝友言動中法則父卒於官扶櫬歸葬廬墓側朝夕哭奠負土封樹既終制歸養其母後母卒後廬墓不歸

張拱辰錫庠生嘉靖間巨號重大有行刼拱辰父文淵力衛鄉曲賊衆攻之殺傷五人拱辰見父中創因冒刃赴鬪而死

蔣仕蕭庠生父故哀毀負土成墓結廬其側居家素貧妻子饑寒不恤焉三年足不履私

室母故一如父喪時服闋親友迎之歸慶雲見人共指爲孝感後膺貢三任教職清修愈勵每日吾求無忝於所生

潘廷恩蕭人幼失父力耕養母訓二弟成人母故廬墓傍哭奠壘土啖蔬三年

岳鍾靈蕭人父亡既葬心欲廬墓念母老不敢遠出乃於堂外設主朝夕哀奠定省慈幃三年未嘗一窺私室鄉人稱其得事死事生之禮

任逵蕭人髫年苦學事親以孝聞父歿哀痛踰禮廬於墓日致奠而泣聞者傷之毛御史復親造其廬服闋以選貢授樂亭丞忠勤廉幹當路嘉重之

郭全沛人事母以孝聞母歿竭力營喪躬負土成墳廬墓三年

龔謙千秋里人貧而能孝父先逝事母盡子職母卒哀毀廬墓

趙安泗亭人母早逝事父盡孝父歿踊慟幾絕廬墓三年

趙清沛人初父歿年十七嘗刲股療親疾致死妻卓氏守節垂四十年教清業儒得充貢篤直剛方事母純孝母歿廬墓三年母墓瀕河會大水且至清籲天若墓陷則死矣俄而水溢弗汩廬傍有隙倉卒不暇塞夜有鼠銜草塞之稿瓜復榮秀聞者異其事卒祀鄉賢

楊晃

沛邑庠生事母至孝母殁廬墓三年哀痛弗輟嘉靖中旌表仍賜冠帶復其家

石璞戚里人事親孝母殁廬墓三年銜哀茹血服闕親友相率往迎之歸月餘病卒

楊東萊沛人性至孝年南十四母馬氏疾篤刲股調羹進母食之愈有可達於督學御史令補邑庠生月給米贍其母

張奉沛人父與繼母先後卒既殯廬墓縣令聞之給以布粟

李三陽沛人家貧竭力奉母卒負土爲墳廬守三年

梅映春沛人父卒喪葬盡禮躬爲封樹廬墓三年

張楫沛人性醇篤事母克孝及母卒居喪毀瘠及葬廬墓居之三年後返

江漢沛人父寢疾偶思鹿脯漢力不能致潛割左左臂肉脯而進之

許九官沛人少孤祖母楊育之楊遘奇疾危甚醫云惟人肉可療九官乃於後圃引刀割股啖之疾果愈

張倫沛人性醇厚事父母至孝以歲貢任項城教諭所至以道悔人時僚友有夫婦偕卒無子遺二女遠弗克歸倫爲治其喪葬復爲二女捐俸資遺之

周澧字德隱豐邑倫生性至孝父喪哀痛無巳廬墓三年後居母喪亦如庠

皇清程一順徐州人性尚義修廟建橋濟貧埋胔巡撫題旌順治四年歲饑一順捐資煮粥立廠城南門外同妻孟氏親視炊爨所活萬人部道府州咸表其門楊枝榮徐州人弱齡失怙即哀毀成禮母張氏欲殉父死枝榮泣涕防護家貧無以自存減衣食以養母母終形毀骨立典鬻以葬克伸母節順治十七年七月內特奉
旨建坊旌其門日孝行可嘉張貢徐庠生奉侍孀母孝聞於鄉學行兼優士民公舉於順治十七年八月十八日奉
旨旌其門日孝行可風

滁州

宋荀與齡字壽隆來安人平生事親孝母歿廬於墓側每旦暮上食哭居項之墓生芝郡守唐恪言狀宣和七年詔表其廬

明孫庸字允良滁州人父景和市馬廣西道死南寧官爲槀葬景和歿三月而庸始生比壯

銳意往尋乃徒步之南寧徧歷山谷俄有二嫗指示葬處復有二雀飛出草中因而掘之得枯骨刺血驗血輒沒入乃負歸葬廬墓三年

濮渠滁人母死卽同父宿三年不入私室事繼母得其歡心待異母弟五人不分形迹人不知爲兩母出也

盧守益滁人同爨六代食指不下數百奉旨旌表

邵煒字維章全椒人天性至孝父西橋歿終身不御壺觴事孀母劉備極志物鰥兒無養供給十餘年無怠巡撫姚題旌冠帶

金光極字拱北全椒庠生乙卯寇震光極素孀翁畧勦邑令增城濬濠聯鄉勇守禦賴以無恐邑東西郊河岸久傾光極糾金壘石爲堤修積玉橋行旅便之子新鼎字仍之以居喪哀毀成疾卒遺令以縞素葬

傅高全椒人歲饑出粟賑濟捐資造橋里人義之呼爲傅家橋

李純全椒人萬曆年水災捐米餽鄰里之不給者

皇清

濮有華滁人康熙二十年學橋傾圮往來病涉有華獨力重修太守趙某表其門日功存利濟

吳一龍字德中全椒庠生天性孝友撫孤姪如子生平無干謁順治庚子覃恩

優老賜米帛時八十越三載卒**李廷瑞**全椒人字寶樹養嫡母極孝撫幼弟友愛備至足跡不入公府

和州

南北朝

劉瑜 歷陽人七歲喪父事母至孝年五十二母喪三年不進鹽酪號泣不絕聲服除二十餘年布衣蔬食言輒流涕每居墓側未嘗暫離宋文帝元嘉初卒祀鄉賢

明

黃有常 含山人元末扶母避難獲全而歸人稱其孝洪武間以孝舉官

翁之喬 和州諸生素行井貧乙亥流賊陷城不屈儒服從容自縊

王之節 和州人乙亥流賊攻城誓死守日城存與存城亡與亡此吾志也城破溺死

陶應昌 與弟應賡俱和州庠生乙亥城陷母魯氏年九十一投水兄弟翼之至死不離越七日出其屍猶相抱

宋鶴齡 和州人乙亥城破抱祖父遺書誥命痛哭先人投火死

江應濤 同子江籬俱和州庠生乙亥城將陷

舉家南向拜復拜祖先每臂皆書名及城破皆自溺王應試和州諸生城破被執不屈焚死

先一日題家壁有舍生唯取義一死等鴻毛之句姚承舜和州庠生乙亥城陷抱母投塘

死流賊退求其屍母子猶縮手如結顏色猶生張弘闓和州諸生父鴻臚元楨派守北門被

難闔伏屍痛哭爲賊逼遂躍入死水趙世光和州諸生乙亥城陷抱母投水溺死陳問

世和州諸生乙亥城陷以身衛母被殺楊鳳墀和州人乙亥流賊攻城急隨集婦女論以

大義闔戶舉火焚死復持刀自刎倉院葉某旌云一門貞烈成建中和州人乙亥城將陷

街巷喧沸宁閉戶自飲手執南華一卷把酒作歌賊至以石擊其首罵不絕口死王艮翰

和州諸生王用極父乙亥流賊至率多男婦拜哭家廟同誓不辱城陷艮翰負木主家乘出遇賊刃

中鼻而死妻妹女死者十人事聞祀香烈祠郝萬秋和州人年十五歲見城將陷哭告祖

廟曰父母倘獲生全即吾身死不卹也未幾遇賊被殺馬文卿和州人乙亥城將陷哭拜

先祖神主前手題壁云一死僅完今日事恨無些子報親恩出遂遇害　盛廷德和州人乙亥城陷負祖母木主同繼室王氏出遇賊於東水關賊迫之不屈以挺擊殺之王氏枕屍大哭被賊創垂絕赴水同死　盛唐和州人同兄美扶祖母柩出城遇賊溺水死　王啓聖和州人乙亥城陷年十四抱母不捨賊怒支解之　閔應榜和州人母病篤醫療不愈乃從左脇封肝得片許和羹食母頓愈而榜亦無恙　詹雨潤和州庠生年十一歲値父病危即知禱神封股　王弘中和州人母疾同妻魯氏封股愈親　張弘道和羹伏地籲天祈以身代含山人母姜氏疾作臨終永訣曰吾素性畏雷卒後若何道祇領命倚廬越三載聞雷聲夜必起伏於墓側大呼泣曰兒在此上旌其孝徵授南京國子監學錄　蔣銘含山人取貸不能償者面焚其劵有世產近百畝盡讓與弟鏞男清賓輿國學囑之曰汝進用有日矣務竭忠以報國勿爲囊篋計　汪奇敏含山人封股救母後敏病其子遡亦封股和羹愈之　蔣崇仁含山也

人刲股凡三次療父母病妻李氏亦刲股救姑張乘純字不二含山庠生城潰時純衣冠披髮北向躃踊號泣遂絕粒至五十二日子偕生祭之全家擁哭純含笑索筆書絕命詞四首畢端坐而逝妻劉氏悲慟以頭觸壁血湧伏棺一勺水不進越旬有六日死徐正大字南征含山諸生聞城潰放聲大哭焚文稿千言雉經而死唐慶字以章含山人家貧勵行父早逝母寡慶事以孝謹母年九十三將革籲天請以身代會兄弟早亡遺子在襁褓慶撫之無異已子二十餘年不自私尺帛雖半畝之宮悉以均授

皇清張弧原名璣字瑩澤和州人母病祈以身代夢神許之弧果卒母愈

廣德州

唐潘晃州人事父至孝父卒廬墓芝草生於墓側事聞詔旌其門授廣德令

宋李彭年州人紹興間進士父病篤彭年刲股肉雜米以進父病遂愈事聞高宗旌表其

都曰旌孝鄉人積土於門質以黄飾以白時人呼爲孝義堆

鄭勳字國忠號東雲少失怙刻苦自立生平不侵然諾其季弟蚤世割已產畀諸姪婚娶師訓之里人指其居曰蘭宅

王安兒建平人桐汭鄉舊有阮橋廟安兒因父病篤至廟焚香禱告於神割股肉和粥以進父病即愈孝所感也鄉人更名其廟爲割股

范日進宋咸淳時人家衆三百口日進惇睦無間爨井共汲以食昆弟子孫感其義無分產者

李貴居原通鄉事親至孝承顏順志終身不衰處宗族賙貧恤孤樂善好施鄉人名其居傍之橋曰孝義

明

姚觀壽州人父病篤割股肉進父病遂愈洪武二十六年旌之

陳常字子夏建平人爲諸生家貧力學嘗耕田以膳父母父死廬墓哀號不絕母死亦如之

宗文獻建平庠生母病劇躬治湯藥衣不解帶者三越月請以身代母死廬墓

李茂字茂才邑庠生父母卒俱廬墓三載疊膺旌異後茂卒繼室吳氏年二十有八即斷志守節

岑熙建平人嘗客都

下得遺金五百兩於旅次求其人還之崇禎辛巳歲大祲破產以賑親族之無告者後有盜過梅渚每相戒曰此善人里勿犯**潘紆**字服之邑諸生母病篤焚香祈禱願以身代兄弟以父喪早家貧徙他郡紆置田宅悉令之歸歲大饑出粟以賑病者給醫藥死者施棺殮鄉里稱善人**姚啓宗**字午明弱冠遊邑庠母病不解衣者浹二旬見人寃抑不惜破產申雪有誣陷大辟者宗仇也宗力為解釋有姚聞四者負宗五十金欲鬻妻償之宗訊知之焚其券**史贊化**字調元父病篤默禱於神刲肝和藥以進父疾得瘳**姚景鏊**父卒廬於墓側三年猶不忍歸遂課兒於其中每食必獻**宗翔南**年十四母病聞其父先以割股療祖疾遂引刀割股和藥以進母後翔南疾篤妻沈氏亦割股以療之**王應篤**字時敏家貧好義里人趙繼賢貸十二金娶妻生子十歲不能償欲鬻子償之篤焚券不復索歲饑篤貸穀二百石給衆**王顧八**家貧力耕母病衣不解帶旦夕禱神願以身代刲股廣四寸餘和饘粥以進吮父疽三月不懈**宗光國**

字維城十六補諸生時父爲讐飛構頌顙流血請
代父杖臺使者宥之崇禎歲連祲道觜交枕旛榜
席以瘞窶人楊思奇貸金將
鬻妻僨愍不更索復賙給之

江南通志卷之第五十三終

江南通志卷之第五十四

列女

女德之見於春秋三百篇亦云尠矣衛共姜莊姜紀伯姬魯敬姜數人而外罕有著聞蓋爵史必待赴告而後書十五國風非婦女能自言其志者末由登諸篇什今

聖代旌門之典歲勅所司奉行其限於額者大吏復檄守宰加褒焉何其幸也南國閨訓行諳禮法志在松筠宜乎光彤管者比比也然跡其所處豈易言哉志列女

江寧府

周史氏女 黃山里人伍員奔吳乞食溧陽值女擊絮瀨上筥中有飯員跪而乞飱飯畢曰掩子壺漿勿令其露女子嘆曰嗟乎妾獨與母居三十年自守貞明何宜饋飯而與丈夫越理虧義妾不忍也子行矣遂自沈於瀨後員克楚還過投金水中而去

宋劉虎妻王氏 虎爲觀察使自廬州徙居建康拒元兵於五河中矢洞腹而死氏守志五十餘年子裕爲監稅官僅弱冠死妻郝氏守志五十三年孫應麟妻亦郝氏應麟歿事二姑四十餘年時稱三世守節

俞氏 溧水人少寡里中惡少慕其色脅以刃不從而死因名其市曰節婦里

夏氏女 高淳人年十二割肝愈母疾其里曰昭孝

趙淮妾 一名翠蓮一名綠雲淮被執二妾相從淮死元帥欲納之二妾請先葬淮擇吉以從許之至江干焚淮骨置器中抱持投水死

元劉桐妻孫氏高淳人桐官平江兵亂挾所攜氏不從被害二女乞掩親骨至江濵皆赴水死趙宗澤妻衛氏　趙棟妻夏氏　趙楷妻劉氏俱建康人汝頳兵陷建康三氏皆投水死時稱三烈李成妻周氏　劉英傑妻吳氏　劉祐妻馬氏　王元壽妻楊氏巳上上元人俱旌表闞文典妻王氏建業人文與從軍濬州氏與俱陳吊眼作亂文與戰歿氏被掠紿賊葬夫負屍還積薪焚之投火死贈貞烈夫人陰有光妻張氏句容人年二十一夫亾自刎死史氏溧陽人遭紅巾之亂舉家被害自刎未絕抱子入水死花三婦佚氏姓至元中值兵亂被執至崇賢鄉碑亭嚙指題詩赴水死袁氏孤女年十五至孝母病癱火起其廬鄰婦呼之出女泣謝日使我生而無母不如無生遂抱母死火中

明張逸妻孫氏句容人逸父觀與氏父穀賓相得甚歡會二家俱娠遂訂婚逸生十

歲父死舉家謫戍逸隨母往稍長母命還鄉就婚賔欲負約女不可曰娠而許之患難而棄之非人也必許之竟歸逸從之戍所

陳忠妻王氏　江東人忠守交趾戰歿時氏年二十三與其父攜二女登竹筏潛路賊黨收忠屍殮之浮海間關扶柩南歸葬所居屋後紡績以度朝夕卒與忠合葬

吳復妾楊氏　復守黔陽卒於官氏自經以殉帝詔曰楊氏身處偏微灼知大義慨然自經從夫於地下跡其志操雖秋霜勁柏何以加茲其追封貞烈夫人

蔡丑女　元上人少孤與祖母居年十五已受聘一日祖母出有逐僕爲儈者來就食挑之不從誘之以賄繼之以刃女拒益堅受傷而死

施氏女　應天人年十七許字黃氏子會婿病甚舅姑急欲娶婦女遂歸黃然未成婦也親嘗湯藥不解帶者數日婿卒不起女悲號求殉不得恐舅家奪其志乃歸父母家後父以事下獄氏刺纏易衣以供父食有[illegible]人慕其行持千金求聘曰歸我我力能出爾父[illegible]曰救父誠所願如辱身何謝之去父病且革[illegible]請代繫出父就醫父死女朝夕上食時[illegible]

號成疾垂革猶呼父者三而死

郭彬女 六合人年十九歸鄭鉉不得志於父恒悒悒不樂氏曰子弟盡孝何患不慈也翁無道欲以非禮加婦氏厲色拒之齧指出血曰所遇若此惟有死耳遂沉於河學士宋廉爲之傳

王氏 應天人夫汪嗜酒廢業僦居江東門外夫與博徒李姓遊李悅婦婦姿謀亂之夫夫被酒歸以狂言餂婦婦奔母家避之夫夫逼令歸夜持酒脯與李俱至引婦婦同坐婦駭走大罵夫夫以威挾之婦堅拒被笞無數度不能免夜投水死

夏汾妻周氏 六合人祖姑疾篤及姑疾夫疾俱刲股療之而愈汾以暴疾亡氏自刎未絕以指挖喉不死夫櫬至氏扶拜成禮躍入井家人救之出如是者三後伺隙竟投井死縣官請旌有三刲股以全孝五就死以從夫之語

李志妻孫氏

李純妻屈氏 已上應天人俱旌表

張明熙妻陳氏

張子駒妻胡氏 何容人子駒父明熙官粵東攜家往調閩之典泉時土寇縱橫明熙留家廣城而獨身入閩子駒往省之會土賊破廣城姑媳焚香告天攜其

幼子俱投水中　朱熙耀妻華氏　朱熙代妻張氏句容人二氏孀居同守會大兵臨城衆皆逃散二氏偕竄身受數矢知不免赴水死華氏子之堦張氏二幼女皆哀泣投水死　孔僩珙妻王氏　孔僩珂妻吳氏高淳人同舟避亂遇賊負子投水死　俞熊妻周氏溧水人爲亂兵所挾同婢投水死　蘇官福妻薄氏　田二妻王氏　黃公受妻龔氏　陳安兒妻汪氏　奚善才妻顧氏　劉受妻楊氏　陳保兒妻吳氏　劉留住妻倪氏　鄧信妻魏氏　伊端妻魏氏　楊阿庇妻陳氏　楊氏佚夫名　李老哥妻孫氏　沈氏佚夫名　孫敏妻喬氏　唐思敬妻尤氏　陳福妻俞氏　趙壽妻呂氏　羅受童妻倪

氏　任忱妻焦氏　徐昱妻錢氏　葉阿僧妻張氏　陳阿福妻秦氏　張純妻龔氏　王關孫妻言氏　陸阿葛妻倪氏　趙春妻呂氏　周稱住妻張氏　徐眞保妻朱氏　孫成道妻徐氏　徐鳳岐妻王氏　于氏佚夫名已上應天府人俱旌表　朱約妻石氏　笪元善妻鄧氏　徐尚學妻趙氏已上句容人俱旌表　花宗啓妻梁氏溧陽人旌　武尚訓妻王氏溧水人旌　孔佩發妻陳氏高淳人佩發有胎疾手足拘攣口吃貌寢氏貌極端麗既歸佩發事之克盡婦道佩發死有求婚者凡三拒絶忍飢以死　吳仁妻馬氏十八孀居長齋奉姑敎子兵過相戒無犯壽百有二歲　陳時美妻蕭氏　孔昌妻劉氏　楊紹春

妻王氏已上高淳人俱旌表　趙思訓妻狄氏江浦人旌表　夏齊周
妻董氏夫亾守節撫子森成立旌表　童鉉母張氏　黃益妻梅
氏　張光世妻康氏　李長庚妻唐氏已上應天府人俱旌
表　曹哻妻張氏　馬壽春妻王氏　孔士傑妻許
氏　譚謙妻王氏　陳儀之妻魏氏　張德清妻
周氏已上句容人俱旌表　湯習妻蔣氏　陳濟妻王氏　史
子登妻王氏　楊庭茂妻王氏　史侃妻王氏
呂商妻吳氏　芮夔妻陳氏　戴觀妻彭氏已上溧陽
人俱旌表　葛善三妻劉氏　陳時名妻張氏　吳近伯
妻施氏　孔尚武妻陳氏已上高淳人俱旌表　嚴師心妻蔡

氏　高仲艮妻張氏　吳達妻俞氏　趙思訓妻張氏　朱思近妻弓氏　丁允恭妻洪氏　丁尚彬妻解氏　馬鑑妻江氏　郭盟妻徐氏　厲瑄妻徐氏　林寶妻許氏已上六合人俱旌表　王以材妻狄氏家金陵夫殁子甫六月氏辛勤敎育四十年爲名士氏以壽終　王應鳳妻顧氏應天人早寡教子天樞孫卿俱成名士天樞卒與媳浦同守節萬曆崇禎皆旌　黃賓妻王氏夫亡屏食自經旌表　汪宗妻柴氏宗病危手治殮具先宗投繯死　陳伯妻黃氏年十八歸伯甫三載夫病篤氏曰嗟乎病至此無復望矣遂之竈下持刀自刎死　黃氏佚夫名夫亡公姑欲奪志自刎死余孟麟作歌弔之　杜鍵妻黃氏金陵人夫亡氏方少艾有勸改適者氏不應夜縊於夫柩之旁　趙某妻楊氏佚夫名京衞人夫死於陣投河

死　岑明俊妻趙氏金陵人避亂遇兵執至舟中投水死　陳無過妻諸氏夫舅爲兵所害氏詈罵爲兵剖腹擲於河　胥庭治妻任氏遇兵亂夫婦俱赴水死子時逢時迎亦相繼赴水　孫某妻程氏佚夫名居秣陵關遭亂兵焚掠欲犯氏氏紿之曰屋後池中有藏鏹可取之去因躍入池中死　張國權妻魏氏江寧人居淳化鎮遇兵被掠怒罵不從抱幼子投池水死　唐有望妻張氏溧陽人夫經亾自縊死　國猷妻管氏溧水人夫亾自縊死旌表　端烈婦溧水人佚氏姓夫病癲令其他適投水死　錢化龍妻陳氏溧水人兵欲犯之赴水死　徐思義妻薛氏溧水人夫亾有欲犯之者氏持剪刺死　劉檜妻王氏夫死人爭求之遂自殺　張司扳妻陳氏遇亂投水死　王汝梅妻楊氏爲兵執被數十刃死　王錫堯妻陳氏兵至抱子赴河死已上俱高淳人　王經妻朱氏經失足隊

樓亡氏自縊死　陳貴妻唐氏夫亡姑欲嫁之聚薪牀下自焚死　許坦妻吳氏夫亡舅姑欲嫁之自經死　孫繼善妻謝氏夫亡無子立姪姪死曰吾無望矣遂自經死　鄭璀妻袁氏夫得惡疾氏不肯改適歸鄭六年夫死服砒霜死　厲振鴻妻孫氏歸厲六月夫亡隨絕粒而死　李秀妻達氏夫溺死自縊　夏應昇妻葉氏土寇亂夫病不能避抱子投水死　夏清妻劉氏避兵與夫相失投水死　佘馨妻馬氏爲兵掠罵不絕口被射七矢投河死　詹明宇妻左氏被掠不從同夫投河死　張起祥妻章氏六合人被掠不從挈幼女投水死　厲一鶴妻黃氏流寇至縣氏與夫奉姑避難遇賊欲殺其姑與夫而掠氏氏詭從賊使釋姑與夫度去遠投水死已上俱六合縣人　何官童妻汪氏上元人夫亡守節母病刲股　趙知府俊女刲肉療母　陳本鐶女上元人長齋養親矢志不

嫁匝月兩封股愈母**李德祚妻章氏**高淳人封股愈夫**劉玉佩妻陳氏**江寧人未字封股救母救姑以上五人俱旌表**都司母承恩女**上元人許聘姚某未嫁夫亡易服毀容闔葬期自縊死**李氏女**上元人母病翻胃垂殆女焚香籲天而愈旌表**侯貞女**上元人父母亡不嫁撫弟姪成立持家甚嚴至親罕見其面**張氏女**江寧人以父無子不嫁守志事親**薛氏**江寧人受徐聘未嫁夫亡斷髮長齋以終**徐惠甫女**句容人年十七許字未嫁遇兵至欲挽上馬女堅拒之兵怒斫其左臂痛仆臥地大罵死於刃**張氏女**句容人許字王姓夫亡守節不嫁**宣氏**句容人許字湯姓夫亡死節**狄氏女**溧陽人許字周姓夫亡守節**史義姑**溧陽人許字郤姓夫亡女衰絰奔之事公姑甚謹旌表**羅氏女**溧陽人許字周姓未嫁夫亡誓死不二往周守節終身**楊氏女**溧陽人父母死誓不字人撫幼弟成立**唐氏女**溧陽人許字蔣

文粹粹以事戍義不更適至年五十二粹還始歸之

强氏女 溧陽人許字呂綱未嫁夫亾守節終身

汪紹祖女 溧水人未字值兵亂投湖死

程天民女 溧水人遇兵投水死

武可楫女 溧水人遇兵自縊死

史存守妻趙氏 高淳人年十九夫亾撫孤正諫娶媳徐氏正諫夭徐氏奉姑盡孝姑媳茹荼三十餘年相繼以壽終

劉定濤妻葉氏 高淳人年十九夫亾守節五十餘年

許夢明女 溧水人年十六未字遇亂投塘溺死

朱嘉試女 溧水人許字陳彥璽未嫁夫亾有徐氏者强委禽焉女以筆書几上曰願葬陳墓側自縊死陳宅迎柩合葬

陳氏女 溧水人年十五兵過其家執父索金女跪泣救父兵舍父挾女去投井死

周貞女 許字彭亂驥未嫁夫亾女至夫家搆一室奉木主坐臥其中以哭泣喪明

凌氏女 高淳人許字王姓未嫁夫亾有欲謀以爲妾者不從自縊救甦守節終身

凌氏女 江浦人許配張仲仲殤引錐刺目自縊救解因留張門守節終身

陳鐙

妻王氏夫亡苦節五十餘年旌表張治妻武氏江寧人嫁未周月夫亡守節撫遺腹子成立檢討汪偉繼妻耿氏上元人隨夫任京邸崇禎甲申從夫從容自縊題曰夫婦同死節義成雙特祠縣治史可模妻李氏順天人可模娶李三載卒李泣而死者數後從姑來江寧有要人遣官脅聘氏割耳截鼻拒之姑病割股以療年四十二卒溧陽餓婦失其姓氏夫挈妻授經於句容值歲荒徒散夫出不返氏餓坐室中有慕其姿而與食者氏閉戶拒之卒餓死劉開宗妻李氏高淳人年二十夫故一子在襁氏截髮自誓紡績奉姑教其子錫慶有聲庠序旌表武定橋烈婦失姓名明永樂靖難誅戮臣僚妻子發配有一烈婦題詩衣帶投武定橋下死詩云不肯將身配象奴手提麥飯祭亡夫今朝武定橋邊死留取清風滿帝都孫可大繼妻王氏可大尉稷山娶氏歸可大卒氏年十八矢志守節艱苦萬狀教子尤嚴陳河洛妻王氏妾尹氏王年十八

尹年十五夫以割股救母死王截髮削耳置夫懷血淋棺殮尹甘同守萬曆間題旌建坊史洪

華母王氏高淳人年二十一而寡撫孤成立守五十餘年里人賢之王容妻陳

氏妾江氏溧水人值兵亂兩氏並餓死葉先馨妻季氏六合人幼育於

叔倘光夫卒病不起間倘光復卒痛哭而死謝瑜妻張氏江寧人少歸瑜以遊學卒劉芳遠妻林

氏於東粵訃聞氏矢志不嫁撫遺孤愫成立辛苦食貧砥志四十餘年方卒

氏夫故撫遺腹子美發爲庠生府縣旌其門

皇清

白應甲妻陳氏江寧人夢鼎夢鼐之母也明末二子以公論忤貴人羅致於獄母怡然曰吾子范滂流也吾寧不爲滂母乎絕無慍色會國變得釋子夢鼐成進士年八十四終

沈啓元妻葉氏六合人巡按上官鉦具題旌表朱圻妻盛氏江寧

府人旌表江艮機妻徐氏苦節撫孤按臣劉宗韓具題旌表陸思賢妻

殳氏溧水人遇寇被掠氏不從遂自殺

趙氏女許字劉以謙未嫁夫亡女歸劉守節事姑盡孝旌表

梁世烈妻王氏上元人青年守節備歷艱辛撫子若孫成立歷四十餘年府縣俱旌

曹泰妻周氏上元人二十八歲夫亡守節終身九十八歲終

曹氏女年十四讀書通大義許字黃名彥後名彥音耗不聞女獨處一樓茹素守節非定省不下樓或勸之改字女堅不從死葬聚寶門外題曰貞女曹氏之墓

胡文耀妻陳氏上元人適胡二載夫亡子在襁褓氏事姑克盡婦道教子成立守節終身

徐冠吳妻宋氏江寧人夫亡撫孤子惺成進士勗以居官清白無隕家聲守節四十五年終

梁資生妻顧氏江寧人二十而寡孝養舅姑教子成名康熙十八年巡撫慕天顏具 題旌表

吳執中妻成氏上元人夫亡孝事孀姑撫七月孤守節四十餘年

李嘉蔭妻唐氏句容人年二十一夫亡子元芳僅四歲元馨僅半歲氏裕舟自矢茹苦撫孤教子成立守節以終

馬驥妻楊氏江寧人守節撫孤繼撫孤孫年六十八年二十一夫亡遺孤未週歲守節四十

汪仕禹妻朱氏江寧五年康熙十八年巡撫慕天顏題旌

張文科妻鄭氏江寧人年十六歸文科生一子夫卒撫孤成立茹荼四十餘年旌表

陳鳴霄妻邢氏陳鳴鶴妻李氏高淳人邢氏適陳一年夫病刲股卒不能救李氏適霄弟鶴甫生子夫病刲股如邢夫死與邢共守一門雙節旌表

袁日近妻邢氏江寧人年十八寡事姑孝撫遺腹子成立守四十餘年卒巡撫題旌

邢道悌妻袁氏江寧人悌卒子甫彌月父母欲奪其志袁嚙指血自誓守志教其子讀書成立旌表

吳淑妻俞氏江寧人幼歸淑夫卒父母欲奪其志氏以死自誓撫子養其姑姑病亟割股以療疾遂愈鄉里稱其節孝云

王毓秀妻白氏夫亡撫孤成立四十年苦節終

蘇州府

漢許升妻呂氏 升少爲博徒不理操行氏數勸不悛氏父欲改嫁之氏曰命之所遭義無離二升感激自厲尋師遠學遂致名譽爲本州辟命行至壽春爲盜所害氏迎喪於路詣州請甘心讐人乃手斷其頭以祭升後遭黃巾賊欲汚之氏不受辱遂殺之葬於嘉興郭里墟北名曰義婦阪

公孫達妻郤氏　李公謀妻戴氏 俱遭寇賊臨之以刃二氏曰婦人以貞淑爲節豈可畏死而怂行耶賊遂殺之

沈伯陽妻顧氏 字昭君早寡無嗣父陰納人聘氏泣曰夫婦以專一爲貞回二之行非所聞也乃割耳以明志

孫奇妻范氏 年十八適奇一載而奇亡父母以其少寡無子迎之還家氏乃割耳及鼻曰父母迎我者不過以我年少色美今已殘矣行將何往於是迎者空返

張白妻陸氏 年十三嫁白甫三月夫亡誓不再適姚信表之有蹈履水火志凛氷霜之句

張氏三女 皆有節行兒溫爲孫權所因姊妹已嫁者皆見錄奪其中妹先適顧承官以改嫁丁氏飲藥而死

晉顧琛母孔氏 隆安初瑯琊王廞於吳中爲亂以爲貞烈將軍悉以女人爲官屬孔氏爲司馬及孫恩亂東土饑荒人相食孔散家糧以賑邑里得活者衆生子皆以孔爲名

王氏五女 西洞庭人俱未適人父歿各以衣負土成塚旦夕繞墓悲號死時人哀之因名五女墳

後梁張稷女 適會稽孔氏無子歸宗州人徐道角作亂害稷女以身蔽刃同遇害

唐吳仁璧女 少能詩文父教以天象陰陽之學一日女謂父曰大人慎事出入恐罹憂毒天復初錢鏐命撰母墓銘仁璧不從被繫女泣曰文星失位大人其不免乎鏐遂沉之東小江併女同害時年十八

宋鄭綷妻錢氏 幼秀悟姑疾不解衣者半年綷貧赴官陝右不能具裝資其姊自京師持贈金帛錢謝之曰身受姊賜固可領何以全吾夫之廉乎

張建第五女 三歲喪母一日暴曬母舊物女見之伏牀流涕家人怪其不起乃往抱持之延醫診之曰腸斷矣吐血而亡

張弼妻徐氏建炎三年金兵犯揚州官軍奔潰肆掠執徐欲汚之徐瞋目大罵曰朝廷畜汝輩以備緩急今敵犯行在反乘時爲盜恨我一女子不能引劒斷汝頭寧肯受汝辱以苟活耶賊殺之

吳永妻何氏郡人建炎四年金兵陷平江永與其姊及何奉母逃匿爲賊所得其姊及何給之曰我婦人東西惟所命耳賊信之次水濱自投於河其姊繼之陳長芳作二烈婦傳

劉士英妻陳氏建炎初居父母家被擄赴井死靖康初士英通判太原與金人戰被執罵賊而死旌其廟曰忠烈

陳質妻丁氏兄丁誚欲官二甥氏固辭俾自學以德進謂竦然稱歎鄉里稱爲賢母胡瑗著丁氏賢惠錄

元朱虎妻茅氏崇明人虎父清坐罪籍其家屬沒官醫師欲娶之氏以死自誓卒不能奪逾年以憂憤死至元中虎兄子謙以事聞旌表墓門錄付史館

王廷用妻滕氏長洲人年二十三而嫁嫁七年夫亡孀居有守嫁兩女不登其門娶兩婦不預酒宴聞父喪但西向

哭曰未亾人無奔喪禮也年八十七終

陳熙載妻張氏 吳江人夫亾守節大德二年旌表

季富妻黃氏 崇明人至正初海寇入境掠之氏投海死

張氏 太倉人贅周某至正中父爲義兵元帥百夫長謀刺帥事泄被殺氏年十七有姝色將斬帥子惜其姿容令勿者舍之語曰能從我活汝命氏怒曰豈有父母死而我獨生乎帥子度不可脅憤而殺之

后載妻某氏 佚氏姓載爲郡吏行役京口至正丙申城陷先屬子女於姻家遂赴水死

趙夢炎女 吳縣人夢炎病氏禱於天刲股以進父尋愈守董章製孝女歌書綵障表於其門

沈慶乙妻謝氏 崑山人年二十八孀居至正壬辰方谷珍剽掠氏曰河去遠吾猝不能赴水苟得全吾志足矣因積薪縱火自焚陸鈇表其墓

潘元紹七姬 段氏大寧人年十八程氏蜀人年三十翟氏廣陵人年二十三徐氏黃岡人年二十羅氏濮州人年二十二卞氏彭氏海陵人皆年二十二至正丁未紹臨戰歸語七姬曰我受國重寄義不顧家脫不虞若等當自引決時

段氏最少自縊六姬相繼縊死
乃焚其屍合而葬之並見塚墓

明張成妻唐氏吳縣人生二子夫亡氏指天誓曰飛鴻尚不再偶況人耶或勸其改適輙涕泣辭洪武七年知府王興宗上其事褒貞節　姚榮妻黃氏吳縣人夫亡子文聰甫二歲家貧有勸其改嫁者不聽後十二年張士誠據姑蘇兵掠文聰去或勸之他適氏曰我豈以子存亡爲去留者哉洪武七年御史以聞詔旌其門　張新妻華氏　張彥達妻胡氏　樓紹妻王氏已上長洲人俱洪武初旌表　嚴華妻陶氏崑山人夫亡守節洪武七年旌表　錢珍妻顧氏常熟人元季避亂珍前妻邵氏遺一子名友安顧氏生子名虎俱在襁褓顧乃謂夫曰冡子不可失當棄吾兒乃棄虎鄉里稱其賢方之魯義姑云　盧氏佚夫名本如皐人徙居常熟白茆市中氏與女俱有姿色市魁張島等見而悅之島亢險橫於一方其黨倚之爲惡島時得幸於太倉兵備李捕其夫以酷刑鍛之使承爲刦

盜沉之海中島等歸議以盧爲妾以女歸黨盧時宿外舍覺之夜向晨持刀先殺女繼自刎島倉皇收二屍焚之埋園中後巡按陳廉得其實島等俱伏辜

邵某妻薛氏崑山人洪武初邵坐法當死押赴京師氏年二十蒙垢莫能掩其麗將行押卒見而悅之謂邵曰若欲生至都下盍使事我否則促死矣邵懼曰如命乃呼婦語故伴應曰諾伺邵與押卒行遂自縊於粉闈中隣里葬之鄭文康爲傳今入祠廟

陳可久妻孫氏洪武七年旗表

劉彥敬妻阮氏郡人洪武十年旗表

陳剛妻錢氏常熟人

范安妻凌氏崑山人

季益妻李氏已上俱洪武十六年旗表

查華二妻楊氏洪武十九年旗表

呂元哲妻錢氏洪武二十八年旗表

水德妻李氏崑山人洪武三十年旗表

張得妻顧氏洪武三十一年旗表

陳汝言妻吳氏永樂四年旗表

唐晃妻王氏郡人姑病癰氏親爲除拭不怠夜盜入室氏倉猝擁病姑匿簷後時

天大寒雨氏以身蔽姑凍死不舍吳寬表其事顧隨妻沈氏嘉定人年十九寡父母憐之潛許李姓强委禽焉遂縊死蔡仲彬妻夏氏西洞庭人夫亾守節永樂年間旌表姚少師姊姚氏居長洲縣相城里少師以靖難封國公往長洲謁其姊姚氏閉戶不納屢請姊曰那見做和尚不了的是個好人堅辭不肯見廣孝遂於門外再拜痛哭而去印仲彬妻周氏吳縣人永樂四年旌表陳彥良妻金氏長洲人永樂四年旌表王永年妻陸氏長洲人永樂八年旌表陸茂才妻錢氏常熟人夫患癆瘵家貧氏紡績自給夫謂曰我病不起矣死後汝其他適氏泣誓不事二姓夫亾遂自縊於夫旁戴君用妻吳氏宣德三年旌表趙學遜妻徐氏長洲人宣德六年旌表王友諒妻陳氏崑山人宣德十年旌表仰餘澤妻張氏長洲人正統三年旌表陳守恒妻陸氏常熟人正統三年旌表華季

謀妻張氏長洲人正統五年旌表　兪毓妻狄氏吳縣人夫早亡遺孤甫七月翁姑相繼亡氏鬻裝奩以舉三喪躬紡績訓子正統四年知府况鍾聞於朝旌表　吳本妻林氏常熟人正統五年旌表　杜德潤妻顧氏吳縣人正統四年旌表　姚宗敏妻盛氏吳縣人正統六年旌表　諸士賢妻祝氏吳縣人正統六年旌表　陳復妻鄒氏長洲人正統九年旌表　韓伯濟妻張氏長洲人正統十年旌表　吳克存妻陳氏郡人御史淳之母也正統十二年旌表　王永仁妻莊氏常熟人正統十四年旌表　彭餘璋妻鄭氏正統癸亥旌表　周公美妻劉氏長洲人景泰三年旌表　顧氏女太倉人幼育於叔父許字王氏子未嫁夫亡叔父復許嫁徐氏強之行乃以帛纏其體不可解至則謂徐曰吾非汝家婦乃故王郎妻也堅拒至夕遂縊死　曹順妻葉氏東洞庭人景泰中順客死舅姑欲改嫁不

從強之一夕自經簷下明日其夫骸骨適歸遂合葬焉

狄阿光妻高氏嘉定人嫁甫一月夫亾氏抱屍慟哭三日家貧火葬火熾氏躍入火中姑救之出氏恨不得殉歸舍即斷髮自誓其夕遂縊死

陸氏長洲陽城人許字楊紹貧不能娶紹執役往京惡少艷氏容色謀娶之集黨撼其翁翁諾氏聞之遂自縊

陸塤妻浦氏長洲人天順二年旌表

范忠妻凌氏吳江人天順五年旌表

朱亮妻陳氏天順四年旌表

錢景豫妻徐氏常熟人天順八年旌表

張元甫妻楊氏崑山人年二十寡無子雅操俊潔年七十餘終事聞旌表

吳奎妻王氏東洞庭人姑有汙行氏每以禮自持奎客商遠方氏獨與姑居一日姑與所私飲併欲汙之命氏取酒所私入厨房戲紾其臂氏憤拔刀自砍垂死父母欲訟之官氏曰死則死耳豈有婦訟姑理耶逾旬卒

沈氏長洲人許字張應奎未嫁守節既歿事聞旌表

錢宗時妻包氏常熟人成化元年旌表

蔡克溫妻淩

氏常熟人郁信妻矯氏吳縣人盧瑛妻夏氏已上成化五年旌表

徐元亮妻曹氏盧景暘妻鄒氏已上常熟人俱成化六年旌表

陳頤妻華氏王公著妻吳氏已上長洲人俱成化十二年旌表

封廷範妻翟氏嘉定人成化九年旌表周敬妻張氏太倉人成化十一年旌表顧豳妻胡氏太倉人年二十二夫亡舅姑憐其少欲改嫁氏曰我顧豳妻有死而已成化乙未旌表魏公進妻尤氏顏鎡妻吳氏已上長洲人俱成化十八年旌表蘇倫妻陸氏吳縣人蕭貴妻吳氏長洲人已上成化十九年旌表杜洪妻皇甫氏長洲人弘治二年旌表夏衡妻吳氏崑山人李芳妻傅氏吳縣人已上弘治十一年旌表王昂妻唐氏吳縣人趙繼妻王氏吳江人已上弘治十二年旌表顧竑妻杜氏吳縣

人弘治十三年旌表　郁蒙謙妻陸氏太倉人年二十一寡守節撫孤弘治甲寅旌表　張經妻龔氏　鄭友光妻朱氏已上崑山人俱弘治年間旌表　楊鑑妻歸氏嘉定人年二十寡弘治十五年旌表　吳嵩妻沈氏夫亡無子守節正德十三年旌表　顧應祥妻朱氏吳縣人正德十六年旌表　韓廷珪妻孫氏吳縣人珪以販蓆旅潯陽氏與二女隨往值濠兵至母女共赴河死嘉靖初叅政范永鑾奏聞旌表　徐昇妻袁氏長洲人嘉靖初旌表　龐榮妻顧氏吳江人夫亡氏哭之喪一目尋復雙瞽父欲迎養之氏辭曰兒雖大人遺體然不可畱也卒歸守志嘉靖三年旌表　王士妻陸氏崑山人士習舉子業垂成而病亡語其妻曰我死汝將安歸氏曰君即不幸必無他志爲君辱也士喜目遂瞑殮畢閉戶自經死去夫死方七日歸有光爲作傳　顧昂妻范氏吳縣人夫亡懷四月孕誓死不嫁嘉靖十五年旌表　周春妻俞氏吳縣

人春病革顧其子囑氏善育之氏曰諾春死目未瞑氏意其恐已再醮也乃以剪刀刺目血淚俱下有司奏聞歲給米布旌門

黃璣妻陸氏 長洲人夫亾其母將嫁之氏私嘆曰違親非孝也再醮非節也夜即自經

徐氏 嘉定人許字甘應麒未嫁夫夫亾訃至死郡守胡纘宗表其閭

王時雨妻項氏 年二十四夫亾子幼慟哭欲詣甘父母不許請送葬又不許遂自經

沈思道妻孫氏 嘉定人夫亾氏姑老備歷艱苦年六十八終嘉靖二十一年旌表引刀自刎以救不死逾年翁東濱公宴巡方守者稍懈遂閉戶縊死家人以報巡方為撤宴特疏題請詔旌其門曰貞烈

張樹田妻宣氏 樹田素狂悖不相協病亟氏仍竭力湯藥及死誓殉時樹田友沈思道亦死其妻孫氏與氏以死相要各分尺帛孫自經死或勸之曰孫氏夫婦相得故以死死報樹田何德於汝而欲效孫耶氏斥之曰從一而終婦人之道豈論夫之賢不賢耶卒縊死歸有光銘其墓

汪綬妻張氏 嘉定人姑素與人私翁嗜酒昏無所省諸惡少中有

胡巖者尤桀黠與姑密謀必欲污婦乃陰遣綏遠去與黨四人登樓縱飲因呼婦共酌婦不應巖逼之婦大呼號泣竟夕欲自經巖與姑恐事泄遂殺婦縱火焚其廬鄰里救火者足蹴其屍視之赫然死人也聞之官姑與巖等皆伏辜

周鑑妻王氏崑山人夫亾自縊嘉靖十九年旌表

蔣松妻倪氏嘉定人松客死維揚氏竭力事姑嘉靖三十二年旌表

陳時康妻秦氏嘉定人嘉靖四十三年旌表

陶子舸妻方氏崑山人嘉靖四十二年旌表

侯淵妻周氏嘉定人年二十四夫亾守節隆慶元年旌表

吳羽妻張氏崑山人年十九夫亾守節隆慶三年旌表

張秩妻陳氏長洲人隆慶初旌表

沈瑞妻胡氏崑山人萬曆元年旌表

陸某妻浦氏早寡生子桂撫育成立桂亦至孝母失明桂寢食俱廢聞周孝子祠靈應徒跣拜叩母目豁然萬曆二年御史邵奏聞以母貞子孝同旌

劉炳妻杜氏吳縣人夫亡氏年十九遺腹方七月及生名成宗育之成

立後孫弘道舉進士疏陳苦節得旌

項氏秀水人工文史善鼓琴許字吳江周應祁祁亾氏聞計即改粧剪爪一夕母聞女琴聲淒慘晨往視之則縊死矣萬曆八年旌表

沈象賢妻王氏崑山人夫亾撫孤守節萬曆戊子詔旌其門爲貞節祀五貞祠

吳珊妻金氏崑山人夫亾守節萬曆四年旌表

封塀妻毛氏嘉定人年十八夫亾守節奉事舅姑萬曆七年旌表

潘日期妻劉氏嘉定人夫亡自縊萬曆十八年詔旌其門曰貞烈

唐武揚妻徐氏太倉人夫亾自經死

楊一夔妻顧氏崑山人夫被酒溺死氏痛其非命日夜號哭亾何子又死舅日森亦死婦念姑雖老幸有四女在一日伺姑偶出即自縊與夫合葬焉

歸善世妻陳氏夫亾即欲自裁母止之氏謂母曰兒已許夫死矣自言宜死者四年少宜死無子宜死舅姑老異日無依宜死舅姑自有子奉養宜死舍尸以玉珥留一自含曰九泉之下以此爲信卒乘間縊死

鄭之鑑妻袁氏長洲人年二十六夫

亾撫幼孤茹荼飲蘗苦節三十餘年終里人稱之曰鄭節婦

須氏 吳縣人少有姿里人豔之會夫李郎死一市兒欲强妻焉氏泣曰利吾夫之死而妻我不猶殺吾夫耶市兒糾黨將掠得之氏驚奔母母不敢留氏泣歸自經死

陳惠妻須氏 吳縣人年十九而寡土豪顧臣欲攘爲妾糾黨强娶氏自經知縣周爾發鞫之臣乃伏辜

殷相儒妻錢氏 吳縣人嫁九月而夫亾懷孕兩月誓欲從死姑泣慰曰倘邀天生男不斬夫祀大義不更重乎巳果生子遂一意撫孤竭力奉姑萬曆十九年旌表

徐桴妻龔氏 長洲人夫亾誓死守節侍女吳氏亦守節不嫁二寡同居垂六十餘年萬曆二十年表曰雙節之門

張鑌妻沈氏

錢于介妻王氏

金存妻邵氏

進應名妻陸氏

曹樊忠妻王氏 以上郡人萬曆年間俱以守節旌表今附祀烈女祠

徐氏 吳趨里人許字袁姓未嫁夫亾守節終身萬曆二十七年旌表

王楫妻趙氏 嘉定人夫亾守節萬

曆三十年旌表馮郊妻湯氏嘉定人夫亾家貧子幼誓死守節萬曆三十年旌表劉
大綱妻杜氏太倉人夫亾子夭守節終身旌表陳九思妻吳氏嘉定
人夫亾守節萬曆三十三年旌表繆天秩妻張氏吳縣人秩以封殷療親創鉅致
死氏守節撫孤國維聶之日兒不幸爲寡婦之子苟不克樹立將不比於人數矣後卒成進士萬曆
三十四年旌表馮慶妻潘氏嘉定人年十九夫亾守節旌表徐端翼妻趙
氏嘉定人萬曆四十一年旌表姚汝轍妻文氏年十五歸姚二十二夫夭子希
孟甫十月氏事兩姑乳幼子茹荼四十年希孟成進士萬曆四十二年旌表封瑗妻金
氏嘉定人夫亾自縊事聞詔旌其烈劉氏崇明人許字顧起濱未嫁夫亾歸夫家絕粒自
誓足跡未嘗離夫柩萬曆戊午撫按疏請旌表進應中妻李氏吳江人年十七夫亾
無子事姑盡孝守節五十三年天啓元年旌表董賓妻翁氏吳江人守節五十餘年天

江南通志　列女　卷之一百五十四　七

啓二年旌表

許氏三節婦　許自學妻褚氏年二十寡撫嗣元溥守節五十年天啓中旌表許自正妻王氏年二十三寡母憐其幼欲嫁之乃援色服探之氏泣曰此胡爲乎來哉未亾人終身不近此色矣守節四十餘年許自立妻歸氏年二十九而寡事姑盡孝撫二子成立守節三十餘年崇禎中後先旌表里稱三節婦張溥爲立傳

顧兩疏妻莊氏　長洲人早寡守節教子宗孟成進士萬曆四十五年旌表

黃龍妻殷氏　嘉定人夫亾氏號慟幾絶請於翁姑願立後守節弗聽里人有强委禽者氏延母至拜且泣曰大人幸自愛長與膝下辭矣即入室自刎黃淳耀爲立傳

張定安妻王氏　嘉定人年二十夫亾守節天啓二年旌表

凌氏　吳江凌春女也受許應化聘未嫁夫亾守節終身天啓七年旌表

李旦妻黃氏　吳江人夫亾繼姑逼之再醮氏刎脰拒焉守節五十五年天啓四年旌表

金永思妻陸氏　長洲人夫亾守節訓長子渾舉孝廉學院孫疏聞旌表

倪必裕妻徐氏　吳縣

人天啓四年旌表王甘節妻支氏崑山人夫亡守節天啓六年旌表顧天爵妻陸氏吳縣人夫亡守節天啓六年旌表李名芳妻沈氏夫亡於京邸氏撫孤成立天啓七年旌表吳怡春妻范氏夫亡守節崇禎元年旌表徐應時妻諸氏崑山人崇禎元年旌表陳一善妻錢氏崇明人夫亡守節崇禎元年旌表樊嘉言妻陳氏崇明人金聲亮妻張氏太倉人曹文明妻張氏長洲人已上俱以夫亡守節崇禎間旌表施全孝妻倪氏崇明人夫亡生子逾月立志保孤築土牆以限出入巡按題請旌曰節孝之門方夢嘉妻瞿氏崑山人夫亡晝夜泣不成聲一夕私謂女曰若與弟善事祖母吾死毋更殮可以擔土葬汝父旁是夜遂自縊死吳之望妻李氏無子娶妾亦李氏生子甫三月夫亡二婦同心守節撫孤成立崇禎五年巡按陳具題旌曰雙節徐銓妻朱氏長洲人夫

亡節四十年而子洴成進士伏闕陳情得旌　宣嘉和妻嚴氏嘉定人夫亡無子誓不改志崇禎五年旌表　湯敏妻何氏吳江人歸敏七月而寡每上食必相對如生舅姑疾嘗假寐以需聞呻吟聲輒曰婦在崇禎六年旌表　顧紹芳妻張氏夫亡無子守節五十餘年崇禎七年旌表　曹憲軺妻周氏東洞庭人夫亡氏爲夫沐尸易衣並易已衣周身密縫之自縊夫側翌日兄來叩門不應破扉入則二尸在焉哭弔者盈戶　兪氏吳江人許存仁聘爲繼室未嫁夫亡誓不更適卒歸夫家守節終身崇禎七年旌表　殷氏吳縣人許字陳元儁未嫁夫亡氏欲往弔父慮女往且死止之女嘆曰吾敢重親憂乎乃手刲左耳盛器中授兄時偉爲我持此往祭亡人慟絕而甦嘗患危症矢不延醫曰吾求速死安可令醫着吾臂耶死之日遠近弔者數千人張溥爲詩弔之　沈僖妻吳氏吳江人年十七歸僖未期而寡明大義以嗣子齒過於母擇宗行之幼者撫之又剖產之半予伯之子中外莫不賢之守節四十六

年崇禎元年旌表仲文第妻楊氏吳江人夫亡守節崇禎三年旌表王以明妻沈氏吳江人年十八歸明甫九月夫亡守節四十三年崇禎四年旌表徐氏吳縣人二歲喪母年十二過王門為養媳夫病勸解婚氏曰女可更字二姓乎竟結褵夫亡撫孤成立崇禎四年旌表何瑜枝妻張氏年十七歸瑜甫閱月夫亡守節六十年崇禎五年旌表王有德妻周氏吳江人年二十三寡守節六十餘年崇禎五年旌表陸朝愷妻黃氏吳江人年十九夫亡奉孤教子克盡其道崇禎六年旌表嚴林甫妻劉氏東洞庭人崇禎七年旌表梅壚妻屠氏吳江人年十九夫亡無子守節五十餘年崇禎十二年旌表席時龍妻吳氏東洞庭人崇禎十四年旌表錢世正妻王氏常熟人夫亡無子誓死守節旌表張士栢妻陳氏夫早亡兄士松陰納徐洪賄劫氏歸之明晨訴之令令疑不決氏恚復控之巡按抽佩刀勒死驗其衣皆

密紉巡按上其事請奸論如法得旨旌表

沈謙妻張氏吳江人夫亡守節崇禎八年旌表

吳思誠妻倪氏吳江人夫亡守節崇禎八年旌表

徐光彝妻陸氏嘉定人夫亡居父母家撫孤成立父鎔生子十歲失怙氏撫育之知縣萬任上其事表閭祀之

周道直妻譚氏嘉定人夫亡守節崇禎九年旌表

王氏許字顧同吉未嫁夫亡守節崇禎九年旌表

周嘉妻王氏長洲人嫁甫一月夫從征陣亡氏縊死崇禎十年旌表

黃居堂妻沈氏吳江人夫亡守節崇禎十年旌表

許明臣妻翁氏吳縣人夫亡守節崇禎十三年旌表

殷臬妻葉氏東洞庭人夫亡視含殮畢自縊死

許震妻徐氏本江寧人震亦句容人隨父從吳將娶而徐失明父母欲改聘震不從卒歸許夫亡守節教子及官御史奏陳母節得旌

朱崇周妻王氏太倉人夫亡子聖毓亦夭與婦共矢志守節崇禎年間旌表

許士泉妻朱氏太倉人生子國

榮甫二歲夫亡氏茹荼撫育教之成進士奉旨旌閭

葛應鵬妻金氏嘉定人年二十夫亡守節崇禎十二年旌表

周重仁繼妻王氏太倉人撫嗣子士元如已出夫亡士元亦亡與婦陸氏同心守節崇禎十四年御史任濬疏題姑節婦孝並膺旌典

譚文煥妻陸氏夫亡投身入棺棺蓋壓斷二指隨以針刺喉死子于墀具疏上母節建坊旌表

陸崇禮妻王氏常熟人夫亡守節建坊旌表

沈信女吳江人與仲氏隣居有王四與仲氏通幷謀淫沈女女斷一指以示王四復挾悍少年羣逼女窘以碗傷王四臉脫去卽縊死事聞王四抵如律

周鼎鉉妻徐氏嘉定人崇禎十六年旌表

徐氏吳江人許字沈廷訓仲子仲子亡氏方七齡父母議更字氏引勞自刺幸不死常刲股療母疾父亡氏一號而絕祀烈女祠

周氏女初生時家人夢徐氏再世及長事祖母孝辛巳大饑荒以白米奉親而自食糠粃勞苦成瘵死崇禎十六年同徐氏旌表

吳鐄妻王氏年二十七夫亡守節

教子克孝成進士奉旨旌表

殷道成妻袁氏 吳江人夫亡守節崇禎十六年旌表

皇清

龔允權妻王氏 太倉人年十八夫亡遺孤四人以父教養成立乙酉懼有兵燹竭蹶營葬三世喪順治六年具題旌表

張氏 許字黃耀忠未嫁夫亡奔喪盡禮孝事其姑及姑死氏以身既無依且父欲奪其志氏即自縊死

袁氏 崇明人許字施雍和未嫁夫亡氏奔喪盡禮矢志守節至順治十年寇圍城氏慮城潰玉石不分哭於柩前乘間縊死麻衣裳自內及外層層縫結巡按具題旌表

蘇時化妻宗氏 嘉定人生子融五月而寡延師訓子力持門戶甲申僕變相戒曰四十年老寡婦豈可驚之遂不入其門順治十二年旌表

楊春輝妻曹氏 嘉定人年十八夫亡既葬欲自縊家人解之抉左目自毀依父以居順治十三年旌表

歸文達妻陳氏 年十八婚生子聖脈甫八月文達以攻苦嘔血亡陳年僅二十一奉舅姑盡孝定家難禦外侮營喪葬盡禮教其子成名苦節四十六年順治十六年巡撫張

中元具題旌表

王貞女 許字侯世仍未嫁夫亾女誓不再嫁有議改適者女曰女子既許人豈可再許耶終身坐一小樓足不履地順治十六年旌表

龔孟理妻呂氏 太倉人夫亾無子氏歸母家撫内姪雲錦爲子瀕死謂錦曰我其歸龔乎雲錦乃迎龔合葬仍求龔氏爲之後順治年奉
旨旌表

蔡懋艮妻張氏 崑山人爲烈愍公姪女而忠襄公之嫂也幼秉詩禮之訓歸懋艮爲繼室克盡婦道懋艮尋歿遺二子皆前室所出撫之如己子値兵亂二子欲偕之出城氏曰吾未亾人得死爲幸況遭亂離豈可奔走道塗以自取辱遂投池中死次子方燧不忍捨其母留待不去遂遇害

曹顯輅妻周氏 東洞庭人顯輅疾亟語其兄曰此賢婦善遣之可也氏聞曰是何言吾不欲先死以傷君意耳夫歿既殮整衣縊於尸側孝廉陳宗之爲立傳

葉輝妻周氏 洞庭人夫賈松江病死氏聞訃慟哭遂自縊

葉氏 東洞庭人許字王氏子未嫁夫亾氏聞訃成服詣夫柩前拜泣斷指以殉會有議聘者聞之自縊死

楊貞女

嘉定人許字玉新政未嫁夫亡女誓從死父母止之未幾父渡海溺死姑聞其賢且憐其少曲諭之他適翌日女遣婢復於姑曰姑得無疑我志不堅乎密紉衣裳剪髮置父靈座投繯於側順治十八年旌表

周氏吳江人許字顧士彥未嫁夫亡歸夫家守節順治年間旌表

聞師尚妻某氏佚氏姓太倉人年十七夫亡遺腹生男過歲又殤依孀母以居守節三十餘年終奉旨旌表

徐茂滋妻蕭氏守節撫孤順治年間奉旨旌表

袁七妻陳氏吳縣人七以傭作數出比鄰周二假乞火叩門將犯之氏詬呼得脫恒以刃自衛一日夜方半周啓鍵入氏堅拒之周二奪刃斫氏斷其首而出走至安山橋忽紅霧四合遂迷所往里人追獲鳴官鞫於獄巡撫韓世琦給銀立碑里人建祠祀之

嚴燦妻顧氏吳縣下堡人夫爲金某陷獄當死順治辛卯巡按秦世禎按吳氏白夫寃自剄堂下寃得雪世禎具題旌表葬虎丘五人墓側

周氏女金墅人許字何綸言未嫁夫亡氏泣白其母欲往弔不可氏閉戶自經死康熙

十八年巡撫慕天顏具題旌表

王瑞龍繼妻戴氏常熟人年二十夫亾無嗣姪曰俞教之成成進士康熙十八年巡撫慕天顏具題旌表

黃薇妻鄭氏吳縣人夫亾遺孤三月有老姑孝養備至湖寇抄掠氏抱夫木主冒死衛姑姑亾含殮盡禮教子成立康熙十八年巡撫慕天顏題旌

吳嘉諭妻張氏東洞庭人朞年夫亾奉二姑教嗣于康熙十八年巡撫慕天顏具題旌表

蔣垣妻盛氏　鮑邦舜妻蔣氏

葛子延妻黃氏　沈國彥妻周氏長洲人

王允瑞妻金氏長洲人

黃尚廉妻徐氏常熟人

徐子建妻陳氏吳江人

潘自強妻黃氏吳江人

張呈璧繼妻陸氏崇明人

施世韶妻倪氏崇明人已上俱以夫亾守節康熙十八年巡撫慕天顏具題旌表

吳元鳳妻孫氏　陳兆寧妻曹氏　郁懋賢妻陸

氏　徐允美妻潘氏　朱復新妻葛氏已上崑山人康熙十八年巡撫慕天顏具題旌表　朱伯雅妻楊氏　胡敬坪妻楊氏

陸履泰妻金氏　王繼曾妻陸氏　丁尚符妻朱氏已上嘉定人俱以夫亡守節康熙十八年巡撫慕天顏具題旌表　朱履正妻金氏夫亡撫孤守節康熙二十一年奉旨旌表　郁士賢妻聞氏長洲人夫病革曰吾病不起矣汝將奈何氏曰妾上有翁姑下有兒女決不使夫有遺恨也士賢遂瞑目後翁姑相繼歿氏服喪六年人問之曰我代夫服三年也守節三十九年終康熙二十一年旌表　袁泰徵妻吳氏長洲人泰徵爲邑諸生放於詩酒以醉後墮河死子駿方數齡吳撫之成立家徒四壁以紡績爲生計駿長善書能文交四方賢豪母截髮剉薦以佐之年八十子年六十琴川歸士瑀爲畫負母看花圖海內文人爲之題咏者不下數百人　宋爾城妻葉氏

孝廉實頴之母少通女史歸城克盡婦道避亂居鄉兵至縱掠吳懼凌辱顧家人曰臨難苟免非義也遂投井而死㓜子實粟呼天而泣曰母死予何心獨存亦投井死學使者表其門

華經埏妻吳氏 經埏爲孝子早卒子㓜吳氏親爲教之迄成立守節五十年巡按秦世禎旌其門

夏國祚妻潘氏 年十六歸國祚相夫子有賢名二十五而夫卒欲自經會聞姆有孕遂不死生子撫之如親生與姆女工度日辛苦相依者四十年年七十卒

沈際飛妻鈕氏 崑山人年二十八而夫死侍孀姑垂暮矢志守節以養其姑晝夜不懈茹氷飲蘗者垂四十年巡撫慕天顔旌其門曰松筠勁節

郭繼昌妻王氏 少司寇心一女十八適繼昌夫亾撫棺哀慟欲自殉水漿不入口者數日家人以姑老子㓜勸之勉就飲食孝養其姑撫其子三十七年卒

王允瑞妻金氏 長洲人年二十七而允瑞没矢志撫孤 題旌其門曰貞操風世

金廷揚妻顧氏 長洲人年二十六夫亾無子苦節四十年卒婿女顧贅吳

炳炳死女年甫十八截髮矢志稱一門雙節

王叔一妻張氏長洲人叔一㓜能文善書早卒張年甫二十三守其孤以紡績度日七十九卒

張尚志妻薄氏長洲人二十四而寡子甫週歲家貧翁姑相繼淪亾苦行砥節者四十年奉憲旌其門

蔡方燧妻張氏崑山人方燧遇兵亂死氏與姑張氏沉池中氏若有神扶之三日不死家人救之登岸撫遺孤孤又夭斷志守節爲女師者四十年終以苦節著聞

錢安修妻高氏常熟人安修爲諸生歲科七試皆第一年二十九卒氏課子耔有學行守節二十年卒學使旌其門

顧之櫝妻鄒氏常熟人夫亾無子以姊子養爲巳女贅壻毛棻承其夫祀苦節四十年以壽終

沈乾妻居氏常熟人與乾嗣父名甫者同居甫欲强汚之乾妻不從與乾憤甚夜至鄰家空樓中夫婦同縊死

松江府

晉張茂妻陸氏 茂爲吳興太守値沈充起兵應王敦攻城殺之氏乃傾家貲率茂部曲討充充敗詣闕上書謝茂不克之罪詔褒茂夫妻忠烈並加封爵

唐韋夫人 適溧陽令陸偘郎宣公贄之母偘卒於官夫人訓公成大儒爲唐賢相德宗敕迎至京及卒皇后賻遺因葬洛陽見權德輿所撰文

宋詹氏 華亭人其父詹先生老且貧以教授爲業與一子一女俱女嘗手抄古烈女傳熟誦會淮寇變父泣謂女曰吾死無恨奈若何女曰父獨何憂吾計久決豈得父子俱生耶頃之賊至欲殺其父與兄女紿賊曰妾願執巾帚請釋父縛賊命遣之女行數里過東市橋躍入水而死

元趙孟頫妻管夫人 字仲姬溯西小蒸人封吳興郡夫人天姿開朗德容俱備翰墨詞章不學而能嘗手書金剛經至數十卷以施名山天子命夫人書千文敕玉工磨玉軸送秘書監收藏又嘗畫墨竹圖以進賜內府上尊酒謁皇太后命坐賜食年五十八終

陳氏 錢塘

儒家女其夫縣曹吏以軍籍戍華亭夫久出不歸或勸之他適氏曰饑寒小事耳失節莫大焉久之夫還人咸稱之

劉氏 燕山人幼失父母倚兄以居贅壻松人爲戍卒者久之會赦因紿劉曰吾歸省須春復來閒數年劉訪於松壻不之認劉哭曰良人我棄我將安歸由是剪髮日誦佛經行乞於市句搆一室製棺夜臥其中五十餘年鄰火氏大呼隣人乞與闔棺以畢吾志救者從之與室俱燬

顧氏二女 長曰中次曰和胥守而寡中慕古貞烈操非節孝事弗語和剪髮自誓父母議婚皆不聽及卒吉安楊清爲作二貞傳

陸燾妻趙氏 夫婦隱居松之瓢湖丁未爲亂兵所執氏竟投水死

吳氏妙寧 上海人贅同里張氏子邑大姓以事變坐連其父寧泣曰吾不遄死禍延良人遂自縊

王子溫妻諸氏 華亭人遇兵變溫欲挈氏逃難氏曰事迫矣豈可以一婦人累而身耶弟去我自爲計賊入欲汚之氏怒罵被賊剖腹而死

明

沈氏 母患心疾刲肝療母永樂丙申旌表

王彥章妻楊氏 華亭人夫亾守

節子端亦早死妻倪氏亦守節正統初詔旌其門

張文通妻俞氏高昌鄉人適張五載夫亡自經死年二十有六正統三年旌爲貞烈之門

任仕中妻俞氏上海人年二十而寡女二歲男甫五月家貧無依氏織紝教子女適俞邦用亦早世有勸之再適者女曰苟再嫁誰奉俞宗祀且辱吾母乃歸與母同居守節詔旌所居曰雙節之門

阮文亮妻金氏華亭人夫亡守節天順戊寅旌表

蔡倫妻唐淑清上海人夫亡守節以孝聞子式娶侯氏亦蚤世姑婦同心克全厥操成化丁亥旌表

錢岐妻宋壽貞華亭人夫亡自縊救之復甦遂絕粒死詔旌所居門曰貞烈

張璿妻胡氏

張璣妻瞿氏

張珩妻楊氏竝以夫亡守節成化己丑旌其門爲三節

孔瑜妻郁氏上海人瑜客商死於寇氏終身守節弘治丙辰旌其門

沈璠妻李氏上海人年二十六而寡操守無玷弘治辛亥旌其門

茅瓊妻陸氏上海人夫亡矢志不二躬

紡織奉舅姑撫二子言笑不聞雖隣婦罕覿面弘治辛亥旌其門

趙氏京師趙讓之女華亭張鎣時爲都御史爲子昱聘之會鎣以憂去昱亦病亾遺書再嫁女艴然曰我聘于張即張氏婦也又誰嫁取妝具焚之誓以必死及張還朝請婦禮見遂留不去居止依姑以兄杲之子爲後數年翁姑歿執節愈堅撫嗣子教之以奉昱祀郡守劉上其事旌其門

宋愷女許字葉周未嫁夫亾氏泣謂母曰吾葉所聘也當遄歸守衕父母不得已遂報葉迎之歸守節四十六年終與周合葬焉郡守劉上其事旌其門

楊玉山妾張氏楊以婦妒辭歸張遂獨居自守楊亦數往來贈以千金後楊以役累貧窘憂鬱失明氏聞之造楊廬拜主母母悉出向所贈金珠嫁其二女並爲二子納室留侍湯藥楊死守其柩不去矢志以歿

蔡應奎妻周氏青浦人夫以罪死家貧無倚其姑强之再適因抱女投河死

黃鑾妻楊氏華亭人夫亾守節不二正德辛未旌表

沈思道妻孫氏夫亾引刀自刎不得死家人防之稍懈自經死嘉靖

九年詔旌

沈默妻李氏練塘人嫁默甫三月夫死繼姑逼之再適聑衣百結自縊與夫合葬

包志從妻楊氏夫亾子節孝俱幼氏督之甚嚴二子感奮力學相繼成進士訓曰守身義養粗糲亦甘饔誠敗官牲鼎爲惡二子服官廉慎一時徵入爲南北御史負直聲

莫隱妻張氏歸隱踰年夫亾氏誓必殉遂絕粒死莫如忠上其事詔旌表

陳氏琹村浜人許字沈槐未嫁夫亾欲往奠父母阻之自縊死

邢應鳳妻陳氏年十七生二女夫亾堅志守節氏弟素無行潛受他姓聘紿之歸省夜泊舟浦口始請易吉劫之行氏度不可脫曰未有婦再適人不聞翁姑者若往白吾姑乃可紿之去氏隨抱女躍入黃浦郡侯憐其奇節抵其弟罪表其門

何艮傳妻宋氏艮傳疾氏親侍湯藥一日暴絕氏謂不復起即縊死已而艮傳復甦哭之哀終身不復娶

富欽妻龔氏青浦人夫亾守節撫孤嘉靖戊戌子赴京具疏詔旌

顧雲龍妻姚氏年二十三夫亾守節嘉靖壬辰旌表

張泉妻任

氏華亭人年十九寡撫遺腹子成立清操無玷嘉靖癸卯旌表　黃裳妻王氏金山衛舍人夫亾苦守嘉靖癸卯旌表　沈露妻蔡氏夫亾求死者再念姑老子幼辛勤四十年巡按尚上其事詔旌其門曰貞節　盛栻妻姚氏華亭人夫亾守志撫孤成立嘉靖乙丑子當時成進士疏毋苦節得旨旌表　韓洪謨妻張氏倭破郡城入其家洪謨被殺氏號赴被執俱死焉時東郭有陸野塘者其妻亦不屈節死　陶氏南門四十保人倭至與其母避賊賊追及遂沈於河隣女張氏聞陶死嘆曰嗟乎得死所矣寇入其家亦投河死　夏世勳妻王氏居葉謝鎮倭至氏語其小姑曰我兩人義不可辱挽袂投于河　浦南朱氏二女文學明輔妹倭寇臨境父兄挈之逃爲賊追迫與婢秋香連結投河死　朱煥妻焦氏居南浦寇至被執與子婦唐氏投河死　譚應禮妻高氏華亭人倭突至執氏並二僕婦欲污之氏罵不絕口遂被害二僕婦亦赴水死事聞旌表　陸秡妻

徐氏七寶鎮人年二十狨死未及葬避倭亂抱夫骸骨囊枕中持枕以行未嘗釋手倭退歸葬終身守節張天恩妻周氏十九喪夫無子值倭亂族衆奔竄氏日夜號泣不去乃撤屋板棺殯權厝室中又躬紡織爲夫營葬一生未嘗解衣而寢年九十六終姚氏女許字黃姓未嫁夫亾父母欲更字氏誓死不從有强委禽者氏卽持刀自刎衆救止之自是獨扃一室以終陳允正妻唐氏生一子夫亾踰年子復死遂自縊衣帶間書夫婦同葬四字萬曆朝林氏許字沈懋賢未嫁夫亾氏聞訃欲自盡父母防之遂剪髮決誓及沈殯往送撫棺號慟不復還家孝事舅姑旌表翁氏年九歲父患危症女扃戶向大士拜禱刲左股授母黃氏煮羹奉父父病尋愈母疾復劇刲股以進母古來刲股未有救父復救母若翁孝女者知縣張燭旌之曰貞孝列女葛佃妻金氏年二十夫亾矢志不二撫孤成立萬曆九年旌表楊氏女許字唐氏子尋夭氏卽持齋勵志自矢無二父母憐其幼復議婚氏聞自縊死墓生連理枝

吳穡妻朱氏夫亾子炯甫六齡矢節自守負土成塚值兵荒戚屬諷之他適堅不從力織以奉姑課子炯成進士直指上其事旌表

何氏許字楊允修未嫁夫亾氏斷髮自誓後往奠夫家守制不還凡三十六年萬曆癸酉詔旌表

戚應貞女幼育於聶許字韓宗義歸韓時宗義已病令獨處甫半載夫亾無嗣竭力事姑誓死不二巡按薛上其事詔旌表

宋堯兪妻張氏堯兪舉於鄉客死燕旅訃至氏慟殞屢絕子懋澄幼好持論戒之曰未斕明德而擅詆古人禍之貽也持此立心則刻處世則臨刻必得罪於天臨必得罪於人吾不知所終矣懋澄奉慈訓卒以成名萬曆庚申奉旨建貞節坊

陳鳴韶妻尹氏生子善道夫亾守節奉舅姑嚴課子後善道舉戊子鄉魁上狀於朝旌其門

陳德瑜妻姚氏夫亾守志三十八年萬曆丙午巡按馬具題旌表

吳聘甫妻李氏華亭人夫亾孝養翁姑訓子登科守節四十餘年終萬曆年間奉詔旌表

徐伸妻范氏青浦人夫亾年二十七撫

育四歲孤士衡拮据佐讀居四十六年萬曆庚申奉詔旌表

莫是卿妻李氏 年十八夫亾無子守節六十一年以前壬申寡以後壬申終一生苦志里中皆惜之

黃氏女 青浦人歸陳講爲養婦未婚夫亾氏誓以死守孀居三十年終

袁氏女 許字聶士濂未嫁夫亾氏堅守制父不能奪比姑病侍湯藥姑亾姻戚勸其他適秉志愈堅卒全其操

徐有慶妻沈氏 嘉興人事姑朱氏盡孝待妾梁氏有恩梁氏生子本高有慶亾氏方盛年欲屏一室專靜寂處年踰六十終後本高上疏兩母並旌

李九皐妻康氏 從翁宦遠方南還道出彭蠡湖夜半狂風撼舟氏驚起失足墮水姑急呼漁人援之氏泣告姑曰兒夙承母訓言不出閫今乃假漁人手乎抵故里入閤未半晷以自經報矣馮夢禎爲之傳

胡體晉妻侯氏 華亭人婚甫一載夫逝有遺腹子會有欲奪其志者乃紿母出杜門自縊

顧氏女 許字秦氏未嫁夫亾女立志守節父母逼之他適自縊死縣令鮑奇謨旌其墓

曹氏 南橋里人許薛繼橙未嫁

夫亾氏哭踊墮樓幾死所親勸諭之氏曰若不容吾死惟終身死守以無負薛耳後有以庚帖請者氏聞竟絕粒死薛以禮迎氏柩與憕合葬

李光初妻楊氏　青浦人年二十五生子僅襁褓光初病亾當葢棺時斷一指投其中曰先割吾指以誓從夫子於地下及葬夫後悲哀骨立不能飲食而亾縣令王思任表其廬曰斷指奇節

許氏　贅嚴爲婿嚴好飲博僦居西湖庄之僻諸惡少聚而進曰而婦共我輩欲曰可得青蚨嚴郎以意誨婦婦叱之屢被箠楚不從一日諸惡少以壺豆進婦避之隣嫗家泣顧懷中女曰而父不才吾又安能俟女成也少間聞闔戶聲嫗往視之婦已拔刀刎頸仆地矣年二十五知縣俞思冲捐俸殯殮知府許維新旌其門曰貞烈命葬於黃耳祠側今並祀陳節婦祠

陳愷妻顧氏　夫亾翁惜其貧苦欲令改適往依其父父意亦如翁氏嘆曰予無所歸矣祀其夫慟哭至夜半投繯而死

陸懋廉妻盛氏　夫素有瘵症娶甫十八日而亾後姑謀嫁之歸避父家或告氏曰若姑受其聘將去汝矣氏遂縊死有司旌其閭曰

儒門貞烈徐正禮妻陸氏華亭人夫亾守節天啟三年奉旨旌表顧可大妻劉氏夫亾守節天啟三年旌表何三德妻唐氏生子萬化萬仞夫亾矢志撫孤後萬化舉進士疏母節以聞天啟甲子特詔旌表萬仞亦早世婦李氏投於河姑救之遂同姑守節崇禎乙亥巡按上其事詔建雙節坊張永鑑妻王氏夫亾矢志守節四十餘年崇禎元年旌表沈文炤妻宋氏華亭人甫三載夫亾遺孤泓五月誓以死守翁姑憐之謀奪其志氏手書告母曰婦之從夫猶臣之事君有死無二自是翁姑父母不敢復言守節三十二載崇禎六年下詔旌表立完節坊俞氏青浦人許吳存仁爲繼室未嫁夫亾氏截髮毀容歸養舅姑恩撫前妻之子成立崇禎巳卯建坊旌表張亮臣妻楊氏生一子夫亾氏誓以身殉及遺腹生男乳之至服闋即托孤親族竟自縊死

皇清喬軫妻馬氏年二十二夫亾守節七十四歲終順治十年巡按秦世禎具題旌

表周氏上海人許字宋孔暘未嫁夫亾氏年十九守節五十八年順治十年旌表楊日就妻陶氏上海人夫亾守節順治十七年旌表王錫綸妻魏氏華亭人年二十六夫亾守節康熙十八年巡撫慕天顏具題旌表唐江妻王氏華亭人夫亾與妾同守撫妾子成立康熙十八年巡撫慕天顏具題旌表范景翰妻翁氏婁縣人夫病華先立兄子煜爲嗣氏遺腹生子繐親自督課成進士撫嗣子若已出康熙十八年巡撫慕天顏具題旌表張陳筷妻王氏婁縣人夫亾守節康熙十八年巡撫慕天顏具題旌表周士琦妻張氏夫亾守節二十五年終身縞素康熙二十年巡撫慕天顏具題旌表毛公純妻張氏夫亾守節康熙十九年巡撫慕天顏具題旌表儲蘊瑞妻王氏上海鶴沙里人幼讀小學諸書卽以志節自勵及歸蘊瑞勤女紅以佐讀生一子銑方八歲蘊瑞卒氏年二十七守節四十二年卒知府郭起鳳表其廬張世鞏妻

顏氏 二十五而發子澤奂方週歲舅姑俱亾奉祖姑以孝聞奂稍長延其兄教之又求其女汝爲配建新塋於浦南奂婚後得一子忠埏奂隨卒顏氏守節亦如其姑及埏娶妻金氏又早亾金氏矢志亦然三世苦節里人哀之學憲邵嘉旌其門

儲重美妻陸氏 上海三林里人生一子國楨方六歲夫亾年二十五孝養撫孤力舉八喪備極勞瘁守節四十九年卒

莊振妻薛氏 華亭人振以諸生患羸疾卒時年二十五子貽遠甫五月忍死撫孤讀書成立苦節二十四年鄉黨欲請旌於有司氏曰守志禮所應然何畸行可表耶卒年四十九

徐章妻顧氏 華亭南橋人年二十歸章五年章歿二子晃晟歲皆在懷抱氏持家有禮法力作以奉舅姑訓子成立年七十一以節壽終晃子賓舉康熙辛酉順天鄉薦

顧鑑妻吳氏 鑑力學與兄大申同有才名早卒氏年二十一遺孤式之艱辛撫育動遵禮教門庭肅然現候題旌

秦玠妻郁氏 上海人玠北遊至衞河遇盜溺死氏聞訃時年二十二哭死而復甦者再忍死撫孤

持家勤愼後四孫皆列爨序壽九十二而卒　張秉豫妻林氏華亭人歸秉豫朞年而寡事姑盡孝食苦敎子承貞以詩文稱年五十四卒貧未克旌表　徐一鳴妻黃氏華亭人年十九歸一鳴數年夫卒氏礪志撫敎遺孤承吉長補郡庠知府魯超旌其門曰貞明執節

吳天賜妻莫氏天賜婚未幾卽以心疾殁氏年方十五卽茹素奉佛守節五十年卒郡縣詳請各憲旌表　章有容妻朱氏華亭人年二十四容卒孝於姑敎子成立至六十三卒以苦節著　湯氏華亭人生員張節母年十九而夫亡遺腹生節家貧紡績以養翁姑及耄起居皆賴其扶掖遂志其焭獨並以壽終一日鄰居失火氏走伏夫柩前願與俱燼須臾返風所居無恙人以爲至誠所感守節五十二年而終　莊氏華亭人許字王履鼎未嫁夫亡聞訃奔喪事舅姑孝喪葬盡禮守節二十三年終康熙二十年巡撫慕天顏具　題旌表　李顯妻徐氏婁縣人夫亡氏悲慟嘔血撫六子成立嫡庶無異康熙二十年巡撫慕天顏具　題請旌

常州府

齊 蔣雋妻黃氏 義興人夫早亡家人逼之嫁欲自
刭因得完節建元二年詔旌其門

梁 蕭矯妻羊氏 南蘭人字淑褘性至孝居父喪哭
輒吐血母有病氏中夜祈禱見一
人在樹下自稱姑桑君曰夫人無患今泄氣在
亥南求白石鎮之言訖不見明日如言疾愈

唐 吳康之妻趙氏 父亡弟幼歲饑母病丐粟以給
長歸康之夫亡家欲更適誓死
不
二
鄒待徵妻薄氏 江陰人江左亂待徵解印遠竄
氏爲盜所獲將辱之乃密以其
夫官誥托村媼轉付待
徵遂死李華作節婦詞

南唐 何氏女 江陰人爲江賊所掠欲汙之女曰當
修容以見須臾盛飾而出罵賊不絕
口赴水死邑人義之
爲立祠於昭聞鄉

宋 孫廷臣妻施氏 晉陵人嘗書守身二字勉其夫
廷臣第進士母盧陵郡君年九

十餘氏奉養備至內外數百指鳴鼓會食五從同炊郡以事聞詔封仁壽縣君

李易母蔣氏江陰人建炎三年金兵至夏港守臣胡紡謂僉判李易曰吾曹有死城郭之義公母宜少避易歸告母曰我去則汝決不能守矣願與汝同死聞者異之

謝天與妻鄧氏武進人姑以哭子喪明氏竭力侍養德祐乙亥元兵猝至家人皆走姑不能從氏守姑弗去爲賊所獲投水死

〔元〕**華鉉妻陳氏**無錫人夫亾守節撫孤有司以聞至正二年旌其門

姚臨妻金氏宜興人事姑孝謹至正壬辰兵起臨挈家入太湖遊兵追之氏度不免即抱幼女赴水死

趙氏二女江陰人至正壬辰廣德寇掠郡縣長女抗節自縊越三年四方盜起次女亦赴水死王逢賦雙珠辭哀之

朱道存妻費氏時道存爲江陰知事氏依父居上海爲苗軍所執將犯之氏叱之曰吾義不受辱遂被害王逢爲辭弔之

陳惠妻曹氏江陰人遇寇氏與女俱抗節而死婦吳氏前力救之爲賊所傷臂血濺衵王逢作三貞篇

秦筆妻佚姓

兵亂挈妻依同郡朱判官居吳中肇病亡朱爲棺衾殮之氏泣謝朱氏之恩夜半自縊肇死所

鄒珙妻華氏 無錫人至正丁酉兵亂氏隨夫匿葦中兵追及度不能脫顩謂夫曰我義不受辱君善自保自溺死

儲原善二女 宜興人一受薛執中聘一未受聘會紅巾賊亂舉家驚惶二女度不能免私誓同死及賊至遂相抱投水後同葬焉鄉人美其貞烈名曰雙貞墳

陳氏 靖江人隨父楚良避亂倉卒遇賊欲掠去即投水死

明

史彥妻劉氏 洪武元年彥除四川衛經歷氏偕往彥亡負遺骸攜幼男自峽州萬里還葬廬於墓旁紡績度日以終事聞旌之曰貞節之門

吳宗傑妻周氏 **吳宗善妻朱氏** **吳宗道妻花氏** 江陰人俱夫亡吳守節事聞旌表

吳國祥妻劉氏 無錫人夫亡撫子璠璠死與婦朱氏共保孤孫時敏洪武乙卯旌其門會孫亦夭婦尤氏守節如劉成化庚寅旌表

潘原妻吳氏 宜興人夫亡子幼家貧紡績以

給守節無玷洪武二十二年旌表

朱富妻張氏宜興人夫亡守節事姑孝謹洪武二十九年旌表

華源長妻鄒氏無錫人夫病革以孤托母而不及婦婦嘆曰靡他之心夫不我信遂自縊越二日夫亡

張廷瑞妻王氏夫亡無子止生一女氏孝養翁姑取伯子嗣苦守歷六十年女適蔣渭早年亦寡志行酷肖其母時保母之女年十九喪夫亦誓不再醮有司奏聞於朝表曰貞孝王氏之門

陳旭妻臧氏武進人夫病革語氏曰吾殆不起汝其善事後人氏泣不能荅翊日旭亡氏給家人入室取衣爲殮具即自縊死詔表其門曰貞烈

王璉妻陳氏宜興人夫亡矢節自勵聞有疑者時食鹽梅即吐核於地叩天祝曰妾有二心此核隨朽否則尚生蘖以白妾心尋挺生一樹枝榦日茂又有疑其易核者至結實猶有醎味人始異之

吳鐵妻秦氏無錫人夫亡歸依父母家矢志不二以弟子瀚爲嗣守節六十年旌表

錢栻妻胡氏無錫人栻幼病癎氏歸時栻已爲廢人矣遂請立族子爲後夫

亡舅惑後妻悉以田宅畀女斥婦還母家服闋歸錢請畱事姑不許舅姑老女養不終氏遺侯不怠姑亡乃移入奉舅終身孝

蹇龍妻陳氏宜興人未養葬祭以禮張愷有傳嫁而龍雙瞽兩家俱願解盟女獨以死自誓嫁龍生七子四女夫亡養姑撫子以孝慈稱吳儼有嫁瞽歌

吳祖妻張氏江陰人年二十三夫亡遺孤在抱教之成立詔旌其門

孟元卿妻李氏武進人夫亡欲殉既而姑亦歿備姑衣棺襄事畢遂自縊死

杭氏女宜興人許字楊鉷楊家日替父圖敗盟女執不從坐臥一小樓旦夕焚香禮佛父仍受他姓聘女度勢不能止私製衣履結束自縊死

孟澤民妻莫氏無錫人年二十一而寡子公泰甫三歲矢志不嫁其媵談氏年十七夫亦亡氏謂媵曰我爲人妻義不再適汝婢也服闋當嫁耳媵泣曰主母欲爲貞婦婢奈何有二心耶且保孤實難非婢誰當輔者日闔戶紡績相守踰五十年

江相女靖江人年十七聞倭寇入掠密以布自裹以煤自塗賊至欲污之女奮起奪賊刀自刎未絕投

江而死

張守敬妻劉氏 靖江人年二十二夫亡有陳姓者謀娶之不從一日遇於塗劫之歸百計逼之遂自縊死鄉人發其事陳伏誅

周氏 鄒祐之婢配義兒李昌未幾昌死氏大慟曰吾必下從吾夫矣夫既葬或諷之再醮氏益慟主母命左右守之守者懈遂縊死

張世用妻謝氏 武進人年二十一而寡止生一女翁逼改嫁斷髮欲自盡依父以守歲營米帛以養翁翁故盡脫簪珥營葬比父亡偕女僦居紡績終身鄉人稱爲孝節

史尚誼妻周氏

周起鳳妻何氏 武進人周年二十三而寡子甫二歲何年十八而寡無子姑嫂相依共撫一孤苦節白首詔旌之

翟應南妻錢氏 無錫人年二十三生子甫三月夫客死奉姑扶柩而歸未幾姑亦亡周身之具畢力辦之抵舍翁又歿煢煢母子別無所依艱苦悽惶守志四十五年旌表

華氏女 無錫人許字葉之藩未嫁而夫亡女聞訃即詣夫家哭臨成服誓死守節時父母翁姑俱歿四顧徬徨伶仃孤苦艱難萬狀年三十七終

李貞妻

蔣氏　夏公表妻李氏　趙椿妻吳氏　朱繼吉妻薛氏　何起潛妻包氏　何宗常妻瞿氏　黃廸妻張氏　沈頤妻錢氏　葛晟妻徐氏　周惟聲妻錢氏　王克謀妻夏氏　屈遂艮妻陶氏已上江陰人俱以夫亾守節詔旌　陳孟昭妾周氏江陰人年二十三夫亾守節五十餘年旌表　吳儼妻杜氏　夏師顏妻趙氏　陳存信妻程氏　邵福一妻陸氏　徐福二妻張氏　吳士振妻丘氏　陳忠妻張氏　花淑芳妻陳氏已上江陰人俱以夫亾守節旌表　袁範妻陳氏　翟雲舉妻梅氏　張禮妻吳氏　蔣士敬妻吳氏　安某妻張氏　張

晃妻秦氏已上武進人俱以夫亡守節旌表

查艮妻許氏年十九生子正甫三月夫亡守節五十三年

周繼宗妻許氏年二十二生子國方二歲夫亡守節四十九年貧苦特至二氏俱江陰人巡撫御史並以貞節題其門

李世茂妻堵氏武進人父翰一日與小童櫂舟迎女至湖風吹翰帽落水翰撈之因墮水死氏仰天嘆曰父以我故死我何生爲遂赴水救父死時人比之曹娥

張應登妻陳氏生子瑋尚在襁褓夫亡氏冰雪自持教子讀書及瑋成進士疏母節於朝敕旌表

章明妻陳氏遭兵亂夫亡撫二孤守節六十年終洪武初知縣饒具題旌表

朱應問妻陸氏夫亡守節撫子之翰成立之翰死婦王氏亦踵姑志立嗣承宗先後直指咸旌之爲一門雙節

王祐妻曹氏武進人夫亡守節永樂十九年旌表

左貴妾王氏貴妻魯氏無子王氏生二子夫亡誓不再醮事魯如事姑永樂四年旌表

俞暉妻楊氏無錫人夫亡慟哭屢絕葬之日

風雨迅烈擗踊幾死日懸夫遺書冰心孪操四字於室監司以聞旌日榮節宗仲庸妻謝氏宜興人夫亾守節事姑至孝永樂九年旌表陶艮知妻劉氏夫亾守節壽八十四旌表王有教繼妻吳氏年二十二夫亾守節旌表趙禮妻楊氏無錫人夫亾守節正統乙未旌表茹洪妻陸氏無錫人夫亾守節正統庚申旌表余彥昭妻楊氏夫亾守節正統庚申旌表陳文俊妻厲氏無錫人夫亾父欲奪其志乃自經家人救之得不死奉姑教子始終不渝景泰癸酉旌表錢公達妻姚氏夫亾父母欲改嫁氏截髮自誓節操愈堅天順丁丑旌表虞宗約妻孟氏無錫人姑亦盛年寡居及夫亾氏與姑相依守節成化戊子旌表王鐙妻儲氏宜興人年十八夫亾無遺腹子寡居七十餘年壽九十四成化三年旌表劉玉妻龔氏江陰人夫亾里少貪婦色假義欲棺殮之氏覺其賂巳也堅辭既又强之乃以所生子女寄母家是

夜舉火自焚死賈明人往視之夫婦骸骨俱在知縣趙上其狀旌焉**巢氏女**武進人許字惲鎮未幾鎮得廢疾議改聘女不從及弇鎮死惟有姑在女衰麻事之朝夕不懈姑亾遂經死弘治年間旌表**張洽妻楊氏**武進人弘治年間旌表**單氏女**無錫人許字沈昇未嫁夫亾誓不再適正德中巡按御史陳旌獎里人爲建祠惠山之麓**壯章妻李氏**宜興人年二十二夫亾守節正德十四年旌表**華緯妻吳氏**正德壬申逋寇劉齊犯江陰氏出走遇賊爲所逼不從礫其屍投之江中**花一葵妻張氏**江陰人夫亾守節旌表**熊氏**許字秦漢未嫁夫亾女聞計慟哭不已後有議婚者乃截髮割耳誓以死殉嘉靖丙辰旌表**朱性妻顧氏**靖江人年二十二夫亾誓死自守値流賊掠江南氏懷夫木主隨姑走匿及旦失姑所在至夕懷夫木主縊死時有孫氏馮氏亦死於流賊之亂**王岳妻吳氏**無錫人夫病顧謂氏籌身後事氏曰妾當死君前旣而夫病亟氏乃請其兄弟三人至曰無他

言吾夫將死請一見乃盛設酒饌又邀夫族屬戚來會飲至更許跪夫牀下縊死夫少甦嘆曰妻言死吾前令果然矣嘉靖二十六年旌表

吳氏武進人許字顧氏子父索聘不以時嫁顧氏子病篤始歸氏奉湯藥若素習者踰月夫亾哀慟幾絕翁姑令改嫁秉間自縊死

陸子才妻蔡氏無錫人嘉靖乙卯氏方乘舟歸寧倭忽至登其舟欲污之遂投水死旌表

邵璘妻談氏無錫人夫亾守節嘉靖年間旌表

吳巢妻李氏宜興人夫亾守節吳旌有嗜利者逼之百端遂自縊死

邵寶妻萬氏宜興人夫亾守節嘉靖七年旌表

吳駟妻屠氏夫亾父憐其無子強之他適氏剪髮自誓絕粒者數日父乃止後叔氏舉子告於姑立之勤苦教子嘉靖間旌表

吳弼妻潘氏嘉靖年間旌表

鄭栢妻周氏武進人夫亾無子氏屏處一室蔬衣縞終其身隆慶年間旌表

徐文秀妻王氏宜興人夫亾無子與柩寢處撫木幾穿卜地爲雙壙以誓同穴後翁潛納他姓聘氏聞之自經

死萬曆年閭旌表楊藪妻劉氏無錫人夫亡守節貞操凜然萬曆丁未旌表

吳序妾張氏生子大樂夫亡嫡欲嫁之氏以死自誓絕粒者七日乃止萬曆十五年旌表

徐大順妻王氏年十九夫亡誓以死殉衣麻不易五十餘年萬曆乙酉旌表

史貞女宜興人許字邵一龍未嫁夫亡身往夫家成服歸卽涅中心不改四字於面以誓無二後兩家俱替而女苦節益堅萬曆六年旌表

陳憲章妻邵氏宜興人年二十四夫亡遺腹生男氏矢志撫孤適姑迫令改節氏拔簪刺目乃止萬曆十三年旌表

徐峻妻吳氏宜興人年幼夫亡守節終身萬曆三十四年旌表

毛中覺妻鄒氏年二十寡子甫兩月夫葬已結雙壙誓死不二事姑訓子守志終身萬曆四十三年旌表

徐鎬妻李氏

鄔世祿妻萬氏俱萬曆十六年旌表

胡汸妻錢氏萬曆二十一年旌

浦邵妻過氏無錫人萬曆四十一年旌表

丁烈妻陳氏宜興人萬

曆二年旌表

吳照妻范氏萬曆二十七年旌表

周瑜妻潘氏萬曆三十五年旌表

孫德妻韓氏靖江人萬曆三十九年旌表

王家度妻毛氏年十九寡生子之柱家貧撫子嘗自督課聲淚俱下後之柱成進士疏母節於朝奉旨旌表

賈熊妻臧氏武進人年十七夫亡家貧紡績撫子及孫成立萬曆年間旌表

湯儒妻王氏夫亡姑强之嫁不從將劫以行會大雪盈尺王單衣臥雪中覓之已僵死至旦始甦姑乃止氏遂守節終身萬曆年間旌表

歐一唯妻閔氏萬曆十八年旌表

王鉉妻陳氏萬曆二十五年旌表

吳仕妾潘氏仕死子敦復尚在襁褓備極艱辛撫敦復成立舉萬曆癸酉舉人早卒敦復妾沈氏生子士貞沈與姑拮据禦侮教子甚嚴士貞成進士撫按請旌表日一門雙節

袁趨朝妻薛氏年二十六夫亡撫期歲孤挈婢沈氏守節壽八十三終萬曆五年旌表

徐大昌妻王氏年十七夫亡無子守節萬曆十四年

旌表

吳文炳妻張氏年二十一夫亾撫九日孤守節萬曆二十年旌表

周珍妻張氏年二十珍妹年十八人以飛語誣之二女日非一死不足明心赴水死

周珣妻潘氏珣有痼疾氏仍處子年二十四夫亾守節四十餘年萬曆二十五年旌表

陸完妻朱氏年二十七夫亾守節壽九十三終萬曆二十八年旌表

楊安仁妻戴氏年二十六夫亾守節五十餘年萬曆三十一年旌表

陳臯妻許氏年二十一夫亾無子苦守六十年萬曆三十二年旌表

蔣鳴璋妻徐氏年十九夫亾無子苦守七十餘年萬曆四十二年旌

鈕陛妻徐氏年二十三夫亾守節五十餘年天啟年間旌表

吳夢熊繼妻趙氏夢熊成進士卒氏年二十四無孤成立節操凜然天啟六年旌表壽百有一歲終

張履和妻王氏天啟年旌表

張氏幼許字陸亨氏年十三亨死父將改聘泣誓不從事繼母稱孝撫弟姪稱慈縞衣素食守節五十餘年天啟四年旌表建

祠

錫山**何其孝繼妻吳氏**夫死於非命前妻子士晉方九歲氏藏夫血衣紡績課子及士晉舉於鄉氏拊夫棺大慟而死士晉成進士持血衣報讐伏其辜具疏上聞詔付史館

曹氏許字李善祥未嫁夫亡氏哀慟幾絕即過李門成服終喪歸母家深居卜樓衣縞食蔬天啟四年學政孫奏旌江南貞節十八名曹氏居第一

董言策妻姚氏天啟六年旌表

張汀妻吳氏年二十四寡壽八十四終天啟二年旌表

趙德全妻梁氏夫亡家貧紡績自給撫遺孤成立崇禎五年旌表

張志熹妻倪氏倪勸夫娶妾史氏倪生一子史亦生一子夫亡倪撫二子與史同守崇禎年間旌表

毛應喜妾陳氏生子羽皇夫亡氏與嫡秦氏撫孤不遺餘力崇禎年羽皇成進士疏請旌表

曹明妻錢氏崇禎年旌表

王湘妻李氏年十九夫亡守節五十四年崇禎五年旌表

唐士奎妻張氏年二十五而寡日夕拊棺慟每上食相對如生代夫供子職崇禎九年旌

表坊曰榮節

胡氏許字張鼎烈未嫁夫亾氏即截髮毀容誓死不二崇禎十年旌表

胡倖妻虞氏性至孝年二十八而寡家貧子幼艱苦備嘗訓子成名崇禎十三年旌表

馬文肅妾朱氏李氏二氏從夫主宦京邸甲申三月闖賊破城世奇自分死語二妾曰吾受國恩宜死二氏泣對曰主死殉國妾死殉主尚何言即同自經李氏年僅十六人尤哀之後俱卹贈孺人附祀旌表

史聞政妻俞氏崇禎五年旌表

吳梁妻沈氏崇禎年旌表

吳天相妻曹氏夫亾撫五月遺孤布衣蔬食苦節終身崇禎四年旌表

孔宗英妻王氏年二十二寡無子守節壽八十五終崇禎十年旌表

蔡儁妻陳氏年二十一寡壽八十三終崇禎年間旌表

盛于鄗妻黃氏年二十三夫亾欲殉諸娣姒勸之乃止以過哀成疾不服藥餌瀕危請鄗弟子爲後曰夫有嗣吾事畢矣不食死崇禎九年旌表

項艮木妻湯氏年二十一寡宗人欲嫁之氏誓死不二崇禎十

四年旌表楊遇春妻沈氏年二十二夫亾矢志不二事後姑盡孝課子成立崇禎十年旌表林世芳妻徐氏年二十寡事翁姑撫幼姪勤苦自甘數十年壽八十

皇清黃顥妻張氏年十九歸顥顥素抱羸疾氏周旋湯藥數年終不起氏守節五十三年年八十一終顥無子以姪永爲嗣順治丁亥巡按盧傳具題旌表張國誼妻王氏誼亾茹荼五十載家貧奉姑盡禮訓子成名順治己丑奉旨旌表錢涵素妻趙氏年二十一寡壽七十一終順治九年巡按秦世禎具題旌表呂志茂妻繆氏十九歲寡生子以成甫彌月守節撫孤後以成亾媳杜氏能嗣姑志守節無玷順治九年巡按秦世禎具題旌表吳氏宜興人許字袁永廣爲繼室未嫁夫亾即過門守制屏居小樓貞靜孝恪順治十年旌表蔣九棣妻岳氏年二十六夫亾無子葬夫畢自縊死朱基寧妻錢氏夫亾年二十九氏嚙指以血書守節撫孤四字於壁時刻顧對以自勉苦守三十年

終子謨成進士奉旨旌表

路遵上妻顧氏 夫亡守節課子朝陽成進士朝陽復天荼苦終身順治十年旌表

丘尚德妻王氏 年十九寡壽七十餘順治十五年旌表

榮氏 進士劉果遠母也順治十六年旌表

殷氏 許字侯曆未嫁夫亡氏請過門成服翁姑遺之歸以帨自經於輿中救甦仍歸於侯以孝聞知縣吳祀之貞女祠

張氏 許字邵正垣疾革女父母往視之及歸而女已經死知縣史爲之立碑

徐德隆妻蔣氏 年二十而寡家貧茹糟糠織紝教子壽八十五終撫院旌表

平若衡妻何氏 無錫人二十九歲夫亡撫孤成立康熙十五年府縣表其門

施應祿妻陳氏 夫亡無子守節不二康熙間邳守表其門

海烈婦 徐州陳有量妻從居武進家貧氏有姿色康熙六年有鳳陽衛運丁林顯瑞以銀三兩誘氏夫婦入糧艘陰遣夫他往百計誘奸不從強逼之氏堅拒自經死水手藍九廷以其事鳴之官常州理刑朱士達勘實林伏辜邑人立祠於西門外運河旁

鎮江府

晉何無忌母劉氏 弟牢之爲桓氏所害常懷報讐之志及無忌與劉裕定謀起義劉氏聞之泣曰汝能如此吾何憾哉因爲言桓氏必敗義師必成之理後悉如其言

宋張綽妻陳氏 金壇人夫以氏守貞秉節禮法自閑宣和中旌表

韓世忠妻梁氏 京口妓也嘗五更入帥府賀朔時世忠尚爲帥卒梁見而心異之密告其母謂非凡人乃邀至家具酒食深相結納貲以金帛約爲夫婦後世忠立殊功爲名將遂封兩國夫人親執桴鼓助夫督戰金帥鑿河遁去梁奏疏言世忠失機縱敵乞加罪責舉朝爲之動色

竇氏女 丹徒人父母俱以許嫁之人乃其家舊僕也成婚之日始識其人乃婉言拒之三日投井而死郡守義之爲立石釜鼎山

元吳克妻戈氏 至正丙申明兵取鎮江城破投井死

明萬敬妻史氏金壇人適敬未逾年夫亾氏臥屍側絕粒三日葬畢自經死部使者以聞詔旌其門復其家　任原妻陳氏金壇人　莊秀妻朱氏　戴榮妻王氏　盛德彰妻李氏丹徒人　葛彥祥妻吳氏　賨文彬妻潘氏丹徒人以上夫亾守節俱弘武中旌表　王得妻儲氏丹陽人年二十守節　聶寧妻周氏丹徒人俱正統中旌表　王某妻楊氏丹徒人　楊昇妻歐氏丹徒人俱景泰中旌表　沈輗妻鄧氏丹徒人景泰七年旌表　趙銓妻高氏丹徒人成化八年旌表　錢賢妻聶氏丹徒人年二十二夫亾守節壽九十九終成化十四年旌表　道某妻法氏丹徒人弘治中旌表　陳鑑妻吳氏丹徒人弘治中旌表　嚴軫妻杜氏丹徒人弘治中旌表　儲祿妻盛氏丹陽人弘治三年旌表　周時妻葉氏丹徒人正德中

旌表

張鑾妻孫氏 丹陽人年二十二嘉靖十八年旌表

儲才妻戴氏 丹陽人嘉靖二十三年旌表

金氏 丹徒人大學士靳貴繼室也奉旨旌其門

曹仁妻程氏 丹徒人嘉靖間旌表

董氏 金壇人邑民張德壽先議婚會監生虞岳爲義男王木求娶董不從自刎死嘉靖中御史鄧某請旌表其門立烈女亭於墓前以識之

丁俸妻張氏 丹陽人夫亾年十九撫遺腹子廿守窮約者四十年嘉靖四十四年旌表

楊紹恩妻張氏 丹徒人夫溺死氏守節撫孤嘉靖間旌表

楊氏女 丹陽人許字孫屋未嫁夫亾女白於父母奔其喪語其從婢曰吾已歸孫門矣若歸語我父母幸勿以吾爲念用女紅自給者六十餘年詔旌其門

殷氏女 丹徒人孝子士望女弟也家被盜盜縛其母欲加撻女哀號請以身代盜日此孝女也兩釋之嘉靖間學使者耿上其事於朝與兄士望同日受旌額其廬曰麟鳳

王恩妻黃氏 丹徒人夫亾撫孤甘貧守節二十九年如一日

戈武妻茅氏 馬

慶妻蔣氏丹陽人年二十五夫亡無子撫姪馬儼如已出儼死又育其遺孤○以上俱嘉靖年間旌表

錢璽妻嚴氏丹徒人年二十四璽歿守節八十四終子鷺娶金氏年二十八守節七十八終子聚娶蕭氏年二十九守節八十六終隆慶初巡按御史疏聞旌其門曰一門三節

姜士進妻蔣氏丹陽人幼穎悟喜讀書其父母以李易安朱淑真比其女蔣聞之曰易安更嫁而淑真不慊其夫雖能文大節虧矣後歸士進士進病亡蔣索死者再不獲遂志一日於士進繐帳前掘坎埋大甕貯水笑謂家人曰吾將種白蓮花於此此花出泥滓無所染令亡者知我心耳家人以蔣不死也防稍懈已濡首於甕中死矣後直指上其事於朝楊其門曰文章貞節

姜纓妻靳氏丹徒人萬曆間旌表

束偉妻孫氏丹陽人夫亡撫孤守節萬曆九年旌表

邵方婢方生子儀獨令婢襁褓之方故任俠名傾一時適張相國授指於巡撫張某捕殺方并及其子儀薄暮捕者閉儀於內室而守之時儀方三歲婢抱之泣方女夫沈應奎

私念此子死邵氏無後將往救之而所善司李邀飲不得往夜分飲罷絕賊出至邵家乘門者假寐踰牆而入婢歎息曰安得沈郎來忽見之驚且喜乃以儀授之頓首曰邵氏之祀在子矣此子夕以生婢子朝以死無害也應奎竟匿儀去隨晨謁司李捕者失儀繫婢榜掠幾死終無一言怨者又言於守曰必應奎匿之而所善司李在坐曰寃哉應奎夜飲於余晨又來謁也事遂寢婢卒撫其子以成立

宦時敏妻王氏 丹陽人萬曆十八年旌表

虞原道妻王氏 金壇八萬曆年旌表

仲懋妻趙氏 丹徒人年十九夫亡家貧父母欲嫁之自劙其目以示不可奪事舅姑以孝聞萬曆二十四年旌表

王氏女 金壇人許字孫箴未嫁夫亡守節不二撫按屢旌其門

史光國妻丁氏 金壇人光國舉於鄉萬曆己酉會試歿於京師丁氏少寡無子苦節自守巡按徐疏聞旌表

湯一心妻高氏 金壇人夫亡欲自經親族止之曰三歲遺孤誰其撫之乃止家被火氏獨伏棺泣忽大雨火息守節六十五年萬曆四十一年

巡按房疏請建坊於周莊南巷

王金礪妻高氏 金壇人年十六歸金甫八月夫亾無子苦節六十餘年天啟四年旌表

孔貞明妻徐氏 金壇人年十九夫亾守節奉姑訓子天啟五年旌表

李氏女 金壇人許字段應亨為繼室未歸夫亾卒往夫家撫前妻子女如已出守節終身天啟末旌表

于天篤妻王氏 金壇人夫亾將葬觸棺死與夫同穴

史洪綸妻賀氏 金壇人夫亾事姑盡孝一日火延夫柩賀死守烈焰中天忽雨火滅有大盜經其戶曰此節烈家也相戒無犯撫按疏請旌表

吳氏女 丹徒人許字金壇曹氏子未嫁夫亾守節終身崇禎二年旌表

何烈妻孫氏 丹徒人夫亾氏年二十三守節四十五年終崇禎中巡按任疏請旌表

笪之玠妻張氏 丹徒人生子昌齡甫十日夫亾氏每抱遺孤拜舅姑相視泣下又抆淚慰姑曰有兒如夫存也凡夫手錄經史文詞皆謹藏之啓笥示其子昌齡曰汝父書幸讀之後昌齡令萬年自題曰十日孤兒千里羈客蓋不忘母苦節云 傳

氏女金壇人許字潘二郎未嫁夫溺死女誓死不二家貧無依父母勸之他適女惟流涕不言父母未喻其意許他姓遂閉門自縊死巡按疏請旌表

王言妻袁氏丹徒人生子未彌月夫亾守節時有强族欲奪其志氏避居守節五十餘年終崇禎間旌表

張綖妻錢氏丹徒人甲申冬孕妾亦孕乙酉五月綖攜之避兵山中兵突至迫錢及婢以行錢泣欲死綖慰之曰以孕爲念錢曰君得生安慮無婦有婦安慮不孕遂偕婢赴水死同死者有其嫂萬氏

于氏女金壇人許字賀鼎爲繼室鼎以讒繫恐不測寄書辭婚女不從曰女子不再字鼎父孟巖憂悸成疾女請於父曰舅老無子在側請歸賀氏父許之後鼎獄釋以病不起計至舉家號泣于獨揮淚曰丈夫以讒憂死死爲國耳哭之何益爲立鼎後治喪皆有禮

鄧藩錫妻張氏金壇人藩錫爲兗州知府崇禎十五年城陷藩錫死之氏攜子入井死

查爾瑩妻戴氏丹徒人乙酉避亂塌山被亂兵抄掠氏躍入塘中兵怒以弓射死

蔡禎妻孫氏

金壇人年少守節勤紡績以養姑有强之再適者輒號泣戶部郎中吳珵表其門曰節孝

王澍妻虞氏金壇人夫亡時年二十四無子女守節六十餘年卒巡按御史舒旌其門

高仕妻于氏金壇人嫁期年女亡甘貧守節巡按御史郭旌其門

丁周妻朱氏丹陽人年少夫亡紡績自給饑寒不變志撫按同表其門

王潮妻祝氏丹徒人守節奉旌表

徐儼妻趙氏丹徒人儼夭亡趙產遺孕荼苦守志旌其門曰貞節

李臯妻于氏金壇人少喪夫姑病爲嘗糞祈禱巡按御史題旌其門

王同寅妻湯氏丹陽人年少守節巡按御史任題旌

馮福謙妻王氏金壇人年少守節巡撫御史旌其門

何金根妻韓氏夫亡年二十三守節子女又亡誓不改志守令數旌之

吳貞女許嫁馮馮夭歿守貞不再字稱馮貞女至老端坐而逝

皇清

周大順妻盧氏丹徒人夫亡遺孤未週歲氏截髮自誓苦志終身順治中巡按

秦世禎具題旌表

陳懋勳妻李氏丹陽人年二十九守節禮部上其事詔建節壽坊

卞宸僉妻顏氏丹徒人進士士弘之母也順治十六年海寇陷鎮江城肆焚掠氏投井死

汪氏汪廣國女也許字程道翼程汪皆休寧人注藉丹徒道翼病亾氏痛哭請歸於程守志終其身父母難之氏遂誓死防稍懈自縊死巡撫慕天顏具題旌表

凌自達妻田氏歸凌甫二載夫亾遺腹生一子苦節三十三年康熙二十一年旌表

莊日盛妻李氏丹徒人夫歿遺腹三月有諷之者李曰吾歸莊氏知死莊氏耳苦節五十四年康熙三年旌表

余有德妻趙氏少歸德家貧事姑孝康熙內辰有營丁某出征遠歸值有德外出突入恃強迫犯烈婦奔廚取刀刎死

徐名貽妻張氏封學士禮部侍郎張九徵之女也名貽讀書太學氏隨翁徐惺在任奉姑定省一準內則已而夫亾更委曲盡孝姑病割股爲糜以進一時咸稱其節孝

龔行妻謝氏興化人避水患從夫攜女居丹徒南關口隷人

田五亦僦居南城外與行居相望窺瞰謝氏與女姿容每戲謔之氏嚴拒行偶以事出田乘醉逼犯之謝不從乃與其黨何三設謀持偽劵索負行訴之官官弗辨竟笞行令償田負謝自念非捐身死寃亦不能白無以脫夫厄與女哭竟夜以帶繫女臂連袂投河以死行浴河大號雙屍湧水中立康熙十八年巡撫慕

天顏具

題旌表

莊天澤妻呂氏金壇人性至孝姑患癰以口吮之不懈夜夢神語云上帝感汝誠孝特延一載後癰果漸瘥明年以他疾終哀毀盡禮其族左春坊莊同生爲之傳

于珣妻賀氏金壇人順治初湖賊亂同子錄婦荊氏投水死七日得其屍顏色如生

王世春妻趙氏妾尤氏丹徒人避亂遇土寇同赴水死

馮氏女金壇人聞父敦厚母王氏死江陰郎絕食自縊以死

張祖恒妻夏氏海寇陷城投入火中死

姜廷貴妻趙氏丹徒人遇海寇大罵躍入漕河死

楊永妻巫氏金壇人家貧守節旌表

張與可妻何氏丹徒人九歲子婦也父病

刲股爲糜以進卒以此天殁　孫廣妻張氏金壇人以湖寇亂投水死　顧世賞妻吳氏丹徒人少寡守節以遇亂投水死子驊婦李氏亦同死　史氏金壇人被亂投水死　虞聲先妻王氏金壇人被賊掠不屈投河死　于氏丹陽荊漵妻乙酉遇亂兵謂夫曰速殺妻夫不忍氏怒曰欲畱爲亂兵汚耶遂自殺

淮安府

周漆室女蘭陵人漆室之女過時未適倚柱而嘯曰魯君老子幼鄰婦曰此卿大夫之憂也女曰不然魯國有患君臣父子被其辱婦女獨安所避乎

秦虞姬西楚霸王妃請劍殉死以報主墓在靈璧界祠宿遷

漢漂母淮陰人漂絮城下韓信垂釣母見其饑而飯之信喜曰吾必有以重報母母怒曰大丈夫不能自食吾哀王孫而進食豈望報乎後信封楚王報母以千金　嚴延年母東海

人延年爲河南太守陰鷙酷烈每論囚流血數里母從東海來見報囚大驚責延年曰天道神明人豈可獨殺耶不意老見壯子被刑戮也去汝東歸掃除墓地耳歲餘果敗東海莫不賢智其母

東海竇氏 海州人少寡無子養姑甚謹姑欲嫁之氏不從姑以不死故妨婦嫁自縊死姑女告婦殺之氏誣服竟殺孝婦郡中枯旱三年後太守于公至日孝婦不當死咎當在是祭其塚天乃大雨

唐王義方母 漣水人義方擢侍御史將論李義府之奸意必得罪問母母曰昔王母伏劍成陵之義汝能盡忠吾死何恨義方遂劾義府卒以諫顯

樊彥琛妻魏氏 淮陰人夫病篤氏欲同死彥琛曰宜勉勵養諸孤後遇亂爲賊所得迫妻之氏怒罵不從賊遂殺之

南唐劉仁贍妻薛氏 周世宗攻壽春急仁贍死守子崇諫泛舟將謀自全仁贍命腰斬之監軍使求救於薛氏氏曰崇諫吾幼子司所不忍若貸其死則劉氏遂爲不忠之門促命

斬之殺後發哀成服既而仁贍被執死之薛氏亦不食死焉

宋陸丞相夫人 鹽城人夫人與丞相秀夫浮海至厓山北軍大至兩軍死戰夫人與子赴水死

北辰坊烈婦 夫爲小商至北辰病死貧無所殮同行富商貸爲之具既葬自恃有恩迫之遂取嬰兒縛懷中赴淮死

李氏 淮陰大義鄉富商妻同商者見而悅之道殺其夫厚殮以歸紿云溺死且盡歸具財除喪謀婚許嫁之恃已生一子不虞其讐已也以實告氏嘿然伺其便奔告有司卒正其獄即縛其子赴淮投之已而自投死焉

明莊居敬妻徐氏 海州人夫爲河南平章禦寇戰歿氏收殮竟復其讐率所部兵攜幼子歸明負喪居京師大臣上其事歸葬旌表

山陽何氏 泗州人誤爲娼家誘買逼使爲娼何拒之曰我本良家女原約爲子婦今若此有死而已泣告鄰母遂自刎是年旱甚推官馬騤求其屍封塚設祭天果大雨建祠墓左奏賜額貞烈

蔡景召妻王氏 山陽人年

二十二夫亡守節撫孤時江湖兵亂氏挈遺孤備嘗險阻而節愈堅洪武元年旌表

曹艮佐妻姚氏 沭陽人夫亡撫孤孝養舅姑洪武四年旌表

張禮妻趙氏 沭陽人洪武初禮任廣州府同知卒于官氏自縊死洪武五年旌表

周仲仁妻許氏 睢寧人年十六歸周生一子夫亡撫孤不二洪武七年旌表

宋國艮妻王氏 年二十二夫亡守節洪武七年旌表

匡才妻高氏 邳州人匡才守邳時徐守張某叛攻邳才擊敗之未幾賊破邳執高氏大罵不屈為賊所殺洪武十年給貲歸葬海州建坊旌表

邪律氏五節婦 邪律養正娶韓氏名惟秀甫六月養正卒于官其弟敏亦亡韓與敏妻賈氏同心守節洪武十七年旌表初賈生二子曰肅曰寛尚幼而賈卒韓撫如己子肅娶楊氏逾歲而肅卒楊年十九寛娶丁氏洪武時官戶部侍郎卒丁年二十生子立與楊氏同守節立娶金氏亦早卒金年二十四守節與楊丁皆以壽終淮人稱五節婦

蔡仲銘妻夏氏

丁九妻李

氏宿遷人夫亾後五月生一子撫孤孝養○俱洪武十六年旌表

許成五妻黃氏鹽城人年十九生子陽保甫周歲夫亾氏養老姑撫幼子以節孝稱洪武十七年旌表

李德妻陳氏德淮安衛軍北征陣亾氏年二十七遺腹生子貧窘無倚守節不二洪武二十九年旌表

申進妻徐氏山陽人年十九歸進甫三月夫挽漕殁於京訃至號哭不食旣而同漕者還其夫衣遂衣其衣投河死推官馬駿立祠于府東

葉氏名善祥淮安衛人許字張衛未嫁夫亾氏廢容絶粒泣數日不止家人嘲之氏曰衛我夫也旣死我當哭何以嘲爲未幾父母還張姓原聘氏留其雙釵曰我已許張氏婦應戴此釵後納聘促改嫁氏佯爲怡然閉門自縊死

孔春妻謝氏年二十而寡三月後生子金氏日績紝以供姑姑亾或勸之嫁遂斷其髮鹽賈杜言强娶之投淮死金白母寃言乃伏辜推官曹于汴立祠祀之

顏遂妻胡氏鹽城人夫亾矢志不二舅姑以其無子且貧潛以許人一日聘禮至氏悲號自縊死有司以貞烈旌其門

蕭儒妻蔣氏夫亡氏截髮以殉撫二女自耕夫兄利其百畝迫嫁不從遂誣其姦攝理無證氏執刀祝天力斷左腕夫兄伏罪鹽院謝正蒙給扁題云萬古綱常千秋名節

邢揖妻張氏年十八夫亡哭之甚哀越旬日縊死以殉

顧綱妻周氏清河人家貧無資氏處之宴如夫亡縊死合葬

蘇儒妻許氏夫亡親鄰勸以他適不從帶夫及巳衣服赴塚同紙錢焚之自縊死

莊尚妻胡氏桃源人夫亡自縊死

王漢妻蔡氏宿遷人夫亡投水死

張禧妻王氏山陽人夫亡晝夜哀號絕粒而死

劉存仁妻王氏鹽城人夫亡縊死詔旌表建貞烈祠

孫紹妻呂氏沭陽人事姑甚孝夫疾篤刲股療之夫竟不起遂自縊以殉

朱价妻張氏夫亡守節撫幼子金成立娶錢氏未幾金亦亡無子姑媳相守貧苦彌堅督臣王宗沐表其門曰雙節

朱一忠妻劉氏年二十夫亡無子伶仃自守八十五歲終

羅紹恭妻南氏夫亡遺孤金四歲家貧以

女工自給後金娶紀氏未幾金亦亾紀氏方娠月餘後生子與姑婦守志鄉人目曰雙節

顧文魁妻穆氏淮安衛人年二十夫亾二子尚在襁褓甘貧苦守謹事翁姑孝節兩全按院范具題旌表

張氏許字胡瀛未嫁夫亾誓不再適守志終身

劉氏名妙圓許字張森未嫁夫亾女聞其將出殯告父母欲親赴送喪許之至期衰麻往哭守志終身年六十終

何睦女宿遷人受管逵聘初逵娶卞氏生一子卞亾繼娶何氏未嫁而逵亾女聞之哭而慟曰既受聘即我夫也況其母老子幼無人撫養乎遂歸管家誓死守節撫孤奉姑壽八十終士紳挽詩有一世未親夫子面九泉還是女兒身之句

侍小花海州人年十六許嫁而夫亾氏歸夫家成喪持服養姑送終守節不二洪武間採訪使上其事所司以年未五十不合例侍郎徐宗實疏氏能哭夫筮嫁之初又剪髮葬姑之後自當卓異同科豈與尋常比例廷議旌之

周勝妻朱氏勝選充校尉挈氏往夫歿於役氏尚少軍伍中有誘奪其志者氏以死自誓守節三其餘年永樂十六年

旌表

李思義妻王氏邳州人年二十三夫亾子甫三歲氏紡績以奉翁姑永樂十年旌表

張愢仁妻王氏山陽人宣德元年旌表

王彥孚妻杜氏從夫戍雲南夫亾誓死自守卒負櫬歸撫孤子奉翁姑宣德元年旌表

梁貴妻郤氏隨夫戍金齒貴尋卒氏年二十五攜孤裹骨以歸既葬克孝舅姑終無二志宣德二年旌表

李彥眞妻陳氏彥眞之南京省兄溺死江中氏年十八撫孤守節奉養翁姑宣德二年旌表

韓寧妻孫氏歸寧僅八月夫亾氏撫遺腹子朝夕紡績奉姑終無二志壽九十二終宣德五年旌表

趙仲名妻黃氏夫亾子甫週歲氏守節撫孤事舅姑以孝聞壽八十一終宣德七年旌表

蘇希瞻妻彭氏安東人生二子夫客死氏年二十四持節守義孝養其姑宣德五年旌表

蕭友諒妻劉氏年二十友諒戍雲南氏留養姑及伯母夫亾氏克孝苦守宣德十年旌表

趙義妻張氏義客死翁姑憐其幼而無子欲嫁之氏誓

死不從終身苦志正統三年旌表

湯瑀妻屠氏夫亾自縊死合葬景泰二年旌表

陳從禮妻劉氏安東人夫亾撫遺腹子守志終身景泰元年旌表

唐彥賓妻李氏年十九夫亾子聰甫三歲撫孤守節孝事翁姑苦志六十餘年天順六年旌表

岑衡妻沈氏年十八夫亾守節成化年旌表

李政繼妻范氏清河人歸政未幾前妻所出子元夫婦相繼而亾遺孫男女皆在襁褓政致仕歸尋卒氏杜門守節撫育二孤壽八十八終弘治十八年旌表

高暹妻樊氏夫亾撫遺腹子棠守節終身弘治十七年旌表

馬海妻邵氏清河人年二十二夫亾守節撫子塈成立娶周氏生子顯而塈亦故周年二十與姑同守節邵周俱年踰七十弘治十八年旌表

潘裕妻孫氏海州人夫亾越月生一子撫孤守節孝養翁姑弘治十七年旌表

沙氏小三贛榆人正德六年為流賊所執堅不受辱支解之巡撫叢蘭勒石為文以祭

徐儀女雪梅睢寧人年十五正德

七年爲流賊所執不受辱罵賊而死事聞旌表**顏清女銳兒**年十四正德七年爲流賊所執不受辱自刃死事聞旌表**傅隨妻許氏**贛榆人正德六年流賊寇縣夫婦被執氏仰天呼曰吾寧死不受辱賊怒殺之巡撫叢蘭爲祭文勒石**仲純妻嚴氏**沭陽人正德六年遇流賊被執不屈支解之有司致禮以葬**郁賓妻麗氏**夫亾守節無遺孤林操理家政積用饒裕正德三年旌表**李塘妻朱氏**錦衣衛人寓淮安夫亾守節正德二年旌表**趙倘妻王氏**年二十四夫亾撫遺腹子教之貢入太學正德六年旌表**許寬妻王氏**年二十五夫亾母憐其無子將嫁之氏曰父嘗云陳孝婦守節事姑終身如一今姑在堂量我不能爲陳孝婦耶若令改嫁是索我於九泉下矣母乃止事姑克孝姑亾喪葬盡禮正德三年旌表**張浚明妻高氏**夫亾縊死嘉靖十二年旌表**展濬妻索氏**邳州衛人夫亾自縊嘉靖十三年旌表**王梅妻吳氏**年十八夫亾遺腹生子紳

堅志撫孤孀居六十八年終嘉靖十四年旌表　**劉鼇女**宿遷人許字管平未嫁夫夫亡女聞訃
哀毁不食自縊合葬於夫塚萬曆四年旌表　**張道子妻瞿氏**夫亡殮葬訖遂絶粒
死萬曆元年旌表　**盧應春妻金氏**年二十三夫亡家徙四壁矢志自持萬曆三十
五年旌表　**林相妻卓氏**嫁二載夫亡撫孤守節萬曆四十七年旌表　**樂環妻**
薛氏年二十三夫亡無子氏以劍自刎姑力救得生萬曆三十九年旌表　**王訓妻張**
氏年十九夫亡撫遺腹子自新成立矢志不二萬曆三十四年旌表　**王延祥妻陸**
氏夫亡子九章甫三歲有諷改適者氏截髮以誓事姑暨父母皆至孝萬曆三十三年旌表　**許友**
卿妻陳氏年十九夫亡子從學方四月父與翁欲嫁之氏絶食議得寢竭力以養翁姑殯
葬如禮鬻舍襄事哀瘠而歿萬曆二十二年旌表　**蔣堯臣妻周氏**淮安人夫亡守
節奉二姑撫嗣子萬曆四十年旌表　**朱志妻蘇氏**二十而寡自矢死守養親撫子歷苦

彌堅萬曆七年旌表**魏聖言妻許氏**夫亡親畢殮事觸棺碎首欲相從地下越宿投繯死天啓元年旌表**王繼祚妻韓氏**年二十夫亡極貧撫姪爲子奉姑生養死葬艱難萬狀天啓五年旌表**楊履泰妻趙氏**海州人年二十四夫亡守節敎子成名年七十六終**王彥高妻潘氏**夫亡守節出粟四千石賑饑奉旨勤石旌表**易無極妻孫氏**夫亡守節子之興年十五封股救母事聞表其門曰母貞子孝**朱得春妻孫氏**夫貧絶食謂氏曰合則俱死分則兩全氏不從强之再四氏曰我姑屈身以活汝但我去汝卽他往遂嫁一人至其家卽自刎死**殷尚義妻李氏**美姿容夫貧窘密許鄰人與氏通氏知之紿夫出繫兒女于牀自溺死**劉國用妻胡氏**年二十喪夫自縊死事聞以節重身輕表其門**李氏**山陽人母戴面生毒醫不能療氏悲泣封股進羹母汗出遂愈**謝氏**大河衛人前後三封股療父母病及夫病**毛氏**訓導毛鴻女未笄父病危夜思

美湯急刲股以進遂瘥　夏時中妻王氏夫以篤學早喪氏斷髮破鏡孝奉翁姑教子紹爲內江廉吏苦節終身足不越閫　夏啓元妻孟氏年二十三夫亡繼母逼其改適以刀割面自腦至頸刃痕犁然守志終身教子成名壽八十三天啟年間旌表

皇清吳之瓚妻呂氏夫亡守節順治十二年旌表　薛世寀妻石氏苦節終身順治十二年旌表　徐文采妻潘氏早喪夫守節至老順治十六年旌表　訓導吳警妻李氏守志有家法順治十二年旌表　張樹名妻蔣氏鹽城人夫亡治葬畢閉門自縊死　陳憲玧妻曹氏宿遷人夫亡守節其伯强嫁之氏投河適邳宿同知蘇嵋見之救免正其伯逼節之罪給扁旌之　周縞妻葛氏山陽人夫亡守節撫孤康熙十三年知縣王旌其門　宋灝妻凌氏鹽城人夫亡無子苦志堅守歷五十餘年巡撫慕天顏具　題旌表　成昌代妻高氏鹽城人夫亡晝夜悲慟倏

七盡設祭列雙箸縊死於夫棺釘上夏錫疇妻王氏夫亡無子守節康熙十八年旌表張星焯妻羅氏宿遷人夫亡自縊死康熙十八年旌表陳利國妻劉氏夫亡守節六十餘年子武前復歿媳林氏亦守節五十五年宋茂元妻陳氏鹽城人夫亡撫孤貧苦萬狀守節五十五年王氏宿遷人許字馬京龍京龍病沒氏聞訃自經康熙十八年旌表王國銓妻厲氏山陽人夫亡守節康熙十八年巡撫慕天顏具題旌表貞女沈氏鹽城人性篤孝父湝病刲股進羹許字薛國琳琳病沒氏聞訃自縊死貞女許氏山陽人未嫁夫亡堅貞守志年七十二歲終王全祐妻劉氏山陽人夫亡遺一子廕坼苦節三十餘年終李鳳禎妻周氏夫亡守志撫孤康熙十八年巡撫慕天顏具題旌表劉三綱妻夏氏苦節終身康熙二十年旌表李化龍妻薛氏鹽城人年二十二夫亡孝事八旬孀姑撫遺孤之秀

守節五十餘年總漕王文奎旌之顏時倈妻王氏夫亾貧撫孤守節五十餘年

隣人兩被火災氏居茅屋獨全人皆異之宋振貽妻周氏夫耆學早喪無子氏編蒲易食守節至老高爾珩妻凌氏爾珩病氏刲股療之長女與媳孫氏俱同夜刲股

王椅臣妻胡氏夫病垂危遺言令其他適氏先自縊死呂震男妻朱氏年二十一夫亾姑潛受聘欲嫁之氏聞自縊死楊子厚妻鄭氏夫病久瞽雙目氏誠奉湯藥晝夜悲哀禱以身代比夫亾自刎死張氏適高華宗成婚三日夫亾氏自縊康熙十一年旌表程元相妻俞氏安東人夫亾自縊康熙二十一年旌表王琳妻張氏年二十二夫亾無子女志不他適苦節四十餘年前後歷事三姑曲盡孝養劉偲妻楊氏年十九喪夫遺孤四月守節至老有司旌之陸呂陽妻司氏夫亾貧苦撫孤守節四十餘年殷坦妻王氏早喪夫家徒壁立上奉翁姑下撫子女歷

三十餘年備極艱辛而卒

趙氏 許字張景緒未嫁夫夭聞訃自縊

張仲妻金氏 鹽城人二十三歲而寡遺孤方三歲氏奉養翁姑親操井臼以紡績針指度日翁姑歿氏代子職葬祭如禮守節近四十年巡撫慕天顏具題康熙二十二年五月奉旨旌獎

揚州府

〔周〕**浣紗女馮氏** 白沙人楚伍員亾奔吳遇女子浣紗囑之曰後有追者勿言女赴水死以絕口後員滅楚還乃即其地留雞祀之人因名其山曰雞留立廟山側

〔三國〕**華諝妻某氏** 廣陵人年十八子諝甫期歲夫亾守節鞠養備至諝舉秀才廷對第一官秘書監以文學見稱人以為母教云

〔唐〕**樊彥琛妻魏氏** 揚州人彥琛病氏泣曰妾不忍君獨死彥琛曰死生常道也幸養諸孤使成立若相從而死非吾取也彥琛歿後值徐敬業起兵聞魏氏知音名令鼓箏氏曰夫亾

不死奚忍操絃引刀自斷其指卒欲强妻之固拒不從曰速死吾志也遂見害聞者傷之

五代周迪妻某氏 迪本洪州商人居揚城光孝中揚行密圍揚州城中食盡殺人而食氏謂迪曰君有老母不可不歸妾請鬻以備行資遂詣屠肆得金一錠授迪號泣而別迪至門以金賄守者守者詰之迪以實對詣屠肆驗之見妻首在案上衆惋歎競以帛遺迪收其餘骸歸

宋露筋女 失氏姓偶行役與嫂俱託宿無所道旁有耕夫舍嫂止之女堅不就宿於野外爲蚊蚋所嘬而死曉視其筋露焉人哀之因爲立廟河側宋米芾有碑文見文苑志

徐賡妻蔡氏 興化人賡爲寧鄉主簿病故氏服毒死秦觀爲作烈婦傳

曾有儀妻孟氏 揚州人夫亡守志元祐間揚守臣以聞詔封旌德縣君

王令妻吳氏 令廣陵人蚤亡無子氏歸老母家屏跡田桑以事兄嫂元祐間特賜旌表

馬元禎妻榮氏 建炎二年賊寇眞州氏與姑爲所獲殺其姑脅氏氏曰我雖婦人不求苟免罵賊死

毛惜惜 高郵妓也

端平二年榮全據城以畔制置使招之全僞降欲殺使者與其黨王安等宴飲惜惜侍立供奉抗言曰初謂太尉降爲太尉更生賀今乃閉門不納使者乃畔逆耳妾雖微賤不能爲叛賊行酒榮全怒曳惜惜臠之罵至死不絕事平聞於朝封英烈夫人立廟祀焉

李氏謝枋得之妻德祐末枋得兵敗奔建寧元人購捕其家氏攜子女匿貴溪山元下令曰苟不獲李氏屠而墟氏出就縛送揚州獄時有總兵欲娶之李撫子泣曰若輩生還善事吾姑吾不得終養矣解裙帶縊死女亦死二子得放還

元

潘樹妻張氏海門人年二十六夫亡事姑教子爲鄉閭法孀居三十年守志不二淮東道姚綏以聞旌其門曰節孝

盛彝綱妻張氏泰州人至正間寇至泰州犯之不從罵賊死

章寅妻王氏元末亂民掠寅家寅被創仆地氏赴井死姑與女婢從之

陸復廣妻唐氏興化人遇賊欲污之唐不從投水死

宋某妻費氏夫廣

人至正間從宦江陰値苗軍亂欲汚之氏大罵被殺欒鳳妻王氏高郵人元末鳳知諸暨州氏從焉方國珍襲城氏謂夫曰君不幸遭變妾豈獨生當先死君前賊入遂被害

明李巖妻陳氏泰州人夫亾守志不二洪武初州守張遇林以聞詔旌其門崔發妻徐氏海門人夫亾誓不改志事姑盡孝洪武十年旌表朱漢雲妻顧氏如皐人夫亾號慟幾絶事翁姑甚謹翁姑憐其家貧無子欲令他適卒不可奪洪武十年旌表姚原妻邵氏海門人夫亾守節洪武十三年旌表張均妻丁氏泰興人夫亾子幼勤紡績以奉翁姑誓不再適洪武二十三年旌表殷氏周氏俱瓜州人建文末燕兵掠二女欲汚之並赴水死副使趙鶴言於朝并趙淮妻立三烈廟祀之王行素妻許氏通州人夫亾守節養舅姑以終其身永樂五年旌表沈伯七妻陳氏通州人永樂五年旌表邵七五妻鮑氏通州人夫亾撫孤守節永樂五年旌表張

二妻蔣氏儀真人夫亡撫孤守節事姑以孝聞永樂七年旌表唐公孫妻林氏興化人夫遠戍死事老撫幼守志不改永樂八年旌表戴和妻高氏江都人夫應鄉試被放慚憤投水死氏號慟亦投水死有司具奏表其門曰貞烈許保妻景氏興化人永樂十四年旌表于朝宗妻張氏寶應人夫客死氏仰天嘆曰我隱忍不死者以姑老子幼也苦節四十年知縣施鎭上其事旌之王思誠妻張氏興化人夫亡撫幼孤守節永樂十四年旌表朱斌妻劉氏泰州人永樂二十二年旌表管賢妻闞氏管哲妻馬氏江都人二氏事姑俱孝賢死闞氏年二十六遺孤襁褓父母欲奪其志闞曰非姑老子幼則與良人同歸地下矣敢有二心乎未幾哲亦死馬氏年二十一無子姑曰爾年少再適可也馬氏泣曰姆爲伯守節媳獨不能爲乎及姑終二氏喪祭盡禮太守陳貞奏旌其門爲雙節劉得妻左氏江都人宣德元年旌表徐禮妻

袁氏興化人年二十夫亾守節宣德元年旌表　陳貴妻竇氏泰州人天亾備歷艱苦終無二志宣德元年同知何恂具奏旌其門　陳原友妻薛氏原友從征山東戰死氏矢志守節教子成立宣德元年旌表　殷成妻徐氏儀眞衛人成征交趾殁人勸其改適氏泣日孤子穉穉翁姑年老何忍適人誓死守節宣德初旌表　劉聚妻戚氏高郵人宣德二年旌表　張彥銘妻孫氏儀眞衛人宣德三年旌表　王子忠妻張氏儀眞衛人宣德三年旌表　徐觀妻鄭氏儀眞人夫亾撫孤守節孝事翁姑宣德三年旌表　李三妻蕭氏儀眞人夫客死氏撫孤養老終身不二宣德四年旌表　陳壽妻邵氏高郵人夫亾守節奉姑終無二志宣德五年旌表　卜英妻華氏高郵人宣德十年旌表　張貴妻于氏高郵人夫與姑俱亾營葬二喪氏不改適宣德十年旌表　楊烈女泰興人許字程氏未嫁夫亾喪過其門女號慟縊死與夫合葬　高

慧妻陳氏儀眞人夫亾氏守志不再適慧有女弟高氏贅壻錢信於家信死高亦自誓守節姑嫂相依以居正統五年旌其門爲雙節　張成妻商氏儀眞人正統十二年旌表　褚石潤妻許氏如皋人年二十四而寡子然獨處撫遺腹子瑜成立天順元年旌表　孫昕諒妻戴氏通州人諒爲校尉殁於都氏撫幼孤守節不二成化十三年旌表　李妻尹氏通州人成化十六年旌表　仲玭妻鄭氏寶應人成化十四年旌表　李鋐妻楊氏江都人弘治二年旌表　孫祚妻許氏海門人正德元年旌表　殷洪妻陳氏海門人正德元年旌表　曾杲妻陳氏通州人夫溺死氏悲慟投水死　劉氏興化人許字吳作未嫁夫亾氏投水死知縣底蘊立烈女祠於滄波亭側　周練妻陳氏江都人夫亾誓不再適紡績以事舅姑守節五十年正德九年旌表　章鑑妻李氏江都人夫亾守節事祖姑羅氏姑朱氏皆以孝聞正德十六年旌表　蔡爀妻

姜氏　金鑾妻褚氏　俱江都人正德年間旌表　宗氏女　許字陳必堯嘉靖間倭寇變陳逝死女守貞不字里中聞其賢爭委禽焉適堯父母歿女曰吾示以所歸則衆望絕矣親奔喪哭成服而返求婚者始息守節四十年勅建坊旌表仍復其家

沈夢麃妻蔡氏　江都人歸沈三年即寡子洪禮甫生鞠育盡瘁苦志五十年事聞建坊旌表仍復其家

李文學妻許氏　海門人年十九夫早亡撫嗣子明寡居五十年嘉靖十四年旌表

王珍妻馬氏　興化人珍病危顧其父曰婦少幸嫁之氏泣曰我二人死未卜先後君可慮之深也夜半潛縊知縣李世熙扁其門曰貞節

邵氏　高郵人許字朱倌倌涉水死氏自脫衣帕令弟往歛之自縊州守爲立烈女祠

杜儉妻周氏　寶應人夫死自縊

殷氏　江都人許字某未嫁夫亡聞訃縊死父歸其屍合葬焉

胡生婦　江都人佚氏姓胡生好博狎妓遇婦多不以禮盡歿舅姑憐其少欲嫁之氏投水死

殷貞女　儀眞人許字張氏子未嫁夫亡

自縊死舁歸合葬焉

仲伯姬興化人許字王訓訓亾伯姬年十五聞訃縊死

張楷妾沈氏海門人夫亾妻生子尚幼家貧妻攺適氏獨撫之成立年踰六十終

劉應雷妻李氏泰興人夫亾縊死

張印妻李氏高郵人嘉靖丁巳倭寇至欲污李李謂夫曰我必不偸生以辱汝夫免寇逼李大罵被殺

趙卿妻殷氏興化人夫病篤與氏訣氏曰君若不幸妾不獨生先縊死

徐氏許字淮安朱某未嫁夫亾女成服於家問其殯日沐浴自縊朱氏迎柩合葬焉

孫本立妻翁氏興化人夫亾子甫三月氏不顧自經知縣程鳴伊旌其門曰完節

陳藻妻丁氏興化人夫死自經於柩旁

鄭科妻張氏寶應人適科旬有四日夫亾誓與同穴將葬縊死有司賫金治喪葬焉

馬烈女泰興人許字黃瑚父以壻貧欲渝盟女不從未幾瑚夭氏遂縊死知縣高桂爲文祭其墓特旌之

向氏泰州人許字朱舜夫亾訃聞紿母他出即自縊死

錢氏泰州人許字徐恩未嫁夫亾聞訃不

食自縊死有司旌其門

張可學妻葛氏嫁甫一載夫亾自縊死知縣仇昃表其墓立祠祀之

劉氏許字李維中夫病亾氏聞訃自縊直指使題旌

黃氏寶應人許字朱文藩未嫁夫亾氏聞訃日吾已許朱郎義無他適夜投繯死知縣耿隨龍爲建烈女祠於黎城鎮

許氏如皐人吏部員外許直女也許字顧士掄夫病氏嘆日夫病且革矣乞歸侍湯藥逾月夫亾舅姑繼歿氏求伯子爲嗣甲申聞父直殉難北向號泣成疾死時稱一門忠孝云

周㜸女泰州人許字王輿未嫁夫亾女聞郎日投繯死事聞旌表

李二女泰州人許字繆時雍未嫁夫亾女聞訃滂泣不食越六日自縊死事聞旌表

劉應麟女名元英許字李繼中未嫁夫亾女聞訃滂泣絕水漿七日自縊於寢直指題旌

林文鵬妻陳氏儀眞人年二十生子之翰甫三歲夫亾矢志靡他姑病五載親嘗湯藥終無倦色之翰登賢書請旌於朝表其廬日貞節

李長祺妻姜氏興化人年二十六生子二夫亾氏號哭幾絕姑指二子日煢煢弱息所恃

惟爾今豈爾死曰耶氏悟教二子讀書後子清成進士疏陳母節詔旌表

胡尚綱妻程氏本歙縣人家江都歸胡事翁姑盡孝崇禎辛未夫亡氏誓從地下不食三日時有娠勸者曰若得男不可延而夫嗣耶乃復食及生子殤氏復理前誓姑向之泣氏曰未亡人再嫁則當哭此好事耳何哭爲數日竟死直指具題奉旌表

冒起宗妻馬氏如皋人幼嫺內則曉大義年十七歸副使冒起宗事舅姑盡孝崇禎間起宗監軍襄陽氏以忠義相勉起宗歿氏與妾劉氏撫幼子成立恩踰已出年八十七無疾終訓長子襄成名士孫嘉穗丹書皆力學

皇清

黃巨卿妻郁氏生員黃雲之母也夫亡訓子慈嚴兼至子雲以詩文名世曾受知於州守陳某後陳守罹難親知無敢問者郁趣雲往覘職納橐饘鬻產救解事卒以白人稱其不愧賢母云

于應鰲妻戚氏泰州人少寡矢志守節撫子大佑成立年七十餘終順治十一年巡按秦世禎具題旌表

李和妻高氏江都人夫亡氏撫孤守節六十載奉

旨旌表朱天耀妻仲氏寶應人年二十一夫亾遺孤甫二歲家貧以紡績養舅姑苦志五十五年順治十年奉旨旌表居士驥妻向氏高郵人士驥死托孤於族人居軒軒窺向有資色百計誘之向拒不從遂被害司理王士蘵按之得實軒伏辜奉旨旌表沈北辰妻楊氏興化人年二十三夫亾遺二子俱幼舅姑老氏截髮誓曰子死婦猶子也父亾母猶父也養親教子未亾人分內事敢辱吾夫乎苦節四十餘年舅姑相繼歿氏殯葬盡禮詣旌之陸如岡妻仲氏陸陵妻劉氏寶應人如岡與陵先後早世二氏俱無子門祚衰薄紉績鍼紉爲人縫裳緝履以易食里人稱之順治十七年奉旨表爲雙節之門季秋實妻成氏寶應人夫亾守節五年父母諷以改適氏不答投繯而死奉旨旌表王齊妻楊氏通州人夫病瘵氏親調藥餌竟不起氏年十八撫孤守節力女紅以奉翁姑壽七十二終奉旨旌表高向明妻李氏江都人年十九歸高甫三月卽

寡遺腹生一子氏紡績以給朝夕苦節五十載康熙十七年巡撫慕天顏具題旌表

李英妻蔣氏江都人英任兩廣督標副將康熙十三年奉檄往桂林偵探值孫延齡叛英奮不顧身奔報逆形氏誓死訣別曰君爲國忘身妾亦爲君殉義兩無憾矣索鴆懷之英得無內顧憂及逆屠城氏即服鴆死後督撫題叙奉旨旌表

黃氏許字朱天開天開幼得昏憒願退婚氏堅拒不從歸天開不以夫病失齊眉禮夫亡割面自誓四十年仍處子

甘氏女泰州人幼以孝聞許字冷啓元未嫁夫亡訃至勺水不入口者三日遂自縊

閻麟生妻鄭氏幼嫺詩書動以古烈女爲法夫亡葬畢自縊死

宗弘祚妻黃氏如皐人年二十八夫亡守節事祖姑與姑盡孝喪葬成禮時遭患難撫孤子宗祧成立始終五十五年

張氏女泰州人許字周士英未嫁士英被叔文望利其有甕之氏乃髠髪爲尼日持牘控各臺文望伏辜夫寃始白躬葬夫柩併舅姑及祖舅姑焉葺其廬爲給孤園

高從龍妻黃氏江都人姑病日

夜虔禱刺血書經及龍殁撫二子皆成立井氏疾危炙子大貴刲股回生壽逾七十

王氏

達妻揚州人乙酉城破被兵搜獲與所生小女分散抽刀自刎囑其同難鄰婦曰汝見我女代我推人水中

沈元美妻孫氏 泰州人二十二歲而寡孝事翁姑躬代子職凡四十載茹盡苦辛康熙二十年建坊旌表子喬生歷官肅州副使所至有清名

黃灝妻朱氏 灝卒氏年十九子官檀在腹方數月苦節四十餘年課子有聲庠序

陳氏 幼許聘李待先會李成童雙瞽聞於陳將毀姻約氏方八歲號慟投地嫁後白首偕老後以子貴封安人

吳世家妻劉氏 如皋人生子未離襁褓而夫死氏事翁姑婦代子職艱難百苦守節五十年子名維翰有聲庠序

許光震妻李氏 孝於舅姑繼姑因產殞命舅不欲生欲棄所生之子氏急收之乳哺勝於已出人稱其孝光震尋登乙未進士

王志貞妻徐氏 泰州人年二十稱未亾人生子甫十月矢志氷霜備歷諸難以全大節四十二年如一日

田大有妻王氏

泰州人年未三十守節踰六十載壽九十有六撫孤士龍舉鄉飲賓年亦八十身歷八朝巡方秦具題旌
表

朱佩熹妻王氏泰州人佩熹卒無子氏年僅二十三守節四十年

曹敏行妻徐氏通州人二十七歲孀居十五年義不從賊爲高兵支解

丁士毅妻謝氏泰州人事姑孝姑病刲股療治籲天請代尋愈士毅無子爲夫置妾陳氏生子謝撫之如已出謝氏晚得二子長名日乾登乙酉賢書有詩文名

衣惟友妻王氏登州人避兵儀眞惟友疾歿王生子甫六月不顧卽日繯死邑宰姜埰孝廉吳纘姬皆山左人爲之棺斂送其喪歸里惟友與王同日生同日死人皆異之

張復陞妻吳氏江都人十九而寡五十年苦節

程宗孟妻吳氏江都人夫二十早沒氏事翁姑以孝聞六十年終始如一

喬氏江都人許史良輔爲繼室未及娶良輔暴卒喬聞訃殞絶誓以身殉姑迎之歸喬乃依姑以居生事死葬備極苦辛課前妻子著勳誦讀不輟既長補郡諸生喬六十而歿猶處子焉直

揞　題旌貞**史著馨妻張氏**江都人年二十六孀居育子乙酉城陷張攜孤笏書泣曰嚮也無孤爲難今也全節爲大兒其善圖吾不能顧若矣遂赴水死**冒襄妻蘇氏**如皐人歸襄事舅姑以孝聞姑疾篤同夫焚香籲天願以幼子兗代子殤姑果愈氏事姑四十年問寢膳無少懈時稱孝婦**劉世彰妻侯氏**夫同妹婿陳德宜偕客荆襄殞於兵訃至二氏誓同守節茹荼困苦不改清操者四十年時稱雙節**冒夢相妻李氏**年十七相病氏刲股作羹祝天願以身代，夫沒撫孤，苦終身如一日，子皆有成

池氏江都人許字吳庭望未嫁而庭望以從軍南征戰死其舅素稱無賴欲以婚其次子父兄憚之浼姨母説女改配女不從自經死巡鹽御史郝浴旌其門**賁氏**如皐人許字邑庠生曹繡之子未嫁而夫卒誓不他適未幾舅姑皆卒曹氏無子遺女親視含殮哭泣病卒知縣趙弘化具文申報**任顧彥芳妻王氏**如皐人年二十七喪夫家貧以紡績供舅姑甘旨持門戸課子有文名苦

節至今年七十有九

朱元德妻程氏　元德居瓜州娶氏逾年元德身故氏覘夫殮畢卽投繯而死今有祠在便益門內

石伯儒妻許氏　季儒妻謝氏　俱如皋人許氏年二十四而寡無子矢志不二撫姪爲子教以成名四十年如一日謝氏年十九夫亾勵節茹素不出戶不衣帛不聽音樂五十年無間撫遺腹子成名孫英年登賢書咸謂天之報節母不爽

江南通志卷之第五十四終

江南通志卷之第五十五

列女

安慶府

漢焦仲卿妻劉氏　仲卿爲廬江郡小吏氏年十七歸仲卿爲姑所逐自誓弗嫁其母屢逼遂赴水死仲卿聞之亦自縊後兩家合葬冢間種樹葉盡交通其投水處郎今小吏港云

唐桐城張主簿妻某氏　張爲桐城簿禱雨龍眠被溺氏聞往求屍不得乃日投觀音崖下明日其屍溯流與張合遂合葬龍眠山口邑人謂之境主墓

宋張氏　太湖人張四郎女汪華仲子婦張汪素以商雄鄉里淳熙中或首華有異志詔捕之華將逃張張謂姑曰不可逃而免也就逮自明弗聽張泣曰死鳥無生翼遂自沉於河華誅同室皆死人多其智

黃千金　潛山人七歲郎通孝經烈女傳父愛之許張大中未歸而大中歿父欲更

擇壻女泣不從會有求聘者母示以意千金郎以簪抉目目盲逾三月卒時年十有九歲

元

范遇時妻顧氏懷寧人早寡育孤垂四十年延祐間旌表

李忠妻王氏懷寧人忠溺死氏求屍殮畢自縊死

步善妻陳氏善爲陳氏贅壻未幾卒氏哀慟三年如一日服除自經死旌表

余闕妻蔣氏廬人也闕守安慶力不支城陷蔣率其妾與子女皆墮井死詳在余闕傳

明

羅仲弘妻方氏望江人夫亡守節洪武二十二年旌表

謝咸妻林氏望江人咸亡矢志守節洪武二十二年旌表

錢時妻孫氏桐城人洪武間時同部郎白李善長之寃上怒連坐賜死孫年二十七與時訣剪髮爲繩繩其臂以示無他負時骨歸葬終養其姑守節四十三年終

方法妻鄭氏桐城人永樂靖難師起法被逮至皖江自沉氏年二十九守節四十年祀烈女祠

王寬妻張氏望江人寬歿張年二十三子甫

過歲紡績養姑姑欲嫁之齧指剪髮以示壽八十七終事聞詔旌

畢琛妻鍾氏太湖人少寡守節垂四十餘年正統間旌表

李益妻陳氏宿松人年二十益死翁姑欲奪其志矢死守節正統九年旌表

陶鏞妻鍾氏桐城人鏞被遣歿於外子繼幼鍾負鏞骨四千餘里歸葬年八十二以節終繼亦早亡妻方氏生子亮才二歲守節垂四十年亮舉景泰癸酉鄉試卒妻王氏妾吳氏皆少寡無子且貧甚乃共處紡績自給終身成化間詔旌三代人稱曰四節里

張旻妻李氏宿松人夫死苦節廿貧紡績六十餘年弘治十四年旌表

方說妻姚氏桐城人年十七歸說說歿服斬衰自縊與說同葬正德間詔旌貞烈

吳孟傳妻姚氏桐城人孟傳早歿無子姚年二十夫既葬以黃絲自縊死

盛德妻倪氏桐城人德亡倪誓守終身父母哀其無子欲奪之倪以死拒遂不復歸守四十年嘉靖丙午詔旌表

周見妻桂氏桐城人氏十七歸見越三年見死桂自經嘉靖間詔旌表

尹衡妻

葉氏桐城人衛亡葉年二十八苦節四十年嘉靖癸丑詔旌表　王相妻蔣氏望江人年二十五相逝矢志堅貞不事膏沐嘉靖間旌表　吳一介繼室程氏桐城人夫亡程年二十七撫前室子如己子壽九十二終事聞旌表　李棟妻張氏桐城人棟死無子張投於寒氷首觸水竅而入溺死其面如生　胡效俊繼妻陳氏桐城人夫亡程自縊死　錢巨瞻妻周氏桐城人夫亡自縊家人救之乃入室設夫靈案跽於前七日不食死　詹伯妻儲氏桐城人年十四歸伯伯渡石溪溺死儲經於靈座下　周一脉妻陸氏桐城人一脉早亡陸自經死竟同穴　洪錫妻汪氏桐城人夫亡汪命壙者曰此方多蟻穴必大之越宿自經死竟同穴　許聖德妻徐氏桐城人夫亡無子氏年二十餘自經死　高文學妻王氏桐城人文學早喪王父道美來弔王哭之哀父曰無過哀哀事有三等在汝自爲之其一即相從地下爲烈次則氷霜以事翁姑爲節三則恒人

事耳予不必言王郎鍵戶絕粒七日而死葛晟妻金氏朱得進妻王
氏陳尚俊妻孫氏陳思器妻萬氏俱濬山人早寡守節
事聞勅旌呂怡妻雷氏太湖人怡死富兒李懋欲奪之遂自經柩前朱乙妻
申氏太湖人朱貧且病腓及朱死氏遂自經呂薦妻宋氏太湖人薦赴郡試亡
宋俟柩至觸死胡聚成妻王氏安慶衛人聚成卒王氏數日不食自經死事聞旌表
蔡魁妻王氏懷寧人氏年十八適蔡一載而蔡亡無子氏剪髮自矢回母家紡績自給
苦節六十餘載終方吾妻吳氏桐城人吾亡吳年十八生子甫三月姑謂之曰成一
時烈易撫三月孤難婦爲其易難者貽誰乃剪髮矢志撫孤萬曆間旌表吳仲淇妻楊
氏桐城人仲淇歿家貧舅謀於其父母將以償貸楊自咽髮而死金一榜妻陳氏
濬山人守節撫子陳中美女濬山人許聘王應宿未嫁宿病宿父母求娶氏往侍疾八

閱月見宿必不可起夜半自縊氏先死六日而宿始殁事聞建坊

王嘉科妻徐氏灊山人科病將華徐禱于家廟願以身代自縊而死科病遽瘳

孫詔先妻吉氏太湖人年十八夫亡守志壽九十一終萬曆壬辰旌表

呂鳴鳳妻顧氏太湖人年二十夫亡有遺腹守志不奪八十歲終萬曆中建坊

匡有光妻艾氏太湖人年十六夫死撫遺腹子毀面截髮以死爲期事聞旌表

姚孫棨妻方氏桐城人年十六寡遂矢靡他自營爾室移夫柩藏之以俟同穴壽八十四終

胡卓妻周氏望江人年十八適卓踰年卓亡無子周抱木主歸母家坐卧一室數十年如一日萬曆間建坊

章蟠妻呂氏太湖人年二十二寡無子截指守志萬曆間旌表

吳逢愷妻李氏太湖人年十八寡守節五十餘年萬曆間詔旌

盛可美妻尹氏桐城人年二十四寡守節四十年天啓間詔旌

范甲妻張氏太湖人年二十三寡守志訓子天啓間詔旌

章崇雅

妻洪氏懷寧人夫亡守志刲乳肉救姑年九十終天啓年間建坊

程女系出河南隨父過皖遂居焉許字楊宗禮未嫁禮亡女紡績自給終身崇祀烈女祠

張蓁妻余氏宿松人蔡殤余年二十五堅志撫孤天啓元年建坊

吳仕泮妻黃氏宿松人歸吳一載夫亡遺腹生子守節壽八十三天啓七年建坊

唐艮明妻李氏宿松人年十六歸唐數月夫亡撫遺腹子詔建坊

余象儀妻王氏桐城人二十八歲夫亡忍死紡績撫孤年七十餘終

汪之東妻阮氏懷寧人夫亡氏年甫十八無子苦節四十餘年詔旌

李舟妻徐氏桐城人年二十四寡撫孤五十餘年詔旌

方福一妻王氏懷寧人福一被溺死王守節三十餘年事聞勅旌

邰英妻左氏懷寧人早寡守節事聞旌表

陳通妻汪氏

陳信妻趙氏

昝保兒妻杜氏

嚴文昌妻張氏俱懷寧人早寡守節事聞旌表

汪混泉妻丁

氏懷寧人夫亡氏年甫二十剪髮毀容以守自誓五十年如一日事聞旌表

蔣毓芝妻錢氏懷寧人十九早寡置夫木主于臥室日夕相依年七十終

楊大善妻劉氏懷寧人十七歸楊逾年夫亡生子方七日子長復亡晚節益堅

胡效政妻龍氏桐城人年十九寡守節撫孤九十七歲終

方栢繼妻余氏桐城人栢前妻有子曰徹于歸六月而栢亡余年十七撫徹不啻所生壽八十二終

陳烱妻王氏桐城人年十六適烱未一載烱死氏一慟而絕

徐桓妻章氏桐城人年二十二寡撫遺腹子苦節九十三歲終

方法女桐城人許字盛姓未笄盛亡女服衰往哭歸與母鄭同守家人稱爲老姑年七十終

左仲魁女桐城人幼許韓昱昱父避仇偕子去索聘幣爲旅資聽女別嫁左曰一盟終身焉能更事他人堅守俟昱至二十載昱歸修執婦道七年終

彭法聖母汪氏太湖人年十九夫亡矢志訓子事聞建坊

嚴世遨妻劉氏太湖人年十八寡撫遺腹

子守節有茗山庵鐘三鑄不成僧夢神告之曰須用節婦金環僧詣募之鐘成環現於外觀者驚異

朋至明妻侯氏太湖人年十九夫亡制滿自縊

羅引貞望江人許聘方自宣未嫁宣亡羅年十六聞訃墜樓暈死及蘇夜同婢抵方門紡績奉姑勵苦二十年無疾而終勅建坊

徐樂蘐女潛山人許字胡乾乾夭自縊

饒歲榰妻劉氏懷寧人年二十餘夫亡礪節壽八十四終

程士朝妻聶氏懷寧人年二十夫亡斷髮誓守卒年七十餘

吳汝淳妻張氏桐城人年十八夫亡無子立汪嗣守之四十年不離墓所

觀妻王氏桐城人觀得瘋疾禮成之夕暴死氏獨守五十載人稱爲王節女

吳應燦妻王氏桐城人年十九夫亡苦節四十餘年

楊楫妻張氏桐城人年十九夫亡無子苦守壽七十三終

胡仲禮妻張氏桐城人年二十夫亡矢志年七十七終

周櫝妻方氏桐城人年二十夫亡無子苦守壽踰八十

龍夔妻汪氏

桐城人年二十一夫亡守節年七十終胡惟德妻黃氏桐城人年二十二夫亡誓守壽七十五劉賓妻笪氏桐城人年二十一夫亡剪髮誓守年六十餘終李達德妻張氏桐城人年十八守節年八十二終盛應舉妻王氏桐城人年十七夫亡撫孤守節歷六十年劉鍾致妻胡氏太湖人年二十夫亡無子守節事聞旌表方九錫妻蔣氏太湖人年十九夫亡守節年八十二終方一正妻仇氏太湖人年十九夫亡守節壽七十八終胡永恭妻何氏宿松人年二十夫亡守節卒年八十何大升妻沈氏宿松人年二十夫亡守節卒年七十餘劉銀妻胡氏望江人嫁未五月而夫亡胡年十七苦節四十餘年章鏜妻范氏龍子宗妻胡氏皆望江人年二十夫亡守節六十年終徐行妻唐氏宿松人崇禎丁丑流賊執之詈曰我家世書香肯受爾辱乎爾不過能殺我耳賊怒殺之吳

之瑞妻張氏宿松人寇執欲汚之張紿免其夫與二子遂撞石而死劉之馥
妻石氏宿松人寇至執石縛之馬上氏自馬上倒下墜潭中溺死金學文女望江
人罵賊被賊支解韓鼎應妻劉氏懷寧人値亂舅姑雙柩殯於庭賊疑柩內有藏
欲剖視劉抱柩號哭女年甫十三賊數盼女劉曰但得不驚吾先柩女非所惜也賊攜女去女投池
死賊怒殺劉 詔建二坊旌表劉若寓妻吳氏懷寧人城破賊殺寓吳哭罵賊賊斷
其雙乳而死劉餘謨妻阮氏懷寧人賊執之氏奪賊刃自刎何仲妻許
氏懷寧人被賊執大罵賊怒殺之錢文炳繼妻顏氏懷寧人夫亡苦節二十餘
年罵賊被磔高孝銘妻吳氏懷寧人城陷死不從賊被磔張明煒妻
游氏懷寧人城潰匿複壁中賊執煒游躍出日幸釋吾夫願以身從賊遂釋煒游睨煒行既遠
以頭觸地賊怒殺之吳道震妻姚氏桐城人年十九寡撫孤戚立會賊至見執厲聲

罵不絕口賊怒殺之崇禎間旌表

王天璧妻郎氏桐城人崇禎間流賊至躍入龍潭死

璩伯崑妻王氏桐城人流寇掠于鄉欲驅之去王罵賊被殺

汪之倫妹桐城人流寇至汪被執欲汙之不屈投蓮花池溺死

龍氏女桐城人年十三爲賊所執欲犯之觸刃而死土人瘞之呼爲烈女墳

徐益晉妻石氏潛山人流寇突至被執賊甘言慰籍氏詈不絕口賊縛樹間支解之

汪澤妻胡氏宿松人遇賊不從被殺

謝增新女　葛修闇女　余嘉臣女　黃之瑞女

熊應輝妻盧氏　王自鑣妻陳氏　朱嘉興妻余氏　王維寧妻嚴氏俱潛山人遭亂爲土賊所執義不受汙而死

桂昌妻張氏潛山人被賊執伺間赴水死

孫萬程妻徐氏潛山人賊破虎頭寨被執不屈支解之

孫玉妻金氏潛山人賊破虎頭寨不屈投井死

金道全

妻劉氏潛山人賊掠不從支解之詹大啓妻何氏太湖人年二十夫亡撫子世祥後闖賊居羅溪搜執之不屈賊磔之世祥負母屍投崖死錢驪妻劉氏懷寧人亂兵潰城刦劉出戶劉紿以藏金在室賊放劉還家以子投姑姑遂投身烈火死李秀野妻余氏懷寧人城潰火烈余以長子屬其夫避之自懷幼子入火死方都韓妻呂氏懷寧人城潰韓救父爲賊所執因同遇害戴景妾毛氏戴堯封妻劉氏游必常妻曾氏高陞妻劉氏徐憲武妻林氏唐祖舜妻楊氏金汝暘妻黃氏張起鳳妻黃氏媳方氏以上懷寧人流寇陷城死葉標妻汪氏懷寧人城潰前三日母家迎汪出郭汪曰舅姑在家安忍舍去賊至即先縊死劉若寬妻黃氏懷寧人都督黃應甲女孀居二十年城破死陳自妻程氏懷寧人城潰賊刃自

程抱夫罵賊同死義婢重貞當流離中棄已子而育陳子焉

劉蕃妻阮氏懷寧人小字女宗工書史城陷蕃愴惶無措氏日君無子母以我為念遂投池水死

侯君錫妻梅氏桐城人君錫病篤梅刲股救愈

汪世衡妻戴氏桐城人遇流賊欲驅掠之氏抱樹厲聲曰何不速殺我賊怒遂殺之

洪佛妻安氏桐城人生不食肉強之輒吐號為齋姑佛死依兄嫂茹素六十二年卒葬安家祖壠人稱為齋姑墓

方九思妻吳氏桐城人九思蚤卒議姻者來吳瞋目叱曰安得為此無禮語遂絕粒不食七日卒

盛汝恩妻何氏桐城人汝恩卒遺孤七歲何誓守撫孤壽八十有九終

吳應道妻方氏桐城人應道卒養姑獨居三十年訓遺孤成進士贈淑人建坊旌之

黃之宣妻包氏桐城人宣病篤包刲股救之踰年宣死包守貞壽八十有奇女適徐亦年二十守節壽五十有奇母女相依稱為雙節

張士綱妻范氏桐城人姑疾刲股進之綱蚤歿遺孤方四歲氏

撫孤守節壽五十卒盛世英妻許氏桐城人英卒許以立孤自矢名其孤曰思立男姑欲奪之遂引刀剺左耳年六十餘終林念祖妻袁氏桐城人林以省試歿於江昝伉儷僅七月一幼侄相依歷年七十而終方大美妾張氏桐城人大美歿張誓不他適坐臥一小室守志六十年卒王曰善妻左氏桐城人曰善亡氏年十九守節孝姑後流賊陡至遂縊死夫柩旁崇禎間疏旌陳烱妻王氏桐城人年十六歸烱甫半載烱中危疸卒館舍王氏就館視含殮畢一慟而絕潘遇妻某氏佚其姓歸遇不數月遇死遂入大松林自縊張秉文妻方氏桐城人崇禎巳卯隨秉文在山東流寇亂秉文殉難方率妾楊氏陳氏同蹈後河死有邺典汪氏女桐城人流寇至樅陽汪被執欲汚之遂投蓮花池溺死吳豫妻方氏吳希朝妻伍氏胡效賓妻陳氏孫郎妻吳氏以上桐城人俱無子少寡以節終方

啓煜妻王氏桐城人煜病王刲股療之煜亡即斷髮毀耳鼻苦節三十年而終林
見妻張氏潛山人流寇至避亂虎頭寨賊環攻之氏告夫曰寨旦夕必破汝善撫諸子遂
投巖而死操高極妻聶氏　丁一驤妻石氏　陳鉉妻
胡氏　吳之雅妻楊氏　劉瓊妻張氏　熊繼妻
某氏　夏贊妻王氏　桂明命妻黃氏　汪啓臯
妻江氏　崔勝濬妻王氏以上潛山人俱流寇陷城死　熊夢篆
妻金氏潛山人夫歿不食哀號數日以首觸棺而死　黃之宗妻汪氏潛山
人割股救夫獲痊　韓希猷妻唐氏太湖人以無子棄歸猷死唐哀毀水漿不入口
七日卒　陳所學妻唐氏　章於國母蔣氏　方訓義
妻程氏　胡翥鸞妻余氏　沈文樞妻蕭氏以上太湖

人流寇陷城死黃之正母王氏太湖人城陷氏與媳劉氏匿儒學尊經閣賊搜之遂躍火中媳赴泮池死御史黃澍疏畧云王死於火節比崑岡之玉劉死於水身染芹藻之香詔旌之

阮之名妻袁氏太湖人夫卒哀毁絕粒誓殉之姑年老泣曰汝殉吾子我何所終相持悲感後姑歿痛號數日亦殂

孟言善妻王氏太湖人言善早逝氏年十九守志訓子獲登仕叛以壽終

彭字亨妻呂氏太湖人氏年二十一亨疾篤刲股入劑立愈越酉月亨卒氏遂斷髮長素以終

姜標妻徐氏宿松人年二十九標亡氏撫孤守節弘治五年敕旌其門

李開妻余氏　袁洋妻何氏　張瓚妻劉氏　張某二女以上宿松人俱被賊執不屈死

郭孔隆妻何氏

楊汝聰妻張氏　汪鯍秀妻柴氏　袁師古妻高氏　洪仕妻王氏　楊士尊妻唐氏以上宿松人俱少寡無嗣

以節終

龍騈妻吳氏望江人騈暴疾貧難具藥吳刲股作糜以進騈愈三年而卒吳誓守以織紝養孀姑撫幼子

章緋妻劉氏望江人緋疾卒劉守志撫孤孝子子又早殞劉哭幾絕葬子於夫側劉亦尋卒

龍子德妻童氏

毛棟妻蕭氏

李應鈳妻程氏

胡宗鼎妻史氏

王三命妻萬氏以上望江人俱少寡無嗣以苦節終

曹某妻徐氏

劉允若妻蕭氏

甘尚珍妻袁氏以上望江人流寇掠境被執死

吳弘傑妻汪氏

吳弘初妻周氏俱望江人夫死守節兩旌之

金學書妻焦氏望江人學書早卒焦養姑鞠子苦節三十餘年教子繼望成明經官知府

皇清

左之乾妻馬氏桐城人年十六歸之乾夫卒氏矢志四十年安撫部院徐國相題旌

雷永祈妻汪氏太湖人明末壬午城破遇害至順治八年巡按上官鉉具題

旌表

馬人龍妾巢氏太湖人年二十四夫亡撫子成名守節四十年順治八年巡按上官鉉具題旌表

江迥妻夏氏桐城人迥亡絶粒七日死年二十八順治十五年巡按劉宗韓具題旌表

余宣妻馮氏太湖人年十九夫亡撫二子之吉之星誓守不變之吉娶詹氏吉亡詹嘔血死之星生子日娶王氏被賊執自刎知縣李世洽詳旌

汪興之妻嚴氏太湖人年二十四與故隨姑祭奠畢先歸自縊死

章會端女太湖人字保貞許字汪氏子未嫁而汪夭保貞毀容斷髮守志終身

陳朝棟妻方氏桐城人氏生二子男妾無出抱他人子立為巳後翻奪氏之產以去氏未嘗與較躬操作勤織紝相夫課子勞瘁以卒康熙八年巡撫張朝珍遣使祭其墓

倪嘉善妻何氏桐城人年十九寡無子以節自誓康熙十年巡撫張朝珍具題旌表

龔自成妻蘇氏嶺南惠州人成娶氏歸潛山復遠遊有暴客潛入欲污氏氏力抳其要大呼暴急嚙氏臂氏痛釋手暴因得逃氏嘔

血絕粒而死邑令周克友擒暴因步驗之時當暑日午令啟棺驗臂傷痕陡起齒跡宛然天忽大風雨止氏居三里內驗畢風雨復收康熙十一年安撫靳輔具題旌表

江桂妻姚氏桐城人早寡矢志撫伯子爲嗣康熙十三年安撫靳輔具題旌表

潘金芝妻吳氏桐城人事祖姑孀姑以孝聞夫亡守節康熙十九年安撫徐國相具題旌表

周氏盛應禎妻

吳氏楊之題妻　詹氏方正旭妻　任氏楊應壯妻　雷氏　吳氏已上俱懷寧人撫孤守節

錢氏方生妻　朱氏張希禹妻俱桐城苦節

查氏劉國憲妻　萬氏江萬象妻　余氏舒璠妻

龍佛貞望江孝女幼割股救祖母疾

徽州府

（唐）章氏二女歙人母程氏與二女登山採桑母爲虎所攫二女號呼搏虎母獲免終身奉母不嫁刺史劉贊改所居爲孝女鄉

吳嫗休寧人黃巢亂賊至嫗曰寧可斷吾頭不可戕

吾鄉賊怒殺之見白血駭去

宋 **程氏女** 歙人方臘來寇舉家避地女年十七遇賊賊脅以刃女且唾且罵賊刃亂下潰其屍乃去

汪三桂妻張氏 歙人年二十二嫁甫五十三日而夫亡張守志立同宗子爲夫後孝養舅姑有司書其門曰孝節

葉氏女 歙人父母歿鞠于叔母叔母疾刲股救之叔父母死設像供奉終身不嫁年八十一終

葉氏女 婺源人許程士龍聘方行而士龍歿力請于父往哭之誓不再適覓其從子爲嗣事聞表其門爲烈女坊

汪門二烈 歙人汪福妻王氏汪承和妻吳氏姑媳也方臘寇歙姑自經吳爲殮畢亦縊死朝旌雙烈

元 **程駐妻呂氏** **程趙妻鄭氏** 俱歙人至正十五年官軍襲賊而敗呂負二歲兒敗卒欲攫之去鄭匍匐救拒卒怒斬之呂曰汝爲官軍不殺賊而掠我我寧死豈從汝乎卒又斬之

羅宣明妻蔣氏 歙人至正壬辰蘄黃寇起蔣被賊執拒之賊怒斫其

臂墜崖下死　**鮑琪妻吳氏**歙人至正十六年遊卒哨掠執吳欲汚之吳不屈大罵卒怒斬其首　**吳興祖妻呂氏**歙人至正丙申避亂被執不從殺之　**程梧妻吳氏**歙人年二十五寡守節不渝百有四歲卒　**胡氏**婺源人嫁程未三年寇殺其夫欲掠之胡不屈自刎死　**汪琰妻潘氏**婺源人琰亡氏年少無子誓不他適立夫從子爲後孫婦李氏曾孫媳俞氏皆年少守志時稱一門三節

明

江萊甫妻葉氏歙人夫亡無嗣以夫從子爲後洪武辛未建坊旌表仍復其家年登百歲終　**李德僖女**婺源人年十六聞父遇害慟哭不已遂自經洪武九年立祠歲祀　**江務本妻許氏**歙人年二十四寡誓守不二洪武二十九年建坊　**鮑叔周妻俞氏**婺源人生一子而夫亡守志洪武壬戌旌表　**方剛寧妻鄭氏**婺源人年二十二守志奏聞旌表　**章德俊妻胡氏**績溪人年二十守節洪武中旌

表
汪氏女休寧人許字吳文袞將歸而文袞歿袞服臨喪闔戶自經吳邦寧妻
項氏休寧人年十七夫亡自縊死朱一龍妻黃氏休寧人年二十夫亡自縊
汪基女婺源人許配葉天彝夫亡遂服哀往哭拜舅姑守節終身事聞旌表程鋐妻
范氏休寧人鋐亡范引決以殉事聞旌表程克艮妻陳氏祁門人汪瑀
妻王氏黟人皆早寡守節成化間旌表韓文炳妻汪氏黟人早寡守節弘治
間旌表汪一鸞妻唐氏歙人夫亡絶粒七日死巡撫奏聞旌表汪洪妻
何氏歙人年二十二寡叔謀奪其志氏截二指以誓事聞旌表江睦妻潘氏歙人
年十九寡守志撫孤年七十餘終巡按奏聞旌表舒容妻汪氏黟人二十而寡無子
守節正德間旌表江棠妻汪氏婺源人正德癸酉饒寇剽掠汪氏為所驅躍入水中
死幼女甫十歲亦罵賊投水死奏聞建雙烈坊汪一中妻程氏歙人嘉靖辛酉一中

任江西副使討賊遇害程慟自投井救出不死曰夫以忠殉國妻獨不能以烈殉夫乎水漿不入口五日而卒詔贈淑人
程璟妻凌氏歙人璟故立伯子爲嗣吞金屑死奏聞旌表
唐祿妻王氏歙人年二十寡無子守節奏聞旌表
汪道耆妻方氏歙人年十二失怙恃者母逆歸越五載及笄而耆亡方慟絕復蘇夜自經死建坊旌表
鮑大賓妻劉氏歙人夫歿劉年十八慟廢食祖姑與姑持之極哀願相依爲命後二姑沒絕粒十日死詔旌烈
孝吳顯盛妻程氏歙人盛沒於楚氏年二十四矢節自勵曾孫孔嘉陳情建坊
汪孟祿妻詹氏歙人孟祿死詹絕粒以殉事聞旌表
吳貞美妻江氏歙人夫亡即自經死事聞旌表
程有仁妻羅氏歙人年二十二而寡有仁兩從弟各舉次子氏請並立爲嗣嘆曰今可死矣絕粒八日卒事聞建坊旌表
張元迪妻吳氏歙人遡客死氏自經建坊旌表
羅所學妻許氏歙人夫亡即自經以殉猶及共

殮建坊旌表

鮑欽忠妻程氏歙人年十六歸忠踰年夫亡氏俟殮畢自經死事聞旌表

鮑正春女歙人許字吳士榜會榜遊藝燕京訃至女不食不言尋自縊死巡按奏聞旌表

丁開先繼妻程氏歙人夫亡自縊事聞旌表

王永盛妻汪氏歙人夫死絕粒八日喪事後拜姑而歿事聞旌表

汪鳳苞妻吳氏歙人氏二十歲舉子國維夫亡撫棺誓曰魂而有知相待泉壤當於此子娶婦時相見迨子冠婚甫畢氏果絕粒七日卒建坊旌表

汪知幾妻蔣氏歙人幾死治棺衾二具絕粒十晝夜卒於柩側建坊旌表

江樞妻汪氏歙人年二十夫亡守節建坊

胡氏女歙人母病篤氏年甫十三偕弟之憲刲股和粥以進時憲年七歲題旌雙孝

吳懷愼妻程氏休寧人年二十一寡守節撫孤建坊

程潭妻吳氏休寧人夫亡赴水死

汪道行妻查氏休寧人夫亡自經並棺而殮

邵懋卿妻朱氏休寧人夫亡自經救甦自嚙斷

吞絕粒而死　汪道夫妻程氏休寧人夫亡自縊　張顯昊妻汪氏
休寧人夫亡自縊　吳艮士妻程氏休寧人年二十二夫亡自經　汪横妻
曹氏休寧人汪有癩疾飲酖與曹訣曹知不救屬作大棺自縊死　汪氏休寧人名美娘
年二十將歸戴鈕鈕卒遂自樓投地絕而復甦後父母强之再嫁已受聘女不從遂取鈕庚帖納懷
自縊而死　張尚倖妻汪氏休寧人倖死汪自經救之遂絕飲食五日死　夏大
經妻徐氏休寧人夫亡遂絕水漿形容盡脫而死　汪懋才妻金氏休寧
人嫁甫半載而寡喪畢自經死　程有翔妻許氏休寧人夫亡自縊死　黃如蕙
妻吳氏休寧人夫亡以幼女托伯姒不食五日自縊死　鄒志立妻汪氏休寧
人年十九歸鄒時夫已病篤閱四月卒郎自經救甦復投井援出及大祥竟枯形而死　王尚
友妻蘇氏休寧人夫死於外絕粒五日自經而死　吳江繼妻葉氏休寧

人夫亡　畢宗永妻吳氏休寧人年十九殉夫死自縊　許傑妻章氏績溪人年二十三而寡守節撫孤嘉靖間建坊旌表　洪櫺妻余氏婺源人夫亡斷指守志年九十終　吳守華妻何氏休寧人華持躬方正嘉靖間旌表歿後何勤苦撫孤夭楚天威成立楚又歿何同冢婦戴氏撫二孫再世存孤孫曾玉立苦節七十年卒年九十七四世孫正治

皇清己丑進士歷官經筵講官禮部尚書加二級晉武英殿大學士今派行人文科第鵠起皆節母茹荼懿德所培云　韓應泰妻余氏婺源人年十六歸泰未朞泰溺水死余立伯子戴爲嗣又夭撫其子起龍年七十終萬曆旌表

絳妻方氏婺源人夫亡守志撫孤勅旌節慈　余珦妻汪氏績溪人年十三而夫亡死無子矢志不二孝養二姑建坊旌表　程應第妻胡氏績溪人年十九夫亡無子守志不二建坊旌表　胡汝光妻鄭氏績溪人年二十一而寡孝姑撫子事聞旌

表

胡仕瑛妻鮑氏績溪人夫出外鮑爲勢迫而死建坊旌表

汪氏女績溪人許字吳大振未歸夫亡絕粒十四日死

周顯志妻程氏績溪人年十九夫亡家貧撫孤年六十而終

黃氏休寧人許字江士騐將歸騐歿女吞金而死

余明賓妻詹氏婺源人年十八夫死無子家貧家人勸之嫁杜門哀慟不食三日死

胡宗孔妻汪氏祁門人夫亡氏年二十一絕食而死

舒拱禧妻項氏黟人年十八夫亡撫孤守節

張廷芳妻胡氏績溪人年二十一寡截髮守節年六十九終

俞一德妻汪氏績溪人未嫁時一德病父母易盟汪斷指截髮以死自誓竟歸一德期年夫亡家貧無子績蔴養姑年九十餘終

汪彥雲妻洪氏歙人雲卒絕粒十二日死事聞詔建坊

張友妻洪氏歙人夫亡姑憐早寡無子納聘逼嫁洪遂自縊而死

劉昌妻洪氏妾春香俱歙人洪氏二十夫亡絕粒死春香自縊

程禧義女歙人

許字王廷用廷用死程父母勸改嫁女執不從逃之姑所自經死**吳洧妻張氏**休寧人歸歙人吳洧洧感寒死張即隆冬衣單衣誓以死殉姑累強其再適遂自經死**方大法妻程氏**歙人婚甫五月大法客死期年值大法忌日程慟哭絕食仰藥而卒撫按題旌表**管竽妾王氏**新安衛人竽死家人以王無子固欲嫁之王號哭不從密製棺衾托家長撫其嫡孤仰藥而死**朱汪妻吳氏**歙人汪死吳視殮畢即仰藥死**江鰲妻姚氏**歙人姚有容儀而鰲穢陋氏歸而安之鰲溺死家人逼之嫁氏遂飲藥死**鄭瓛妻汪氏**歙人嫁數月瓛外死櫬歸汪預造二壙自縊死**吳誠妻鄭氏**歙人誠死氏無子乃擇地爲雙壙諸後事皆具及葬先期沐浴易衣周身縫之外加衰經自縊死**吳[illegible]祥妻閔氏**歙人嫁未朞年夫客死有謀奪其志者閔遂自縊**鄭瀚妾程氏**歙人嫁三年夫亡既葬仰藥而死**胡鑰妾程氏**歙人鑰亡程絕粒不食復引帶自經死**黃**

正笏妻程氏歙人夫亡絶粒不食死　鮑師周妻洪氏歙人夫亡無子仰藥而死　方瑄妻汪氏歙人夫亡無子家甚貧夫叔逼之嫁仰藥而死　方渭女歙人許聘汪鳳時鳳時死女欲一見姑姑至女拜泣曰願姑逆婦歸使得臨夫墓比至墓牽帷視之業已經死遂合葬　程如璜妻汪氏歙人歸六年而璜歿汪營殯事祔壙於璜右自經死　方大章妻吳氏歙人年十六歸章未兩月章就學嘉禾病死吳泣告姑曰夢夫死矣余何生爲越七日訃至絶粒十一日死　方長憲妻洪氏歙人憲亡自營生壙自經死　程邦彥妻徐氏歙人同父僑居臨清彥往就婚越二年亡徐郎移書請舅來以囊槖付舅以歸夫骨遂絶粒而死　武生繼妻汪氏休寧人嫁夫朞年夫亡喪事畢自縊而死　汪士任妻程氏休寧人年二十夫亡自經　汪大經妻吳氏休寧人經以憤卒吳守志服闋遂自刎死　黃瀚妻程氏休寧人瀚遊浙病亡及柩

還遂自經死　吳元傳妻程氏休寧人傳卒於眞州氏年二十三聞訃墜樓而死　蘇廷熢妻汪氏休寧人熢亡次日即自經死　劉師基妻金氏休寧人從夫客武昌遇流寇欲犯之挺不從罵賊而死　鮑烈女休寧人許聘王繼先夫亡絰服衰絰歸王門絕粒死　胡繼翔妻金氏休寧人翔亡勺水不入口三日死　范師聖妻汪氏休寧人夫亡自縊　程榮寵妻方氏休寧人夫亡姑奪其志遂自縊死　程邦偉妻范氏休寧人夫亡氏自縊死　陳燿如妻汪氏休寧人夫客死氏聞訃自經　戴懋賢妻徐氏休寧人賢歿徐縫衣紉履自縊死　金如坊妻吳氏休寧人坊客死吳聞訃即自紉其衣縊死　洪令德妻程氏休寧人嫁三載而德客亡訃至遂自縊　余波妻汪氏歙人年二十四寡苦節五十七載御史題旌　潘圖南妻黃氏歙人早寡守節巡按題旌　戴時達妻

汪氏休寧人夫亡氏年二十自經死謝湯妻汪氏歙人夫被賊殺氏投水死汪侃繼妻胡氏妾劉氏歙人年少夫亡剪髮誓守以節終汪總妻方氏鄭晉照妻羅氏俱歙人少寡守節以壽終黃思文妻潘氏婺源人二十守節以壽終謝繼縉妻蔣氏歙人年十八縉死蔣亦自縊姑持救之後絕食五日墜樓自隕石階爲斷至今以斷石旌其墓門程德明繼妻鄭氏歙人德明亡氏夜半自經孫鶴妻姚氏歙人鶴在里中傭工及故姚自經死鄭燮妾王氏歙人燮死於客王櫬歸葬畢自經死胡周保妻項氏鮑雲翔妻李氏羅光祖妻黃氏俱歙人夫亡自縊吳寬浩妻鄭氏歙人浩亡鄭年二十拮据作苦以養姑姑歿而兄子無賴陰受人聘以計給之使輿人擁之去鄭知而號咷無及遂假以更浣閉戶自經死汪一會妻黃氏歙人夫客亡黃

自經死方憲濂妻金氏歙人年二十八夫亡金以有娠與得男繼祀故不即死及期生女金大慟遂自書其夫與已神主自經而死潘嘉會妻徐氏歙人成婚數月夫亡徐遂自經以殉程金繼妻劉氏歙人夫亡劉以身殉死祟祀節烈祠程大節妻吳氏歙人夫死氏閉戶自經建坊旌表謝應徵妻吳氏黃養蒙妻汪氏程尚寶妻馬氏俱歙人夫亡自縊洪鍾聲妻方氏歙人夫亡方仰藥死吳士志妻黃氏歙人年二十四夫亡七日不食死汪仲景妻胡氏歙人夫亡自經以殉徐文敏妻汪氏歙人夫亡汪年十九勺水不入口十日死張夢鯨妻程氏歙人夫亡程自經柩側楊尚仁妻潘氏歙人年十九夫客死氏聞訃自經吳賓廷妻汪氏歙人夫亡無子汪以廷所束帶自經於臥榻吳寵錫妻程氏歙人寵錫客死程聞訃沐浴自

經羅懷用妻胡氏歙人夫亡自經死許允文妻鄭氏歙人夫亡氏以五綵線縊死胡德修妻方氏歙人夫亡氏縫緝上衣下裳自經死葉茂榴妻程氏歙人榴客死程聞訃自經吳維岳妻汪氏吳塤妻汪氏項澤妻汪氏許時功妻蔣氏許大文妻潘氏許明俊妻徐氏鄭時亮妻呂氏方時鵬妻莊氏趙泌妻吳氏程高儀妻許氏方道彥妻洪氏方世錦妻汪氏鮑觀澳妻徐氏程士鶚妻方氏汪文鳳妻鄭氏鮑文奎妻程氏汪應伭繼妻李氏俱歙人夫亡自縊方以仁妻黃氏歙人夫客死黃穿二壙自爲文祭仁遂刺鶴項血自飲死鶴亦哀鳴不食而仆其鄉人並

葬鶴于塚旁碑曰鶴塚

方仲昭妻程氏歙人嫁二年夫亡自經死

方可承妻程氏歙人承遇盜投之淮河程取衣冠葬之自經以殉

汪君峻妻方氏歙人年十七夫亡自經死

吳文燧女歙人許字孫姓子未笄而孫亡女往哭甚哀編髮纏頸而死

吳繼潭女歙人許字張姓子未笄張亡吳自縊死

吳同蘭妻程氏歙人夫亡絕粒死

吳家讃妻程氏歙人夫亡自縊死

謝一駱妻方氏歙人歸駱三月駱爲亂兵所殺方手紉衣裙絕粒七日死

張伯升妻方氏歙人伯升死方自經死

吳從誠妻鮑氏歙人誠亡服毒死

吳文靖妻王氏歙人夫亡自經死

吳敏學妻潘氏歙人夫亡絕粒死

吳光妻項氏歙人夫亡自經死

程道宏妻凌氏歙人夫亡赴井死

吳漳妻朱氏歙人割股救夫夫載在武宗實錄

朱隱貞歙人女年十七許嫁未適而夫死不嫁終身

詹子

民二女歙人姊名師年十四妹名岳年十二皆以夫亡不嫁終身蔣氏女歙人許字程德濂客長沙二十年不通音問濂母諭更嫁蔣悲號成疾死方艮簡妻章氏歙人守節撫孤建坊旌表程法姑歙人許聘蔣應約約亡女臨喪哭奠隨孀母共居小樓二十八年足未履地鄭策妻方氏歙人策死方年二十生子數月撫之成立娶媳余氏子又早歿姑媳相依守節方富權妻程氏歙人年十八夫亡撫遺腹子守之年九十四終吳輝宗妻孫氏歙人年十八夫亡誓不改適撫遺腹子守之卒年八十七程氏女歙人許聘吳從仕仕亡女哀服往弔歸吳守節許立德妻鮑氏歙人年二十四夫亡守節建坊旌表游天祿女婺源人許聘汪舉賢未嫁賢亡歸汪修子婦禮迨禫服絕粒死汪申賢妻程氏婺源人歸汪未朞夫亡絕粒而死時年十九勅建坊祠宋時欽妻金氏婺源人歸欽三日夫亡養祖舅姑與舅姑皆歿氏絕粒七日而死萬曆丙

午旌表

張仲艮妻游氏婺源人年二十二寡矢志撫孤建坊旌表

張起叙妻江氏婺源人年十九寡立嗣守節八十二歲終按院題旌

胡亨華妻方氏婺源人甫嫁未久夫歿孝事其姑姑歿遂自縊死

李鵬時女休寧人許聘婺源余坡將歸坡歿女慟不食出綉鞋示其妹曰此我殮裝也踰年父母欲再聘之遂自盡

洪日升妻潘氏婺源人年十四歸升其姒不艮潘諫誡之會升出姒遂欲蔑之以自解乃夜舉火潘登樓大呼有一少年招之潘不從赴火死婢鮑氏救之亦死時謂二烈

查懋功妻江氏婺源人年十九夫客死櫬歸自牖躍出而死

查仲嘉妻胡氏婺源人夫歿後值忌辰盥漱投井死

胡某妻張氏婺源人年十六嫁未幾夫亡人強娶之不從遂嚙指血寫詩于裙上自刎而死

江宗周妻許氏婺源人年十六歸周踰年周亡立姒氏子爲夫後自縊死

施仁卿女婺源人卿歿遺子方二齡女年十五遂撫弟不嫁竟以在室終身今

稱其居爲貞節里

江祖裕妻齊氏子宗隆妻甯氏孫德玉妻錢氏俱婺源人萬曆間旌三世秉節

倪本誠妻胡氏祁門人年十七適誠一載而寡遺腹六月生子撫之曾孫倪思輝請于朝旌

謝錫智妻章氏祁門人年十八寡遺孤三月後孤又早歿僅遺一幼孫撫之督學奏聞旌表

李應時妻謝氏祁門人年二十五寡奉舅姑十餘年舅姑歿乃自經死

方應鳳妻饒氏祁門人夫亡服闋飲藥而死

張熺妻汪氏祁門人年十九夫亡撫孤卒年七十一

周元吉妻胡氏祁門人年十九夫客死櫬至胡袖匕首自刺死

胡舜妻王氏祁門人爲賊所執罵賊不屈賊支解之時年二十一

張蕉妻陳氏祁門人年十八蕉死有子生三歲母欲奪其志不從母因毒死其子陳遂自縊

王承葉妻倪氏祁門人年二十夫亡飲藥而卒

汪之望妻陳氏祁門人夫亡仰藥而死

鮑氏祁門蔣大行妻

蔣死氏自縊謝富妻葉氏祁門人富客死葉以四歲子託姆氏自經死蔣氏女祁門人許字光有本本亡女扼吭而死與本合葬邑令爲之建祠陳國盛女祁門人幼字謝進泰泰殤女年十一自經死謝世顯女祁門人幼字李天春春死女往弔遂立嗣子守之子完娶畢遂絕粒死事聞建坊旌表汪文燦妻饒氏祁門人夫亡無嗣爲翁翁娶妾生三子翁歿饒撫之成立程萬方妻余氏黟人年二十二寡撫孤守節九十歲終余枝貴妻汪氏黟人年十八寡撫孤守節年七十五終金汪鰲妻王氏黟人年二十寡守節撫孤年八十四終汪校妻孫氏黟人年二十寡撫孤守節年七十終倪大綬妻胡氏祁門人年二十四夫亡絕粒五日死巡按題旌謝與爵妻胡氏祁門人年十七夫亡無子守志養姑事聞旌表謝與點妻汪氏祁門人年二十四寡守志教子御史奏聞旌表方日強妻胡氏績溪

人年二十五寡家貧苦節年七十七終葛元齡妻許氏績溪人年十七寡撫孤守節年八十七終胡若鵬妻章氏績溪人年十九夫亡無子立姪爲後年九十二終許氏女歙人幼警悟通論語孝經列女傳年十七父伯王病羸女刲股和藥進疾頓愈王銘妻鮑氏歙人年二十一嫁二月而銘亡撫姪爲嗣弘治十一年旌表吳歡妻方氏歙人生二女歡卒方年二十八撫姪爲嗣弘治甲寅旌表何士謐妻江氏歙人生子勝方六歲夫卒江年二十九紡織教子天順八年旌謝榮遠妻汪氏歙人生子五歲遠故汪年二十二撫子孀居成化十三年旌表吳漳妻朱氏歙人漳病篤朱籲天請代刲服和糜以療學士唐皐修武宗實錄採入貞烈傳汪貴賢妻閔氏歙人賢死遺子三歲閔年二十六撫孤娶媳吳氏子死吳年亦二十六姑媳相依守節洪武間旌表張氏婺源人嫁胡姓夫亡人強娶之嚙指血寫詩于羅裙上刎死程永妻王氏婺源

人嫁八月永登進士卒于京王年二十四誓節撫孤旌表

俞堂妻胡氏婺源人堂家貧父老瞽目且病瘋痺堂傭外胡進膳取精好進舅而自食粗糲舅歿竭力營葬胡尋卒邑人稱爲孝婦

吳琴妻汪氏婺源人年二十二琴亡事翁姑汪敬謹立姪爲嗣年八十九而卒

思永妻楊氏婺源人楊少適思永永死楊視殮畢遂不食卒

江茂嵩妻俞氏婺源人嵩客外俞朝夕養姑滕氏滕抱疾俞日夜叩斗願代夜夢神示遂以乳乳姑滕喜曰若以乳生我願若有婦猶若事我也俞以是困憊死厥後邑饑人以爲孝德之報云

謝畸妻李氏祁門人畸死時年二十七無子守節旌表

謝訓妻黃氏祁門人生子夔三歲訓死氏年二十六撫孤事舅守節三十餘年旌表

仰玘妻程氏祁門人玘死氏年二十七子六歲依姑舒氏守節孫媳謝氏夫亡復感奮守節嘉靖間旌表

程鑌妻汪氏祁門人鑌艱嗣汪脫奩貲買妾耿氏鑌死汪年二十七耿年十八死不他適世稱雙節

汪希

和妻余氏祁門人年二十一和死余毁容課子踰七十卒旌表江文振妻汪氏黟縣人振病未婚卒氏守服甫三月惡少擁衆搶娶氏剪髮割面縣嘉其貞烈令傍母守節月給糧米以贍値荒父母亡氏不食縊死縣給殮葬章珙妻江氏績溪人年二十二生子周歲珙亡氏守志育孤年八十三卒嘉靖十三年勅賜貞節之門胡宗虞妻汪氏績溪人年二十四寡守節茹荼嘉靖四十年旌表王眞佑妻張氏休寧人年二十一夫亡孀居三十二年正統八年旌表金孟章妻趙氏休寧人孟章判瑞安卒於官趙年十九以節終建文三年詔旌其門吳淸妻朱氏休寧人生子三歲夫亡守節奏聞旌表汪錡妻李氏休寧人年二十七夫亡守節奏聞旌表朱原卿妻李氏休寧人年二十九夫亡子繼歿撫其幼孫年八十五終奏聞旌表黃仲僅妻吳氏休寧人年二十九而寡堅守不移享年八十四奏聞旌表謝德琛妻金氏

休寧人孀居四十三年詔旌其門**程永德妻汪氏**休寧人夫亡遺腹六月生子孀居三十七年旌表**吳煜妻汪氏**休寧人煜早卒無嗣汪守志至老以疾終奏聞旌表**金雲瑄妻胡氏**休寧人年二十五夫卒胡痛姑早寡奉姑誓不二志以姪爲嗣奏聞旌表**程時懋妻孫氏**休寧人年二十二夫亡不食死詔旌其門**程廷軒妻查氏**休寧人適程踰年夫亡查年十八子世英甫三月忍貧撫孤成立有孝行詔建褒貞坊**胡尚穆妻汪氏**休寧人夫歿于京遺孤繼文四齡誓以死殉絕粒者七日翁泣諭強起遺腹生子繼武氏稱未亡人四十餘年歿二子廬墓三載桐枝枯而復生顧宗伯錫疇爲賦雙桐歌天啓五年武伏闕陳情建坊**汪繼蔭妻黃氏**休寧人年十八夫歿矢以殉念舅姑老立姪宗友爲嗣友成立遂不食而卒以友貴敕贈孺人崇禎壬午陳情建坊**程溧妻汪氏**休寧人事姑極孝姑病篤請以身代刲股肉潛置藥中以進疾瘳奉詔建坊里人祠祀之**徐**

鍾泰妻程氏休寧人泰卒程覘含殮畢卽自縊卒巡按具題給銀建坊旌表

王承芳妻吳氏休寧人年十九夫故絕粒哭與姑訣曰我死將三世孤寃合葬一處遂端坐而逝

夏茂蘭妻汪氏休寧人夫早亡遺腹生子士俊蓬首垢面苦節三十年汪病篤俊百禱請代刲股和糜以進病遂安崇禎四年詔旌節孝

貞女方氏休寧人許字李宗敏未婚年十六聞敏痘死父母潛議婚欲自刎父母知不可奪報李迎之哭拜夫喪願終養舅姑年六十終旌表

貞女王氏休寧人許榆村程思未婚思客死氏矢志守節甘貧養姑年五十終題請旌表

烈女方氏休寧人許聘汪淮淮隨父客外十年不歸已另娶母憐之議擇聘女不從自經而死

金道周妻汪氏休寧人周客疾卒遺子王九歲不育痛傷自經卒

王大化妻孫氏休寧人化卒氏閉室自經死

金汝光妻程氏休寧人夫死殮畢自經

葉時聦妻戴氏休寧人聦客死聞仆慟絕囚首幽居俟柩歸葬絕食

死黃起說妻程氏休寧人說遊學武林歿氏徉若無殉志私嚙指出血綜理後事
結束從容而死汪大成妻陳氏休寧人年十七夫亡子患痘殀遂絕食死朱艮
臣妻方氏休寧人年二十二夫故侯夫兄客歸立後絕食死吳繼芳妻汪
氏休寧人芳仕序班卒于京汪絕粒以殉奏表其墓朱艮相妻曹氏休寧人相
有疾曹刲股和藥進竟不起曹服酖死方可堯妻汪氏休寧人歸堯半載堯故治
喪哀毀越旬日以死殉汪漳妻方氏休寧人漳死貧甚方竭力塋葬畢五日自縊死
戴士廉妻程氏休寧人夫歿以有遺腹忍死半載生女百日托育外家吞鉛而死
胡謂妻程氏休寧人夫歿無子氏絕粒七日而卒陳時獻妻朱氏休寧
人獻亡無子氏絕粒十四日而卒朱之儞妻汪氏休寧人夫卒氏年二十寄縫衣
裾因卽以殉金吾棐妻查氏休寧人棐以學行上公車道卒氏哀毀臥床飲水浹

旬而歿

汪廷薦妻吳氏休寧人夫歿絕粒七日自經死

黃道生妻吳氏休寧人生歿氏年二十一卽潛自縊救甦隨取金吞以斃

胡士燦妻戴氏休寧人士燦丙子應天中式未發榜先卒氏聞訃哀慟絕食而死

程其賢妻王氏休寧人夫病廢踰年歿氏絕飲食以殉

謝爾瓛繼妻程氏休寧人夫病有兵溷入其室氏墮簷而死

皇清吳沛妻黃氏歙人沛亡絕粒以殉順治十五年操撫蔣國柱巡按劉宗韓具題旌表

畢綸妻胡氏歙人綸亡不食而死操撫蔣國柱巡按劉宗韓具題旌表

滕舉女婺源人許字俞照將歸照亡女不食死順治十七年巡按衛貞元具題旌表

滕蛟妻汪氏婺源人蛟亡氏絕粒死奉旨旌表

胡天琰女績溪人許字曹明登登亡絕粒而終康熙五年奉旨旌表

蕭邦永妻胡氏歙人夫亡守節巡撫張朝珍具

題旌表

張法孔妻陳氏歙人教子守節康熙八年巡撫張朝珍具題旌表

凌嘉恪妻吳氏歙人夫亡自縊康熙十三年安撫靳輔具題旌表

洪之楷妻徐氏歙人夫亡撫孤苦節康熙十三年安撫靳輔具題旌表

姚燦妻程氏歙人年二十四夫亡撫孤守節年九十一終康熙十八年安撫徐國相具題旌表

姚守邦妻汪氏歙人夫亡無嗣自矢守節安撫徐國相具題旌表

王則榮妻葉氏歙人夫賈死梧州氏聞訃絕水漿手紉襚衣閱十五日氣絕康熙二十年安撫徐國相具題旌表

何大國妻閔氏歙人夫亡撫子康熙二十年安撫徐國相具題旌表

汪鳴玉妻陳氏歙人從夫家常熟夫亡苦節撫孤康熙二十年江撫慕天顏具題旌表

吳一贊妻鄭氏歙人年十七歸贊二年贊死養姑撫子守節三十七年終康熙二十一年安撫徐國相具題旌表

金元彥妻汪氏休寧人彥力學有文名早歿氏年二十五長子

徵建六齡次子徵薦係遺腹織紝撫孤成立不墜先緒苦節六十年壽八十五終郡縣三旌其門

洪藎卿妻吳氏夫早喪孝事舅姑撫孤守節四十餘年

方泰臻妻吳氏

吳念祖妻黃氏

汪謙吉妻吳氏

王正宸妻程氏以上俱歙人節烈俱旌

汪氏烈女名福貞歙人汪于賡女年十五值母瘋病父遠館貞奉湯藥逾年禱天願以身代母故殮畢脫簪珥易冥儀遂投繯卒

曹自强妻俞氏婺源人以山賊亂強遇害將掠氏氏號抱強屍泣賊怒刀撲亂下而死

朱熠妻程氏休寧人戊子土寇闌門氏虔入門必見辱遂縊死

朱可旺妻汪氏休寧人戊子夏遭賊義不受辱奪刃自刎血流遍體赴水死

黃肇基妻戴氏休寧人年二十五基歿節自經死

鄭國鏡妻汪氏休寧人年二十一鏡歿不食吞鉛斷腸以死

朱文昭妻黃氏休寧人戊子寇入室氏匿廁樓盜獲其子氏恐不免赴水

死**趙鏞妻王氏**休寧人鏞遊外得狂疾投水死氏俟鏞柩至佯治具迎喪遂登樓投繯死**王之璘妻程氏**璘早卒氏苦守撫孤戊子寇刦氏欲汚之氏罵不絕口盜怒支解之鄉人立廟祀焉**吳傑妻程氏**傑英年力學登壬子鄉副齋志歿氏年二十誓以身殉遂絕粒死**烈女黃氏**休寧人許聘曹旋吉吉死女坐卧一小樓凡五載有托名饋問將欲委禽者遂絕粒死**胡茂枝妻鮑氏**歙縣人鮑懋年之女夫賈於外歿氏年二十一聞訃絕粒七日而卒府縣給扁旌之**羅維祺妻葉氏**夫作商楚中溺死氏聞訃痛絕甘以身殉絕粒死**胡君豸妻洪氏**績溪人太常卿洪世俊孫女中丞思伸媳夫早歿無嗣氏年二十四守志堅貞撫姪成立縣給扁旌之**葛道造妻胡氏**績溪人十七孀居撫繼子惇儒成立節操凜然**方高妻葛氏**績溪人早寡孝舅姑睦妯娌撫孤子成立七十有五卒縣給扁表之**周應彬妻胡氏**績溪人年二十五夫亡家貧撫

孤守貞年九十
七强健如壯

寧國府

漢丹陽太守孫翊妻徐氏 徐氏有奇色賊嬀覽殺翊悉取其嬪妾復逼徐氏徐紿之使人謂覽乞晦日設祭除服乃可覽許之徐氏密與翊舊將孫高傅嬰謀至晦日命高嬰輩潛伏戶外使人報覽日服除矣覽遂入伏兵殺覽徐氏持首祭翊墓衆駭以爲神

唐洪勝可妻梅五娘 涇人夫死黃巢亂賊逼梅誓死不從引刀自刺心死香數日不斷涇人祠祀號香心五娘

梁宣城女 逸其姓母爲猛獸所攫女啼號搏獸行數十里獸毛盡落置其母去女抱母氣尚微經時乃絕事聞旌表

宋吳寶信妻饒氏 宣城人嫁七日寶信從二王浮海死饒撫姪鉉爲嗣以壽終

元

汪宗臣妻戴容玉旌德人年二十二寡守節執禮至元中旌表

葛妙眞宣城人年九歲聞術者言母年五十當死即涕泣請禱誓不復嫁以祈母壽詔褒異之

趙十一妻袁氏宣城人年二十夫亡厲節撫孤事聞旌表

李義實妻趙氏南陵人年二十四寡守節終身事聞旌表

唐八妙宣城人兄亡姪幼妙憐其孤遂留撫之誓不嫁

紀吉甫女宣城人至正乙未爲長鎗賊所獲不辱見殺同時有胡氏者亦不辱見殺明弘治中立二烈祠

明

楊仲庸妻胡氏寧國人年二十二寡撫孤守節洪武年旌表

葛之孚妻胡氏媳施氏皆寧國人少寡姑媳相依守節洪武年旌表

俞彥遠妻陳氏寧國人年二十夫亡歲歉食草根以活洪武二十六年旌表

胡選孫妻金氏寧國人年十八夫亡無子守節終身洪武二十九年旌表

楊彥亨妻丁氏宣城

人彥亨客死丁年二十一子甫八月誓無二志垂四十餘年而終　宋景銘妻胡氏
孫伯善妻袁氏　吳賢生妻張氏　曾金寶妻
李氏皆宣城人少寡撫孤守節宣德間旌表　仲文妻郭氏宣城人年二十夫歿家貧奉姑姑病親爲嘗糞詔旌表　杭一清妻宋氏宣城人清卒自經死年二十二
劉孝三妻楊氏宣城人年十九寡無子家窘守志壽八十餘終　何彭童妻
張氏南陵人夫亡事姑訓子以節孝聞宣德間旌表　趙敬忠妻蕭氏涇縣人年十七夫亡撫遺腹子守節天順間詔旌　吳紹芳妻左氏涇縣人年二十六夫亡苦節成化間詔旌　王逵妻施氏涇縣人夫亡守節撫遺腹子成立弘治間旌表　郭祥妻陳氏宣城人年二十二夫亡守節正德間詔旌　陡門婦不知何氏女居陡門時正德三年宣遭大旱婦從夫行乞食至陡門夫約曰若居此吾得食當還飼汝去數日不返居人悅其

貌邀與俱歸婦不可遣妻孥招之堅不往與之食終亦不食無何饑困就飲於河蹶而死顏材女小姑宣城人正德間受馬聘方九歲馬子蕩私用蘇東髮三年遠近賢之爭來聘復用蘇勤日雙瞽誓不他字年七十一終胡仲和妻鮑氏張友渼妻陸氏劉旭妻張氏郭營妻李氏皆旌德人少寡守節事聞旌表劉錠妻張氏南陵人年十八夫亡守節嘉靖甲申詔旌金璐妻王氏宣城人年十七夫亡撫遺腹子嘉靖萬曆間屢加旌表章世安妻文氏涇縣人年十八歸章甫七日安歿文自經隆慶二年詔旌後鵬妻陶氏宣城人年二十二寡無子守節壽七十餘終唐宇妾茹氏子繼舜妻張氏王秉忠妻丁氏子巖妻阮氏皆宣城人少寡姑媳相依守節以壽終趙一鐘妻郭氏王榮妻萬氏楊汝昌妻陶氏皆宣城人少寡無子

守節以壽終　**姚汝弼三女**宣城人長巽英次離英次兌英皆少寡無子守節終　**楊德嘉妻沈氏**宣城人嘉病瘵以絶婚請女泣誓無他遂歸楊未幾楊死沈守節壽八十終　**施憲妻周氏妾汪氏**宣城人少寡守志年各九十終　**施之錕妻汪氏**宣城人歸錕半載錕亡汪年十七無子守節年七十餘終　**劉繼祖妻史氏**宣城人年十九夫亡撫前室二子如已出二子歿又撫孫成立年七十終　**吳仕期妻貢氏**宣城人仕期以上書忤江陵相國杖死蕪湖獄貢奔求其屍赴南臺訟寃夫婦並旌表　**吳堯五妻陳氏**宣城人年十九夫亡斷指自誓歷五十五年訓孤成立以壽終　**施之濬妻徐氏**宣城人兩家指腹爲婚湯一泰强聘之徐不受促濬完婚湯强有力訟之攝女出質僉謂將奪婦歸湯徐憤夜投塘死疏聞建烈婦祠　**汪正義妻蘇氏**宣城人年二十二夫亡撫六月孤苦節四十年終　**孫絢妻劉氏**宣城人年十九寡矢志守節壽

七十五終吳自振妻敖氏宣城人年二十二寡享年近百而終施沛如妻鍾氏宣城人早寡撫孤守節事聞旌表殷雲卿妻吳氏宣城人早寡無子立嗣守節詔建坊梅元祚妻劉氏宣城人年十七夫亡守節至八十終萬曆中旌表

王鍍妻梅氏南陵人歸鍍期年鍍歿剪髮自誓立兄子爲後有富人謀娶之梅引刀刺左目自縊死建坊立祠汪德香南陵人未嫁夫死奉夫主坐一室朝夕哭萬曆十年與梅烈婦同祠王榜妻余氏南陵人年二十夫亡無子有欲奪之者斷指剪髮矢志不渝

曹楷妻王氏南陵人年十八楷亡父欲奪其志氏裂臉折齒獨居一室垂五十年終

許承舉妻潘氏妾周氏南陵人夫亡潘年二十一周年十八立姪爲後同心守節孫瑞妻曹氏南陵人年二十夫亡守節孝親訓子壽八十終劉邦炳妻王氏南陵人年十八寡撫遺腹子守節壽九十終孫景週妻葉氏南陵人年

二十寡撫遺腹子守節壽九十終**何金妹**南陵人幼許郭未嫁郭歿立起赴喪服闋走就夫墓觸墓磚死事聞旌表**張肇卿妻周氏**南陵人少寡守節年八十二終**張儆妻何氏**南陵人年十九夫亡誓守遺孤壽八十終**何沚妻陳氏**南陵人年二十沚亡矢志撫子子亡復撫孫成立萬曆四十八年旌表**葉斌妻汪氏**南陵人年十九而寡孤甫半月撫之成立以壽終**童寬妾章氏**涇縣人寬卒于任章扶櫬歸將抵涇嫡迎喪至悉取行裝付之投河死**吳當道妻潘氏**涇縣人適吳七年而寡伯父與翁强之再適遂經死于夫墓側**胡世彩妻程氏**涇縣人年二十彩客死豫地程遂悲慟飲鴆死**吳倍之妻翟氏**涇縣人值歸寧聞夫得暴疾卽挾刃與母訣而往及門聞夫喪遂刺喉死**陳氏**涇縣人適湯氏子年二十而寡撫遺孤三十年子又歿率子婦貧苦守節壽九十一終**查曉妻徐氏**涇縣人年二十夫亡安貧教子壽八十餘終**應觀**

和妻鄭氏涇縣人年十九寡家貧無嗣守節至八十三終徐瑾妻王氏涇縣人年十六歸瑾未半月瑾患痘王齧一指自誓及夫亡夫兄謀奪其志遂自刎死丁滔女涇縣人未嫁遭夫不肖轉鬻豪家遂自刎死翟烈俊妻徐氏涇縣人年二十守節壽八十事聞建坊胡催蓮涇縣人幼許聘朱御未嫁夫亡衰絰往奠偕一女婢樓居雖至戚不接面姑病劇籲天羮股乃瘳年六十卒其婢亦以處女終事聞建坊立祠程福生妻胡氏寧國人年十九夫亡無子誓死不嫁以節終葛廷輝妻汪氏寧國人夫亡守節萬曆間建坊旌表許成台妻屠氏寧國人夫亡撫孤守節萬曆中建坊旌表仙廷詰妻楊氏寧國人年二十一夫亡無子立嗣守節事聞建坊劉元機妻汪氏旌德人歸機生二男逾月機亡未幾孤並殤汪自經死事聞旌表汪一珍妻譚氏旌德人歸汪四載夫亡無子服闋前一日往夫墓祭畢觸墓死朱璧枝旌德

人許字任氏子任未娶而納妾父怒將渝盟女剪髮誓無他歸任三日妾舉子愛如已出居二載夫亡竟撫遺孤終事聞旌表

譚江宗女 旌德人許字某已知爲㾓子父遂毁盟女自縊枕上死時年十四

饒典邦妻周氏 旌德人年二十夫亡守至六十六終

呂初德妻俞氏 旌德人少寡子甫數月毁容砥節以成其孤壽九十九

呂邦祐妻管氏 旌德人歸祐二年夫歿引繩絶脰死

焦尚恩妻林氏 太平人年十八夫亡富室艷其姿奪之林以鉄釘刺目獲免

崔松妻孫氏 太平人年二十二寡媳程氏亦年二十寡相率共守稱雙節

胡仁安妻方氏 太平人年二十而寡子甫三歲守節撫孤壽八十三

程桂妻胡氏 太平人年十八寡矢節鞠孤壽逾七十

胡逕妻焦氏 太平人年十八夫亡撫孤七十餘歲終

曾大妻王氏 太平人年二十餘夫亡惡少夜劫之王以首撞其人齒斷一指惡少逸走年八十餘終里人碑曰曾大嫂貞節墓

李[illegible]

妻胡氏太平人年二十一瓊亡先三日子永生瓊囑曰死節名在一身存孤事在百世胡領之囑志撫孤年七十三終　胡李妻孫氏太平人年二十三寡食貧撫孤壽八十餘終

崔廷臯妻焦氏太平人未嫁而臯臥病三年父母議毀盟女曰已許崔卽崔氏婦歸崔未期月而夫死撫遺腹子守節事聞建坊　徐僅妻王氏太平人歸徐四月徐亡伯氏謀奪其志遂自刎死　王綬妻查氏太平人年十九夫亡苦志堅操壽八十終　周尚自眷妻羅氏太平人眷病割股以進眷歿七日自縊死萬曆間建坊旌表　周尚潔妻胡氏太平人潔死自經萬曆間建坊旌表　方志亨妻陳氏太平人亨死自經萬曆間建坊　程中柱妻張氏太平人歸四載柱亡欲以死殉姑疑其有娠強止之已而孕無有乃剔目剪髮自經死　孫雙元妻項氏太平人夫死項年十九自縊萬曆間建坊旌表　崔尚志妻胡氏太平人年二十寡孝親撫孤壽八十三終　王

經妻譚氏太平人二十守志年八十四終　吳廷科妻董氏媳詹氏

王仲文妻吳氏皆宣城人少寡守節以壽終天啟四年旌表　詹應樞

妻馬氏宣城人年十九歸樞三載夫亡撫子成立壽七十三天啟間建坊旌表　趙伸

妻朱氏涇縣人年十九伸病刲股救之不起砥志守節七十餘歲天啟四年旌表　崔廷

案妾譚氏太平人案謁選南還舟覆石城譚聞訃自縊天啟間建坊旌表　汪銘忠

妻陸氏宣城人氏年十六忠亡撫遺腹子守節年七十餘終　梅守國妻高氏

宣城人年十九夫亡撫孤年九十二歲終　楊義紀妻朱氏宣城人紀卒不年二十三

撫三歲子守節崇禎間建坊旌表　孫之麟妻曾氏妾項氏俱宣城人曾年

二十餘項年十四夫亡無子並矢志不二崇禎十四年事聞旌表　吳日新妻唐氏

宣城人嫁未逾期夫亡撫遺腹子守節卒年八十事聞旌表　葉嗣英妻朱氏宣城

人年二十一夫亡守節年八十二終阮尚賓妻王氏宣城人年二十二夫亡奉舅姑以撫孤年八十五終鍾一道妻鄭氏宣城人夫亡子幼家貧守志崇禎間建坊旌表湯任尹妻施氏宣城人夫亡撫子成名崇禎間旌表梅先開妻麻氏宣城人年二十早寡養姑撫子年六十餘終詹應鸞妻梅氏宣城人年十九鸞病封股以進卒不起矢志堅守又刲股救舅姑崇禎中建坊旌表萬璉妻周氏媳周氏俱涇人二世雙節崇禎間旌表趙圖妻鄭氏萬儲妻黃氏翟偶妻萬氏徐詔妻張氏俱涇人少寡家貧無子守節旌表胡魁妻王氏涇人年十九夫亡撫子年九十六終董電妻翟氏涇人年二十二電歿自經死沈恩妻曹氏涇人入山避賊被執不辱死孫尚遐妻張氏太平人年十七歸遐七年遐卒服哀經自縊死崇禎中建坊林大郎妻方氏

太平人年二十二夫亡無子矢志食貧壽七十餘終

郤傳妻黎氏太平人年十八傳亡子方數月甘貧守節年八十二終

王省妻孫氏太平人年十八省卒家貧守志壽八十終

胡廷欽妻李氏太平人年十七歸欽數月夫亡無嗣有逼令改節者李引刀截耳死而復甦年七十終

李元論妻方氏太平人年十九夫亡守志八十四終

周尚吉妻孫氏太平人適周七日夫亡苦節七十餘歲終

曹采妻王氏太平人年十七夫亡無遺孤既婚復夭與媳王氏偕勵苦節年各七十餘終

葉尚亨妻劉氏太平人嘗割股療姑亨客死氏投繯死

李時通妻胡氏太平人通客死羅山胡自經死

曹楷妻王氏太平人年二十一夫病篤禱天求代夢神語許之即服夫衣冠自經死夫愈邑令表曰貞烈

崔日升妻焦氏太平人年十六歸升升亡次日即自縊死

陳上龍妻汪氏太平人年十九歸陳甫一年龍以父故毀瘠亡汪營喪畢自經

死　林首春妻焦氏太平人春溺死俟櫬至焦七日不食死　胡森之妻李氏太平人夫病刲股以進不愈遂自縊死　陳上受妻焦氏太平人夫亡焦自縊死　汪新妻江氏太平人年十六適汪三年夫亡遂縊死柩傍　李一程妻湯氏太平人歸程歲餘程溺死公姑強遣遂自縊　崔士郁妻李氏太平人年二十五夫亡自縊　夏可倚妻程氏太平人年二十夫亡自刎　朱士修妻周氏太平人適新安衛朱朱運漕溺死周聞仰藥以殉　鄭之彭妻崔氏太平人事姑及嫡甚謹之彭夭崔從死　崔桓壽女年十六許配吳姓夫有惡疾翁固請他適崔爭之不得遂自縊死　董女鼎姑許字孫學賢賢殁董年十四即絕粒死遂合葬　陳秋女許配項暹將嫁暹死女聞號慟欲絕自縊死　王應熊妻趙氏太平人夫客死趙郎罄奩以貲反櫬哭奠數日自經死　羅愷妻孫氏宣城人年十六未笄

以避寇歸愷從愷母匿松下寇執姑將殺之孫出請代因劫之共載抱松大呼不從遂見殺三日猶抱松不仆人呼為抱松女

楊逢之妻吳氏 逢出嗣王氏逢早卒吳既奉王氏姑復迎夫母梅氏養之皆得其懽有強之嫁者輒叱曰汝殺吾二姑耶以節終

濮鑑妻趙氏 年二十四無子夫臨歿拔髮內夫手誓無二志卒年七十四

淩槐妻朱氏 氏無子別姬吳氏生子二歲而吳卒槐疾革以孤託朱時視如已出

錢松妻姚氏 松亡舅病瘵姚為人傭紡得米贍舅自飯糠粃舅亡撫孤以節終

查福妻馬氏 福歿無子姑歿績紡營葬卒年七十五

張大名妻貢氏 幼讀列女傳即識其意年二十一夫亡無後不食死

梅繼先妻劉氏 繼先歿子守德甫十歲氏課之學後子登第歷官訓以廉惠封太恭人年八十一卒

吳大木繼妻章氏 年二十四居孀撫前室所遺子女甚善六十八歲卒

湯錕妻翟氏 錕卒無子一女瞽翟誓不嫁哭夫復喪明年七十餘卒

曹

極妻霍氏夫亡撫孤織紝自給七十歲卒　梅敦祚妻郭氏夫亡撫子成立　施嘉範妻焦氏撫孤守志卒年七十三　湯必逈妻陳氏姑卒撫子七十二歲終　施永清妻吳氏夫亡撫幼子年逾八十卒　徐汝鵬妻邵氏鵬應闈試卒金陵邵年二十八苦節孝姑訓遺腹子有聲　曹伯和妻汪氏歸和甫三年卽居孀父欲令他適氏斷髮自誓撫孤成立年逾七十　張維坦妻秦氏年二十五坦卒於京氏堅持苦節子茂蘭娶婦徐氏半載亦歿姑婦共守稱雙節　曹按妻陳氏年十八按死無嗣與妾周氏共誓死守　方奇妻王氏年二十二奇亡止生一女奇弟利其貲欲遣之氏以首抵柱竟莫敢犯後以完節終　沈一統妻左氏苦節壽九十四終　左鑑妻唐氏鑑亡乏嗣舅晚生一子甫三歲舅歿姑嬰癱疾唐奉姑撫叔年九十八卒旌曰百歲完節　沈九成妻王氏成死遺孤二月所居被災誓死守官

歲給粟養年七十八卒

汪夢龍妻丁氏歸龍四載夫死無嗣悉讓其夫產別搆一室守夫柩鄰屋火將及丁抱棺籲天火尋滅礦賊過相戒勿犯丁節婦

汪元妻呂氏夫病刲臂藥之不起遺孤二歲後孤殤哭七日絕粒死

任永祉妻戴氏歸甫期夫死輙自經屢救歷十一載叔生子立爲嗣嗣没中夜縊死

項思惠妻周氏識書史歸三年惠卒年二十一志操甚峻嘗書臣忠婦節以示志藉女工膳舅姑孤恃以成立

黃子濟妻翟氏年二十三夫死針紉守志歷壽九十餘

汪廷貴妻胡氏年二十八夫卒撫半歲孤砥節自守卒年八十五

程應鳳妻周氏鳳早卒周恐死撫二孤後二子登進士氏疾革唯勉以忠孝云

李仙妻王氏仙三十無子卒王罄貲建李宗祠圖夫像以祀散所餘贍族之貧者與妾張氏織紡守志以終事聞表其墓曰節義

皇清

徐一清妻孫氏宣城人年十九夫亡家貧撫子成立年七十四終

萬國

寶妻張氏宣城人年十八寶亡撫三月孤剪髮自誓壽八十終萬士敏妻侯氏宣城人年二十二敏亡遺腹一子守節事姑七十餘歲終談良達妻稽氏宣城人達貧鬻妻妻不從強輿去至其家衆方飲賀婦已自縊死傅光箕妻吳氏宣城人歸傅逾期而寡無子父欲奪其志堅不從家貧苦守六十餘終彭憲臣妻楊氏宣城人年十九夫亡守節年七十二終馬夢彼妻沈氏宣城人年十九彼亡立嗣守志年六十餘終胡嘉衍妻潘氏宣城人年二十夫亡守節年七十餘終吳士康妻張氏宣城人年二十寡撫孤守節年六十終秦邦欽妻宦氏南陵人年二十四欽亡事姑訓子順治九年巡按上官鉉具題旌表王有聘妻張氏南陵人年十四適聘三月聘亡及葬囑廣穴以待竟赴水死杜宗歷妻曹氏太平人年十七寡守節撫孤八十二歲終孫元容妻汪氏太平人容奉差京師病卒

汪繼死距容死纔九月順治十五年巡按劉宗龔具題旌表

陳鶴老妻焦氏太平人夫亡自縊死貧無以殮焦見夢于姑得織紝所積碎金與夫同殯

崔金妻周氏太平人年二十二夫亡守節壽八十終

黃通妻孫氏太平人通亡自縊死

劉台瑞妻趙氏南陵人夫亡守節康熙十三年安撫靳輔具題旌表

林有茂妻崔氏太平人年十七歸茂茂亡方有娠已生男又殤遂決志殉夫自縊死時年十九康熙十八年安撫徐國相具題旌表

崔幹壽妻吳氏太平人夫亡自縊康熙十八年安撫徐國相具題旌表

方正範妻李氏南陵人年二十九寡苦節四十餘年教子伸成進士

焦其藩妻林氏太平人年二十七夫亡守節五十餘年

李京生妻陳氏 萬吉妻陳氏俱太平人姑媳雙烈

湯望之妻曹氏望卒氏年二十八厲志八十一歲巡撫張朝珍題旌

劉光煥繼妻許氏年二十一

夫亡撫前室子及巳子成立砥節六十五歲終梅士學妾王氏學年少登賢書早世時王年甫二十生子巨儒八月矢節死守子補邑庠生孫錫成進士梅朗中妻劉氏早年從夫茹荼厲節撫孤子庚登辛酉賢書七十六歲卒梅枝喬妻郭氏夫亡無子誓死守志孫應梵妻胡氏氏年十九夫亡矢節織紉事孀姑撫幼子七十四歲卒陳廷槐妻芮氏年二十五夫亡或勸夏醮即斷髮嚙指懷利刃以待教遺腹子補庠生謹事翁姑巡按御史衛貞元旌表沈壽嵩妻張氏年二十而寡撫子瀚補庠生年七十終沈蘭生妻張氏年二十四夫亡撫孤守志以終劉統妻趙氏統死行間訃至趙號慟誓死曰俟吾孤立即報夫地下順治十四年蛟水漂室人皆竄趙曰死吾分也何避爲遂溺鬟髻衣履完好面如生人多異之焦八顧妻林氏順治初山賊蠭起同焦三一妻周氏焦守元妾周氏俱被執將污之各罵賊遇害死焦鳳鳴妻陳氏

遇賊舉家被執欲汚之陳紿曰舍我夫若子從爾賊果並釋陳遂奮躍入水賊怒投石擊殺之

徐啓膚妻金氏　宣城人年二十二歲喪夫苦節撫孤七十一歲終

池州府

三國

吳孝娥　貴池人吳大帝時其父爲鐵官冶遇熾鐵不液娥憂父刑遂投爐中鐵乃溶溢時人號曰聖姑

唐

桂盛女金釵　石埭人黃巢亂羣盜蜂起賊至里中獲女欲汚之女投井死今呼金釵井里人三月中結茆爲舟載稻菽昇至井傍祝而焚之以禳疫否則有災

宋

黃奉先　貴池人父太尉當仁宗朝征西凉陷於夏女募卒往襲得太尉回

元

甯元驥妻胡氏　青陽人夫亡守節事聞旌表

兪子全妻鍾氏　媳章氏　俱銅陵人夫亡年皆二十守節終身

明

黄觀妻翁氏貴池人靖難兵入索傳國寶不得或言觀取赴上游起兵矣因執其妻翁氏并二女給配象卒翁佯使象卒出市酒餚遂乘間攜二女投通濟門橋下死

章佳英貴池人幼失怙恃依兄嫂兄嫂繼殁遂矢志不嫁撫孤姪成立

朱彦明妻唐貴梅貴池人姑悍而淫與一富商通商見唐悦之賂其姑姑迫之弗聽繼以炮烙體無完膚終不聽乃以不孝訟於官倍受官刑親黨咸勸其吐實唐曰全吾名而汚吾姑非孝也乃雉經於後園古梅樹下尸懸於樹三日顏色如生每歲梅月之下隱隱見其形楊慎爲傳以傳其事

康紋女貴池人正德壬申流賊劉七等突陷清溪紋被執女紿之曰幸舍吾父願以身隨賊釋紋女遂投水中賊使鈎挽之女罵不絕口賊斷其肢爲四以死

柯廷玉妻曹氏貴池人廷玉亡闔戶自經死遂合葬

程逕妻吳氏青陽人年二十逕亡遺腹生子苦志撫孤正德十三年旌表

李賦妻陳氏青陽人年二十四寡刺瞽左目以自誓正德十三年旌表

何文

守妻江氏青陽人夫將絶遂自縊死施皖妻陳氏青陽人年十六皖卒無子守節八十餘年而終余謂道妻李氏銅陵人姑疾篤貧不能延醫剖腹肝飼姑竟以過傷死徐文輔妻李氏銅陵人早寡撫孤守志事聞建坊桂智妻李氏石埭人年僅二十智亡氏誓死靡他事聞旌表蕪珦妻曹氏石埭人年十九嫁甫八月珦亡氏守志不二章嵩妻劉氏東流人年十九適嵩七日而嵩歿誓不更適年七十餘終周氏女東流人年十四許字阮廷栢廷栢偕媒納聘歸舟遇風溺死女設位哭獨居績紡罕有見其面者歷年至六十九歲葉恒泰妻孫氏貴池人年十八而泰歿守節撫孤嘉靖間詔旌周世祚妻汪氏貴池人祚早亡汪乃剪髮剜面誓無他志嘉靖間詔旌李東明妻檀氏貴池人年十九而寡守節至九十終李萃春妻曹氏貴池人年十八夫亡守節足不出戶年七十餘終韓俊妻柯氏貴池人年

十九而寡守節至八十終

胡輸忠妻江氏貴池人忠死有强之再適者氏遂自經年二十一

洪邦國妻汪氏貴池人邦國亡汪年十九自經死天啟五年建坊

孫時揚妻紀氏貴池人年二十而寡苦守不二事聞建坊

朱紘妻李氏貴池人年十九而寡撫孤守節五十餘年

李希說妻舒氏貴池人年二十守節刻志教子卒年九十

吳懷松妻劉氏貴池人年二十餘寡飲血茹荼課子成立

宋某妻陳氏貴池人歸宋甫二稔而寡夫兄陰受石邑富人金令其劫去氏覺夜具湯沐自經繩斷復引鐵錐刺死

胡允修妻柯氏貴池人年十九守節至七十二歲崇禎庚辰建坊

劉統妻汪氏青陽人夫亡撫子艱苦萬狀五十餘年事聞建坊

施應臣妻王氏青陽人早寡撫孤事聞旌表

江鉞妻徐氏青陽人年十九鉞亡家貧無嗣每垂鈴於簾幃以嚴出入年七十四終

鮑氏青陽人鮑其呂女適吳其姑誨婦不義不從逼

之急夜赴水死章嘉姑青陽人受曹聘未嫁而曹亡剪髮守貞撫幼弟成立甯士望妻曹氏青陽人望客死豫章氏自縊徐正明妻李氏青陽人年十八無子守節剪髮剔目自誓年七十終柯鳴國妻吳氏青陽人年三十守志壽百歲徐文中妻阮氏建德人年未二十夫亡撫遺腹孤守節事聞旌表施某妻沈氏青陽人年十四適施施貧去爲僧公姑欲令他適服毒而死余心浩妻汪氏銅陵人年十七心浩亡氏觸柱而死沈錢孫女石埭人受涇縣查姓聘未嫁而查死歲餘父復許湯姓女堅不從迎姑至家禮畢輒乘姑來輿歸查家徒四壁甘之如飴事聞旌表桂惟芳妻湯氏石埭人惟芳患惡疾星術言氏命刑尅氏聞之仰天祝曰但得夫疾愈何惜一命遂自縊蘇仁賓妻徐氏石埭人夫染疾將革氏悼痛投繯先死夫亦隨亡事聞旌表桂一秀妻萬氏石埭人嫡不見容訟于公離萬父母令改適氏遂自縊而死

桂九花女石埭人許字李巖護後李家事零替九花復以許富室女知之即吞殺鼠藥而死

柯延鏻妻黄氏建德人年二十二夫亡無子自誓守節事聞旌表

金濟妻陳氏建德人年二十夫亡守志事聞旌表

檀之堅妻高氏建德人堅卒於京氏聞訃水漿不入口七日而亡事聞建坊

胡其信妻江氏建德人年二十一夫亡撫遺腹子成立事聞建坊

鄭汝奎妻黄氏建德人年二十夫死同姑李氏守節事聞建坊

徐致通妻余氏建德人夫疾篤引刀刺骨與夫同日偕亡事聞建坊

童文亨妻李氏建德人年十九夫死貧甚一子又殤矢志苦守姑病刲股療之壽八十二終事聞旌表

檀時中妻陳氏建德人年十七夫亡生子未及週父母欲奪其志剪髮嫠面以死自誓事聞旌表

吳宗軻妻徐氏建德人年十八夫亡家貧矢志靡他壽九十一

方有淑妻金氏建德人夫死自刎

檀魁妻金氏建德人夫

亡自刎既絶猶端立不仆

鄭女 建德人受聘於陳陳子殀欲赴陳奉孀姑父母止之女遘病恍惚述陳子狀貌遂終

陳大奇妻馮氏 東流人年十七于歸時夫已膺痼疾踰年歿即坐臥一小樓至老不下其媵婢亦相依終身不嫁

王承典妻柯氏 貴池人年十九夫亡無子甘貧守節巡按旌表

施立志妻黃氏 貴池人年二十夫亡截髮撫孤壽八十餘終

孫大賓妻倪氏 青陽人年十六夫亡無子剪髮斷指以誓無他

甯以讚妻施氏 青陽人年十九夫亡剪髮誓守壽至七十

劉士林妻董氏 青陽人年十九夫亡遺腹生子苦守壽至八十餘終

劉紹卿妻羅氏 青陽人年二十夫亡無子守節壽八十餘終

王維緒妻施氏 青陽人年二十夫亡撫孤守節壽七十八終

徐希彥妻畢氏 青陽人年十八夫亡撫遺腹子守節壽八十餘終

徐正祿妻章氏 銅陵人嫁三月夫亡守志年八十餘終

陳恂妻王氏 石埭人年

二十四寡守節撫孤壽八十五終

陳紹芳妻李氏石埭人嫁未百日夫亡守節年八十九終

沈應拭妻李氏石埭人年二十二寡遺腹生子守節年九十三終

湯三聘妻蘇氏石埭人年十八夫亡無子守節年八十終

桂士翼妻吳氏石埭人年十四適翼三月夫死氏剪髮自誓守節五十五年

江勝昌妻趙氏建德人年十八夫亡無子守節五十餘年卒

金學文妻柯氏建德人年十九寡剪髮守志壽八十三歲終

葉自齊妻包氏貴池人年二十餘守節崇禎癸未楚兵至率三子婦陳氏吳氏章氏同赴水死

曹世榮女貴池人年十五未字父爲亂兵所執女曰遣此老翁吾當從汝父既去卽大罵求死遂遇害

鮑老三妻胡氏貴池人亂兵至被執欲汙之胡氏抱樹大罵兵斷其兩手然後殺之

朱之相妻吳氏

陳堯中女

陳堯廷妻孫氏

吳森妻陳氏俱貴池人慈執不汙被殺

杜鉉妻章氏　章譔妻柯氏俱貴池人寇執不汚投水死　王富妻黃氏　章名妻徐氏　徐淸妻王氏　沈有來妻陳氏　章六妻裴氏俱青陽人寇執不汚被殺　王應鳳妻羅氏　孫廷祚妻包氏　郭應春妻江氏　孫遠祚妻熊氏　孫睿妻柯氏　汪炳妻章氏　朱文榜妻闕氏　何應華妻孫氏　熊遠魁妻包氏俱青陽人寇執不汚投水死　熊士章妻張氏青陽人寇執不從投水死　佘應泰妻葉氏　徐鼎祥妻陳氏俱銅陵人賊執不汚被殺　章國藩妻張氏　汪有源妻胡氏俱銅陵人賊執不汚投水死　蘇瓊妻舒氏石埭人瓊任蜀死獻賊難氏聞之自刎死建坊旌表　馮時得妻鄭氏　柯鳳

吉妻鄭氏　姚時中妻柯氏　徐正陽妻陳氏俱建德人賊掠不汚被殺　江棠女　劉牛女　王一女俱建德人遇賊不從投水死　黄如斗妻王氏　金氏女俱東流人賊執不汚被殺　高日早妻張氏　方堯春妻吳氏俱東流人賊逼不從投水死　張鑑妻孫氏貴池人夫亡撫孤守節四十八年成化間詔旌其門　胡邦賢妻管氏貴池人小字蓮姑受邦賢聘未娶而死訃聞氏撫棺慟幾絕遂依舅姑請立後苦節垂三十年終　曹桂妻杜氏貴池人年二十四夫亡遺腹生一女乃諷姑爲翁納妾果生一子產後妾死杜即以已女托族母而自乳其叔　戴孟仁妻江氏貴池人年二十五守節至八十五而卒貧不能具殮鄉閭哀之　許維坤妻董氏貴池人守節六十餘年死無棺衾所居茅茨火因焚及其身巡按旌之　吳應斗妻洪氏貴池人斗早卒洪年二十一守

節以終董樺妻汪氏貴池人年二十四守節力撫三子尋三子相繼歿遺二孤又茹苦以撫孫壽八十終施大義妻檀氏貴池人義以武弁死於陣檀年二十五百計求其尸歸茶苦教子後以壽終朱正洪妻許氏貴池人孀居教子崇禎末兵亂避山中被獲不屈死陳天意妻曹氏青陽人意病氏籲天刲股意亡斷髮毀容刻木奉祀各院旌獎吳文和妻江氏青陽人文和有痼疾及卒江猶處子也父母欲迎歸氏剪髮不從孝養舅姑年九十有二終諸大箴妻劉氏青陽人大箴屢舉不第憤悶而死氏以幼子託其伯與姑血淚泉湧六日而卒陳鼎卿妻江氏青陽人明末避賊雲鶴山捉刀誓死竟死叢草中手猶握刀不解陳某妻沈氏青陽人翁有危疾氏刲股和羹以進遂得痊佘寅妻陳氏銅陵人夫卒貧且無子守節三十年而終崔敫弼妻王氏 佘日智妻丁氏 畢應勳妻葉氏俱銅

陵人明末被賊執不屈死

崔德美妻蕭氏銅陵人夫病割股及卒以苦節終

桂一羨妻吳氏石埭人羨遘奇疾氏封右股調羨以啖羨立愈後數年姑疾氏復封左股以進姑亦瘳

蘇有慶妻陳氏石埭人慶染疾垂危倉卒迎娶數日卒氏泣血自守以紡織刺繡爲業越數十年後病當易簀猶出餘貲百金奉其翁爲養老之資

沈明宦妻陳氏石埭人明末遇流寇自赴水死

沈大展妻章氏石埭人展疾氏籲天封股者二及卒泣血扃戶守節以終

曹尚仁妻馮氏建德人夫病封股和藥夫歿馮年二十二孀居五十餘年卒

劉玘妻井氏建德人夫病封股弗瘳尋死無子氏年方艾乃誓天不二以節終

鄭如奎妻黃氏建德人氏年二十夫死同姑李氏守節八十六終旌表

童女冬妹建德人十五歲未字爲賊劫自赴火死

黃雲祥妻方氏東流人父遇春疾嘗封股以療適黃遇流寇陷城以身姑柩在堂弗忍離絕粒以死

皇清儲國新妻潘氏貴池人年十九寡撫孤守節壽七十餘終　翟思贊妻章氏貴池人年二十夫亡守遺腹子年七十二終　胡茂妾陳氏貴池人夫死與嫡誓守後嫡有異志將先遣陳陳不從夜投龍王潭溺死　柯據妻章氏貴池人年二十據亡舅姑以其無子欲嫁之章誓不改節苦志終身　李元麒妾笪氏石埭人麒仕廣西氏隨之任麒染瘴得疾不起氏夜登樓自縊　方坤妻李氏媳林氏李石埭人坤死自刎以殉子啟祥先亡原聘太平林翹女未于歸聞啟祥訃剌守志二字於面至是翁歿姑刎遂自縊死　夏煌女貴池人受聘姜蓁齡未嫁齡亡女年十七守於閨者八載髮盡白姑迎至家立嗣撫之後以母故哀過而亡　鄭如霍妻汪氏建德人年十九寡撫孤守節九十八歲終　王之冕妻孔氏建德人冕早亡孔哀號血盡一日遂眇順治九年巡按上官銜具題旌表　劉士範妻章氏貴池人夫亡撫孤康熙十九年安撫徐國相具題

旌表

寧貞啟妻陳氏青陽人年二十夫亡撫孤康熙十九年安撫徐國相具　題旌表

汪源洪妻黃氏建德人二十一歲寡守節四十三年康熙十九年安撫徐國相具　題旌表

尤氏滿姑貴池人許字陳維翱翱歿遂自溺死康熙二十一年安撫徐國相具　題旌表

紀國綱妻呂氏貴池人受綱聘後綱患瘋疾且貧將擬絕婚呂以命自安嫁綱九年而綱卒尋歸寧有強之更適者遂自經死

李日叢妻郭氏貴池人年二十夫亡子夭苦節五十年如一日

沈明元妻汪氏石埭人夫出聞訃哀毀幾絕值寇亂預備棺殮服毒死

柯正先妻陳氏夫死撫子守節而終

孔尚蒙妻胥氏前光祿丞自修女幼以孝聞奉舅姑極盡色養疊遭大喪茹素哀毀幾不能生夫早世氏携遺孤應儀應仲隨叔流離避亂備歷艱苦性慈惠御下以恩好施樂助脫簪倒囷無倦容至裘褐操作則必身先享年六十餘其閨儀淑德尚可風云

徐松弟妻鄭氏前高州太守三

嫫女年十七適徐事舅姑以孝未幾夫故氏慟號欲絶命有遺腹將彌月遂誓死守三十餘年衣麤茹素黽勉承歡課子成立邑令翰成龍廉其事上聞撫院給扁旌曰節孝

孔尚坤子婦方氏 坤病劇氏刲股作湯以進臂創甚醫者云得活鼠皮傅之可止尋一鼠來偶踐之若神授邑人作詩贊紀事甚夥

姚之皐妻劉氏 生而聰敏父愛之教以書史及古列女傳長適姚遇奇荒嘗自食糠粃以粥糜供舅姑後姑亡哭至死恍惚見一白衣人曰爾壽盡矣因爾孝特延二紀遂甦教子愼入黌序享年七十三卒

徐愈振妻馮氏 年二十同夫隨翁姑避兵山中夫墜崖死氏欲以身殉翁姑力止之未幾生遺腹女遂剪髮自矢擇婿立嗣孝事翁姑茹素三十餘年人有義門節婦之稱

太平府

〔三國〕丹陽太守李衡妻習氏 琅琊王休徙郡衡過繩之習諫不聽孫綝

迎休立之衡懼謀奔魏習勸其詣獄自陳休勑還郡進威武將軍加祭戟

唐李白二孫女　一歸陳雲一歸劉勸元和中觀察使范傳正訪得之召見請改壻白於青山之南傳正以二女儷於農夫勸另適二女曰不可孤窮失身仗威改配非所願也范奇之復其家

南唐聶氏　當塗人貧家女也年十三隨母採薪虎攫母去女持刀追虎刺殺之屍得全

宋胡淑脩　晉陵李之儀妻儀仕編脩以撰范純仁遺表蔡京繫之獄淑脩兼程至京得純仁手劄藁證以出之儀因得南遷後編管太平州遂家焉

詹氏女　蕪湖人紹興間淮賊至欲殺其父兄女泣曰妾願侍將軍贖父兄命女隨賊行過市東橋躍入水死時年十七里人立祠以祀

元丁月娥　西域人歸葛通甫僦居郡城沔寇奄至城失守月娥曰吾世簪纓無爲寇辱遂抱所生女投水死一家同溺者九人大暑七日得其屍面皆如生黃池里合塚葬之今稱十女墓

明花雲妻郜氏侍兒孫氏　陳友諒犯太平花雲死之郜泣曰夫死吾必不獨生然不可使花氏無後以三歲兒煒付孫氏遂自赴水死孫瘞郜屍畢抱兒逃去獲免後煒年十一授虎賁衛千戶至太平奉郜骸骨歸束草爲雲像合葬於上元縣

洪貞妻楊氏　當塗人貞貧贅於楊甫三年歿父母以女少欲奪之嫁楊遂歸夫家苦節終身洪武七年旌表

潘氏女　當塗人許聘陸永資陸死女年十九縞素杜門誓不改字壽七十六終於家

楊文俊妻李氏　當塗人年十七適楊未朞楊病篤遂先自經死

孫氏二女　當塗人孫富李女兩姊以次有家季惟願終侍父母其兄聰女方十齡見而誓之曰姑能孝我獨不能乎亦堅不受人聘聚首一室卒年各七十餘人呼雙白

徐憲女　當塗人母病刲股父母歿設位供奉誓不適人卒於家

白氏女　當塗人受聘未嫁夫亡守貞不字年七十餘終

錢君甫妻王氏

祖鼎四妻高氏

孫文妻趙氏

王得富

妻沈氏　朱華一妻闕氏　劉恒妻王氏　趙福妻魯氏俱當塗人守節洪武年旌表　陶春三妻孔氏　巫道保妻邢氏俱當塗人守節永樂年旌表　沈禎妻劉氏　孫華妻紀氏　顧直妻宋氏　何富三妻尚氏　謝壽妻涂氏俱當塗人守節宣德年旌表　陳景妻韋氏當塗人景泰年旌表　朱恒妻於氏　胡順三妻周氏　秦璿妻史氏俱當塗人　甯讓妻陳氏蕪湖人皆成化年旌表　徐俊妻周氏繁昌縣丞周復女也俊亡周年二十無嗣蚤夜悲泣目爲眚苦節三十五年成化間旌表　張玘女繁昌人字仙貞正德七年流賊剽掠仙貞年十七以護母病不忍走被執至江口泣罵不從賊磔之事聞旌表祠其地　閔世忠妻胡氏繁昌人嘉靖年旌表　張齊妻朱氏媳朱氏皆當塗人

兩世以節著萬曆間旌表

祝可大妻陳氏　卞同春妻侯氏俱當塗人

于鈐妻周氏繁昌人皆萬曆年旌表

繆銓妻張氏蕪湖人歸銓四年銓病危囑張善自託張泣曰有子則守志以奉主妻道也無子則瞑目以殉夫婦節吾有以處此矣視湯藥畢沐浴自經

俞珖女蕪湖人名寶姐許配陸謙謙卒逢首縞衣自甘饑凍守貞四十二年萬曆間題旌

俞應孝妻趙氏蕪湖人年二十二應孝亡與貞姑寶姐銜恤相弔撫孤成立萬曆間題旌

吳實妻芮氏蕪湖人年十六歸實明年實亡無子苦節至七十餘歲萬曆已亥表其墓

王德成妻蕭氏蕪湖人年二十一寡撫孤誓守有富商謀娶王翁利厚聘遂許之蕭及嫁日寸裳密綴自縊死

方名蛟妻洪氏繁昌人夫亡縊死萬曆間旌表祠邑東

凌氏女繁昌人許字鄭未嫁而夫亡女斷膏沐默坐一室父母饋以飯每竭盂而出遂不覺越七日已長逝矣檢笥得塵飯斗許乃知不食而死也

蕭懷

珍妻王氏　錢民望妻孫氏　孫黃妻汪氏　霍九衢妻陶氏俱當塗人　胡嵩妻韓氏繁昌人俱天啓年旌　趙應龍妻楊氏　戎志道妻李氏俱當塗人　劉應梅妻張氏蕪湖人俱崇禎年旌

胡之寧妻戴氏當塗人黃兵屠郡殺其夫見戴哲美驅之行戴紿之曰家有金鐲可取之去經市河躍入水死

吳昌祚妻謝氏當塗人黃兵屠郡得謝掖之行謝以手抱樹大罵不止兵斷其附樹之指復擲斷指擿兵面兵磔之祚襲其十指以歸終身不再娶

孫士毅妻陶氏當塗人有姝色夫死守節黃兵掠郡執之不從兵怒鈎其臟腑寸磔之其母奔護亦被戮

陳東輼妻張氏當塗人亂兵掠之張奪刀自殺

張元會妻倪氏當塗人黃兵屠城元會死無子倪遂自沉其婢十二歲亦從之死

甘譜女蕪湖人許聘丁國瑞將嫁夫亡時年十六絕粒拒媒及父母歿遂自經死

楊一藻女

蕪湖人許配吳兆登未嫁登亡女詣奠服麻衣成禮示無歸志執婦道終其身

閻晗妻蕪湖人貌端麗其夫日不一食姑慮不能存活屢勸改嫁氏不許一日陰諾富室子得金不貲屆期與其夫相抱長慟自經死

鄒烈婦蕪湖人黃兵掠鄉夫大度婦不免以大盆積章臥婦其內置堂中兵鈎得之欲挾婦去婦引頸曰死便死耳何懼兵怒碎其屍數日就殮顏色猶生

周烈女繁昌人受李模聘崇禎間左鎮兵自豫章下挾女不從剖尸爲四而去

郡司李廣東陳諫妻李氏諫由進士蒞郡兩月卒李曰吾少婺也豈可與叔萬里同歸哉遂不食死

郡司鐸王明德妻淮安人黃兵屠城明德不去偕妻同躍入泮水死

葛師夔女蕪湖人遇賊自溺死

關運繼妻韓氏當塗人年二十六夫亡撫子崇禎間旌表

陶安妻喻氏當塗人安官學士喻事姑以孝著高帝時封姑孰郡夫人

陳氏安繼室也安沒子昱坐法徙軍陳氏叩闕泣奏帝爲動容赦昱歸養亦封姑孰郡夫人

夏邦

枓妻孫氏當塗人家貧無子二十而寡苦節以終端文用妻唐氏當塗人刲股救夫王岐山妻端氏當塗人夫病刲股救之不起守節以終汪文海妻蕭氏夫歿姑以貧諷其他適氏遂吞金以醫救得痊守遺孤苦節五十三載甘守文妻朱氏陶階妻胡氏黃瓚妻奚氏甘淪妻蕭氏夏敬承妻王氏以上守貞俱蕪湖人劉儒妻陶氏邢有成妻張氏撫孤守節方琨妻汪氏無子守節貢士從吾女未嫁死烈以上俱繁昌人

皇清朱還淳妻謝氏當塗人年二十孀居苦節五十餘年順治九年巡按上官鉦彙報旌表吳學道妻嵇氏當塗人早寡守節順治九年巡按上官鉦彙報旌表唐秉極妻曹氏當塗人早寡守節順治九年巡按上官鉦彙報旌表杜璉妻丁

氏蕪湖人璉亡丁年十八守節四十四年順治十七年巡按衛貞元具題旌表端揆妻唐氏當塗人揆歿唐矢志養二庶姑教二孤子康熙十年巡撫張朝珍具題旌表楊惟樓妾焦氏當塗人年十八樓病割股以進不起守節撫孤康熙十年巡撫張朝珍具題旌表孫繼祖妻江氏當塗人年二十九寡安貧撫孤康熙十九年安撫徐國相具題旌表凌有亮妻張氏當塗人亮亡氏年二十二堅貞自矢康熙十九年安撫徐國相具題旌表許啟豸妻楊氏當塗人豸溺死氏年二十八矢節靡他康熙十九年安撫徐國相具題旌表郭際雲妻孔氏當塗人年十九寡撫週歲遺孤守共節誓不嫁依母家織紉自活每展夫墓哭聲哀慟行路無不隕涕年六十終與夫合葬陳啟忠妻潘氏當塗人啟忠患瘋疾忠父辭婚潘截髮以誓後歸忠實未成婦也日夜侍夫湯藥卒無子立嗣守節五十年終魏日曉妻唐氏當塗人年十九夫病刲股救之翁病

復刲股姑病又刲股十年之內刲股者三苦節五十三年卒

吳氏 黃池傳光基妻母家宜城年十七嫁基越一年基逝無子葬黃池地吳矢死不嫁歸於母家家故貧依兄弟織紉自活饘粥之餘積至二三年辦肩輿道理費一來展夫墓哭泣盡哀手扒其墳土去寸許聞者無不隕涕六十餘乃終遺命其姪葬與夫同穴焉

邵氏 烏溪庠生魯天璧妻夫喪年二十有一貧無立錐稔歲猶藿食居常衣不蔽體勤紡績自給刲肝療姑病姑爲再生及卒葬祭皆盡誠敬壽六十四卒

劉氏 謝廷策妾也年二十二生男八閱月而寡策繼室某無出不安其室或諷劉改適毋自苦劉以死誓撫孤教誨爲郡庠生歷艱辛

楊氏 彭雲驥妻鬻藥守節五十年壽七十一卒

楊犀女驥卒年念四立嗣奉夫主嗣復殤力撫三孫日不再食母族勸之大歸輒泣曰一身雖暫存活何以爲諸孫計久遠乎苦節五十三年卒

張旭妻孫氏 采石人割股救姑疾

陸應文妻沈氏

倪必通妻王氏 俱守志苦節

廬州府

漢廬江郡小吏焦仲卿妻劉氏 見安慶志

唐朱延壽妻王氏 延壽之姊爲楊行密夫人行密狎延壽延壽怨陰與田頵通謀謀泄見殺氏集家人聚寶貨焚府舍曰妾誓不以皎然之軀爲讐人所辱遂赴火死

宋包繶妻崔氏 合肥人繶乃樞密副使拯之子早亡拯夫婦意崔不能守使左右察其心崔誓無他志母呂欲嫁之崔泣曰若以不義見迫必絶於刀組之下熙寧間封永嘉郡君

元余闕妻蔣氏 從闕守安慶城陷赴水死詳見安慶志

張氏女 廬江人嫁爲高屋妻母病目喪明張氏歸省抱母泣以舌舐之目忽能視事聞旌表

明吳復妾楊氏 見蘇州府志

鄭亨妾張氏 亨卒自經以殉詔贈貞節淑人

葉榮妻趙氏 巢人夫亡守節誓不再適永樂十四年詔旌

倪景四妻

周氏無爲人年二十喪夫撫遺腹子守節正統四年旌表陳順妻方氏合肥人夫亡守節天順元年詔旌張禮妻王氏巢人夫亡守節天順六年詔旌宋國興妻曹氏合肥人國典戰歿曹守節封貞烈夫人王用廣妻嚴氏無爲人年十九廣亡甘貧守節成化七年旌表袁昱妻萬氏合肥人昱死萬年二十無子守節五十七年弘治元年旌表孔詢妻何氏舒城人年二十二歸詢生子七日而詢歿何埋髮爲繩繫臂以見志苦節以終湯智妻曾氏無爲人湯亡甘貧守節弘治七年詔旌汪霖繼妻李氏六安人霖卒年二十一無出苦守三十年弘治十七年詔旌趙軌妻周氏六安人正德壬申流賊攻六安掠周氏去周紿之曰妾家有金珠請歸取之周至家擕所生子女投水死張氏二女合肥人正德壬申流賊入境欲驅二女行女相擕赴水死得屍手猶不解黃仁後妻胡氏舒城人年十七嬪黃未及期夫歿有遺腹乃延

至次年生子方數日胡以子託姑自縊　謝恩妻林氏無爲人恩亡一子方六歲氏哀毁喪明嘉靖七年詔旌　仰賴妻李氏無爲人賴亡自縊以殉詔旌貞烈　張仙妻印氏六安人仙亡印年二十有一生子言甫三月抱孤守志織紝度日嘉靖十二年旌表　何珊妻冷氏　張振妻陸氏　葉椿妻滕氏俱六安人少寡守節嘉靖年旌表　楊舉妻陳氏六安人舉亡生子甫八月苦節五十七年嘉靖甲寅旌表　盧聰妻朱氏霍山人聰亡朱守節四十餘年嘉靖十一年詔旌　吳一朝妻趙氏合肥人年十八適朝二年朝死服闋自縊事聞建坊　王治妻羅氏　王浣妻徐氏合肥人治兄弟早亡二氏砥節嘉靖間事聞建坊　李方膺妻陳氏合肥人膺亡守節年八十卒事聞建坊　趙鑑妻陳氏六安人年二十五寡家貧撫孤守節四十餘年事聞旌表　孫支妻潘氏六安人年二十餘夫亡無嗣守節事

聞旌表　陳宻母楊氏巢縣人年二十六夫亡守節詔旌　龔銓妻王氏

媳陸氏俱合肥人姑媳守節萬曆間並建坊　謝昌言妻詹氏合肥人昌言病

危詹慟哭曰妾先侯君冥途遂自縊死　任育民妻解氏舒城人育民早亡解年二

十許翁老而貧將遺嫁解自縊死　李大儒妻朱氏舒城人儒死無子守節數十年

事聞旌表　胡福妻史氏舒城人福亡氏年二十三有遺腹子撫之成立壽九十卒　丁

氏女盧江人父湯許聘王子詔子詔歿有諷再適者女正色拒之父潛許鄰子段某女遂投井

而死　盧炬妻劉氏盧江人夫歿無子矢志守節事聞旌表　陳元道妻周

氏盧江人少寡守節事聞旌表　朱謙妻劉氏無為人夫故遺一子甫三歲貞守五

十五年事聞旌表　侯一香妻潘氏無為人一香早故潘守節不嫁里有富人洪廷

祿慕其姿餌潘至家奐陰汚之潘拔刀自刺而死事聞旌表　王一龍妻李氏合肥

人龍亡李年十九子方襁褓矢志守節年七十三終萬曆間旌表

沙棟妻張氏舒城人年十七歸沙未及期夫死是夕自縊

王泮母葉氏舒城人早寡守節事聞建坊

趙完璧母何氏舒城人夫亡苦節事聞建坊

宋氏舒城人少適潘門夫死年方二十撫遺腹子守節卒年九十五

胡景裕妻解氏舒城人年十九夫亡守節卒年七十

方崑之妻吳氏舒城人崑死吳年十九撫遺腹子守節年八十卒

朱弘正妻芮氏廬江人年十八夫亡子方三月守節垂五十年

謝容妻錢氏無為人容亡自縊死

汪某妻俞氏無為人年十八守節卒年八十六

劉龍光妻曹氏無為人夫亡撫孤勵節詔旌表

朱勝日妻倪氏無為人夫亡苦節五十三年詔旌表

郭杰妻沈氏無為人年十八寡家貧苦節壽八十有五

高應嶽妻楊氏無為人年十九夫亡守節五十餘年

李于業妻黃氏無為人年十九夫亡

厲節撫子卒年八十四　汪賜兒無爲人年十五隣有狡童竊窺之賜兒不勝忿恨自縊而死　張必美妻蕭氏無爲人歸美半載美亡蕭年十七與姑王氏同孀居軍人徐爾與脅之其姑懼禍勸蕭從之蕭曰我死即禍已何懼爲遂縊死　謝桂女無爲人許聘王道未嫁道死父母欲再聘之女着道家原聘衣粧密縫之坐帷中縊死　倪國祿妻吳氏無爲人年十九喪夫守節撫孤壽八十七歲　胡氏女巢縣人許字吳宗堯吳亡女遂不食七日死　葉永秀妻許氏巢縣人年十八夫亡無子苦節六十餘年　許如蘭妻劉氏合肥人年二十七夫亡守節卒年七十七　呂文拜妻王氏巢縣人年十九喪夫遺一子方兩月育孤守節五十餘年終　陳璨妻王氏巢縣人璨亡王守遺腹子中年又亡王撫其孫守節六十餘年壽八十五卒　常河妻胡氏六安人河死胡年十九守節終身　鄧君衛妻王氏六安人衛遘疾王刲股進弗效遂自縊於棺側

張九叙妻鄧氏六安人年十九夫殁自縊以殉　儲如英妻王氏合肥人有殊色崇禎壬午爲賊所逼氏罵不絶口引懷中剃刀自刺死　高士貞妻王氏合肥人壬午聞賊入城將投家園井中其侍婢梅兒牽其衣勸少緩見賊死未晩也答曰見賊恐不得死所矣遂先投井中長女繼之梅兒亦溺死　王羅春妻李氏巢人字合肥王羅春未期年羅春殁氏自經死　胡拱極妻黄氏合肥人明末流賊突至被執氏大罵賊身被七刃而死　高士俊妻孫氏合肥人年十七歸高生子未週歳士俊溺死氏自縊　唐經國妻董氏合肥人壬午寇變氏甫十九歳賊持之氏罵賊賊怒攢鎗刺之並其幼子俱斃　郭士行妻陳氏舒城人年二十五寡遺二子未幾二子疫死氏曰我先年所不卽死者爲有二孤也今二子俱死我何生爲遂不食死　祝亮工妻桂氏舒城人壬午春遇賊被執抱一枯樹不動曰此我死所賊斷其頸猶堅抱枯樹不釋亮工至其手方解

姚汞著妻王氏舒城人年十九城陷賊逼之氏罵賊被殺祝長祉妻李氏舒城人城破匿水中賊下水掖之氏罵賊滚入深流賊怒刀石交擊渠水爲紅胡氏女舒城人許字張阿閣城陷罵賊賊支解之胡太和女舒城人年十六歸於黃姓甫半載城破爲賊所獲氏罵賊被殺趙振先妾某氏舒城人城破被執賊出刃恐之不從遂斷其頸挺立如故曾之唯女舒城人城破賊執其臂引刀自斷其臂而死郭維慶妻許氏舒城人賊獲之先殺慶見婦色麗令騎馬氏大罵投水死張國屏女舒城人許字李楷崇禎壬午爲賊所獲女曰乞賜一刀以全我節賊殺之侯之楷妻胡氏舒城人城破賊支解其夫氏伏夫屍罵賊賊竝殺之蕭貞白妻張氏無爲人崇禎十五年流寇至夫婦俱被執氏紿賊使釋其夫遂詈賊賊鉤斷其舌投屍烈焰中僕蕭隨見氏死厲聲罵賊賊支解之陸官治妻沈氏無爲人流賊破城氏年十八與小姑名蟾女年十四

以巾帕連屬手皆投井而死

趙崇仕女無爲人爲流寇所獲欲擕去強之乘女罵賊不絕賊解其屍

李從仕妻嚴氏巢縣人爲賊所獲脇之入營氏投火焚死

嚴成寬妻鍾氏巢縣人爲流賊所執投水死

兪氏巢縣人適高姓賊至挈之行氏大罵賊賊剄其腹

丘民法妻張氏六安人賊掠欲汚之死不可奪及覓得其屍刀痕遍體兩手堅握中衣至殮力擘其手不能開

張姓婢鄭氏其父鄭老年八十餘賊至欲挾氏去氏苦持其父賊怒殺其父氏搶刀自刎

謝天爵妻陳氏六安人賊掠之氏罵賊死

黃文議妻潘氏霍山人嫁甫數月夫亡潘具殮畢即入室自經時年十八

龔濂妻陸氏貞節建坊

陸萬鵬妻侯氏封肝救姑

褚汝英妻王氏流賊陷城死

趙函乙妻解氏同母高氏

王時彥母湛氏媳張氏

成允母陳氏其妯張氏

蕭嗣傑妻葛氏

胡一龍妻

闞氏　王希松妾臧氏　汪英母周氏　夏聘功

妻韓氏　王之翰妻陸氏　胡瑛母余氏以上俱合肥人

流寇陷城死　孫氏佚其夫姓夫外往溺死氏年未二十聞訃自縊合肥人　王誠西

母楊氏盧江人年二十二守節終　孫鸞妻徐氏　施清母佚其姓俱

盧江人守節以終　周儒妻鄒氏儒艱嗣息勸娶妾胡氏生子逾年儒卒同志撫孤

王孫謀妻張氏流賊破城同孫媳姚氏死　姚履和妻丁氏遇流寇同

妾談氏及長女赴水死　劉芝妻張氏城未陷時先期與夫訣乘間自盡　毛可

達妻姚氏　曹二妻周氏俱盧江人流賊陷城死　李禹女秀

貞無爲州人父禹卒於外聞訃遂嘔血數升卒　楊安妻林氏安卒氏誓終身不整

容號泣雙目俱眩以全節終　陳華妻楊氏華卒氏年二十四有謀娶者氏拔簪刺目

苦節四十年終　張文光妻王氏刲股救姑疾二十一歲守志終身　朱勝魁妻張氏刲股救夫疾守志終　徐畢璋妻朱氏流賊陷城與璋妹同赴井死　張景妻朱氏　畢力尚妻張氏　劉光生妻朱氏　石汝瓔妻蔡氏俱無爲州人流賊陷城死　蘇蔭妻阮氏無爲州人鎮將黃得功守州有小卒窺氏逼之氏紿以就浴閉戶自縊死　彭璉妻潘氏　葉銳妻竇氏　張介妻崔氏　周金妻陳氏　姜梅妻董氏　陸大儒妻李氏　張景雲妻朱氏俱六安人守節獲旌　薛婦程氏夫有癲疾舅姑恐其不堪薛怡然調夫疾夫卒苦節奉姑以終　丁礦妻李氏　何獻妻李氏俱六安人守節以壽終　胡廷顯妻張氏六安人年二十二守節八十九歲終　失名女流寇陷六安見其少將犯之以帷蒙

其頭曰毋汚我髮以錦被其體曰毋汚我衣大罵死之　黃秉元妻佚其姓鄭氏張婢也賊至欲殺其父氏哀懇弗獲遂擲懷中幼子奪賊刀自刎　潘景黎妻陳氏

潘一鳳女潘氏　何大知妻徐氏二女何氏媳智氏時氏喬氏俱以節稱　楊茂儒妻馬氏女楊氏　李應甲妻劉氏　趙昌言妻王氏妹趙氏　潘玫妻朱氏　負販妻佚其氏徐奇妻姜氏　葛遇明妻尹氏　趙宏勲母熊氏　胡學禮妻徐氏　嚴成志妻陳氏　陶之令妻沈氏　陶璨妻管氏　葉士彥妾陳氏胥氏　趙宏勲女佛兒年十五罵賊死　嚴成志女五一兒　徐奇女以上俱巢縣人流賊陷城死　胡氏女許字吳完堯未嫁堯歿不食七日死巢縣人　賢氏

女霍丘人崇禎癸酉氏爲其父讐家所執將汚之引刀自殺死

皇清張爀妻杜氏氏本定遠人適合肥張爀爀歿氏屢自經輒爲家人救免後紿侍婢於寢遂殉節年甫二十歲順治十年督學李嵩楊具　題旌表

沈夢雲妻楊氏舒城人夫亡自縊康熙十九年安撫徐國相具　題旌表

朱子才妻胡氏盧江人夫死孀居遭朱君達强姦自剄而死康熙二十一年安撫徐國相具　題俟旌

何大封妻阮氏無爲州人夫死守貞有授以肉誤犯其手者引刀截指血濺尺許一室盡駭蓬首鶉結時聞哭聲如是者六十年

謝桂女無爲州人年十四未嫁夫逝女聞訃着原聘衣坐帷中縊死項無縊迹面如生

高士俊妻孫氏合肥人夫死自縊以殉

許如蘭妻劉氏合肥人年二十七守志五十年終

周維先妻趙氏夫逝氏自刎以殉

張國城妾王氏城逝吞金環不食死俱舒城人

劉有紳妻謝氏無爲州人

夫亡不食而死**鄧君衡妻王氏**六安州人夫逝自縊以殉

鳳陽府

周宋共伯姬宿州人魯宣公女成公妹也歸宋共公共公卒子平公立伯姬獨居四十五年伯姬之舍失火左右請避火伯姬以保母不至遂逮於火而死**管仲妾**頳上人名婧桓公出遊甯戚叩牛角而商歌公使管仲迎之戚曰浩浩乎白水管仲不知所謂婧爲誦白水之詩而知甯戚之欲仕

漢陳嬰母盱眙人楚兵起東陽少年殺其令欲立嬰嬰爲王母曰自我爲汝家婦未聞先世有貴者今暴得大名不祥不如有所屬事成猶得封侯事敗易以亡非世所指名也嬰乃止不王

周郁妻趙氏宿州人趙孝之女郁驕淫輕躁多行不道郁父偉謂新婦賢者當以道匡其夫不改新婦之過也婦拜受命退謂左右曰我無樊衛二姬之行故翁以責我我言而不用翁謂

我不奉教罪在我若見用是子違父而從婦罪在彼不如死也遂自縊

范滂母 細陽人漢建寧中大誅黨人詔下滂自白母曰仲博孝敬足以供養海從龍舒君歸黃泉存亡各得其所惟大人割不可忍之恩勿增感戚母曰汝今得與李杜齊名死亦何恨既有令名復求壽考可兼得乎

三國

夏侯令女 亳州人夏侯文寧之女適曹爽從弟文叔蚤死服闋其家欲嫁之令女聞之乃自以刀截兩耳及爽被誅令女叔父上書與曹氏絕婚強迎令女歸時文寧爲梁相徵使人諷之令女竊入寢室以刀斷鼻或謂夫家滅盡守此欲誰爲令女曰曹氏全盛之時尚欲保終今衰亡何忍棄之司馬宣王聞而嘉之聽乞子養爲曹氏後

晉

劉惔母任氏 宿州人有高識家貧子惔寓居京口稍知名論者比之袁羊惔喜告其母母曰此非女比勿受之又有方之范汪者惔復喜母又不聽及惔年德轉升論者遂比之荀粲

隋

木蘭魏氏 亳城東魏村人隋恭帝時募兵木蘭以父當往而老弟妹俱稚卯市鞍馬

整甲冑請於父代戍歷十有二年身接十有八陣人終不知其爲女子後凱還除尚書不受懇奏省親及還釋戎服衣舊裳同事者駭之以事聞召赴闕欲納之宮中木蘭以死拒之帝驚憫贈將軍諡孝烈鄉人歲以四月八日致祭蓋孝烈生辰云按廣輿記歸德府商丘人豫州志載宋州人姓魏氏

宋

盧兒 潁州人歐陽修妾也修卒盧兒淚血以死乃殉葬焉

鍾離婦 紹興間金陷濠城欲驅之去婦曰汝寧殺我我必不從賊怒斬其臂罵不絕口而死

呂祉妻吳氏 霍丘人紹興七年酈瓊叛降於劉豫時祉死氏持帛自縊以殉

臨淮王宣妻曹氏 建炎中盜馬進焚掠臨淮曹臥牀不起賊執持之大罵不屈死

張同朱妻陳氏 泗州人荒年就食靑陽夫鬻之於虹縣李簡氏通身密縫至簡家以剪刀自刺死

陳旺妻劉氏 泗州人旺死劉痛哭不食十餘日亦亡

閔居正妻蒲氏 宿州人自註列女傳年十七適居正會居正從軍卒氏聞自縊西窗下時年二十有六

〔元〕程寬妻孫氏臨淮人 倪文昌妻聶氏臨淮人 范道和妻丁氏臨淮人俱守節撫孤事聞旌表 于婦婁氏定遠人名壽春年二十餘至正十二年為亂兵所驅義不受辱赴濠水死 史五妻徐氏定遠人元末兵亂五戰死氏求得其夫屍載歸令匠氏治大棺沐浴縊死與夫同棺而殮 樊婦張氏定遠人有容色子宗吉方十歲婦為兵所驅匿水中兵謂宗吉曰呼爾母起我且活汝宗吉以告氏曰吾非不汝顧但不失節以求生遂自溺死

〔明〕花雲妻郜氏侍兒孫氏懷遠人詳見太平府 繆堂卿妻杜氏鳳陽人繆卒杜二十三歲守孤洪武十年旌表 詹奎妻周氏臨淮人年十七適奎奎死無後氏供養姑與祖姑以孝聞永樂間旌表 章畢妻王氏臨淮人年二十奉姑守節事聞旌表 朱氏女靈璧人名善眞永樂間許聘丁文聰文聰死父議他聘女曰吾身雖

未事丁而業已議婚可更二姓聊遂縊死詔旌貞烈

劉錫妻張氏靈璧人年二十三歲而寡遺二孤父兄迫其改適剪髮自誓紡績治生詔旌表

張金源妻盧氏亳州人年二十三守節景泰五年旌表

程義妻何氏亳州人年十八義陣亡氏奉姑撫子景泰六年旌表

歐信妻胡氏五河人年十七歸信未期年而信死姑官氏亦早歲孀居天順二年旌表

張箕妻李氏五河人贅里中張箕爲婿箕死二子在襁褓或勸改嫁遂自縊死

周鑑妻張氏虹人鑑死誓不再嫁成化十年旌表

顧升妻吳氏臨淮人升死無嗣誓死養舅姑弘治間建坊

張漢賓妻趙氏靈璧人年二十家貧守節弘治間旌表

李鼎妻封氏亳州人年二十一生遺腹子善事舅姑守節弘治三年旌表

石彬妻華氏亳州人年二十六守節弘治間旌表

常壽妻趙氏壽州人年二十守志歷四十年弘治間旌表

范山妻劉氏太和人年二十守節正德年旌

表

董鑾妻茅氏靈璧人　王昭妻陳氏太和人俱正德間流賊至被執不辱投水死詔旌表　王綬妻徐氏靈璧人　李驥妻胡氏太和人　李欽女太和人俱正德年間流賊至被執不辱見殺詔旌表　李希儒妻張氏張判簿女適靈璧李希儒流賊至投河死詔旌表　俞潭女泗州人　張秀女虹人　韓禮女蒙城人　魏隆甫妻張氏潁州人　吳烈女潁上人　嚴祿妻許氏潁上人俱正德年間流賊執之不辱而死　樊九錫女　袁領女俱盱眙人遇賊不從被殺　黃枱妻宋氏鳳陽人年二十適枱枱死守節教子嘉靖年旌表　陸璋妻鄒氏定遠人夫亡無子堅守五十年　劉瓚妻郭氏壽州人年十九守志歷六十年　王宗顯妻莫氏臨淮人夫故撫子鉦長娶陸氏鉦又亡氏偕婦育孫嘉靖年建坊　沈謙妻周氏臨淮人夫故姑令改嫁氏以死誓嘉靖年旌表　許

艮相妻張氏臨淮人年十九艮相死越七日卽自縊事聞上詔旌表劉綬妻梅氏臨淮人年十七適綬越九月綬死父母欲奪其志遂自經事聞旌表王雄妻呂氏臨淮人雄死氏抱幼女託所親撫養自縊死事聞旌表陸卿妻楊氏臨淮人卿死守節三十餘年事聞旌表黃永泰妻潘氏臨淮人年二十三永泰客死氏紡績撫孤嘉靖年建坊旌表華樓妻顧氏臨淮人樓死氏自縊棺側事聞建坊金鉞妻錢氏臨淮人年二十二生子甫十月守節五十餘年事聞旌表許昂妻顧氏懷遠人年十九昂死子生方半月以節自誓嘉靖間旌表閔相妻高氏懷遠人夫亡撫七歲兒魁魁長娶婦又皆早亡遺孫崇訓亦七歲高氏又撫之事聞建坊旌表李發春妻石氏懷遠人年十六歸李夫亡爛嚼其舌縊死夫柩側時年十八陳貴妻馬氏定遠人年十七守節養姑事聞旌表張永爵妻王氏定遠人年十九撫七月孤堅守

五十年嘉靖二十年旌表吳諡妻錢氏定遠人年十九夫亡堅志守節九十七歲建節壽坊孫鑾女五河人母朱氏死鑾續娶李氏李携前夫子鄭州兒者來州挑女女忿殺州而自刎知縣建祠竪坊以表貞烈張五教妻沈氏虹人王邦妻馬氏壽州人厲鑽妻薛氏壽州人屠照妻楊氏壽州人陳一策妻王氏壽州人何仲清妻莊氏蒙城人程稔妻韓氏蒙城人以上俱夫亡自縊以殉戴淵女蒙城人許字張海海亡自縊潘養晦妻牛氏蒙城人夫亡氏撫子以延夫嗣及子殤遂投井死事聞建坊姜貞女蒙城人許守何其恭恭亡不食而死戴韞珽妻田氏張莘黃妻王氏俱蒙城人夫死自縊事聞建坊李葉妻侯氏蒙城人年十九撫孤女歷節六十年張顯思妻周氏蒙城人夫亡縊死祀貞烈祠李顯芳妻劉氏蒙城人歸顯芳二載生子

瑞甫四月夫死有言其少年難守者氏手刎其左目墮地以示志瑞甫長娶任氏生子三閱月而瑞又亡劉撫孤兩世

蔣東昇妻朱氏泗州人東昇死年二十有四生遺腹一子氏與孀姑同守事聞建坊

青陽民妻失其姓夫以官逋繫獄妻曰鬻我於遠商不至借亡也夫從其言乃痛哭分袂渡淮至中流遂赴水而死

何烈女泗州人年十一父貧鬻女悞入於娼家女歲餘始悟歎曰生而不良不如死之爲愈也遂引刀自刎死

何雄二養女盱眙人長名春景少名進喜雄逼爲娼二女聯臂投淮數日逆流二女雙浮水面顏如生

周六韜妻陳氏盱眙人韜死子幼奉事孀姑姑死有迫之他適者氏遂縊於寢室事聞建坊

胡貞啓妻侯氏盱眙人夫死氏於柩前自縊建烈婦碑

錢隆妻林氏　**錢芳妻樂氏**　**錢芝妻朱氏**俱盱眙人建坊一門三節

王巡妻朱氏盱眙人苦節四十餘年子王鳳仁具疏陳情詔旌表

馮霦妻周氏盱眙人十

九歲守志歷五十餘年事聞旌表

張應第妻王氏盱眙人守節三十餘年事聞旌表

周夢熊女盱眙人壻有廢疾欲退婚女聞自縊

馮時泰妻劉氏靈璧人早寡守貧教子嘉靖年詔旌表

朱珍妻凌氏臨淮人年十九守一歲孤歷五十餘年

丁鳳妻金氏臨淮人

甄伋妻李氏霍丘人俱年二十撫孤守節歷五十餘年

蔣綱妻袁氏臨淮人年十九夫亡守志歷七十年

薛環妻徐氏懷遠人少寡守節詔旌

趙完璧妻張氏泗州人年二十二夫亡撫孤歷節五十載

蔣臚妻湯氏盱眙人年十九守節歷七十餘年

呂全妻汪氏盱眙人年二十守孤歷七十年

申順妻秦氏

楊淳妻郭氏

丁思臯妻任氏俱宿州人年未二十夫亡守節壽終

劉烈張氏呂氏潁州人張氏許聘劉中焞將歸焞死女往自縊死柩傍中焞從弟中燿娶呂氏燿死亦自縊

劉梅女潁州

人許聘李之本未嫁本亡悔潛許田家女　王永繼聞之取李聘幣製衣衣之自縊死詔旌表

妻時氏潁州人夫死五日自縊建坊旌表　趙靠妻顏氏盱眙人　王加會妻楊氏潁州人　孫錡妻馮氏潁州人　張其猷妻盧氏潁州人　石佐妻楊氏潁上人　張雲鵬妻臺氏潁州人　王敷紀妻汪氏潁上人　遲義敏妻陳氏潁上人俱夫亡自縊　王越妻張氏潁上人夫亡氏以身殉事聞建坊　劉江妻張氏太和人年十九撫孤歷節六十載　陶禎妻吳氏太和人年十九撫遺腹子歷節五十餘年　沈一經妻曹氏五河人嘉靖癸丑氏爲賊獲不從遂尸解之　聶鼎妻姚氏五河人嘉靖癸丑被賊執登舟躍入水死　沈朝妻郭氏靈璧人嫁南踰年夫死自縊　海秀妻李氏亳州人嘉靖二年歲大饑秀死李不能葬負土爲墳抱女沉河而死越三日屍浮如生女

抱未釋附夏侯令女祠奉祀

毛繼妻宋氏亳州人繼死氏年十八卧苫主前每夜以繼衣覆體哀毁喪明卒年八十四嘉靖年間附夏侯令女祠奉祀

孫鈞妻龐氏亳州人鈞販豕為業夜行被賊殺氏守節為孫氏逼嫁富民劉琦遂自縊

萬邦傑妻孫氏虹人于歸半載傑死氏撫遺腹子隆慶間詔旌

鄒相妻黄氏霍丘人夫亡誓志守節五十七年隆慶間建坊

潁水烈婦不知姓名住潁河北夫為人傭工病篤婦泣曰事急矣殮葬無所需請鬻妾以備遂自售於賈船得資為夫買棺舟行婦回首呼夫投水死

戴彬妻李氏鳳陽人彬死苦守萬曆間詔旌

黄榮妻丘氏臨淮人年十九嫁纔五月榮死越二日縊死柩側

葛儒次女臨淮人許字朝相年十七未嫁相死女更衣自縊萬曆間建坊

耿女臨淮人女受聘未歸聞夫亡自縊詔建坊

徐孝女懷遠人徐子魁次女年十七母病割肝救愈歸張師孟未幾夫死三日後氏亦自縊時年方十九

姚黨妻賈氏

懷遠人黨死賈曰君遲遲我卽從逝矣遂自縊死杜應試妻趙氏懷遠人王

樸妻孔氏懷遠人李自修妻徐氏懷遠人歐伯鎮妻戴

氏五河人俱夫死自縊宋雲鴈妻盛氏五河人年十七適雁未月餘雁死自經萬

曆年間建坊王序禮妻丁氏王序爵妻郭氏俱五河人禮爵

同胞兄弟也萬曆間序爵爲賊殺越月妻郭氏生子遂自縊未幾禮亦死無子丁年方少守節無姪

旌表節義郁尚禮女五河人幼字桑姓後桑業日貧增復殘疾尚禮欲易婚女不允聞議

巳定卽縊死張思讓妻劉氏婁楷妻郁氏俱虹人夫亡自縊

胡本廉妻周氏霍丘人年二十夫死無孤至十曾七天周盡焚其衣屨遂自經

長治妻戴氏霍丘人長治亡氏以頭觸棺死張希相妻儲氏霍丘人夫

亡氏絕飲食淚盡繼以血七日死時當可妻郭氏霍丘人于歸數載夫志守節事

聞建坊汪一誠妻王氏霍丘人年二十撫孤守節五十年事聞建坊方亮妻陳氏宿州人年十八亮死撫遺孤既娶而又殁氏守益堅詔旌何淵女宿州人初許王機未歸機死父母欲嫁之女不從曰我欲一祭王秀才墓母許之女慟哭嘔血死與機合葬丁鳳翔妻李氏宿州人夫死氏年二十三守節撫子姑疾刲股事聞旌表鄭鑾女宿州人年十五許字秦文顯未歸壻亡女即日遙拜自盡萬曆間建坊張守恭女宿州人許字劉氏子未歸壻亡竟自縊死丁啓泰妻王氏宿州人啓泰十歲舉神童早死王年十九矢志撫孤卒年七十黃槩妻丘氏宿州人歸二年槩死氏次日即自縊劉大川女宿州人初議婚陸姓子及笄陸貧行乞大川醜之欲改嫁賈富人子女謂曰吾願適陸姓兒同乞亦所甘心也父母不聽竟受賈聘將嫁自縊死張弼妻江氏趙繼明妻周氏俱宿州人夫亡自縊張崇志妻王氏靈璧人年十八嫁甫

一月夫溺河死遂自縊萬曆間建坊立祠

甘洛妻梁氏靈璧人年二十八有娠洛病篤梁誓曰生男爲爾守生女當死以殉已而生女梁卽日自縊

李邦文妻王氏靈璧人年十九撫孤守節六十年

馬雲衢妻田氏靈璧人夫死五日自縊以殉

黃鵠妻溫氏潁州人鵠客遊病歸氏許以身殉鵠解所繫縧付之殮畢以縧縊死棺旁

范希文女潁州人許字朱廷諫未嫁廷諫死女檢聘幣悉納火中自縊

馬似龍妻史氏

韓有學妻孫氏

鄧任妻丁氏

李枝茂繼妻王氏

張大壯妾曹氏俱潁州人夫亡自縊

蔣應節女潁州人許字李啓芳未歸壻死女遂自縊

羅進女太和人年十六許字王仲美子未嫁美子死女自縊

徐珏妻劉氏太和人夫死自縊事聞建坊

高九山繼妻朱氏太和人年十五適九山越六月九山死歷節將八十載萬曆年建坊

畏可久妻皮

氏太和人年二十五夫死守節六十十六年事聞建坊于新豐妻趙氏太和人年
十八夫死自經與夫同殮事聞建坊陳坤妻貢氏天長人年十九坤亡撫遺腹子學詩
詩亡與媳胡氏同撫孫事聞建坊陳大功妻徐氏天長人大功亡家貧撫子萬曆
丁未建坊陳從周妻常氏天長人周亡無嗣氏閉處一樓萬曆戊午建坊鍾烈
女天長人許配繆一元元亡於外女取繆氏聘物焚之自縊死與一元合葬胡烈女天長
人夫病死女縊以殉周烈女天長人年十七許字潘明未適明天遂自經死阮長卿
女天長人許字王道昇昇死女請奔喪遂留不返終其身未嘗解帶蔡氏女天長人許
字譚濬長長死自經王蔡媳胡氏天長人蔡灌園城北子亡胡年二十餘自經死袁
婦楊氏天長人年二十六色娟秀袁甚窘之欲攜賣娼家楊不去自縊死王漢妻
徐氏天長人漢貧他出徐於野間采蘋豪强葛爽欲私之强裂其襦徐忿縊死爽亦暴殞張

德妻周氏天長人年二十三夫亡養孤撫女有豪隣謀逼之周因斷髮自刎萬崐
妻陳氏天長人蔡銑妻杜氏亳州人懷毓秀妻龔氏亳州
人俱夫亡自縊蔣道華母王氏鳳陽人少寡遺華五月力苦撫孤天啓間旌表王
之屏妻劉氏鳳陽人夫故養姑姑死適盜焚掠氏奔夫墓樹自縊吳淳妻盛
氏鳳陽人早寡守節事聞旌表歐選妻張氏五河人年十七歸選選死氏毀容截
髮撫遺腹子守節天啓間建坊陳宗孟女宿州人年十四許字余揚名揚名死氏往弔母
迫之歸遂自縊天啓間旌表徐藻妻李氏宿州人藻死李簡藻生平書籍玩好納之
棺中自經死天啓間建坊張仲全妻卞氏宿州人仲全死卞斷髮守節訓子年七十
三事聞建坊趙光大妻孟氏宿州人夫死氏次日自縊高翼麗妻封
氏穎上人麗亡氏縊死柩側天啓間建坊褚文蔚妻岳氏鳳陽人年十九夫死

無子矢志孝姑事聞旌表李冠妻朱氏鳳陽人年十九寡養舅姑撫遺子旌表田華妻黃氏鳳陽人適華三載而寡安貧守節事聞旌表耿氏女鳳陽人許聘臨淮吳大艮未嫁艮死耿奔拜吳柩自縊死建坊旌表孫有繼妻何氏鳳陽人年十九夫亡越三日自縊王馭乾妻韓氏李玉妻石氏俱臨淮人夫亡自縊事聞建坊陶志善妻王氏壽州人年二十夫亡無棺號哭七晝夜自縊王文燦妻高氏壽州人夫亡自縊胡志賢妻滕氏鳳陽人王新藩妻張氏鳳陽人魏民治妻陳氏鳳陽人方之奇妻胡氏鳳陽人顧賀泰妻席氏臨淮人張雲鵬妻王氏懷遠人李本妻段氏懷遠人歐纘修妻鄒氏五河人鄒述孔妻張氏五河人李應元妻陸氏五河人汪長清妻詹氏霍丘

人　王璿妻楊氏霍丘人　石守仁女五河人　張大漢妻郭

氏五河人　高選妻時氏虹縣人　吳崇讓妻梁氏壽州人　張

起鳳妻許氏蒙城人　李寧妻李氏蒙城人以上俱崇禎乙亥流賊至被

執不辱見殺　綠衣女鳳陽人不知姓名獻賊陷郡衆爭犯之不從賊怒縛於庭槐灌油燎

之至死嫚罵不絕　結帶女子懷遠人叛兵過淮女恐被汚暗將中帬衣帶環結如織及

被執以解帶爲詞請兵所佩刀斷之得刀遂自殺　王景凡妻楊氏蒙城人崇禎年

間寇亂殺其夫逼氏行遂攜女投井死　王可道妻江氏　丁樞妻陳

氏俱蒙城人夫亡自縊　李澤久妻李氏蒙城人澤久隨父任浙中死李聞訃飲毒

以殉　李澤溥妻許氏蒙城人溥病將革憐許年少無歸氏笑曰我今有歸也入室自

縊溥猶及知而死　陸提署繼妻段氏蒙城人夫亡夫之弟姪暗許劉振吾爲妻

詐以賊縛氏出比至劉家以鋃鐺刺心死事聞祀貞烈祠鄒承鳳妻盧氏　楊
蘊奇妻王氏　穆際元妻蔣氏俱蒙城人夫死自縊曾大智
妻王氏蒙城人夫被賊殺氏罵賊遂自刎黃日芳妻陳氏妾李氏
日芳楚產爲霍令流寇圍城攻陷之二氏同赴澗死士民立祠以祀張汝敬妻蔡氏
林起翰妻裴氏俱霍丘人寇變自縊配享女忠祠瞿烈女天長人許
字董君兆未嫁流賊至女自刎死苗百壽妻張氏天長人流寇執之去氏罵賊被
殺張朝京妻劉氏潁上人夫婦俱被賊執賊欲污劉劉紿賊使釋其夫度夫去遠
憤罵不屈被殺謝朋升妻汪氏潁上人夫被賊殺自縊而死徐澄妻朱
氏　陳東妻韓氏俱潁上人張敬妻孫氏　孫士望妻
桑氏　趙三在妻司氏　于京妻李氏　黃之奎

妻汪氏　唐九章妻張氏俱太和人王斌妻夏氏　王二賢妻王氏　唐詩妻梅氏俱亳州人崇禎間流賊至被執不辱見殺

朱應鴻妻翟氏　胡尊周妻楊氏　楊芳博妻王氏俱亳州人夫亡自縊劉啓明妻周氏蒙城人夫亡殮畢遂自縊於棺旁王極中妻戴氏霍丘人夫死氏二十四歲孀姑已老遺孤方六月苦守越三十餘年事聞旌表

胡鼎彝女天長人年十九嫁李準準不才蕩業乃以氏償逋者氏曰我豈事二夫哉自縊死

徐應乾妻程氏宿州人乾死三日氏登樓自縊徐琳妻王氏

季國模妻黃氏　徐長堅妻宋氏俱宿州人年少夫亡自縊死

張氏宿州人嫁常氏子一歲夫死自縊曹氏女潁上人幼納謝誥聘未嫁誥亡氏自縊死

饒文地妻王氏潁上人夫死自縊侯氏女亳州人許聘餘文起

未嫁夫亡苦守四十八年楊官妻黃氏亳州人年二十五守節建坊旌表穆雍詩妻明氏亳州人年十九撫孤守節歷六十餘年趙氏二女臨淮縣人崇禎初流寇犯境女舉家被害二女同投井死里人名爲雙貞井王鈿妻楊氏懷遠縣人鈿死年二十四家貧勸令他適楊聞自嚼磁盞口血淋漓昏暈仆地撫孤成立七十三卒李文茂妻沈氏五河人誕二女而茂亡矢志撫女績紝自給長女擇配張箕又卒母女生死相依沈七十有三以壽終女遂自經死里人稱雙節張煜妻杜氏定遠人歸煜四載煜卒杜自縊殉之張氏女虹縣人年十五正德間流寇入城女匿囷中緘紉其衣引繩縊於匿所賊搜屍見衣縫嘆息而去黃元吉妻宋氏壽州人元吉病故未有出宋氏投井爲家人救不得死以無子苦守而終林冲漢妻朱氏霍丘人夫故撫孤流賊至氏以夫柩不忍棄賊入牽衣力拒罵賊斷兩手而死陳臣妻王氏盱眙人年二十一寡撫三

歲孤方成立又歿仍撫幼孫備嘗艱苦年八十二

陳介齡妻朱氏盱眙人年二十二夫亡有遺腹截髮誓死苦節四十年

胡珠妻金氏天長人珠亡氏年二十二誓以死殉有遺腹生男年九十而終萬曆初旌表

吳曰澄妻徐氏天長人澄卒翁欲奪之剪髮自誓

胡一溶妻趙氏天長人適溶年餘溶亡遺子七月廬墓守貞績紡養姑年踰七十終

陳子昂妻楊氏宿州人年二十六昂病歿撫孤聚媳陳氏年二十四瑞亦故媳亦苦守楊年七十七卒陳年八十五卒

解語妻張氏靈璧人夫歿張自經家人救免守志撫子尋又卒竟苦節七十年

劉惺如妻李氏靈璧人爲流寇所掠李氏懷孕遂持所携刀剖腹露孕以死

董玥妻王氏潁州人董死族無屬姓氏殮而葬之服除之日氏滿故衣著之夜縊死

韓欽妻王氏潁上人夫死誓不他適事姑盡孝遭寇脅投水死

卜奎妻張氏潁上人十亡守子娶妻二年子又亡姑媳相依守其

孤孫以終　**陳其志妻金氏**　潁上人夫卒無子奉姑甘旨苦守四十年七十七終　**沈**
蔡妻薛氏　太和人年二十一蔡亡二男相繼沒復撫二孫翁年八十一疾劇告天求代疾遂
愈人稱孝感　**王雲鵾妻李氏**　太和人年十六適鵾生子彌月夫故屢以縊殉翁姑
勸甦遂撫孤子年七十二卒建坊旌表　**明洞妻芮氏**　亳州人年二十九洞疾革氏娠
與夫訣生男則撫女從死及產男名朝望守節四十餘年七十餘終　**馬鼎銓妻楊氏**
馬鼎新妻王氏　亳州人兄弟偕亡王無子自縊楊撫孤成名四十年
皇清周維先妻趙氏　臨淮人維先病卒氏慟哭以刀斷喉而死安撫徐國相題旌
建坊　**姚淑芳**　懷遠人許配沈結未婚結死剪髮自誓年六十七終　**張烈女**　懷遠人張
海女許字唐斯斯死女遂自縊　**陸貞女**　懷遠人幼許字廖良田未嫁良田死女斷髮自誓廖
氏聞之立良田兄子為其後迎女歸髮生復剪歲以為常　**江烈女**　懷遠人許字符世緯未嫁

世緯天女過符守節服闋自縊死

陶貞女懷遠人許字劉澤遠未嫁澤遠死有祖姑年七十餘女年十八竟歸劉守志歷節六十年

夏日升女宿州人許字董貞吉未嫁吉亡女不食死

張烈婦宿州人夫被狠噬婦野哭覓至其處以刃絕脰死

謝叔闇女潁州人幼受鄭生聘未嫁鄭生病故女聞訃三日不食自縊死

牧兒妻郭氏太和人夫與其儕浴於河溺死氏詢知其處以襟蒙面自投水中明日二屍相抱而出

劉擴妻李氏潁州人

夏景虞妻劉氏太和人

瞿某妻丁氏宿州人

杜維楫妻陳氏宿州人

周之璋妻王氏靈璧人

趙民化妻周氏靈璧人

开敬修妻時氏潁州人

趙鴻基妻方氏太和人

李珩妻魏氏太和人

郝趙妻張氏太和人

阮蘊貞妻陸氏太和人

侯世祿妻韓氏太和人

李信章妻潘氏臨淮人

沈起㴸妻陸氏定遠人以上俱夫亾自縊　周氏臨淮人王新民婢也年十八配義男王羊成婚數月夫故自縊　張幼浚妻陳氏五河人年三十夫亾安貧教子守節四十四年　牛大貴妻李氏五河人夫亾氏年三十苦志守節　鄒正傳妻張氏五河人夫亾氏年三十奉姑教子年九十一終　韓國士妻陳氏懷遠人年十九夫亾撫孤守節歷五十七載　沈應登妻周氏五河人年二十一撫孤守節歷七十年撫孫二代五世同居　王士美妻劉氏天長人年十九遺子六月矢志不二守節五十餘年　戴維龍妻管氏天長人十九歲夫亾守節歷六十載　胡尚德女泗州人許聘楊三極未歸極亾女自經死時年十七　王琯徹妻楊氏靈璧人年甫十六未嫁值琯病危接至夫家侍湯藥方二日琯亾氏遂自縊　王璟徹妻朱氏靈璧人年二十七璟亾氏自縊　鄧紹娗妻吳氏虹人嫁未逾期夫死於寇氏事姑撫

遺腹子守節四十二年知縣張永賡詳請旌表

張氏三烈 宿州人張國憲二女長年十八次年十六憲弟國俊妻龔氏年二十三值礦賊破寨三人並縊死順治四年巡按姜京應具題建坊一門三烈

張極妻朱氏 潁州人極死氏方二十二歲自經死

徐貞女 定遠人年十四名純懿許字馮延棟棟夭死女堅守志順治十年奉旨旌表

陸貞女 蒙城人許字龐負圖圖死女年十六矢志苦守壽逾七旬順治十五年巡按劉宗韓具題旌表

王臣賡妻齊氏 盱眙人年十九賡亡殮畢氏即自縊死順治十五年巡按劉宗韓具題旌表

陳蘭舟妻高氏 太和人年十六適蘭舟閱兩月夫死歷節四十餘年順治十五年巡按劉宗韓具題旌表

鄒延慶妻范氏 太和人夫死守節順治十五年巡按劉宗韓具題旌表

張煒妻劉氏 宿州人响賊突入劉室劉爲所執自刎死順治十七年巡按衛貞元具題旌表

苗尚儒妻范氏 太和人年十八

適尚儒明末流寇壓境自縊死夜聞哭聲三年國朝順治十七年巡按衛貞元具題旌表

范圍化季女太和人年十五歲未字適否有流寇至罵賊死國朝順治十七年巡按衛貞元具題旌表

孫希孟妻袁氏亳州人年十九寡奉姑撫孤矢志守節順治十七年巡按衛貞元具題旌表

申侀華妻劉氏潁州人苦節康熙六年奉旨旌表

方大成次女五河人年二十許婚于丁象未嫁丁亾女自縊死撫院張朝珍具題旌表

楊莢生妻丁氏蒙城人年十七適莢生半載夫亾撫遺腹子守節五十年康熙十年旌表

張斐然妻王氏蒙城人夫亾撫孤養姑康熙十年旌表

黑崑妻楊氏臨淮人崑殁氏飲藥死康熙十三年安撫靳輔具題旌表

王家元妻戈氏臨淮人年十九夫亾苦守五十餘載康熙十三年安撫靳輔具題旌表

倪景妻王氏泗州人夫亾自縊康熙十三年安撫靳輔具題旌表

烈婦蔡

氏天長人康熙十三年安撫靳輔具題旌表

楊三魁妻馮氏盱眙人强賊至恐汚身投水淹死康熙十七年安撫徐國相具題旌表

張光運妻吳氏宿州人苦節五十餘年康熙十九年安撫徐國相具題旌表

姚心妻李氏盱眙人夫亾自縊康熙二十年安撫徐國相具題旌表

張士純妻魏氏宿州人夫亾自縊康熙二十年安撫徐國相具題旌表

李鉉妻張氏蒙城人鉉遠傭於亳死柩抵家氏次日卽自縊康熙二十年安撫徐國相具題旌表

劉毅妻甯氏潁州人毅亾氏於葬夫之前一日自縊柩側康熙二十一年安撫徐國相具題旌表

胡成珮妻丁氏五河人年二十四寡守節四十三年安撫徐國相具題旌表

凌思聖妻黃氏五河人年二十寡守節四十三年撫孤成立康熙二十一年安撫徐國相具題旌表

吳與儉妻孫氏虹縣人二十而寡撫孤守志康熙十二年旌

呂國樑妻張氏宿州人早寡守

志不嫁苦節三十年而歿題表**楊德福妻張氏**蒙城人隣人窺其色乘福往外侍强求姦不從以石擊頭顱死安撫斬輔嘉其節烈題旌**鄭棟妻田氏李氏王氏**亳州人棟病故三氏同心守節不渝州人匾其門曰一門全節**周禹妻徐氏**亳州人禹早逝有伯周寵逼嫁氏堅志苦守事公姑歷三十年公姑皆亾氏廬墓終身無笑容非樵汲不出門**馬饒哥妻劉氏**靈璧人太學餘慶之女幼許聘饒哥年纔十二饒哥殤氏知書曉大義痛馬氏之饑亾四喪未舉且祖姑趙老無所倚因諷父代爲治殯既葬遂隨趙就養及趙殁喪葬成禮撫從子爲饒哥後守貞不字三十餘年各憲旌表**蔣勁妻田氏**靈璧人年十四而嫁勁歿田闔戶以經姑急救之獲甦遂礪節事姑以紡績供養人稱孝婦及訓藐孤成業爲邑庠生四十餘年知縣黃詰親爲題牓曰栢舟芳軌**王義妻陰氏**靈璧人生員陰綏女也義蚤逝陰年二十無子女家赤貧乃勵操節苦守節六十年卒**周賓蘭妻陶**

氏靈璧人邑庠生玉岫之女也歸後蘭亾閩誓以從其姑勸曰已有姙若幸生男可以守矣奚自盡爲踰三月而子生至七日而子死往夫墓悲泣還室自經縣表其閭

趙以和妻金氏棠城人年十九歸以和僅生子基甫兩週夫溝危疾氏誓以死殉夫泣曰吾數世宗祀止有此孤汝能撫孤延祀節莫大焉夫卒氏乃矢志守節撫孤子操守愈勵年六十府縣嘉之給扁旌表

徐州

南北朝卓封妻劉氏彭城人卓始爲郎赴官京國尋坐事伏法劉家居忽夢卓死號哭不止及計至遂慟而絕著作郎高允作詩八首以哀之

唐王孝女徐州人元和中父兄屯涇州戰死氏徒跣抵涇護喪還葬詔旌其門

元劉門婦王氏沛縣人夫亾誓不再適天曆二年詔旌其門

莫氏女豐縣人年十八值金末兵亂盜入其家即投井其妹年十六亦投井死旌曰雙烈

明段二妻謝氏州人遭元末亂夫亾守節洪武中旌表李伯妻白氏沛縣人洪武乙丑夫從征死氏誓不再嫁守節四十餘年終宣德中旌表黃甲妻薛氏豐縣人年十九夫從軍死矢志不改醮以守節終詔旌之程氏女碭山縣人許字王守仲未嫁夫亾縊於寢所事聞旌表彭好古妻丁氏蕭縣人夫疾且革氏先一日自經詔旌其門馬世祿妻王氏蕭縣人夫亾氏自經上聞旌表其門曰貞烈汪儀黃妻張氏碭山人年十九夫病故自縊事聞旌表朱魁妻陳氏碭山縣人夫亾以守節終事聞奉詔旌表趙之璧妻馬氏蕭縣人璧疾焚香請代夫病危遂先自經憲臬譚移文旌其貞烈許璟妻劉氏碭山縣人夫亾投屋後深潭以刎救出得間縊死夫側奉詔旌表謝文煥妻程氏碭山縣人夫亾縊死夫側事聞奉詔旌表劉爆妻吳氏碭山縣人縊死事聞奉詔旌表劉崇基妻李氏碭山縣人

夫亾縊死事聞建坊旌表亓邦泮妻宗氏夫亾殮畢自經死葛爲裕妻馮氏夫疾劇氏治棺衾先縊死遂同殮焉李世甲妻王氏歸李甫九月夫亾氏哭之嘔血越二日自經死張恕妻蕭氏夫染疾日久蕭誓以死從夫夫亾竟自縊詔旌表王五妻薛氏州人夫亾以守節終正統中事聞旌表其門向希堯妻朱氏碭山縣人夫亾以首觸柩而絕事聞詔旌之李剛妻魏氏州人夫亾守節弘治中旌表李華妻甄氏州人夫亾守節弘治末詔旌張頤妻伊氏夫蚤世無嗣親自殯葬自經於墓側周杲妻權氏州人夫亾守節詔旌其門徐氏州人適郡吏梁信早寡無出氏誓死守節葬翁姑并以孝聞詔旌表陳沅妻彭氏夫病死無子氏日我無子息又有兄嫂事姑舅我志決矣出簪珥散之殮三日遂自縊王偉妻吳氏州人夫亾堅志貞守教二子成名奏聞旌表王元妻高氏州人元督兵征

倭陷陣死氏茹荼守節終身不移詔建忠節坊

尹湯聘妻畢氏　年十七夫亡氏斷水漿七日轉念翁瞽挑綉代養翁卒不能成殮氏解衣安厝事聞旌表

張冲奎妻徐氏　蕭縣人夫亡自縊弗獲七日水漿不入口卒不食死詔旌題曰貞烈之門

張振鷺妻王氏　蕭縣人夫病氏割股爲湯以進夫死卽自縊以殉學院廿奏聞詔旌

劉志明妻吳氏　豐縣人夫亡彌月生男氏矢志撫孤力能持家先業淩拓命子臣置義田立義塾以成亡夫之志隆慶丁卯詔旌

郝蔡隆妻周氏　夫亡自縊死

石氏　許字張旺未嫁夫亡自經死與旺合葬

馮東魯妻張氏　夫亡自縊死

張氏女　字蔣政未嫁夫亡女聞之慟哭欲往弔弗許比葬殯又欲往弗許遂自縊死

陳恕妻姜氏　夫亡自縊死

陳氏　許字甄峙用未嫁夫亡氏聞之入寢室手書峙用及已姓名置諸懷中自縊死

張化龍妻胡氏　夫亡自經死

王嘉任妻張氏　夫亡自縊死

卓冠

倫妻張氏夫亡自縊死呂登瀛妻鄭氏夫亡縊死齊氏女豐縣人許字卜息年十七萬曆乙巳河決息溺死氏亦潛投於河李天瑞妻渠氏豐縣人氏年十七夫亡撫孤守節艱苦備嘗萬曆間詔旌張文煒妻汪氏夫亡縊死王國光妻焦氏因光疾篤氏先光自縊撫按表其居曰貞節湯執中妻張氏夫病亡遂自縊汪允復妻郭氏復赴試病死氏號泣自縊縣令以聞院道書烈婦門三字旌之范守政妻展氏夫亡縊死王旦起妻陳氏夫亡自縊丁氏女州人許字葉孟春未嫁夫亡女即自縊死奉旨旌表斐補袞妻常氏豐縣人袞以應試南畿殞於寶應氏欲死殉舅姑慰之曰如吾二人與孫何氏乃奉舅姑撫遺孤成立奉旨旌表張有容妻李氏州人夫亡氏當夜自縊同棺收殮天啓五年巡按劉具題旌表蔣維賢妻張氏州人夫亡氏即經死奉旨旌表陳王道妻張

氏州人夫亾自經岳夢熊妻王氏州人夫亾氏飲
死奉旨旌表鴆自殺奉旨旌
表武金璽妻張氏州人夫亾氏杜元禎妻王氏夫
經死詔旌亾
氏自縊以殉李得一妻曹氏夫亾氏縊黃文華妻
奉詔旌表死詔旌
李氏流寇犯碭山夫糾合義士百餘人夜襲賊營
賊潰詰朝賊還鬬力窮夫婦俱被害子玉色
輿而崔大節妻戴氏年十八大節臥病擬不能起
葬焉郎自誓不生或勸之食乃終
不食及大節孫修妻王氏修邁危疾將死王泣日
死戴亦同死子第往我即見子於地
下也夫亾孫來穀妻王氏夫亾即於是夜自朱焜
自經死經椸前奉詔旌表
妻李氏年十六歸焜生員劉澍妻馬氏豐縣人夫
焜亾自經死亾守節崇
禎壬午有逼氏者氏殺劉永源妻楊氏夫亾不食
然日寧見殺遂遇害死巡按王
具題旌張氏女沛縣人許字宋奪先未嫁
表其門夫亾自縊崇禎六年旌表

皇清楊文伯繼妻張氏夫亡守節撫孤成立巡撫馬祜具題旌表喬尚義妻趙氏夫亡守節孝奉孀姑訓子成名事聞奉旨旌表吳廷焞妻張氏夫亡守節康熙二十一年奉旨旌表丁廷槐妻周氏夫亡守節奉姑撫孤奉旨旌表趙汝伯妻王氏夫亡孝養翁姑撫孤成立奉旨旌表李碩妻苗氏夫亡以死自誓殮畢即縊死州守巡道咸旌獎之趙體義妻謝氏夫亡誓以死殉家人以遺腹勸止後孤復夭氏盡捐簪珥禮葬夫翁二柩事畢投環死有司具詳俟題馮康運妻高氏雖寧人夫赴試溺死氏聞訃自縊奉旨表曰節孝之門鍾玉妻黃氏夫亡自縊張氏許字高華宗年甫十六舅姑以華宗病迎氏歸華宗病死氏即自經奉旨旌表

滁州

宋丁國賓妻 滁州人建炎間滁境饑亂盜殺人以食國賓遭掠將烹之其妻請代賊釋丁而烹之

元羅丁妻何氏 滁州人汀家貧賣餅何躬當壚時丞相脫脫家人陳威悅之誘汀出遊沉汀於江躍數四乃沒歸言汀病死何孤身零丁憂恨作悲笳六拍見志後避紅巾之難不得已卒歸威生二子一夕夢遇汀云汝後遊園見池黿即我冤可雪也何氏不解偶同遊園檻忽見黿墮池中躍不起威醉失笑何因憶夢怪問之具得其狀適御史行部且至乃夜殺二子逃出訴之御史收威寘極州籍其家半給何養辭不受乃設汀位招魂祭奠成禮遂自殺

明秦文妻常氏 來安人文故氏年二十二守節至九十餘卒

彭禾妻施氏 滁州人禾亾氏潛更衣縊死

馮璋妻王氏 來安人璋亾氏更衣自縊

秦太妻魯妙祥 全椒人夫亾獨一女家貧守節壽八十五終

秦女善才 妙祥女也

年且笄見母苦守亦誓不嫁以養母壽七十五終

郤熑妻胡氏全椒人夫亡家貧紡績撫子希孟有室走媒求之截髮以誓娶媳潘氏年十八希孟復亡氏與姑同守卒年皆八十餘

謝氏滁州人父以逋糧其母受累而死女營葬畢一慟而歿

章氏滁州人受聘義門盧守恭盧病劇迎之不能婚尋卒章矢志不再適年七十一終

彭光祖妻楊氏全椒人歸未一年夫亡遺前室孤七歲撫之有奪其志者氏懷夫主以殉詔建坊

徐寧妻魏氏滁州人歸徐兩歲夫死無子年方二十乃抱族孤以守之力貧苦節

陳爕繼妻趙氏滁州人年十八寡撫五歲遺孤卒年七十八

袁蘭妻丁氏全椒人歸四月蘭死無嗣乃矢曰夫既殞吾何生爲明日即自縊死事聞建坊

楊寰妻但氏全椒人寰歿無子氏守節歷五十載

魯氏女全椒人魯廷玉第二女宗源妹也源與妻故遺孤志和志能氏誓不嫁撫之後和授審理正欲請旌氏辭曰吾爲女子不字人其常理乎卒年八十四

郤希

伯妻韓氏全椒人事姑熊氏備極孝養雞鳴趨侍盥漱必親姑嘗病三日不食氏亦三日不食媳金氏謹守其家法皆年七十餘卒　林應昌妻金氏全椒人嫁甫期夫亡立姪爲嗣事聞建坊　曾格妻吳氏全椒人年十六夫亡撫六月遺孤守節卒年六十　袁惇妻李氏全椒人年十八夫亡伯氏令改嫁氏斷髮守志歷四十餘年　曹鳳楚妻陳氏全椒人嫁三月夫亡遺腹生子苦守四十餘年　金光婁妻白氏全椒人撫前室女如所生子鏻未週歲矢死守志　張立妻曹氏來安人年二十二夫亡茹苦守孤　金楚珍妻吳氏全椒人崇禎乙亥爲流寇所掠不辱被殺　何烈女滁州人崇禎丙子流寇執之罵不絕口被賊支解　李光登妻金氏全椒人年二十五夫亡立姪守志　潘永清妻彭氏全椒人年十九夫亡無子守志　武兼文妻郝氏來安人年二十六夫亡守志　張鵬翼妻程氏來安人年二十四夫

以守節　盧如椿妻孫氏滁州人年二十二守節卒年九十六　楊希曾妻吳氏滁州人夫死自縊　張子玉妻王氏　胡繼業妻丁氏俱滁州人流寇執之不從罵賊被殺　余應鳳妻趙氏　夏禹準妻武氏　丁華妻沈氏俱來安人流寇至三婦不從被殺　吳沛妻盛氏全椒人氏閨範雍肅教五子皆成名長國鼎妻姜氏諸叔娣無間言撫庶子有殊恩且多遠識國器妻滕氏佐夫孝隱國縉妻程氏國對妻陳氏繼汪氏國龍妻孫氏皆克承姑訓以賢稱一門婦德

朝野傳爲盛事　石塡妻張氏　陸璟妻張氏　陸完妻馬氏　石之瓚妻唐氏　鞏完初妻胡氏以上守貞俱滁州人　張珣妻陳氏來安人無嗣守節終　朱繼科妻張氏來安人無嗣守節終

皇清姚氏女州民姚梅臣女許配來安韓鈞鈞故女自縊死與韓合葬　姚際芳妻

周氏滁州人嫁半載夫亡守遺腹子康熙十年巡撫張朝珍具題旌表

汪自貴妻晉氏全椒人夫亡無子立姪爲嗣苦節四十餘年康熙十八年巡撫徐具題旌表

和州

宋

張弼妻徐氏和州人建炎三年敗兵執徐氏徐瞋目大罵賊殺之投屍江中

元

張子文妻尹氏含山人仕元爲淮安路知事文卒四十九日始生子名可成尹氏守節誓不再醮兵荒交集能自給養勑旌其門

明

韓泰初妻劉氏泰初本新樂縣人先仕元爲顯官洪武間劉奉姑甯氏行至南宫縣姑撲地傷腰劉氏籲天刺臂血和湯以進至和州姑卒殯之淺土事聞遣官送甯氏喪歸葬旌其門

周德新妻張氏和州人德新亡張家貧紡績爲業洪武間旌表

范德新妻董氏和州人夫亡守節洪武間旌表

高化寶妻包氏和州人夫亡子順童

甫二月家貧姑老躬事勤勞宣德間旌表**賽仲玉妻清氏**和州人夫亾誓不再適養舅姑舅壽一百一歲姑壽九十歲卒宣德間旌表**唐恕妻楊氏**含山人恕亾子璉方二歲氏苦志守節祀烈女祠**楊顯妻陳氏**和州人正德十六年賊掠執陳大罵不從賊怒斷其尸**偰睽妻王氏**和州人侍兒偶遺氏鞋爲惡少所拾謔語及婦婦聞之引刀自刎**馬一虞妻楊氏**和州人夫亾子馬成大方幼守節撫孤誓死不渝事聞建坊**胡從仁妻周氏**含山人從夫官廣回道經郴江適山徭慵聚氏沉江而死**王尚賓妻趙氏**和州人年十九夫亾子甫數月氏矢志守節食貧育子崇禎間建坊**班慈妻湯氏**和州人年二十九夫亾子方七歲苦節年九十五歲終勅建坊**吳自濂妻湯氏**和州人年二十夫亾守節五十餘年事聞建坊**王慰妻胡氏**含山人無子守節祀烈女祠**王氏**和州人幼字黃景茂數年景茂貧且疾女父因背前盟私又許楊姓

者女泣自經死吳自高妻申氏含山人少寡撫遺腹子苦節終身祀烈女祠李桂妻郭氏含山人嫁甫八月而寡守遺腹子守節萬曆三十年旌表王自謙妻慶氏含山人夫故氏年十七遺腹生子復故氏紡績度日守節四十三載天啓四年建坊唐維祉妻張氏含山人氏十五適祉二十一夫故守節天啓六年建坊羅氏含山人適徐姓年十五守節撫遺腹子成立壽九十歲陳思祚妻陶氏和州人年二十六寡守節撫子九十二歲終蔣學儒妻田氏含山人年十九夫亾守遺腹子年七十終鍾應詔妻夏氏含山人年二十五夫亾撫伯氏二子苦守五十餘年張自俊妻汪氏含山人年二十四夫亾撫孤苦守四十餘年慶永奇妻王氏含山人崇禎乙亥流賊破含山夫婦陷賊營賊縛永奇將殺之氏詐賊縱夫解所繫屨袜自經賊怒磔氏屍羅氏女含山人名兌父許字蔣苒苒殤女遂自縊急救得甦姑家高其義迎歸奉

夫木主寢食與俱　楊德隆妻張氏和州人乙亥城
者年餘後病殁　陷賊欲牽之去
氏以手抱柱死不肯　陳孔時女和州人罵賊　姚希
離十指皆爲賊斷死　賊支解之
舜妻馬氏和州人賊攻城急氏身藏利刃有救之
者氏大呌曰人生百歲是死少遲求死
可得耶　州前烈婦余氏不知夫名爲賊執　戴九鉉
遂自刎　大罵賊殺最慘
妻嚴氏　戴九思妻呂氏　戴九疇妻石氏俱和
流賊至三婦携　州人
子女入水死
皇清王章妻楊氏和州人名霜姑爲汪丁明養女初
納王聘父母後悔欲更爲豪右妾
氏以苧繩　節婦陳氏　節婦劉氏俱和州人康熙
自經死　十八年安撫徐
具題　陶九甸妻唐氏含山人年十九夫亾立姪
旌表　守節康熙二十二年州縣
舉報詳侯　耿應德妻張氏　李應芬妻耿氏　馬
題旌表

如麟妻吳氏 賈君佐妻黃氏以上俱和州人 黃賓南妻胡氏 王家柱妻黃氏俱含山人 杜之琳妻陶氏 張尊孔妻高氏俱和州人以節孝稱 陳貞女和州人陳孟珏女知書史許字黃彝鉉將歸而彝鉉卒女聞訃慟絕誓歸黃氏 髮雜作縗攣結自經死時年十九有遺書辭其家人字字血痕 張鼎奎妻佘氏含山人鼎奎卒氏絕粒二十日將絕時邑人觀者如堵無不歔欷泣下趣令書工圖其形爭飲金爲建祠不一日致數百金

廣德州

晉杜義妻裴氏 廣德人年二十夫亡家貧織紝爲業事姑不嫁事聞晉武帝旌表其門

明陳善慶妻蔡氏 廣德人夫亡事姑惟謹洪武十三年旌表 潘奕三妻

應氏建平人早寡茹荼苦節姑諭之曰窘且無子何持而守耶應泣曰曾謂有兒而守無兒而嫁乎富而守貧而嫁乎飲荼茹蘗操志如一詔旌其閭

姚善富妻王氏建平人洪武二十八年善富入太學燕師起叔怨以陳廸壻故死節而善富又以怨故自經詔陳屍御史廊下七十五日氏凡三伏闕三上疏乃得允歸殯

葛丑兒妻呂氏廣德人年二十夫亾姑憐其少欲嫁之呂以死自誓永樂三十一年旌表

俞國良妻田氏廣德人年二十四夫亾守節弘治十六年建坊

某氏逸其姓婦年二十夫亾甚貧爲姑求虀於越溪無賴少年戲之婦投溪而死名其塚曰節婦墩

濮陽琦女廣德人受施姓聘未嫁夫亾設神主就父家祀焉壽終于家

趙鶴六女廣德人許字步溉溉客死錢塘氏遂自經而死

裴恩一妻張氏建平人年十八夫亾甘貧自守至七十三歲

夏商八妻戴氏建平人二十歲夫亾家貧無子苦節隆慶三年建坊

夏萸六女建平人幼字廣德阮燧未

婚燧亾氏往弔遂弗還坐臥小樓足不下梯四十年萬曆中建坊

王應禎妻沈氏建平人禎死矢志自守萬曆二十三年建坊

陳槐妻劉氏廣德人年二十一而夫亾姑老家貧一子方在襁褓氏誓死靡他至九十三歲而卒建坊旌表

張近妻劉氏廣德人年二十一夫亾子幼姑老養親撫孤萬曆二十八年建坊

李熙美妻夏氏廣德人年十九夫亾守節五十餘年崇禎中建坊

濮陽桴妻潘氏建平人適廣德濮陽桴夫亾無嗣立子苦節

濮陽信妻夏氏

蔡兆元妻管氏皆廣德州人少孤守節終

梁允乾妻呂氏

王心妻潘氏

史大臨妻嚴氏皆廣德人寡撫孤

嚴以作妻傅氏建平人夫死自縊救甦旋嚼碗傷喉死

潘之城妻韋氏建平人年二十一城死無子自縊於夫柩側

韋太和妻岑氏建平人年十六歸韋歲餘夫亾誓死守孤

湯和霖妻岑氏

建平人年二十夫亡撫遺腹子苦節三十餘年終

姚晃七妻陳氏建平人年十九寡子方在抱撫中成立其婢亦感而不嫁年八十終

王盤妻丁氏建平人盤早卒氏年少歲饑食榆皮糠粃撫孤成立年八十終

濮陽景彥妻許氏廣德人年十九于歸四載夫亡撫遺孤劬勞鞠育年八十三終

王應駿妻史氏建平人年二十六寡撫遺腹子成立壽八十八

雲氏女適魯姓為兵所拉欲污之義不辱兵怒磔之

史光祖妻呂氏祖卒毀膏沐色笑不形罝柩臥室十五年每食獻如生禮舅臥病積年呂備極孝養

吳艮珙妻陳氏值亂氏攜幼子被執紿以簪珥所藏處投井死七日後顏貌如生

王命錫妻田氏有姑兩目俱瞽一日聞亂鄰婦迫之出田曰我何忍舍姑往遂被獲逼氏上馬矢死不從刃揮之而殞

石可貽妻王氏貽亡兩孤幼暑鋤水織指血淋漓茹苦訓子成立以壽終

宗光業妻昝氏業亡孀守不移年八十肅整如初

江南通志卷之第五十五終